革命文献与民国时期文献
保护计划

成果

國家圖書館出版社　編

社會部公報兩種

第一冊

國家圖書館出版社

圖書在版編目(CIP)數據

社會部公報兩種(全五册)/國家圖書館出版社編．—北京:國家圖書館出版社,2011.2(2022.6重印)

(民國文獻資料叢編)

ISBN 978-7-5013-3864-1

Ⅰ.①社…　Ⅱ.①國…　Ⅲ.①汪僞政府(1938)-公報-彙編-南京市-1940~1941 ②國民政府-公報-彙編-重慶市-1941　Ⅳ.①D693

中國版本圖書館CIP數據核字(2010)第216545號

書　　名　社會部公報兩種(全五册)
著　　者　國家圖書館出版社　編
叢 書 名　民國文獻資料叢編
責任編輯　田　奇
重印編輯　吕若萌
封面設計　敬人書籍設計工作室

出版發行　國家圖書館出版社(北京市西城區文津街7號　100034)
(原書目文獻出版社　北京圖書館出版社)
010-66114536　63802249　nlcpress@nlc.cn(郵購)
網　　址　http://www.nlcpress.com
印　　刷　北京華藝齋古籍印務有限責任公司
版次印次　2011年5月第1版　2022年6月第2次印刷

開　　本　787×1092(毫米)　1/16
印　　張　220
書　　號　ISBN 978-7-5013-3864-1
定　　價　2800.00圓

『民國文獻資料叢編』編纂出版委員會

主　　任：周和平

常務副主任：詹福瑞

副 主 任：陳　力　張志清

委　　員（按姓氏筆劃）：

王志庚　方自金　李　健

李曉明　汪東波　林世田

徐　蜀　殷夢霞　郭又陵

陳紅彦　蘇品紅　顧　犇

總序

詹福瑞

民國時期，中國處在從近代社會向現代社會轉型蛻變的一個重要階段。這個時期，政治風雲變幻，思想文化激蕩，內憂外患迭起，國家政治、經濟、文化等均發生了翻天覆地的變化。新與舊、中與西、自由與專制、激進與保守、發展與停滯、侵略與反侵略，各種社會潮流在此期間匯聚碰撞，形成了變化萬千的特殊歷史景觀。僅從文化角度考察，一方面傳統文化得到進一步整理繼承和批判揚棄，另一方面西方文化又強烈地衝擊和影響著當時人們的思想與行為。特別是馬克思主義、列寧主義的翻譯介紹與傳播，不僅深刻地影響著人們的思想意識，而且直接導致了新民主主義革命的爆發以及由此帶來的社會巨變。

當此之時，社會政治雖然動蕩不已，經濟脆弱不堪，思想文化卻大放異彩。知識界思維活躍，視野開闊，著述興盛，流派紛呈。加之出版業和新聞業的飛速發展，使民國時期的出版發行達到空前的規模。短短的數十年間，積纍了包括圖書、期刊、報紙以及檔案、日記、手稿、票據、傳單、海報、圖片及聲像資料等大量文獻。這些文獻作為此一時期思想文化的特殊載體和社會巨變的原始記錄，不僅數量巨大，可稱海量，蘊涵其間的思想文化價值更不在歷來為人們所珍視的善本古籍之下。

作為一個剛剛過去的歷史時期，民國距今時間最近，與當前的現實關聯也最為密切。因此，對民國歷史的研究向來為各界所重視。經過近六十年的努力，特別是經過一九七八年以後的思想解放運動，中華民國史的研究取得了長足的進步：有關民國史的研究著述和史料大量出版，學術研究隊伍迅速擴大，學術交流活動日漸頻繁。目前，民國史研究已經成為中國歷史研究諸學科中建立較晚，卻發展較為迅速、取得成就較為顯著的學科，並有逐漸成為國際『顯學』的趨勢。

與學術研究相適應，在既往的半個多世紀，特別是改革開放以來，民國文獻資料的搜集、整理與出版工作，也有很大的推進，取得了一定的成績。如利用南京中國第二歷史檔案館藏民國各級政府檔案整理出版的《中華民國史檔案資料彙編》和《中華民國史檔案資料叢刊》，根據廈門大學圖書館藏前日本末次研究所情報資料整理出版的《中華民國史史料外編：前日本末次研究所情報資料》，根據遼寧省檔案館所藏檔案整理出版的《滿鐵密檔》，利用上海圖書館、復旦大學圖書館、華東師範大學圖書館館藏圖書整理出版的《民國叢書》，以及湖北所編辛亥革命史料，天津所編北洋軍閥史料，西南各省所編西南軍閥史料，廣東所編孫中山及南方政府史料，東北所編『九一八』和偽滿史料，上海所編汪偽史料及民族資本企業經濟史料，重慶所編國共關係史料，包括以《國民政府公報》為代表的民國政府出版物，以《申報》《大公報》《益世報》為代表的民國報紙，以《東方雜誌》《良友》畫報為代表的民國雜誌等的整理出版，都是這方面工作的重要成果。從上世紀五六十年代開始，臺灣地區也影印出版了以《革命文獻》《中華民國重要史料初編》為代表的大批民國文獻，為人們瞭解民國社會與歷史，從事學術研究，提供了十分重要的資料。

然而，這些整理和出版工作，與民國史研究日新月異的發展以及社會各界對民國文獻資料巨大的使用需求相比，還存在著很大的反差。甚至可以說，目前民國文獻的傳藏與利用正面臨非常嚴重的危機。相關調查顯示，由於近代造紙、印刷、裝訂等工藝自身缺陷所造成的先天不足以及各收藏機構長期以來普遍存在的觀念滯後、認識不足、經費短缺、保管不善等原因所帶來的後天損害，使得國家圖書館、歷史較為悠久的公共圖書館以及為數衆多的高校圖書館、科研機構圖書館、檔案館、海外公私藏書機構收藏的民國文獻，幾乎無一例外地出現了嚴重的老化或損毁現象。以國家圖書館為例，館藏約六十七萬册民國時期文獻中，達到中度以上破損的佔百分之九十以上，民國初年的文獻更是百分之百的破損。研究表明，民國文獻的保存壽命一般為五十至二百年。也就是說，時光流轉到今天，相當一部分的民國文獻已處於行將消失的危急狀態！文獻本身面臨湮滅消亡，亟待搶救和保護，當然也就談不上服務社會、服務學術，滿足各界查閱使用的需求。

針對此等危機，自上個世紀八十年代以來，衆多專家學者多次發出呼籲，號召全社會都來關注民國文獻的生存現狀，重視民國文獻的搶救保護與開發利用。以國家圖書館為首的衆多公共圖書館、高校及科研機構圖書館、檔案館，更積極從原生性保護和再生性保護兩個方面，採取了改善保存環境、强化修復手段和加速縮微複製等一系列切實有效的保護搶救措施，並取得了階段性的成果。但與更大範圍的老化和損毁現象相比，與保護經費和專業修復人才嚴重短缺、修復手段相對滯後的尷尬、危急狀況相比，這些保護和搶救措施，還不能從根本上解決民國文獻保護傳藏與開發利用所面臨的諸多困難。

從總體的形勢看，及時搶救保護數量宏富的民國文獻，避免我國悠久的文獻傳承歷史出現令人痛心的斷層，切實保障中華民族文化血脈的延續與光大，已到了刻不容緩的地步，這絕非危言聳聽。

作為國家總書庫、處於文獻保存保護龍頭地位的中國國家圖書館備感形勢的嚴峻與責任的重大，經過反復考察論證，在吸收國內外圖書文獻保存保護先進經驗，並對館藏民國文獻進行全面調查摸底的基礎上，決定在繼續推進既有各項搶救保護措施的同時，成立中國國家圖書館『民國文獻資料叢編』編纂出版委員會，依據館藏特色、資料類型、瀕危狀況、珍稀程度和社會需求等，進行分類整理，並以『民國文獻資料叢編』的形式，有計劃、有步驟、成規模地陸續編纂出版。決心持續投入大力，通過這種已為成功實踐所證明的、切實有效的再生性保護手段，在及時搶救保護文獻的同時，使之化身千百，為社會和學界提供更為便利的文化、學術服務。相信這項工作的科學有序開展及這套叢書的陸續編纂出版，必將對文獻的保護、文化的傳承、國家的統一、民族的復興有較大的貢獻。

是為序。

二〇〇八年一月

《社會部公報兩種》出版說明

本書收錄的《社會部公報兩種》，一是南京汪僞政權的《社會部公報》，收錄了一九四〇年六月至一九四一年八月出版的共二十一號（期），由南京汪僞政權的社會部總務司編輯出版；二是重慶中華民國政府的《社會部公報》，收錄了一九四一年三月至一九四五年三月出版的共十七期，由重慶中華民國政府的社會部總務司編輯出版。

抗日戰爭是自鴉片戰爭以來中國人民第一次獲得完全勝利的反侵略戰爭，一九四〇年至一九四四年正是中國人民抗擊日本侵略者最艱難的時期。一九四〇年，汪精衛在日本的保護下來到南京，以『還都』的名義於三月三十日成立『中華民國國民政府』，到一九四五年八月覆滅，存在了五年零五個月。一九三七年十一月二十日，中華民國政府宣佈將首都和所有政府機構由南京遷往陪都重慶，直至一九四五年抗战胜利後纔還都南京。我們收錄的這兩種《社會部公報》正是處於这一歷史時期。

作為民國史上最重要的社會行政機關的國民政府社會部，是在一九三八年三月三十一日召開的國民黨臨時全國代表大會上決定設立的，隸屬於國民黨中央執行委員會。一九四〇年十月十一日，國民政府公佈《社會部組織法》，十一月十六日社會部正式改隸行政院，成為全國最高社會行政機關。改隸行政院後，社會部的職責逐漸清晰，組織系統也健全起來，其內部下設總務司、組織訓練司、社會福利司、合作事業管理局和勞動局。一九四〇年成立的汪偽政府下設的社會部也沿襲了民國政府社會部的組織結構。

南京汪偽政府《社會部公報》的內容分為四部分，一、法規：社會部管轄範圍內相關的法律、法規和條例等；二、命令：政府令和社會部令；三、專載：汪偽政府的一些時政類文章；四、附錄：與社會部相關的各種資料等。重慶國民政府《社會部公報》的內容也分為四部分，一、法規：社會部管轄範圍內相關的法律、法規和條例等；二、命令：政府令和社會部令；三、公牘：社會部有關的各種公文、函件等；四、附錄：與社會部相關的各種資料等。由此可知，以上內容涉及了中國抗日戰爭時期一九四〇年六月至一九四五年三月中國社會的諸多方面，具有珍貴的史料價值。有鑒於此，今天我們重新整理予以出版，以供研究之需。本著為研究者提供史料的想法，對於汪偽政府《社會部公報》中涉及的媚日賣國，誣衊抗日的內容未予删除，特此説明。

編者

二〇一一年五月

總目錄

第一冊目錄

第二冊目録

第三冊目録

第四冊目録

第五册目録

第一冊目錄

（偽）社會部總務司　編

（偽）社會部公報

第一號

南京：（偽）國民政府行政院社會部總務司，民國二十九年（1940）鉛印本

中華郵政登記認爲第一類新聞紙類

社會部公報

中華民國二十九年六月十五日
第一號

國民政府行政院社會部總務司印行

總理遺像

總理遺囑

余致力國民革命，凡四十年，其目的在求中國之自由平等。積四十年之經驗，深知欲達到此目的，必須喚起民衆，及聯合世界上以平等待我之民族，共同奮鬥。

現在革命尚未成功，凡我同志，務須依照余所著建國方略，建國大綱，三民主義，及第一次全國代表大會宣言，繼續努力，以求貫澈。最近主張開國民會議，及廢除不平等條約，尤須於最短期間，促其實現，是所至囑！

汪院長

目錄

法規

命令

部令

專載

附錄

法規

社會部組織法

民國二十九年五月二十日國民政府命令公布

第一條　社會部管理全國社會行政事務。

第二條　社會部對於各地方最高級行政長官執行本部主管事務，有指示監督之責。

第三條　社會部就主管事務，對於各地方最高級行政長官之命令或處分，認為有違背法令，或逾越權限者，得提經行政院會議議決後，停止或撤銷之。

第四條　社會部置左列各司：

一、總務司；

二、勞動司；

三、合作司；

四、公益司。

第五條　社會部經行政院會議及立法院之議決，得增置裁併各司及其他機關。

第六條　社會部為指導監督全國人民團體，組織訓練全國民衆，得設社會運動指導委員會，其組織另定之。

社會部爲處理臨時及特殊事務，經行政院會議議決得置各委員會。

第七條　總務司掌左列事項：

一、關於收發，分配，撰擬，保管文件事項；

二、關於公布部令事項；

三、關於典守印信事項；

四、關於本部及所屬各機關職員任免奬懲之紀錄事項；

五、關於本部法令及公報之編輯發行事項；

六、關於本部經費之出納事項；

七、關於本部庶務及其他不屬各司事項。

第八條　勞動司掌左列事項：

一、關於農場，工廠，礦廠，勞工生活改進事項；

二、關於農工失業及傷害救濟事項；

三、關於勞資仲裁事項；

四、關於勞資協作之指導事項；

五、關於童工女工之保健事項；

六、關於國際勞工事項；

七、關於一般勞工福利事項。

第九條　合作司掌左列事項：

一、關於合作社之登記及監督事項；

二、關於合作事業之計劃及促進事項；

三、關於合作事業之指導及視察事項；

四、關於合作資金之調劑事項；

五、關於合作教育之研究普及事項；

六、關於合作人才之訓練事項；

七、關於合作事業之調查統計事項；

八、其他合作事項。

第十條　公益司掌左列事項：

一、關於慈善團體之登記及考核獎勵事項；

二、關於貧民及老弱殘廢之救濟事項；

三、關於防災備荒事項；

四、關於地方食糧管理及調節事項；

五，關於兒童保育及慈幼事業事項；
六，關於游民教養事項；
七，關於社會保險事項；
八，關於專門人才之調查及登記事項；
九，其他公益事項。

第十一條　社會部部長綜理本部事務，監督所屬職員及各機關。

第十二條　社會部設政務次長，常務次長各一人，輔助部長處理部務。

第十三條　社會部設祕書四人至八人，分掌部務會議及長官交辦事務。

第十四條　社會部設參事四人至六人，撰擬審核關於本部法案命令。

第十五條　社會部設司長四人，分掌主管事務。

第十六條　社會部設科長科員各若干人，承長官之命分掌各科事務。

第十七條　社會部得設視察專員各若干人，承長官之命辦理指定事務或赴各地視察。

第十八條　社會部部長特任，次長，參事，司長，及祕書，視察各二人，專員十人簡任，其餘祕書，科長，視察，專員薦任，科員委任或薦任。

第十九條　社會部設會計主任一人，統計主任一人，辦理歲計會計統計事項，受社會部部長之指揮監督，並依國民政府主計處組織法之規定，直接對主計處負責。

會計室及統計室需用佐理人員，由社會部及主計處就本法所定薦任委任人員及僱員中，會同決定之。

第二十條　社會部因事務上之必要，得酌用僱員。

第二十一條　社會部處務規程以部令定之。

第二十二條　本法自公布日施行。

修正人民團體組織方案

民國二十九年六月四日第十次行政院會議通過
同年六月十三日第十次中政會議核准備案

第一節　人民團體之分類

第一條　本方案所稱之人民團體爲：農會，漁會，工會，商會，工商同業公會，學生會，婦女會，文化團體，教育團體，青年團體，公益團體，宗教團體，慈善團體，自由職業團體，幫會團體，同鄉團體，特種團體，及其他經行政院社會部社會運動指導委員會核准之人民團體。

第二節　人民團體組織辦法

第二條　人民團體由人民自行組織，惟須受社會部社會運動指導委員會之指導與監督。

（說明）本條所舉指導監督權，在省市爲社會運動指導委員會省市分會，在縣市爲社會運動指導委員會派駐縣市之專員。

第三條　各種人民團體之組織，應採民主集權制。

（說明）各種人民團體之最高權力機關，應爲會員大會或會員代表大會，其執行及監察權之行使，則屬於會員大會或會員代表大會產生之理事會及監事會。

第四條　各種人民團體之會員資格，應詳載各該人民團體組織法規中，凡具業務性質或專門技術之團體，其會員均以現在從事本業者爲限。

（說明）凡農會，漁會，工會，工商同業公會，律師公會，醫師公會，藥劑師公會，建築師公會，會計師公會，新聞記者公會等，其團體性質均帶有業務關係，故其構成份子，均應以現在從事本業者爲原則。

第五條　人民團體之組織，分爲有系統，有級數，及無級數而僅以一地區爲範圍者三種，其有系統或有級數者，應先行組織其基本團體，俟基本團體組織完成，經過相當時期之指導與考核，認爲健全時，方得合組其上級團體。

（說明）所謂有系統組織者，係指有隸屬關係而言，如省市以下之農會（包括直屬於行政院者）等。所謂有級數組織者，係指雖有省縣等級數，而無隸屬關係者而言，如漁會，商會，及其他有明白規定之特種社團等。

第六條　人民團體之有系統組織者，其基本團體，依其性質而異，詳下列各條。

農會分鄉農會，區農會，縣市農會，省農會，在省以下，採有系統之組織，以鄉農會，或市區農會，爲其基本團體。

省以上，得成立農會聯合會，但須經社會運動指導委員會之核准。

（說明）本條所稱之市，包括直屬於行政院者。

第七條　漁會以縣市爲區域，在同一區域內之重要港埠有特別情形時，得設立分會，經社會運動指導委員會省市分會核准，省得成立聯合會。

（說明）本條所稱之市，包括直屬於行政院者。

第八條　凡在國家交通行政國營產業等機關服務之工人，組織團體時，應依照單行法規。

（說明）本項法規已經規定者有海員工會，鐵路工會，郵務工會，電務工會等組織規程。

第九條　工會分產業工會，職業工會，縣市工會，省工會，在省以下，採有系統之組織，以產業工會，或職業工會，爲其基本團體。

省以上得成立工會聯合會，但須經社會運動指導委員會之核准。

第十條　商會於縣市設立，以各該縣市內之工商同業公會，及不能依法組織工商同業公會之公司行號爲其會員。

（說明）本條所稱之市，包括直屬於行政院者。

省以上得成立聯合會，但須經社會運動指導委員會之核准。

第十一條　學生會之組織，以縣市爲區域，以同一區域內中等以上學校之學生會，爲其基本團體。

（說明）本條所稱之市，包括直屬於行政院者。

省得成立聯合會，但須經社會運動指導委員會之核准。

第十二條　婦女會之組織，以縣市婦女會為其基本團體，但有特別困難時，得先組織省婦女會。

（說明）本條所稱之市，包括直屬於行政院者。

第十三條　特種社會團體組織之級數，依各種團體之性質另案規定。

（說明）本條所稱之市，包括直屬於行政院者。

第十四條　凡邊遠省份，有特殊情形，不能援用一般法規方案，組織人民團體時，社會運動指導委員會得酌量情形辦理。

（說明）邊遠省份，其人民之生活情形，與內地各省頗多出入，故人民團體之組織，亦須因地制宜，不能與各省強同也。

第三節　人民團體組織程序

人民團體之組織，除法令另有規定外，依左列程序為之：

第十五條　凡欲組織團體者，須由具有各該團體法規所規定之資格者，依法定發起人數，連署推舉代表，具備理由書，向社會運動指導委員會該管省市分會，申請許可。

第十六條　社會運動指導委員會省市分會接受申請後，應即派員前往視察，認為合法時，應即核發許可證，並派員指導，如認為不合，當依法駁斥，指導員之任用及其工作方法，由社會運動指導委員會另定之。

第十七條　許可證內，載明將來組織之團體，必須遵守左列事項：

甲、不得有違反三民主義之言論及行爲；

乙、不得有違背和平反共建國國策之言論或行爲；

丙、遵守國家法律，服從政府命令；

丁、團體會員以法律所許可者爲限；

戊、共產黨員或受褫奪公權處分者不得爲會員；

己、各項會議除例會外，須得當地社會運動指導委員會省市分會之許可，方可召集；

庚、違反上列規定者，應受法律規定之處分。

第十八條　發起人領得許可證後，得組織籌備會，將籌備員名單呈報主管分會，並由主管分會函知有關官署備查。

第十九條　籌備會應照法令之規定，擬定章程草案，呈請當地分會核准。

第二十條　前項章程草案，應依民法第四十八條及其他所定之事項，詳細紀載。

第二十一條　團體組織完成，其產生之理事會及監事會名單，應呈報主管分會，並由分會函知有關官署備查。

第二十二條　凡人民團體，應在主管分會指導監督下組織之，如有特別法令規定者，應從特別法令之規定外，一切以公益爲目的之社團財團，並須依照民法第四十八條之規定，呈請主管分會，轉函有關官署備查，其一切組織方法章程內容，均須具備民法所規定之條件。

第二十三條　各縣人民欲組織團體者，應依照本節規定，呈報社會運動指導委員會分會派駐該縣之專員，轉呈該管分會申請許可。

第四節　附則

第二十四條　關於人民團體之組織，如社會運動指導委員會省市分會，與有關官署意見不同時，應呈由上級機關核定之，最後决定權，屬於行政院。

第二十五條　本方案修正以前，各地方已經組織之人民團體，應向主管分會重行登記，其組織內容與方案不合，或與國民政府現行政綱政策不合者，社會運動指導委員會主管分會，應令其改組，或派員整理之，或逕行解散之。

第二十六條　行政院社會部，對於依照以上程序所組織之人民團體，應盡力扶助，並加以指導監督，對於非法團體，或共產主義之團體，應會同有關各部會，分別取締幷制裁之。

第二十七條　本方案自公佈日起施行。

社會部社會運動指導委員會暫行組織條例（民國二十九年五月十四日行政院第七次會議通過）

第一條　本條例依據社會部組織法第六條之規定制定之。

第二條　社會運動指導委員會（以下簡稱本會）直隸國民政府行政院社會部，專負社會運動之推進改善，及全國人民團體之指導監督，全國民衆之組織訓練事宜。

第三條　本會設左列各組：

一、第一組　掌理文書出納事務人事，及不屬於其他各組事項。

二、第二組　掌理全國農民漁民團體之指導監督，及農民漁民之組織訓練事項。

三、第三組　掌理全國工人團體之指導監督，及工人之組織訓練事項。

四、第四組　掌理全國商人團體之指導監督，及商人之組織訓練事項。

五、第五組　掌理全國自由職業，文化，教育，青年，婦女團體之指導監督，及各項份子之組織訓練事項。

六、第六組　掌理全國慈善，宗教，幫會，同鄉，特種，及其他人民團體之指導監督，並各項份子之組織訓練事項。

第四條　本會置委員長一人，由社會部部長兼任，常務委員若干人，內四人至六人爲專任，其餘由行政院有關各部推派次長一人兼任。

第五條　本會置委員若干人，分專任委員及兼任委員兩種。社會部各司長參事爲本會當然委員。

第六條　本會置祕書主任一人，組長六人，由委員兼任，分掌主管及交辦事項。

第七條　本會置祕書二人，科長科員各若干人，承長官之命分掌各科事務。

第八條　本會得置幹事若干人，承長官之命辦理指定事務。

第九條　本會爲辦理各省市人民團體指導監督，及民衆組織訓練事宜，得在各省市設立分會，其組織另定之。

第十條　本會專任常務委員，專任委員爲簡任，祕書科長爲薦任，科員幹事爲委任或薦任。

第十一條　本會因事務上之需要，得酌用僱員。

第十二條　本條例自公布日施行。

社會運動指導委員會各省市分會組織規程

（民國廿九年五月廿一日行政院第八次會議通過）

第一條　本規程依據社會部社會運動指導委員會組織條例第九條之規定訂定之。

第二條　社會運動指導委員會各省市分會直隸社會部社會運動指導委員會，兼受各省市政府之指導監督。

第三條　社會運動指導委員會各省市分會掌理各省市人民團體之指導監督，及民衆之組織訓練事宜。

第四條　各分會置主任委員一人，必要時得置副主任委員或常務委員。

第五條　各分會置委員若干人，分專任委員及兼任委員兩種。

各省建設廳教育廳廳長，各市社會局教育局局長，均爲各該分會當然委員。

第六條　各分會置祕書一人，科長四人至六人，科員幹事各若干人，承長官之命分掌主管事務。

第七條　各省分會爲指導監督各縣人民團體，組織訓練各縣民衆，得派專員常駐各縣，其服務規則另定之。

第八條　各分會主任委員，副主任委員簡任，委員除兼任外，均爲薦任，祕書科長爲薦任，科員幹事委任或薦任。

第九條　各分會因事務上之需要，得酌用僱員。

第十條　本規程自公布日施行。

社會部部務會議規則

民國二十九年五月三十日部令公布

第一條　本規則依照社會部處務規程第四十一條之規定訂之。

第二條　本部部務會議每星期舉行一次，必要時得舉行臨時會議。

第三條　部務會議出席人員如左：

(一)部長，

(二)次長，

(三)參事，

(四)簡任祕書，

(五)各司司長，

(六)其他經部長指定者。

第四條　本部職員必要時，經部長指定，得列席會議，

第五條　部務會議由部長主席，部長因事不能出席時，由次長主席。

第六條　部務會議討論之事項如左：

(一)本部應興應革重大事項；

(二)依法令應行辦理之重要事項；

（三）本部預算決算事項；

（四）本部工作計劃及調整事項；

（五）本部各項法規之核議事項；

（六）其他認爲必須討論事項。

第七條 凡提案須於開會前一日，送由祕書室編入議程。

第八條 凡因時間迫促，不及列入議程之提案，經主席之許可，得臨時動議。

第九條 部務會議議決事項，部長核定後，卽分發辦理。

第十條 部務會議時，由主席指定祕書一人，負記錄之責。

第十一條 出席列席人員，於會議情形有保持祕密之責。

第十二條 本規則如有未盡事宜，得隨時修正之。

第十三條 本規則自公布之日施行。

命令

國民政府令

特任丁默邨爲社會部部長。此令。
任命顧繼武爲社會部政務次長。此令。
任命彭年爲社會部常務次長。此令。
中華民國二十九年三月三十日

代理主席　汪兆銘
行政院院長　汪兆銘

茲制定社會部組織法公佈之。此令。
中華民國二十九年五月二十日

代理主席　汪兆銘
立法院院長　陳公博

部令

公佈令

社會部令 社甲字第一二一號

茲制定本部部務會議規則公布之。此令。

部長 丁默邨

中華民國二十九年五月三十日

指令

社會部指令 社祕字第六四號

令中國安清同盟會

呈一件 爲合併組織中國安清同盟總會具情報請鑒核備案由

呈悉。准予備案，仍仰將合併成立日期，迅卽具報備查。此令。

中華民國二十九年五月四日

社會部指令 社祕字第六五號

令上海道義協會

呈一件 爲合併組織中國安淸同盟總會具情報請鑒核備案由

呈悉。准予備案，仍仰將合併成立日期，迅卽具報備查。此令。

部長 丁默邨

中華民國二十九年五月四日

社會部指令 社祕字第七一號

令中國安淸總會常務委員張英華等

呈一件 爲呈報組織成立啓用圖記並附呈圖模仰祈鑒核備案由

呈悉。准予備案。此令。

部長 丁默邨

中華民國二十九年五月十四日

專載

國民政府還都宣言

國民政府根據中央政治會議之決議，還都南京，謹以誠敬，昭告海內：實現和平實施憲政兩大方針，爲中央政治會議所鄭重決議，國民政府當堅決執行之。所謂實現和平，在與日本共同努力，本於善鄰友好，共同防共，經濟提攜之原則，以掃除過去之糾紛，確立將來之親善關係，過去所採政策及法令有違反此方針者，必分別廢止或修正之，務使主權之獨立自由，及行政之完整得以確保，並於經濟上實現互惠平等之合作，以樹立共存共榮之基礎，中日兩國，本義同兄弟，一旦不幸，致動干戈，自此次調整之後，永保和平，共安東亞，同時對於一切友邦，亦本此和平外交之方針，以講信修睦，增進友好關係也。所謂實施憲政，中國國民黨第五次及第六次全國代表大會宣言中已有明白之決定，全國賢智之士亦已一致贊同，當此戰後，百廢待舉，端賴舉國同胞，集中心力物力，勇往精進，以完成現代國家之建設，過去個人獨裁，爲全國人民精誠團結之障礙，必當革除，共產黨挑撥階級鬥爭，尤爲國家民族之大敵，必當摧陷廓清，使無遺毒，至於各級民意機關之設立，地方自治之舉辦，以及國民大會之召集，憲法之制定頒布，皆當剋期見諸實行，以慰海內人民之望。

以上實現和平實施憲政，爲國民政府所執行之最大方針，亦卽國民政府所担負之最大任務，茲値國民政府還都之始，對於我陣亡之將士，殉難之人民，及爲和平運動而犧牲之諸先烈，謹致無限之哀悼與敬禮，國民政府所首當引爲己責者，厥爲安撫戰後之人民，使其生命財產自由，得受國家法律之保障，各安所業，以從事於經濟產業之復興，文化之發展，國民政府謹當率其僚屬，以廉潔勇敢，任勞任怨之精神，與我孑遺之人民，同甘苦，共生死，以蘄致於國家民族之復興也。其次，則對於現在重慶及各地服役中之公務人員，及一般將士，開誠布告，凡屬公務人員，自此布告以後，務必於最近期間回京報到，對於此等報到人員，一經確實證明，概以原級原俸任用，其有懷抱忠誠，就其所處，苦心斡運，有所貢獻者，尤當優予任用，凡屬一般將士，自此布告以後，務必一體遵守，卽日停戰，以待後命，其非正規軍隊，散在各地担任遊擊者，亦務必遵命停止活動，聽候點驗收編，此爲和平建國之始基，所當共勉者也。

國民政府此次還都南京，爲統一全國，使向於實現和平實施憲政之大道，勇猛前進，全國以內，祇有此唯一的合法的中央政府，重慶方面，如仍對內發佈法令，對外國締結條約協定，皆當然無效，所望重慶方面破除成見，亟謀收拾，共濟艱難，至於事變以來，臨時維新等政府先後成立，爲保全國脈，維持民命，致其心力，鞠躬盡瘁，勞苦備嘗，茲已以一致之同意，統一於國民政府，對於其所辦事項，當暫維現狀，並當本於大政方針，迅速加以調整，自此以後，全國在統一的指導之下，同心同德，滌戰後之瘡痍，謀將來之發展，國家民族之復興，東亞之和平，胥繫於此，有厚望焉。

中華民國二十九年三月三十日

國民政府政綱

一、本善鄰友好之方針，以和平外交，求中國主權行政之獨立完整，以分担東亞永久和平及新秩序建設之責任。
二、尊重各友邦之正當權益，調整其關係，增進其友誼。
三、聯合各友邦，共同防制共產國際之陰謀，及一切攪亂和平之活動。
四、對於擁護和平建國之軍隊，及各地游擊隊，分別安輯，並建設國防軍，劃分軍政軍令大權，以打破軍事獨裁制度。
五、設立各級民意機關，網羅各界人才，集中全國公意，以養成民主政治。
六、召集國民大會，制定憲法，實施憲政。
七、歡迎各友邦資本與技術之合作，以謀戰後經濟之恢復，及產業之發展。
八、振興對外貿易，求國際收支之平衡，並重建中央銀行，統一幣制，以奠定金融之基礎。
九、整理稅制，減輕人民之負担，復興農村，撫綏流亡，使其各安生理。
十、以反共和平建國爲教育方針，並提高科學教育，掃除浮囂空泛之學風。

社會部工作綱要

社會部爲國民政府新設之行政機構，其任務，略同日本之厚生省，英、法、德之勞工部，蘇俄之勞工委員會，又略似德國之失業部，法國之公共訓練部，意大利之法團部，主要工作，約如下列：

一、人民團體之指導監督；

二、全國民衆之組織訓練；

三、社會政策之施行；

四、社會事業之推進。

前二者之目的，在團結民衆，健全民衆，使其思想與行動，趨於合理，並使全國民衆，與政府之關係，益臻緊密，一心一德，在　汪主席領導之下，共向和平反共建國之途邁進。此外，更使實行民治之基礎，於焉確立，地方自治之實施，賴以完成。

後二者之目的，在將一切社會問題，覓取合理解決。舉其大者：如勞動者之保護，失業者之救濟，勞資衝突之調解，勞資協作之促進，農工生活之改善，社會保險之推行，當就其性質，會同有關各部會，致其努力。此次戰後，各地多遭殘破，人民生活秩序，幾失其常，故關於：

一、流亡同胞之撫輯；
二、遊民散勇之教養；
三、老弱殘廢之保育；
四、孤兒寡婦之扶助；
（以上四項會同振務委員會辦理）。
五、農村生活之安定；
（會同農礦部辦理）。
六、城市繁榮之恢復；
七、社會經濟之復興；
八、地方食粮之調節；
（以上三項會同工商部辦理）。
九、合作事業之推廣；
十、專門人才之登記。

均屬當務之急，未可或緩，本部職責所在，皆當商同有關各方，次第舉辦；又社會服務一項，旨在便利民衆，并當速其實現，以期切合需要，而示政府關懷民瘼之至意。

附錄

社會部重要職員錄

部長 丁默邨

政務次長 顧繼武

常務次長 彭年

參事 呂斅 劉存樸

簡任祕書 應瀅 楊昌蔚

薦任祕書 黃慶祥 金璧城 勞綏遠 彭千青 趙鳴川

總務司長 李志雲

勞動司長 張克昌

合作司長 張鵑聲

公益司長 胡志甯

簡任專員 郭叔亮 陳東白 張石之 周樹望 周文瑤 潘壽恒 裘允明 蔣兆祥 王承蕃

曹翰芳 文忍庵 邵銘新 樓志成 陳翔

簡任視察　馬寒風　吳顯仁

科　長　曾唯一　唐銘琛　曹祝珊　汪亦平　張臨莊　殷　實　金作賓　潘鼎元　章華賓

應之誠　薛習恒　胡天偕　趙爾昌　徐裕昆　冷炳南　戚爵臣

社會運動指導委員會委員暨重要職員錄

委員長　丁默邨

專任常務委員　蔡洪田　凌憲文　唐惠民　黃香谷　翦建午　孫鳴岐

兼任常務委員　顧繼武　彭　年　李文濱　戴英夫　汪翰章　胡蘭成　汪曼雲　湯澄波
朱　樸　趙叔雍

當然委員　李志雲　張克昌　張鵬聲　胡志甯　呂　斆　劉存樸

專任委員　王德言　姜文寶　羅廣來　陸善熾　潘國俊　陳伯華　蔣信昭　梁梅初
龍英傑　程德源　王道南　李寺泉　孫迪堂　吳漢白　梅少樵　丁伯常
陳覺吾　丁時俊（已故）　沈半梅　張　昇　胡壽祺　李慶鐔　朱養吾
章樹欽　馬潤芳　范一峯　余耀球

兼任委員　陸文韶　李凱臣　馮一先　張梅庵　應　瀅　張一塵　趙如珩　俞振輝
陸友白　金光棡　李先治

祕書主任　王德言　祕書　劉　筠

第一組組長　丁時俊（已故由王德言兼代）

第二組組長　沈半梅

第三組組長　張昇
第四組組長　胡壽祺
第五組組長　李慶鐔
第六組組長　朱養吾
上海分會主任委員　孫鳴岐
副主任委員　張克昌
南京分會主任委員　黃香谷
副主任委員　姜文賓
江蘇辦事處主任　章樹欽
浙江辦事處主任　張梅庵
安徽辦事處主任　聶鴻智
副主任　彭聖麟
科長　顧善章　賈國民　周映青　方佩誠　沈若虛　樊國人　萬雪舫　鄭葆元
李春培　黃惕人

行政院會議有關本部之決議案

會議次數	日期	討論或任免事項	決議	提案人	備考
第二次	四月九日	擬請任命李志雲為社會部總務司司長張克昌為勞動司司長張鵠聲為合作司司長胡志寧為公益司司長案	通過	本部	任免事項第八案
第四次	四月廿三日	擬請任命應澄楊昌蔚為社會部簡任秘書並擬請呈薦黃慶祥金璧城彭千青為薦任秘書案	通過	本部	任免事項第十一案
第五次	四月三十日	擬具社會運動指導委員會暫行組織條例修改草案請公決案	關於第三條交內政教育宣傳社會司法行政交通鐵道工商農礦各部會同審查並請立法院派員參加由內政部長召集	本部	討論事項第八案
		擬請呈薦曾唯一唐銘琛曹祝珊汪亦平張臨莊殷實金作賓潘鼎元章華寶應之誠為社會部科長案	通過	本部	任免事項第五案
		關於救濟事業應由有關係部會從速擬具計劃並先由首都及京滬路附近着手辦理其最先着手尤應注重最貧苦民衆之救濟案	通過	院長	臨時動議第一案
第六次	五月七日	擬請任命呂斅劉存樸為社會部參事案	通過	本部	任免事項第五案
		擬請呈薦陸介然梁默陶高天民茅宰平張信堅朱錫惠費有治瞿海觀朱燮華黃瑞春丁振言顧耕六吳道南方碩英潘志福章衣島徐重華邵保三袁清平袁增焜應華爾唐榮愷姚紹唐尹昌舜嚴鈺常為社會部薦任科員案	通過	本部	任免事項第七案

第七次	五月十四日	内政部長呈復奉命召集有關各部審查社會運動指導委員會暫行組織條例草案第三條謹提出審查意見敬候公決案	修正通過	内政部	討論事項第一案
		宣傳部長呈擬請將電影檢查權劃歸本部管理案	通過電影檢查歸宣傳部主管組織電影檢查委員會並由内政教育社會警政四部派員參加	宣傳部	討論事項第四案
第八次	五月廿一日	擬具社會運動指導委員會各省市分會組織規程草案請公決案	修正通過	本部	討論事項第七案
		丁部長呈擬請設置勞動問題研究委員會等四委員會案	通過	本部	討論事項第八案
		擬具中央學術研究所組織規程草案暨津貼概算表請准自五月份起在救濟費項下按月照撥案	中央學術研究所改稱文化服務團其辦法由教育社會宣傳三部及岑委員長羅委員長審查提出下次院議由社會部長召集	本部與教育部會呈	討論事項第九案
		擬請任命蔡洪田凌憲文唐惠民黃香谷翦建午孫鳴岐爲社會運動指導委員會專任常務委員顧繼武彭年李文濱戴英夫汪翰章胡蘭成汪曼雲湯澄波朱樸趙叔雍爲社會運動指導委員會兼任常務委員案	通過	本部	任免事項第九案
第九次	五月廿八日	丁部長呈奉交審查中央文化服務團辦法經召集會議謹將審查意見提請公決案	照審查意見通過六七兩月經費在救濟費内撥付	本部	討論事項第四案
		擬請任命孫鳴岐爲社會運動指導委員會上海分會主任委員張克昌爲副主任委員案	通過	本部	任免事項第五案
第十次	六月四日	丁部長呈報中國大民會人事及機構重行調整情形並檢附該會會長及理監事全部名單暨訂正該會組織章程各乙份擬准予備案	准予備案	院長	報告事項第三項
		丁部長呈擬具修正人民團體組織方案草案請公決案	通過並呈報中央政治委員會備案	本部	討論事項第三案
		擬請任命黃香谷爲社會運動指導委員會南京分會兼任主任委員姜文寶兼任副主任委員案	通過	本部	任免事項第二案

社會部同人消費有限合作社章程

第一章　通則

第一條　本社定名爲社會部同人消費有限合作社

第二條　本社依平等原則在互助組織之基礎上以共同經營之方法將日常必需品販賣與社員視事實上之需要並可兼營其他爲社員謀福利之事項以增進社員經濟之利益與生活之改善爲宗旨

第三條　本社社員所負之責任爲有限責任

第四條　本社以中央黨部原址爲營業區域

第五條　本社社址設於湖南路十八號

第二章　社員

第六條　凡屬本社營業區域以内各部會同人均得請求爲本社社員

第七條　本社成立後凡願入社者須塡具入社志願書由社員二人以上之介紹或直接以書面請求經理事會通過後始得爲本社社員

第八條　本社社員之權利

一　有建議本社之權

二　有選舉及被選舉權

三　有享受本社盈餘之權

四　其他應享受之權

第九條　本社社員之義務規定如左

一　服從本社現行社章及各項會議之議決事件

二　維持本社並謀其進步

三　對外宣傳合作之利益並盡力介紹新社員

四　其他應盡之義務

第十條　本社社員退社依左列之規定

一　社員身故爲自然退社

二　社員因職務更調自請退社應於事業季度終了前提出正式請求書通知社務會

第十一條　本社社員有左列情形之一者先行停止其各種應享之權利經社務會通過之決議出社以書面通知出社之社員並報告社員大會

一　破壞本社業務名譽及信用者

二　假借本社名義以圖私人利益者
三　無故繼續三次或間斷五次不出席於其應出席之會議並不委人代理者
四　其他經社務會決議者

第十二條　社員出席或自請退社必須將債務及担保之責任清理如係死亡由承繼人或法定代理人負担

第十三條　本社社員以不退股爲原則倘因第十條第十一條情事之一者得以書面請求理事會准其退股其辦法如左
一　自然退社者於每季結算後退還股款於承繼人或法定代理人
二　自請退社者其股款除有特別事故經社務會議決扣留外得於每季結算後退還股本於本人或承繼人或法定代理人
三　出社退股者其股款如何退還由社務會決定之

第十四條　本社如有損失時其退股社員應負之責任得於股款內扣除之

第十五條　本社成立後新社員對於入社前本社所負一切債務應與舊社員共同負責

第三章　社務

第十六條　本社股款每股定爲國幣五元股款一次繳足

第十七條　本社社員至少須認購一股最多不得超過五十股

第十八條　本社股息定爲年息八厘按實繳之股額計算

第十九條　本社社員將股款全額繳清後發給股票

第二十條　本社之股票由本社製定蓋用社章並由理事會主席署名蓋章股票之掛失換新其辦法另行規定之

第二十一條　本社社股非經社務會之同意不得抵押或讓渡

第二十二條　本社之資金來源如左
一　社員股金
二　借入款額
三　公積金
四　剩餘金
五　社員存款及其他

第四章　業務

第二十三條　本社業務以日常必需品販賣與社員並可兼營其他爲社員謀福利之事項

第二十四條　本社營業由營業主任專負其責

第二十五條　本社各項營業規則及辦事細則另訂之

第二十六條　本社收付款項之票據均須經理事會主席及主任或會計連署方生效力

第二十七條　本社規定以國歷一月一日至三月三十一日四月一日至六月三十日七月一日至九月三十日十月一日至十二月三十一日爲事業季度（一月一日至十二月三十一日爲事業年度）每季終了時應結算一次每年度終了時應總結算一次製成左列各表經監事會審核後報告社員大會

一　資產負債表

二　損益計算書

三　財產目錄

四　本季度（或本年度）事業報告

五　盈餘處分

第二十八條　本社營業所獲除應有開支及股息外所餘之利益皆爲盈餘其分配依左列之規定

一　以百分之二十五爲公積金作爲彌補社中損失發展社務之用

二　以百分之十爲公益金作爲辦理社員福利事業之用

三　以百分之十爲酬勞金爲報酬職員辛勤之用

四　以百分之五十五爲社員之紅利

第二十九條　本社社員紅利之分配以社員購買額之多寡爲標準

第三十條　本社之公積金經社員大會之決定存儲於指定銀行

第五章　會議

第三十一條　本社組織依左列之規定

一　社員大會由全體社員組織之

二　社務會由社員大會選出之理監事組織之

三　理事會由社員大會選出之理事組織之
四　監事會由社員大會選出之監事組織之
第三十二條　本社各部職權依左列之規定
一　社員大會主持全社事務爲本社最高權力機關
二　社務會承社員大會之委託爲社員大會閉會後最高權力機關
三　理事會承社員大會之委託辦理社務爲本社執行機關
四　監事會承社員大會之委託監查社務爲本社監督機關
第三十三條　本社集會依左列之規定
一　社員大會由理事會召集全體社員過半數之出席始得開會出席社員過半數之同意始得決議臨時社員大會由理事會或監事會召集之社員全體四分之一以上亦得以書面說明提議事項及其理由請求理事會召集之
二　社務會由主席召集之其主席由理事監事互選之全體理事監事三分之二以上之出席始得開會出席理事監事過半數之同意始得決議
三　理事會由理事主席召集之過半數理事之出席始得開會出席理事過半數之同意始得決議
四　監事會由監事主席召集之過半數監事之出席始得開會出席監事過半數之同意始得決議
第三十四條　本社社員不能出席社員大會時得以書面委託其他社員代理之但每一社員不能代表二人以上之社員
第三十五條　本社社員大會開會每一社員僅有一票表決權
第三十六條　本社社員會期規定如左遇必要時得召集臨時會
一　社員大會每季一次
二　社務會每季二次

三　理事會每月一次

四　監事會每二月一次

第六章　職員

第三十七條　本社設理事十三人監事九人候補理事五人候補監事三人由社員大會選舉之惟不能互相兼任

第三十八條　本社設營業主任一人會計一人由理事會選任之均係義務職營業員若干由理事會決定之

第三十九條　理事會及監事會之主席由理事會及監事會分別選任之

第四十條　本社理監事之任期定爲一年連選得連任之營業主任及其他事務員之任期由理事會決定之

第四十一條　本社理事會之職權規定如左

一　受社員大會之委託處理社內一切社務

二　社內各項計劃事項

三　進退營業主任及其他事務員並規定職權及薪金事項

四　管理社內一切財產事項

五　編製預決算及帳目簿表事項

六　規定社內一切費用

七　遵章召集社員大會及分配盈餘事項

第四十二條　本社監事會職權規定如左

一　監查合作社之財產狀況

二　監查理事及其他職員執行業務之狀況

三　審查第二十七條所規定之報告書

四　發現財產或營業上有損害時召集社員大會或呈報主管官廳

第四十三條　本社理監事皆爲義務職監事同時不得享受本社之酬勞金

第四十四條　本社理監事及營業主任有違法之行爲時經社務會之決議得停止其職權但須於停止職權後七日內召集社員大會受理之

第四十五條　本社理事會應置社章及左列各項簿册於事務所

一　社員名册

二　社員大會記錄

三　社股簿
四　公積金簿
五　財產簿
六　總帳簿
七　日記簿
八　各項開支簿
九　其他關於營業之必要簿册

第七章　成立解散及清算

第四十六條　本社遇有左列情事之一者隨卽解散
一　社員大會議決解散或與其他合作社合併
二　破產
三　發生其他解散之事由

第四十七條　本社決定解散時應由社員大會選出清算人遵照合作社法清理本社債務及債權事項

第八章　附則

第四十八條　本章程得由社員大會議決修改之

第四十九條　本章程由社員大會通過後呈請主管機關核准施行

社會部公報價目表

期限	價目	郵費	
零售	一角	本埠半分	外埠一分
半年	一元	本埠六分	外埠一角二分
全年	二元	本埠一角二分	外埠二角四分

暫訂廣告刊例

頁數	價目
一頁	每號十八元
半頁	每號九元
四分之一頁	每號四元五角

刊登廣告在四號以上者每號按七折計算，在十號以上者每號按照六折計算長期另議

編輯者 社會部總務司

發行者 社會部總務司

印刷者 新中印刷公司 南京四象橋邀貴井十四號 電話二三一三七

出版日期 每月一日十五日各出版一次

社會部電話號碼	
部長室	23581
次長室	23582
祕書室	23583
總務司	23584
勞動司	23585
合作司	23586
公益司	23587
公用	23589

（僞）社會部總務司　編

（僞）社會部公報

第二號

南京：（僞）國民政府行政院社會部總務司，民國二十九年（1940）鉛印本

中華郵政登記認為第一類新聞紙類

中華民國二十九年七月一日

社會部公報

第二號

國民政府行政院社會部總務司印行

總理遺像

總理遺囑

余致力國民革命，凡四十年，其目的在求中國之自由平等，積四十年之經驗，深知欲達到此目的，必須喚起民衆，及聯合世界上以平等待我之民族，共同奮鬥。

現在革命尚未成功，凡我同志，務須依照余所著，建國方略，建國大綱，三民主義，及第一次全國代表大會宣言，繼續努力，以求貫澈，最近主張，開國民會議，及廢除不平等條約，尤須於最短期間，促其實現，是所至囑。

汪代主席

目錄

法　規

社會部法規委員會組織規程

第一條　社會部爲修訂本部暨所屬機關之法規，及其他各種社會法規，依社會部組織法第六條第二項之規定，設立法規委員會。

第二條　本委員會設主任委員一人，副主任委員一人或二人，專任委員兼任委員各若干人，均由部長分別聘任或派充之。

第三條　本部參事爲本委員會當然委員。

第四條　主任委員主持本會一切事務，副主任委員襄助之。

第五條　法規草案由本委員會討論公決，呈請部長核定公布，或依立法程序辦理。

第六條　本委員會對於各種法規，認爲有增訂修正或廢止之必要者，得提出建議書，呈請部長核定交辦。

第七條　本委員會會議由主任委員召集，會議規則另訂之，會議時以主任委員爲主席，主任委員缺席時，由副主任委員主席。

第八條　本委員會分設四組，其職掌如左：

一、普通組　掌不屬於各組事項；

二、勞動組　掌關於勞動法規事項；

三、合作組　掌關於合作事業法規事項；

四、公益組　掌關於公益事業法規事項。

第九條　各組設召集人一人，由正副主任委員商承部長，就專任委員中指定之，但各組召集人，仍得兼充他組委員。

第十條　各組委員由主任委員指定之。

第十一條　各組因事務上參考之必要，得調閱各司會室有關文卷。

第十二條　本委員會設祕書一人，科員辦事員各若干人，均由部長派充，承正副主任委員之命，整理議案，並處理文書及庶務事項。

第十三條　本規程自公佈日施行。

社會部社會服務委員會組織規程

第一條　社會部爲便利民衆服務社會起見，特設社會部社會服務委員會（以下簡稱本會）

第二條　本會服務事項如左：

一、人事及法律問題諮詢之解答事項；

二、醫藥及衛生諮詢之解答事項；

三、文化及教育諮詢之解答事項；

四、物品諮詢之解答及代辦事項；

五、一般諮詢之解答及代辦事項；

六、失業登記及職業介紹事項。

第三條　本會因服務上之便利得分設若干組。

第四條　本會置主任委員一人，委員若干人，必要時得置副主任委員或常務委員，均由社會部部長派充之。

第五條　本會置指導員總幹事各若干人，分別担任各項服務事宜。

第六條　本會應在各城市或重要鄉鎮，設立社會服務處，其組織另定之。

第七條　本規程自公布日施行。

社會部處務規程

第一章 總則

第一條 本規程依社會部組織法第二十一條制定之。

第二條 本部職員應依本部組織法及本規程暨其他章則，承長官之命，分別處理主管事務。

第三條 各司室會事務，如有互相關聯者，應由各司室會主管人員協商辦理，彼此意見不同時，呈請部長次長核示，各司室會所管事務，涉及二科或承辦職員二人以上者，由各該科長或職員等協商辦理，彼此意見不同時，由該管長官決定之。

第四條 本部職員承辦文件，除緊急事務隨到隨辦外，自接受之日起，重要者不得逾一日，次要及尋常者不得逾二日，但須考查檔案，討論辦法，或審核及擬辦表冊者，不在此限。

第五條 各種會議紀錄，如有關係各司室會者，由召集會議之司室會呈送部長核閱後，即日油印分送。

第六條 對外接洽事項，如有關係各司室會者，由總務司分別通知。

第七條 各司室會遇有應行通知他司室會事務，均用通知書隨時通知。

第八條 國民政府公布，及部令公布之法令章則，由總務司印刷，分送各司室會查考，但不屬於本部主管事務之法令，得以原件分送傳觀，傳觀後仍由總務司歸檔。

第九條 各司室會應備具左列各簿冊：

一 簽到部，

二 收文簿（總務司第一科置收文總簿各司室會置分簿），

三 發文簿（總務司第一科置發文總簿各司室會置分簿），

四 檔案編存簿（各司室會置分簿），

五 文件稽核簿（各司室會每週列表登簿呈核），

六 簽呈簿，

七 送稿簿，

八 會稿簿，

九 值日人員簿，

十 法規編存簿，

十一 命令編存簿，

十二 會議紀錄簿。

第十條 本部各司室會辦事細則另訂之。

第二章 職責

第十一條 法律命令案，由參事擬訂或審核之。

第十二條 法令案由參事擬訂者，應呈請部次長發交法規委員會核議，由部長決定之。

第十三條 法令案由各司室會起草者，應呈請部次長發交法規委員會或參事審核，由部次長決定之

第十四條 法令案公布後，應於每三個月或半年印行一次。

第十五條 關於解釋法令事項，由參事協議，簽請部次長發交法規委員會核議，由部長決定之。

第十六條 各司室會職員所擬稿件，由擬稿人及核稿人署名蓋章後，送由秘書室轉呈次長核閱後，再呈部長判行。

前項稿件，如有事務涉及司與會職掌者，各主管司會長官應共同署名蓋章，如係二科會辦或職員二人以上會擬之稿件，各該科長或職員應共同署名蓋章。

第十七條 機要文電由秘書室擬定後，逕呈部次長核定，但遇有必要情形時，得會同主管司室會長官擬定之。

第十八條 本部對外文件，如經部次長認為可用各司室會名義函達或通知者，均得以司室會名義行之。

第三章 文書處理

第十九條 每日到文，由總務司第一科收發室依照來文封面，摘由編號登簿，駐明文到日時，送由秘書室按其性質及主辦部分登簿，送呈主管

祕書審核，分別重要次要及尋常加蓋戳記，重要者即時呈送部次長核示交辦，次要及尋常者分別送交各司室會核辦。

前項文件，如來文封面未經摘由，即由收發室補摘編號。

收發室送達公文時間另定之。

第二十條 前條收文簿，無論重要次要及尋常，收發室，將文件送祕書室分司後，即將該收文簿呈送次長核閱，於收文簿上蓋章，發還收發室，如認某文件有調閱之必要時，得向主管司室會調閱之

第二十一條 各司室會收到文件後，即登入收文分簿，由主管長官核閱後，分交各主管科或承辦員辦理。

前項文件如係普通例案，即由各主管科長批擬辦法，交承辦員逕行擬稿，或由主管科長簽擬辦法，送經各司室會長官核定，發交承辦員擬稿，連同來文一併送由祕書室轉呈部次長核閱，如有疑難必須請示者，應於來文擬辦欄內或另紙簽註意見，送由祕書室轉呈部次長核示，如認為應存文件，應於來文擬辦欄內，簽註擬存字樣，送由祕書室轉呈部次長核定。

第二十二條 凡來文如係密件，應由收發室逕送祕書室轉呈部次長拆閱，應行存查之文件，於部次長批閱後，發還祕書室歸檔密存，如係交辦之事件，應由祕書室主辦，或密封分送有關各司室會主管長官親收，並按照第二十一條之規定，指派辦理機密人員，妥愼處理之。

第二十三條 凡文稿經部長判行後，由祕書室分送各司室會發交主管科長或承辦員閱畢，即時發繕，並經原擬稿人復核後，分別送簽送印，俟簽印齊全後，即由監印室逕送收發室。

第二十四條 收發室收到簽印齊全之發文後，應即時摘由編號，分登各種發文簿，重要者立時發行，次要及尋常者分上下午發行兩次，但機密文

件祇須註明發某機關，不必摘由。

第二十五條 收發室於文件發行後，將送簽送印簿及原稿，分別送還主管司室會整理歸檔。

第二十六條 送簽送印文件，均須登簿，其稿面未經部長判行者，不得簽署部長名章，及蓋用部印，監印員蓋印後，並由校對員覆核一次，分別蓋戳，每日將蓋印簿送總務司長核閱一次。

二十七條 應登公報文件，由各司室會長官於稿面上分別加蓋送登政府公報，及本部公報戳記，經部次長核定後，分別抄送。

第二十八條 凡來電除註明親譯字樣者外，無論明碼密碼，均送交譯電員翻譯，由簡任秘書閱看，如認為緊急者，即轉呈部次長核閱後，即由秘書室逕行擬辦，或交收發室登簿，即送各司室會擬辦，如係普通電報，或由秘書室擬辦，或交收發室轉送各司室會擬辦。

第二十九條 每日收發文件，由總務司第一科於次日上午，繕寫收發文摘由表，油印分送部次長及各司室會查閱。

第三十條 歸檔文卷，由總務司第一科設置檔案室，凡歸檔文件，由各司室會指定人員，將類別卷數案由件數附件等項，記入檔案編存分簿內後，送檔案室管卷員分別編號歸檔。

第三十一條 文卷歸檔後，如須調閱時，均用調卷證調取，俟原卷送還，再將調卷證取回。

第四章 經費出納

第三十二條 本部一切經費，由總務司主管科按月造具支付預算書，呈由司長轉呈部次長核定後，領款應用。

第三十三條 本部出納款項，每月月終由總務司主管科將數目結算，編造收支計算書呈由司長轉呈部次長核閱。

第三十四條 本部各職員俸給，由總務司主管科按月開列職員俸額，呈由司長轉呈部次長核准支發，各職員領俸時，於收據上署名蓋章，交科存查，勤務工食由總務司主管科彙領轉發。

第三十五條　各司室會隨文附收之公款，由收發於來文達到時，即將該款送交總務司主管科查收，由該科科長在來文上加蓋名章，註明月日，及總務司第三科收訖等字樣，再將來文分送各該主管司室會辦理。

第三十六條　本部出納帳目每屆月終由總務司主管科核結一次，呈由司長部次長核閱蓋章。

第三十七條　本部普通用品，由總務司第四科購辦，如購置特需物品時，須經司長批交辦理。

第三十八條　總務司第四科向第三科領款，須由第四科科長署名蓋章，一次領款在一千元以上者，由司長轉呈部次長核定之。

第三十九條　總務司第四科應備領物簿，分送各司室會，凡職員因公需用物品時，應於簿內塡明種類數目蓋章，並由各司室會主管人員審核蓋章，方可領用。

第四十條　各司室會器具公物，均由總務司第四科登記總簿，並編號黏籤，印製清單，分交各司室會保管。

第五章　部務會議

第四十一條　部務會議每星期舉行一次，其規則另訂之。

第四章　考勤

第四十二條　本部人員，應按規定辦公時間到部離部，不得有遲到早退情事。

第四十三條　星期日及各種假日除循例休假外，應派員值日，其規則另訂之，但遇有要事，得由部次長臨時召集各司室會職員辦公。

第四十四條　各司室會簽到簿，於辦公時間開始後十五分鐘內，送呈部次長核閱。

第四十五條　辦公時間不得接見賓客，但商洽要公者不此限。

第七章　附則

第四十六條　本部各司分科規則及請假奬懲規則另定之。

第四十七條　本規程如有未盡事宜，得隨時修正之。

第四十八條　本規程自公布日施行。

命令

行政院令

行政院指令 行字第三七六號

令社會部

呈一件（爲遵令修正社會部社會服務委員會組織規程仰祈鑒核備案由）

呈悉，准予備案。此令。

中華民國二十九年六月二十七日

院長 汪兆銘

專載

再呼籲於同胞之前

汪精衛

米天天貴起來了，政府固然要用盡方法以謀救濟，然而根本的解決，是有待於全面和平。同胞餓得耳要聾了，實在不忍再說什麼話，然而也不忍不再呼籲幾句。

幾年以來，我呼籲着「大家說老實話，大家要負責任」，如今所要再呼籲的，還是這幾句。

幾年以來，戰事上的諱敗，說起令人慚愧，然而有些人原諒的說：「這是不得不然。」是的麽？請看法國戰敗，就老實說戰敗，不會向世界及自己國民瞞飾一句。因為，肯說老實話，所以肯負責任。一個在上次世界大戰得着勝利的榮譽，被稱為護國之神，被稱為陸軍之父的八十四歲老頭子貝當元帥，挺身起來，担負戰敗的責任，要從戰敗後謀國家民族的保存。他不會像中國的軍事領袖那樣，每一次喪師失地之後，還要逼老百姓祝捷放鞭砲，他不曾像中國的軍事領袖那樣，長沙未丟，就放一把火燒個精光，廣州臨丟的時候，還要把來燒成白地。他把巴黎整個的保存着，除了地底鐵道之外，不曾自動破壞一點，他更不會像中國的軍事領袖那樣，口口聲聲拿國際援助來給老百姓望梅止渴，畫餅充飢。他原來有英國比肩作戰，他知道救不了法國，要毅然單獨向德國要求停戰講和，他並且有美國的物資援助，他知道這不過等於看牛鬥的人，怕疲倦了看不盡興，給一杯白蘭地喝喝，給一點糖吃吃，這尤其救不了法國的，所以絕不因此對於停戰講和有所躊躇。法國軍人有此精神，說老實話，負責任，縱然法國自此以後，事未可知，然而我敢斷然的說，法國必能從多災多難之中，覓得一條出路。

法國軍人如此，法國一般人民又如何呢？他們不會和中國一般，自命爲文化界的人們那樣由早到晚張着嘴扯謊。最近襄陽荆州沙市宜昌，以次失陷了，卻說：「好得很，又多了一條泥腿」，他們不會那樣的「雙眼望英美，一身靠蘇聯」，他們不會對於貝當元帥的要求停戰講和七口八舌的奉以賣國賊漢奸等等不入耳的汚言穢語。我在上次歐洲大戰時是同情協約國的，及至看見凡爾賽條約之後，就轉而同情德國。一直這幾年，我同情德國的論調未嘗變過，我的文字可以覆按，可是如今我又同情法國了。法國人民的愛國心比中國人深，對於國家的盡力比中國人多，相形之下，我只有說不盡的感激。

凡爾賽條約，種下今次的禍根，以德國人聰明必然看到，當不致以凡爾賽條約一類的東西，還之法國的。因此我想起去年六月到東京的時候，平沼首相對我說，我們東方人不要蹈襲西方人那些功利思想，不要玩凡爾賽條約那一套。這話到如今恰恰一年了，我因此再呼籲於同胞之前，我們要說老實話，負責任。

蔣介石的磁鐵戰

汪精衛

我們所以獻身於和平運動，根據以下三個理由：

第一、中日兩國，只宜爲友，不宜爲敵。

第二、中日兩國，雖因一時不幸，至於爲敵，仍然應該時時刻刻覓取爲友的途徑，一經得到途徑，立即轉而爲友，並且爲永久的友。

第三、近衛聲明，已經給與中國以轉敵爲友的途徑了，自從近衛聲明以來，日本政府的方針，輿論的趨向，已經漸漸一致起來。不但此也，已經漸漸形成中心勢力。現在所期待的，是中國政府，及中國人民，都一齊堅決的走上這途徑。

以上三個理由，是我們所以獻身於和平運動的根源。

我們根據第一個理由，即使和平一時不能實現，我們也甘爲中日爲友的前途而犧牲。何況第二個理由及第三個理由，尤使我們明白和平運動，已漸漸的走向實現的方面。

在這時候，我們時時刻刻期待着我們舊日的伴侶，回心轉意，和我們一起努力。雖然他們日日在咒罵我們，污衊我們，我們不願生氣，也不願灰心，我們只有齩着牙齒，噙着眼淚，來期待着他們。

然而不料在這時候，蔣介石仍然演說他的磁鐵戰，於是迫得我不能不再說幾句話。

蔣介石的磁鐵戰，其大意不過如下：中國有的是廣土衆民，日本來攻的時候，只要把自己的主力軍隊保存着，便不怕甚麼，因爲保存着自己的主力軍隊，便可以駕御廣土衆民，不慮紛散，同時並可以驅使廣土衆民，與日本軍隊久纏不休，甚麼長期戰，焦土戰，游擊戰，什麼日本軍隊只能佔領「點」與「線」，而不能佔領「面」，說穿了，不過如此，而磁鐵戰的最大效能：也不過如此。

但是我要問一句，這種戰法能得最後勝利嗎？不能的那怎麼辦呢？一、期待國際援助，二、期待日本經濟之枯竭與崩潰，國際援助，看見最近歐戰情形，大概可以付之苦笑了。日本經濟之枯竭與崩潰又何如呢？常常說道：「中日戰下去，只有兩敗俱傷，」這話不完全對的，中日戰下去，日本不免於傷，中國則只有死而已。

中日戰事已經三年了，有些人看見中國公然支持戰事至三年之久，便以爲這是奇蹟，其實大謬；我們試看一看歷史，明朝亡國的時候，由崇禎十七年即西歷一六四四年清兵入關起，至永歷十六年，即西歷一六六二年永歷帝被殺止前後共十八年。以前清兵的連年廝殺，與以後的台灣仍然奉明正朔，尚不算在內，至於宋朝的亡國，其時間却更長了，由高宗的偏安以至祥興帝的蹈海，足足一百十五餘年，由此看來，區區三年，何足爲久，然則我們因此而羨慕偏安麽？那更大謬不然，中國是一個農業國家，比起近代工業國家，神經中樞，是沒有那麽集中的，大凡愈高等的動物，神經中樞愈集中，因此平時活動力強，然因此一個致命傷，也就可以了事。低等的動物則不然，神經中樞散漫，譬如田鷄，你將他斬成幾塊，每塊仍然會跳動的，但是這有甚麽用處呢？上次大戰後的德國，爲什麽恢復得如此容易，就是因爲德國是一個高度的工業國家，一切精神物質容易集中，容易統一，所以受打擊雖大，而恢復也快。至於中國，雖然「點」與「綫」被人佔領了，因爲神經散漫，不大覺得；而「面」的凌遲碎剮，總須費些時日的，似乎不妨苟延殘喘，却不知亡得慢，恢復得也慢。宋亡之後，百年而始恢復，明亡之後，差不多三百年而始恢復，宋亡明亡，祇是亡於軍事，不是亡於經濟文化，如今非宋明時代可比，不亡則已，一亡則經濟文化亦隨以俱亡，那麽不但恢復無期，而且所患者，不只亡國，而且滅種了！

如此說來，我所說「中日戰下去，日本不免於傷，中國則只有死而已」，是不是危言聳聽呢？以上的話，不但從前沒人說過，我自已亦沒說過，因爲實在不忍說，但是現在却不忍不說，譬如父母將死，却有一班殺人不眨眼的醫生，在旁邊信口胡柴說什麽金木水火土，你不由得不着急，不忍說的話，也說出來。

我們舊日的伴侶，自從戰事開始以來，大約連日本的雜誌也懶得看了。須知道中國在講究長期抗戰的時候，日本也在講究長期征服，日本早就有人知道滅亡中國是要十年二十年以上的，早就講究怎樣的長期征服的方案了。然而日本也知道如果這樣幹下去，中國必死，而日本也不免於傷，所以纔有近衛聲明以來的大轉變，日本人不忍其國之傷，中國人難道忍其國之死嗎？

我將焦土戰游擊戰比喻做吃砒霜餵老虎，這是確切不過的，現在不是天天鬧米貴嗎？米貴的原因在那裏呢？中國號稱以農立國，而每年粮食不能自給，麥米兩項，却要仰給於外洋，而且仰給的數目字，只有年年加大，如果時局得到安定，在政治上及科學技術上一齊着力，謀生產能力之提高，或者還可挽救。不知出此，而出於焦土戰游擊戰，須知以農立國的國家，其根本全在農村，焦土戰游擊戰一展開，農村便根本摧毀了，這不是吃砒霜是什麼？吃砒霜的人，是必死的，吃了吃砒霜的人的老虎，却不是必死的，或者嘔吐一場，壞了胃口，仍然可以活着，試問是誰損失的大？

如果日本不給與中國以轉敵爲友的途徑，則凡是中國人，只有出於吃砒霜的一法，如今日本已給與中國以轉敵爲友的途徑了。古人有言：「愛之欲其生，惡之欲其死」，我們不但我們不惜自已的死，但我們不能不求國家之生，我們不願見中國之死，我們也不願見日本之傷。日本維新以來，提心吊膽，慘淡經營，致此富強，大非容易，中國幾十年來，爲國民革命而奮鬥，無數先烈的血，也不應當使之白流，我誠心誠意呼籲於舊日的伴侶之前，我不願鬥口，我只願摸摸良心，說幾句老實話，負些責任。

附錄

社會運動指導委員會直轄各單位會派會計員服務規則

第一條　本規則所稱會計員，指本會派往直轄各單位之會計員而言。

前項會計員之任免以會令行之。

第二條　會計員除遵照會令執行職務外，並受本會會計主任及所在單位負責人之指導監督。

第三條　各單位收支款項，非依法令及預算由會計員記入簿册，不生效力。

第四條　各單位關於款項出納簿册報告，均應經由會計員簽名蓋章，連帶負責。

第五條　會計員職掌如左：

甲、關於督同所屬會計人員辦理會計事項；

乙、關於會計之整理及改革事項；

丙、關於款項之出納事項；

丁、關於保管庫存款項及重要單簿事項；

戊、關於編製歲入歲出預算決算事項；

己、關於稽核及指導所轄單位會計事項；

庚、其他會計事項。

第六條　會計員得視所在單位會計事務之繁簡，酌定助理員額，呈請　該單位負責人委派，並呈會備案。

第七條　會計員對於會計事務得以單獨名義，呈請本會派員指導或解釋疑義。

第八條　會計員不能盡職，或不勝任，或有過失，及非法行為時，得由各該單位負責人隨時呈報，由本會派員查實，分別懲處。

第九條　會計員去職時，所有經辦事項，非經清結，取具清結單，不得解除責任。

第十條 各單位於會計之法定程序，不依限辦竣，並無正當理由經會核准展限者，會計員與該單位負責人連帶負責。

第十一條 會計員遇有不得已事故，請假在三日以上者，須指定代理人並呈會備案。

第十二條 會計員對於所在單位會計事項，得隨時發抒意見，並在一會計年度結束時，將該年度會計事項之得失，及下年度應行改善之處，擬具計劃，呈會核辦。

第十三條 本規則自公布日施行。

社會部檔案室辦事細則

第一條　本部檔案室管理事務依本細則辦理之。

第二條　檔案室直隸於總務司第一科，應遴選委員呈請部長指派，負責管理本室一切事務。

第三條　檔案室應置左列各簿冊：

一、檔案總簿。一、檔案分簿。一、調卷簿。

第四條　除檔案總分簿外，得另置各種分類卡片。

第五條　檔案室應置貯藏卷宗之卷櫃，卷盒，卷套，調卷證分存盒，由管卷員按照類別分別保管，其式樣另定之。

第六條　各司室會稿件繕發或簽呈核閱後，仍發交原科辦稿人員核案編訂，詳載本案文件目錄，及承辦各司室會，登簿編號，送交檔案室依類分別歸檔。

第七條　關係兩處以上之文件，應歸入主稿司室卷內，但於分類時，應在保管簿上註明之。

第八條　卷宗分類應由各司室會按照本部組織法第七第八第九第十各條規定之職掌，分別辦理。

第九條　各簿號碼均應與檔案號碼相符。

第十條　管卷員接到歸檔之文件，應先檢閱有無漏印，漏章，及一切附件，如有遺漏，應向主管科按洽補全，其有特別情形者，須請科長轉報秘書司長核辦。

第十一條　檔案室管卷員每半年應編製案卷目錄一次，印送各司室會科存查。

第十二條　檔案室除管卷員及直接長官外，無論何人非經長官之許可不得擅入。

第十三條　檔案室內嚴禁吸烟，及攜帶易於引火物品，並注意屋瓦滲漏，牆壁潮溼，隨時報告修葺。

第十四條　凡調閱文件應查明類目，「承辦司室會」及卷號，案由，附件，年限，塡具調卷證，由科長以上長官署名蓋章，方得向檔案室調取。

第十五條　調卷人非經部次長許可，不得以調取之件轉借他人，或任部外人員閱看。

第十六條　調取文件限即日歸還，如有必要情形多需時日者，應於調卷證備考欄內註明理由。

第十七條　還卷時應由管卷員點明件數無誤，即將該卷歸入原檔，並檢還其原調卷證。

第十八條　管卷員遇有調卷還卷時，均應即時辦理，並登記於調卷簿。

第十九條　總務司第一科應置卷宗閱覽簿。

第二十條　本部職員欲在本部檔案室查閱文件時，須在卷宗閱覽簿詳細填註，送交管卷員，經主管長官核閱許可後，方可檢交。

第廿一條　閱覽未畢，因事外出時，須通知管卷員檢點清楚，方可離室。

第廿二條　閱覽時間以辦公時間為限。

第廿三條　秘書室，參事室，及專員，視察等室，卷宗歸檔，分類，及調閱等程序，均依本細則辦理之。

第廿四條　本細則自公布日施行。

社會部圖書室辦事細則

第一條　新書到部，按照購書簿及贈書簿，與書籍册數核對是否相符，如有損壞缺頁錯誤等，卽在各簿上登記，購置者應卽換調。

第二條　圖書登記應根據登記卡片規定各項，一一填寫，如遇殘缺破壞，應分別在備註欄內註明。

第三條　圖書分類如左：

一、政治類，二、經濟類，三、社會科學自然科學類，四、勞動事業類，五、合作事業類，六、公益事業類，七、社會事業類，八、會計統計類，九、雜誌周刊和運類，十、黨義類，十一、法治類，十二、小說文藝類，十三、辭典類，十四、日文書籍類，十五、英文書籍類，十六、應用書籍類，十七、公報類。

第四條　凡單行獨立之圖書，均須登記編目，每週抄單分送各司室會，每半年彙編總目錄一次，分送各司室會備查。

第五條　圖書編目應分著者目錄，書名目錄，分類目錄，書架目錄四種卡片，如叢書合刊應製叢書目錄卡及見卡等。

第六條　中西書籍應合併典藏，普通線裝書概用護書夾或套紙匣，標寫書名，直立案上。

第七條　各種雜誌報章收到後，分別登記，並於雜誌封面及插圖上加蓋本室圖記，陳列各架，每種雜誌一卷出齊後，卽裝訂編目，與書籍同樣保存，報章選擇若干種，每月彙訂成册。

第八條　每年夏季定若干日為整理及晒書之期。

第九條　本規則如有未盡事宜，得隨時修正之。

第十條　本規則自公布日施行。

社會部圖書室借書規則

第一條 本部爲便利各職員研究參考起見，特訂定借書規則。

第二條 借書時間以辦公時間爲標準。

第三條 借閱圖書，須向本室管理員領取借書劵，依式塡就，向管理員借閱。

第四條 借閱圖書除職務上有關參考外，每次不得過二種，大部書籍每次不得過五册，已借之書未繳還者，不得再借他書。

第五條 借書期間以一週爲限，得續借一週，但逾期不還，又未聲請展期者，即由管理員索還。

第六條 凡借出之圖書，如各司室會亟待參考時，雖未滿期，亦可由管理員通知歸還。

第七條 借閱圖書如有割裂，塗抹、或遺失時，須照値賠償。

第八條 凡珍本大部書籍，以及地圖、字典、辭書、雜誌、報章等，非得主管長官之證明，確係職務上必須借出參考者，槪不出借。

第九條 本規則如有未盡事宜，得隨時修正之。

第十條 本規則自公布日施行。

社會部收呈辦法

一、人民或團體對於本部主管事務，有所請求或建議時，除訴願法及其他法令別有規定外，應依本辦法之規定辦理之。

二、凡投遞呈文，須具正副本各一件，如請求本部轉行者，須按轉行機關加具副本。

三、呈文應詳載左列各款：

甲　具呈人姓名，

乙　年齡，

丙　籍貫，

丁　住址，（應詳載原籍居所及本京寓所）

戊　職業，

己　請求或建議之理由，

庚　請求或建議之目的，

辛　附件名稱及數目其中有需發還者幷附記之，

壬　投呈年月日。

具呈人如係團體或私法人，須將其代表人姓名、年齡、籍貫、按照上款列載之。

四、呈文正本應由具呈人簽名蓋章，並照章粘貼印花。

五、具呈人應備具證明文件，證明其身分、籍貫、住址，如無相當證件，（證明身分者如學校證書，證明籍貫住址者如郵遞信套），得要求原籍，或本京之團體，或殷實商店，以書面負責證明之。

六、具呈人遵照上項規定，備具呈文及證明文件，未能來部親投，而由郵寄投遞者，應否受理由本部臨時核定之。

七、呈文如與本辦法規定不符者，本部收發室職員應詳予指示，令其依法補正之。

八、具呈人如對本辦法規定，或本部主管事務有所詢問時，應由收發室職員詳晰釋明之。

九、具呈人所呈附件有需發還者，應由原呈人備具領條，簽名蓋章具領，其郵寄來部者，由本部郵寄返還之。

十、本部員役主管收發或傳達者，如對具呈人有留難需索等不法行爲，聽憑舉發，查明嚴辦。

十一、本辦法自公布日施行。

社會部舉辦職員聯保切結暫行辦法

一、本部為謀所屬職員恪遵國策，盡忠職守，並相互監察起見，特舉辦聯保切結。

二、凡本部所屬各機關職員，須一律依照本辦法辦理，如有故意違背者，予以停職處分。

三、本部職員，應於本辦法實行之日起，三日內辦理完竣，新任職員，應先辦妥聯保手續，方可到部服務，但有特殊情形，經部長核准者，不在此限。

四、本部及所屬各機關職員填具聯保切結，須有職員二人以上之連保，方為有效。

五、聯保人對被保人之思想行動，如中途發生懷疑時，得請求退保，但被退保人應立即另覓保人，更換聯保切結。

六、如被保人違背第一條之規定，而有越軌情事者，聯保與被保人受同等處分。

前項處分，部長核其情節之輕重，分別懲處。

七、本部薦任官之聯保，簡任官或同級官行之；委任官之聯保，各級官員行之。

八、本部簡任官採取保證辦法，由同級官二人保證之。

九、本辦法自公布日施行。

社會部職員聯保切結

具聯保切結人　　今願聯保

在本部服務，[redacted]恪遵國策，盡忠職守，嗣後倘有越軌情事，聯保人願受連坐處分，所具聯保切結是實。

	被保人	聯保人			
姓名					
職別					
年齡					
籍貫					
通訊處 永久					
通訊處 現在					
捺印指模					

（註）職別欄應註明服務之司室會

中華民國　　年　　月　　日

社會部職員請假規則

第一條　凡本部職員請假，均依本規則行之。

第二條　凡職員請假者，應塡具請假單，並由各該主管長官分別核轉，奉准後，即送總務司登記存查，銷假時亦應塡具銷假單，呈由各該主管長官核轉總務司。

第三條　各司科職員請假在三日以內者，得由各該主管長官核准，在三日以上者，應由各該主管長官轉呈部次長核准，參事、秘書、司長、專員、視察等，其請假在一日以上者應呈部次長核准。

第四條　凡職員請假經核准後，即應將經辦事件，陳明部次長，或其主管長官，並委託同事代理，或由部次長及其主管長官派員暫代，接管明晰，方得離職。

第五條　凡職員請假不逾半日者，經主管長官許可後，得於簽到簿內註明，免具請假單，但此項臨時請假，每月不得過三次。

第六條　凡職員確因緊急事項或重病，不及自行請假時，得委託同事代爲塡具請假單。

第七條　職員請假計分三種：

一、事假，

二、病假，

三、婚喪假。

第八條　凡請事假以年曆計，每年積計不得過十四日，新任職員依到差日起，按照比例計算。

第九條　凡請病假者每年積計不得過三十日，並須呈驗診斷證件。

第十條　凡職員遇有婚喪事故，得按下列日數請假：

一、直系尊親屬喪假二十日；

二、本人婚嫁或喪偶假十日；

三、凡請婚喪假者，得按程期遠近，呈請酌給程期假。

第十一條 凡女職員因生育得請假兩個月。

第十二條 凡職員逾假不歸，或續假未經奉准，延不銷假者，均以曠職論，得按情節之輕重，予以下列之處分：

一、扣薪，

二、記過，

三、降級，

四、停職。

第十三條 凡職員在職滿兩年，請假不逾十日者，得休假二十日，滿三年請假不逾二十日，又未曾休假者，得休假四十日。

第十四條 本規則如有未盡事宜，得隨時修正之。

第十五條 本規則自公布日施行。

社會部及所屬機關支出憑證單據證明規則

第一條　本部及所屬機關支出憑證單據之證明，除法令別有規定外，依本規則行之。

第二條　凡支出款項，以正當受款人，或其代理人之收據為主要證明；其他憑證單據，均為參考附件。

凡支出款項，事實上不能取得收據者，得由經手人聲敍理由，出具經手人收據。

凡收據須由正當受款人，或其代理人親筆署名蓋章，但不識字者，得由經手人開單，使其畫押或蓋章。

第三條　凡收據須塡明實收數目，收款年月日，及付款機關之正式名稱，其未經註明正式名稱，或僅註私人名稱之收據，均作無効。

第四條　購買物品，如事實上不能取得收據時，應由收款商號於發貨單上註明：收現金數目，收款日期及付款機關名稱，得作為收據；但另有收據者，除上項之發貨單外，仍應另具合法收據。

前項收據，或發貨單，實收數目上應蓋用收款商號之收訖印章，並須由經手人簽字或蓋章。

第五條　凡本部及所屬機關公務人員，因公出差，經核准支給出差公費者，須依照出差旅費規則辦理，並應聲明左列事項：

一、出差事由；

二、核准機關及核准年月日；

三、起訖年月日；

四、停留地點日數及事由；

五、關於輪船火車之艙位等級，及其他舟車之種類及價目；

六、關於因公發電之事由；

七、關於延滯期限之事由。

第六條　凡工程經費除應具之單據外，並須加具工程估計書，各項圖記，暨監工人員技師等之證明書件，其訂有合同及公開投標者，幷應抄錄合同及投標文件或副本。

第七條　本部及所屬機關，支出經費之各項憑證單據，均應由出納人員署名蓋章，並將用途簡單註明。

第八條　按照印花稅法，應貼用印花稅票之憑證單據，均須照章貼用。

第九條　憑證單據上有雜列各種貨幣者，應註明折合國幣總數及其折合率。

第十條　凡外國文字之憑證單據，應由經手人將其中重要條件附譯中文。

第一一條　原憑證單據所開名目，價值，數量，如有不甚明晰之處，且不能使受款人補塡完備者，應由經手人附具說明，另加註釋，並於數目上加蓋私章。

第一二條　本部及所屬機關，應備憑證單據黏存簿，將各憑證單據，按支出計算書區分項、目、依、節次編號，黏存每件右角，由出納人員在騎縫處蓋章，並於憑證單據上註明所屬項目節，每項目節之後塡一總數，如遇裝訂成册之憑證單據，不得分卸改黏，但須在黏存簿中註明備查。凡供參考之憑證單據，均應註明係某號憑證單據之附件，按號附列於後，並於該號憑證單據上，註明附件總數。

第一三條　本部及所屬機關之憑證單據，由本部審核認可後，轉報審計部核銷。

第一四條　凡違反本規則所列各條之規定者，一經查明，應卽退還原機關補正手續；其在手續上未曾補正，或未經本部認可者，得暫時停止其應發之經費；其情節重大者，幷得隨時依法辦理。

第一五條　本規則自公布日施行。

中國大民會組織章程

第一章　總則

第一條　本會定名爲中國大民會。

第二條　本會以大亞洲主義爲基礎，推行大民主義，並辦理社會福利事業爲宗旨。

第三條　本會本部設於南京。

第二章　會員

第四條　凡中華民國公民，贊同本會宗旨，品行端正，經會員二人介紹，及支部幹事會審查合格，得爲會員。

第五條　外國人贊同本會宗旨，經理事會監事會通過，得認爲名譽會員。

第六條　本會會員之義務如左：

一、繳納會費；

二、接受並推行本會理事會命令。

第七條　本會會員得享有本會選舉權，被選舉權，及會內一切應有之權益。

第八條　本會會員倘有損害本會名譽之行爲，理事會應予相當處罰，或取消其會籍。

第三章　組織

第一節　會長

第九條　本會得置會長，爲本會名譽會長。

第十條　本會會長額定一人至三人由代表大會選舉之。

第二節　本部

第十一條　本會本部設理事會及監事會，置理事監事各若干人。

第十二條　理事監事均由代表大會選舉，任期一年，連選得連任。

第十三條　理事會之職權如次：

一、處理本會會務；

二、召集代表大會，並執行其決議案；

三、對外代表本會；

四、接納及採行會員之建議。

第十四條　理事會置常務理事三人至五人。

第十五條　理事會置左列各處：

一、秘書處，

二、組織處，

三、宣傳處，

四、社會服務處，

五、調查統計處。

第十六條　理事會於必要時，得設各種委員會。

第十七條　監事會設常務監事三人。

第十八條　監事會之職權如次：

一、審查預算決算；

二、對理事會之措施失當，得提彈劾；

三、糾正本會會員及職員之错誤。

第三節　總支部及支部

第十九條　本會得在各省市設立總支部，總支部設幹事會，置幹事若干人，常務幹事三人。

第二十條　本會各省市總支部，得在各縣或所屬地區內，設立支部，支部置幹事三人至五人，以一人為常務幹事。

第四節　顧問　專員　視察

第廿一條　理事會於必要時，經監事會同意，得延聘顧問，以備諮詢。

第廿二條　理事會於必要時，得任用專員，辦理或設計指定之事務。

第廿三條　理事會於必要時，得任用視察，分赴各地視察。

第四章　附則

第廿四條　本會各種章則及辦事細則另定之。

第廿五條　本章程未盡事宜，經理事會通過，監事會同意，得修改之。

社會部各種委員會負責人名單

法規委員會

主任委員 彭羲明

副主任委員 王震生

康煥棟

勞動問題研究委員會

主任委員 劉 哲

副主任委員 陳端志

潘國俊

合作事業設計委員會

主任委員 黃慶中

副主任委員 王德言

孔廣愚

社會保險設計委員會

主任委員 翦建午

副主任委員 蕭一城

食糧調節設計委員會

主任委員 陸文韶

副主任委員 馮一先

戚守和

社會運動指導委員會江蘇分會

主任委員 茅子明

副主任委員 呂 斆

章樹欽

中國大民會負責人名單

會長　梁衆異　温欽甫　陳公博
常務理事　陳人鶴　孔憲鏗　唐惠民
常務監事　顧澂忱　高冠吾　夏奇峯
理事　張侗　陳大勛　葉鼎新
趙如珩　鍾任壽　白堅
孫叔榮　黃維
監事　郝鵬　朱大璋　伍澄宇
費毓楷　于寶軒　張嘈
徐公美
秘書處長　趙如珩
宣傳處長　白堅
調查統計處長　鍾任壽
組織處長　孔憲鏗（暫時兼代）
社會服務處長　唐惠民（暫時兼代）

刊誤

查第一號公報，第二十一頁，第二行，第二十四字下，漏列一『定』字，特此更正。

社會部公報價目表

期限	價目	郵費	
零售	一角	本埠半分	外埠一分
半年	一元	本埠六分	外埠一角二分
全年	二元	本埠一角二分	外埠二角四分

暫訂廣告刊例

頁數	價目
一頁	每號十八元
半頁	每號九元
四分之一頁	每號四元五角

刊登廣告在四號以上者每號按七折計算，在十號以上者每號按照六折計算長期另議

編輯者　社會部總務司
發行者　社會部總務司
印刷者　中文仿宋印書館
代售處　南京三通書局
出版日期　每月一日十六日各出版一次

社會部電話號碼

部長室	23581
次長室	23582
秘書室	23583
總務司	23584
勞動司	23585
合作司	23586
公益司	23587
公用	23589

（僞）社會部總務司 編

（僞）社會部公報

第三、四號合刊

南京：（僞）國民政府行政院社會部總務司，民國二十九年（1940）鉛印本

經中華郵政登記認爲第一類新聞紙類

中華民國二十九年八月一日

社會部公報

第三四號合刊

國民政府行政院社會部總務司印行

總理遺像

總理遺囑

余致力國民革命，凡四十年，其目的在求中國之自由平等，積四十年之經驗，深知欲達到此目的，必須喚起民衆，及聯合世界上以平等待我之民族，共同奮鬥。

現在革命尚未成功，凡我同志，務須依照余所著，建國方略，建國大綱，三民主義，及第一次全國代表大會宣言，繼續努力，以求貫澈，最近主張，開國民會議，及廢除不平等條約，尤須於最短期間，促其實現，是所至囑。

汪代主席

目錄

命令

國民政府令

茲制定公務員特種撫卹條例公佈之。此令。

中華民國二十九年六月十九日

代理主席　汪兆銘
立法院院長　陳公博

茲制定現任公務員甄別審查條例公佈之。此令。

中華民國二十九年七月一日

代理主席　汪兆銘
考試院院長　王揖唐
暫兼銓敍部部長　江亢虎

茲制定現任公務員甄別審查條例施行細則公佈之。此令。

中華民國二十九年七月二日

代理主席　汪兆銘
考試院院長　王揖唐
暫兼銓敍部部長　江亢虎

行政院令

行政院佈告 字第二號

茲修正人民團體組織方案公佈之。此令。

計開

修正人民團體組織方案（已登第一號本部公報）

中華民國二十九年六月二十六日

院長 汪兆銘

行政院指令 行字第四三九號

令社會部

呈一件（爲呈送本部勞動問題研究委員會合作事業設計委員會食糧調節設計委員會社會保險研究委員會等組織規程各一份仰祈鑒核備案由）

呈件均悉。查核所賚規程四種，尚屬可行，應准備案，仰卽知照，規程四種存。此令。

中華民國二十九年七月六日

院長 汪兆銘

行政院指令 行字第四四八號

令社會部

呈一件（爲設置專門人才登記調查處擬具組織規程暨調查登記辦法呈祈鑒核備案由）

呈暨附件均悉。所擬專門人才登記調查處組織規程及調查登記辦法等，尚屬可行，准予備案。此令。

院長 汪兆銘

中華民國二十九年七月八日

行政院指令 行字第四五九號

令社會部

呈一件（爲啓用社會運動指導委員會關防呈報備案並乞轉呈國民政府備案由）

呈悉。已轉呈國民政府備案，仰即知照。此令。印模存。

院長 汪兆銘

中華民國二十九年七月十日

行政院指令

行字第四八〇號

令社會部

呈一件（爲呈送本部處務規程暨各司分科規則請鑒核備案由）

呈件均悉。查該處務規程暨各司分科規則，內容規定，尙屬縝密，准予備案。件存。此令。

院長　汪兆銘

中華民國二十九年七月十二日

法規

公務員特種撫卹條例

第一條　凡服務中華民國國民政府之公務員，在非常時期因公遇害致傷或死者，依本條例特予撫卹。

第二條　行政院為辦理本條例之審核調查及發給卹金各事務，應設特種撫卹事務委員會，前項委員會委員以行政院秘書長，內政財政軍政教育社會警政銓敘七部，各派次長一人，及軍事委員會派代表一人組織之，並指定行政院秘書長為主任委員。

第三條　公務員因公遇害致死者，應按其死亡時，原敍俸給之五年以上，八年以下之金額，給予一次卹金。

第四條　公務員因公遇害致生左列結果之一者，除由政府給與醫藥費外，應按其遇害時之原俸給，按月十分之五，給予終身卹金。

一、身體殘廢不勝職務者；

二、心神喪失或不治重病不勝職務者。

第五條　公務員遇有第三條第四條情事者，應由各該機關長官查明情況，附具意見，送請特種撫卹事務委員會核准給卹。

第三第四兩條之俸給計算，以現任實職或現支月俸為標準，其有兼代任務，及公費伕馬費等，不得併入計算。

第六條　公務員因公遇害致傷而未生第四條之結果者，除由政府給與醫藥費，并照支原俸外，仍留原職，至該員能復職之日止。

第七條　聘用或僱用人員，因公遇害致傷或死者，得適用本條例之規定。

第八條 陸海空軍官佐士兵，及警察官吏長警，因公遇害致傷或死，其情形合於本條例之規定者，得比照援用本條例辦理。

第九條 學校教職員學生宣傳工作人員，及各合法團體負責人暨會員，因公遇害致傷或死，其情形合於本條例之規定者，亦得比照援用本條例之辦理。

前項給卹標準，有俸者依俸計算，無俸者依當時薪給，其未有薪給者，由主管機關查明，報告特種撫卹事務委員會核定之。

第十條 在本條例未公布前，公務員曾有第三條第四條之事故者，得請求特種撫卹事務委員會核准補行給卹。

第十一條 一次卹金，其遺族領受之順序，應適用公務員卹金條例第十條第十五條第十六條之規定。

第十二條 一次卹金，領受人應繕具證書，署名蓋章，領受人有數人時，應共同署名蓋章。

第十三條 證書應記載左列事項：

一、死亡公務員之姓名年齡籍貫現住所；

二、死亡時之現任官職及其任職之機關；

三、死亡之年月日及遇害地點；

四、死亡事由；

五、敍明所援據之條款；

六、領受人與死亡者之關係；

七、領受人之姓名年齡現住所。

第十四條 終身卹金，由本人或代理人按月依領薪手續，於收據上署名蓋章。

第十五條 有公務員卹金條例第十一條情事之一者，喪失其領受卹金之權利，有公務員卹金條例第十二條情事之一者，停止其領受卹金之權利。

第十六條 第四條第六條所給予之醫藥費，以醫生之診斷書，及醫院之收款證爲憑。

第十七條 一次卹金核定後，應於一個月內發給，其終身卹金亦須按月發給，不得延宕扣欠。

第十八條 本條例自公布日施行。

現任公務員甄別審查條例

第一條　國民政府爲甄別現任公務員起見，舉行現任公務員甄別審查。

第二條　現任公務員之甄別審查，除政務官外，均依本條例行之。

本條例稱現任公務員，謂於本條例公布前及公布後三個月內，所任用之簡任官，薦任官，委任官，現未退職者。

第三條　甄別審查分資格及成績二項，其表格由考試院製定，分送各官署。

第四條　各官署接到考試院甄別審查表後，限令所屬公務員按表列資格項下塡寫，次由各該長官按表列成績項下，記載該公務員平時成績加以考語，擬定甲乙丙丁四等，連同各項證明書，彙送銓敘部，銓敘部接到前項甄別審查表，及各項證明書後，卽交銓敘審查委員會審查決定。

第五條　簡任官須有左列資格之一，而成績在乙等以上者合格，丙等者降等或降級，丁等者不及格。

一、曾任簡任官一年以上或薦任官三年以上者；

二、曾任國立大學或教育部認可之公私立大學教授三年以上者；

三、在教育部認可之國內外大學畢業具有專門之研究者；

四、對國家有特殊勳勞或致力革命十年以上者。

第六條　薦任官須有左列資格之一，而成績在乙等以上者合格，丙等者降等或降級，丁等者不及格。

一、曾任薦任官一年以上，或最高級委任官二年以上者；

二、曾經高等考試及格者；

三、在教育部認可之國內外大學或高等專門學校畢業者；

四、對國家有勳勞或致力革命七年以上者。

第七條　委任官須有左列資格之一，而成績在乙等以上者合格，丙等者降等或降級，丁等者不及格。

一、曾任委任官一年以上者；

二、曾經普通考試及格者；

三、在教育部認可之高級中學或舊制中學以上畢業者；

四、曾致力革命五年以上者。

第八條　銓敍審查委員會對於審查資格及成績，遇有疑義時，得由文書諮詢，或召本人到會考詢。

第九條　甄別審查合格者，由銓敍部按照該公務員原官等級，給與合格證書，仍以原官任用，降等或降級者，按照應降之等級，給於證書，以應降之官等任用，不及格者，呈請國民政府或通知該長官免職。

第十條　公務員塡寫資格，有虛僞舞弊者，長官評定成績，有瞻徇不公者，均應依法交付懲戒。

第十一條　本條例自公布日施行。

第十二條　在本條例施行期內，公務員任用法停止施行。

現任公務員甄別審查條例施行細則

第一條　本條例第二條所稱政務官，指須經中央政治委員會議議決任命之人員。

第二條　本條例所稱各該長官，分官署長官及主管長官二種，各官署職員由各官署長官塡載成績，加具考語，各官署長官由各主管長官塡載成績，加具考語。

第三條　各該長官記載公務員平時成績，須就任職三個月以上者，先行塡表彙送，其未滿三個月者，俟滿三個月後塡送。

第四條　本條例第五條第一款，第六條第一款，第七條第一款之資格，須提出任命狀或委任令，如不能提出時，須有左列之一之證明：

一、原官署之證明；

二、有關係之公文書；

三、公報職員錄或其他足資證明之刊物；

四、國民政府任命之現任薦任官以上二人之證明書。

前項第四款證明人爲虛僞之證明時，適用本條例第十條之規定，交付懲戒。

第五條　本條例第五條第二款之資格，須提出學校之聘書，如不能提出時，準用第八條之規定。

第六條　本條例第六條第二款所稱高等考試，指各地方縣長考試，及其他專門人員之考試，以薦任官用者，第十條第二款所稱普通考試，指各地方佐治員之考試，及其他與佐治員相當之考試，以委任官用者。

第七條　本條例第六條第二款，第七條第二款之資格，須提出考試及格證書，如不能提出時，準用第四條之規定。

第八條　本條例第五條第三款，第六條第三款，第七條第三款所規定各級學校畢業之資格，須提出畢業證書，如不能提出時須有左列之一之證明：

一、原校校長或主任職員及教員二人以上之證明；

二、教育部或該管教育廳之證明；
三、公報同學錄或其他足資證明之刊物。

第九條　本條例第五條第三款所稱專門之研究，指有專門著作，或入研究院研究，實習場所實習至一年以上者。

前項研究或實習，須提出研究院，或實習場所之證明書，如不能提出時，準用前條之規定。

第十條　本條例第五條第四款所稱特殊勳勞，第六條第四款所稱勳勞，除由本人開具事實外，須有左列之一之證明：
一、中央政治委員會委員二人以上之證明書；
二、民國以來政府之文件；
三、各合法政黨負責人之證明書。

第十一條　本條例第五條第四款所稱致力革命十年以上，第六條第四款所稱致力革命七年以上，除由本人開具事實外，須有中央黨部或中央執監委員二人以上之證明書。

第十二條　本條例第七條第四款所稱致力革命五年以上者除由本人開具事實外，須有左列之一之證明書

一、中央黨部或中央執監委員二人以上之證明書；
二、省黨部；
三、特別市黨部；
四、海外總支部。

第十三條　銓敍部審查結果，除依本條例第九條辦理外，並登公報公佈之。

第十四條　各官署接到銓敍部審查結果後，應卽轉飭應領證書各員，繳納證書費，並兩寸半身相片二張，彙送銓敍部。

第十五條　銓敍部依照本條例第九條，給予各種證書，送由各官署轉發。

第十六條　銓敍部發給證書，除照章征收印花稅外，並依左列種類征收證書費：
甲、簡任官二十元；
乙、薦任官十元；
丙、委任官四元。

第十七條　本細則第四，第十，第十一，第十二各條之證明書，其格式另定之。

第十八條　本細則自公布日施行。

社會部各司分科規則

第一條　本規則依本部處務規程第四十六條之規定制定之。

第二條　總務司置左列五科：

第一科　掌理事務如左：

一、關於部令之公布事項；

二、關於典守印信事項；

三、關於本部及所屬各機關印信之請領頒發繳銷事項；

四、關於文件之收發及分配事項；

五、關於文書之撰擬及繕校事項；

六、關於本部檔案之保管事項。

第二科　掌理事務如左：

一、關於本部及所屬各機關職員任免調遷之紀錄事項；

二、關於本部及所屬各機關職員之獎懲攷核事項；

三、關於本部及所屬各機關職員之撫卹事項；

四、關於本部及所屬各機關雇員之管理事項；

五、關於職員之統計調查事項；

六、其他人事事項。

第三科　掌理事務如左：

一、關於本部預算決算之草擬事項；

二、關於本部公款之保管事項；

三、關於本部公款之出納事項；

四、關於一切收支之登記事項；

五、其他有關出納事項。

第四科　掌理事務如左：

一、關於本部購置公物事項；

二、關於本部公產公物之保管登記事項；

三、關於本部修繕事項；

四、關於本部公共設備及其計劃事項；

五、關於本部衛士勤務之管理及訓練事項；

六、其他庶務事項。

第五科 掌理事務如左：

一、關於本部法令之刊佈事項；

二、關於本部公報之編輯及發行事項；

三、關於中外記者之招待及接洽事項；

四、關於圖書雜誌報紙之搜集及管理事項；

五、關於本部一切宣傳事項。

第三條 勞動司置左列三科：

第一科 掌理事務如左：

一、關於勞資糾紛之調解及仲裁事項；

二、關於農人與地主糾紛之處理事項；

三、關於勞資協作之指導及改善事項；

四、關於勞動工作效能及服務狀況之考查事項；

五、關於勞動生產狀況之調查事項；

六、關於一般勞動事項。

第二科 掌理事務如左：

一、關於勞動生活改善及保障事項；

二、關於農場、漁場、工廠、鑛場安全及衛生設備之指導及檢查事項；

三、關於勞動衛生及教育事項；

四、關於勞動失業及傷害之救濟事項；

五、關於童工女工之保健事項；

六、關於農工之移殖事項。

第三科 掌理事務如左：

一、關於各國勞動事務之調查事項；

二、關於國外僑工之調查事項；

三、關於各國在華工廠華工之調查及改善待遇事項；

四、關於國際勞工會議之參加及國外勞工之攷察事項；

五、關於國際勞動刊物之編譯事項。

第四條 合作司置左列三科：

第一科 掌理事務如左：

一、關於合作社之登記調查及統計事項；
二、關於合作社之視察指導及監督事項；
三、關於合作社之考核及獎懲事項；
四、關於合作社之糾紛處理事項；
五、關於合作社之聯絡及調整事項；
六、關於模範合作社之規劃及籌設事項。

第二科　掌理事務如左：
一、關於合作資金之籌劃及調劑事項；
二、關於合作金融機關之規劃及經營事項；
三、關於合作金融機關之登記指導及監督事項；
四、關於合作金融系統之規劃事項；
五、關於合作金融機關之聯絡事項。

第三科　掌理事務如左：
一、關於合作事業之計劃事項；
二、關於合作法規之擬訂事項；
三、關於合作行政人員之訓練及考核事項；
四、關於合作技術人員之訓練及甄審事項；
五、關於合作教育之研究及普及事項；
六、關於合作事業之宣傳及促進事項；
七、關於合作論著之編審及研究事項。

第五條　公益司置左列四科：

第一科　掌理事務如左：
一、關於社會事業及社會服務之指導監督事項；
二、關於社會事業及社會服務之推進設計及獎勵事項；
三、關於專門人才之調查及登記事項；
四、關於公益事業之指導監督事項；
五、關於舉辦或贊助公益人士之調查及褒獎事項；
六、其他有關公益 及社會事業 社會服務事項。

第二科　掌理事務如左：
一、關於貧民及老弱殘廢之救濟事項；
二、關於遊民教養事項；

三、關於慈幼事業事項；
四、關於兒童保育事項；
五、關於慈善團體之調查登記及考核獎勵事項；
六、關於其他臨時或緊急救濟事項。

第三科　掌理事務如左：
一、關於食糧生產消費狀況之調查及統計事項；
二、關於地方食糧之管理及調節事項；
三、關於地方食糧非法囤積之取締及評價事項；
四、關於防災備荒之設計事項；
五、關於災荒之救濟事項；
六、其他有關食糧事項。

第四科　掌理事務如左：
一、關於社會及簡易保險法規之審訂事項；
二、關於社會及簡易保險之調查統計事項；
三、關於社會及簡易保險之設計及規劃事項；
四、關於社會及簡易保險之指導推行事項；
五、關於社會及簡易保險之監督考核事項；
六、關於保險單之發行事項；
七、其他有關社會及簡易保險事項。

第六條　本規則自公布日施行。

社會部
社會運動指導委員會附屬機關統一會計規程

第一章　總則

第一條　社會部(以下簡稱本部)社會運動指導委員會(以下簡稱本會)所屬各機關各分會各單位，關於會計事務，除法令別有規定外，悉照本規程辦理。

第二條　各機關各分會各單位一切賬册，每一會計年度更換一次。

第三條　各項賬册，憑證，報表之格式，由本部會統一規定，頒發遵行。

第四條　一切收付之計算，均以國幣為本位。

第五條　各賬册首頁，應由本部會派會計員，填註下列各項，並簽名蓋章：

(一)機關名稱　(二)賬册名稱　(三)帳册號數

(四)帳册頁數　(五)啓用日期

第六條　各機關各分會長官，各單位負責人到任後，應在各帳册開始登記處，簽名蓋章，卸任時應在各帳册最後一行，簽名蓋章。

第七條　各機關各分會長官，各單位負責人交卸時，應將各項帳册憑證專案移交後任。

第八條　各帳册末頁，應附登記員一覽，各登記員應將本帳册接管及交替日期，分別填註，並簽名蓋章。

第二章　概算及預算

第九條　各機關各分會各單位，應於成立時，及年度開始前一個月，將本年度必需之經費，在核定數額以內，妥慎支配，精密計算，編造年度概算，由各該機關分會長官，或各單位負責人，會同部會派會計員，簽名蓋章，呈送本部會審核。

各機關分會單位經費，其數額每月不定者，應於每月十日以前，編製每月概算書，其手續依照前項規定辦理。

第十條　各機關各分會各單位概算書，經本部會核定後，須頒發各原機關原分會或各原單位作為預算，嗣後支出經費，均須按照預算規定辦理，不得超過或流用，如有臨時緊要支出，需要追加或撥補者，應由該機關分會長官，或該單位負責人，專案呈請核准。

第十一條 各機關各分會各單位經費，如有節餘，應妥爲儲存，非經呈請核准，不得動支。

第十二條 各機關各分會各單位之支出，如超過預算，概由該機關分會長官，或該單位負責人自負其責。

第三章 領款程序

第十三條 各機關各分會各單位請領經費，應先塡具部（會）領請款書，由該機關分會長官，或該單位負責人，會同部（會）派會計員簽名蓋章，呈送本部（會）審核。

第十四條 前條請款書核定後，由本部（會）塡印三聯支付書，除存根一聯，留部（會）備案外，其餘二聯發交領款機關分會或單位，由領款機關分會長官或領款單位負責人，會同部（會）派會計員簽名蓋章，以一聯連同領款收據，向本部（會）出納科領款，以一聯留存備查。

第四章 報銷及決算

第十五條 各機關各分會各單位，應於每月經過後十日內，將上月支出費用，編造支出計算書，收支對照表，附屬明細表，財產目錄各三份，連同單據粘存簿，呈送本部（會）審查。

前項各種書表格式另定之。

第十六條 各機關各分會各單位支出單據之證明，應依照本部（會）規定「支出憑證單據證明規則」辦理。

第十七條 各機關各分會各單位經費之報銷，未照法定手續辦理，應即退還更正，在未經核銷以前，該機關分會長官或該單位負責人，不得卸除其責任。

第十八條 各機關各分會各單位辦理決算，應依照中央規定之決算法辦理。

第五章 帳册憑證及報表

第十九條 各機關各分會各單位應備置下列各種帳册：(一)日記帳，(二)總帳，(三)分類帳，(四)各種補助帳，(五)財產目錄。

第二〇條 登記帳册，必須根據傳票，其分類如下：(一)收入傳票，(二)支出傳票，(三)轉帳傳票

第二一條 各機關各分會各單位，應編製下列各種報表：(一)收支旬報表，(二)收支對照表，(三)收支月報表，(四)其他應行呈報之書表。

前項各種報表格式另定之。

第六章 附則

第二二條 本規程如有未盡事宜，由本部（會）以命令修正之。

第二三條 本規程自公佈日施行。

社會部會計室暫行組織規程

第一條　本規程依社會部組織法第十九條之規定及主計處須行之中央各機關會計室組織通則訂定之。

第二條　本室定名為社會部會計室。

第三條　會計室設會計主任一人佐理員辦事員各若干人

第四條　會計主任受部長之指揮監督，辦理本部及所轄各機關之歲計會計事務，佐理員及辦事員，受會計主任之指揮，辦理本室事務。

第五條　會計室之職掌如左：

一、關於概算決算之核編整理事項；

二、關於制定統一會計表册書據等格式事項；

三、關於收支憑單核簽事項；

四、關於賬目憑證審核事項；

五、關於編核會計報告書表事項；

六、關於財務上增進效力及減少不經濟支出建議事項；

七、其他有關歲計會計事項。

第六條　會計室對於本部所屬或附設之機關歲計會計事務，經部長之指定，負責辦理左列事項：

一、關於所屬或附設機關會計人員之指導監督事項；

二、關於所屬或附設機關歲計會計及審計工作之分配事項；

三、關於所屬或附設機關概算決算會計表册書據等格式，及賬目報告書表編製之審訂統一事項；

四、關於所屬或附設機關之計算書審核事項；

五、關於所屬或附設機關其他一切歲計會計事務之指導監督事項。

第七條　會計室對於會計組織之條例賬册表格等，有須修訂時，應先擬具方案，呈請部長核辦。

第八條　會計室於每月上旬，應將上月工作狀況及人事事項，依式編繕報告二份，送呈部長查核，并轉送主計處備查。

第九條　會計主任，得出席本部有關職掌之各項會議。

第十條　會計室對於其他機關行文，應依照本部行政系統與程序，送經長官簽名後以本部名義行之。

第十一條　會計室辦事細則另訂之。

第十二條　本規程自公布日施行。

專門人才登記調查處組織規程

第一條　社會部為使全國專門人才供求適當起見，特設專門人才登記調查處。（以下簡稱本處）

第二條　本處掌管事務如左：

甲、關於全國各機關團體，需要專門人才狀況之調查與登記事項；

乙、關於全國專門人才求業與就業狀況之調查與登記事項；

丙、關於已登記之專門人才適當職業之介紹與指導事項；

丁、關於國內外專科以上學校畢業生介紹實習事項。

第三條　本處設左列二組：

甲、第一組掌理左列事項：

一、編製各種調查表格；

二、調查及統計專科以上學校畢業生之求業與就業狀況；

三、調查及登記各種專門人才目前就業狀況；

四、調查並登記全國各機關所需人才；

五、計劃卡片檢查法；

六、專門人才科別之統計；

七、畢業生數量之統計；

八、每年人才消納之統計；

九、人才供求比較之統計；

十、機關消納人才類別之統計；

十一、供給有關專門人才調查統計之諮詢材料；

十二、辦理其他應行調查登記事宜。

乙、第二組掌理左列事項：

一、已登記之專門人才介紹其適當職業並隨時予以指導；

二、介紹專科以上學校畢業生實習及進修事項；

三、辦理全國各機關團體委託介紹專門人才事項；

四、介紹各公私機關團體專門人才實習事項；

五、其他介紹事項。

第四條　本處設主任一人，秉承部長之命，主持本處一切事務，必要時得設副主任協助之。

第五條　本處各組設總幹事一人，幹事若干人，由主任呈請部長在本部職員中調用之。

第六條　本規程自公佈日施行。

社會部專門人才登記調查處調查登記辦法

第一條　本處辦理專門人才調查登記及職業介紹事項，適用本辦法之規定。

第二條　本處調查登記範圍如下：

甲、調查：

(一)一般調查　關於專門人才一般調查屬之。

(二)特別調查　關於某種專門人才或一人一事之特種調查屬之。

乙、登記：

(一)申請登記　因求業而申請登記者屬之。

(二)委託登記　凡機關或私人委託本處介紹專門人才之登記屬之。

第三條　本處職業介紹範圍如下：

甲、介紹實習：

(一)錄用實習　凡國內外實習機關，願與本處合作，委託收錄實習人員者屬之。

(二)志願實習　凡國內外專科以上學校畢業生，自願增進學識經驗，請求本處介紹實習場所者屬之。

乙、介紹試用　凡登記之專門人才，就其所長，分別介紹機關團體學校工廠商號等試用者屬之。

第四條　依據本辦法第二條規定調查登記手續如左：

甲、調查：

(一)一般調查　本處將製定之表格，分送有關各機關團體學校工廠商號，請其於規定期內塡覆。

(二)特別調查　(子)本處認為有調查之必要時調查之。

(丑)凡機關或私人委託者經本處核准後調查之。

(寅)關於調查事項遇必要時得派員實地調查之。

乙、登記：

(一)申請求業之登記，須隨帶證件及二寸半身相片，來處塡寫甲種登記表。

(二)凡委託登記者，應正式備函並塡具本處之乙種登記表，一併送至本處，經審查後，於規定日期內，遴選相當人才介紹試用。

第五條　前條乙款第一項之登記，須具下列資格之一者，方得請求登記。

(一)曾在國內外專科以上之學校畢業者；

(二)在學術上有專門研究或著作者；

(三)有專門技能並有成績表現者；

(四)在機關團體學校工廠商號服務成績優良而有證明文件者。

第六條　依據本辦法第三條規定職業介紹手續如下：

甲、介紹實習：

(一)經被選為錄用實習後，應向本處塡具實習申請書，連同二寸半身照片，送交本處，發給實習證。

(二)志願實習者，應向本處塡具實習申請書，連同二寸半身照片送交本處，經審查合格後發給實習證。

(三)實習期滿未有相當工作者，向本處申請後，得儘先介紹。

乙、介紹試用：

(一)凡申請求業之專門人才，經審查合格後，得隨時介紹有關機關團體學校工廠商號分別試用。

(二)試用期滿，試用機關團體學校工廠商號認為滿意，得正式聘任或錄用。

第七條　凡申請實習或試用人員，均應覓具相當之保證人，於必要時得加具舖保，以示愼重。

第八條　本處為申請人介紹實習或試用，以國內外機關團體學校工廠及商號與本處訂有辦法者為限。

第九條　實習期內，實習人員之膳宿各費自理為原則，但實習機關有酌給津貼或供給膳宿者，本處得代為接洽。

試用期內，試用人員之膳宿各費，由試用機關津貼之。

第一〇條　實習機關或試用機關對於實習辦法及試用辦法已有規定者，照其規定辦理，未有規定者，由本處與實習機關或試用機關另定之。

第一一條　本辦法自公布日施行。

社會部勞動問題研究委員會組織規程

第一條　社會部爲研究勞動問題，改進勞動生活，依本部組織法第六條第二項之規定，設立勞動問題研究委員會。（以下簡稱本會）

第二條　本會設委員若干人，由部長指派或聘任之。本部勞動司長及幫辦爲當然委員。

第三條　本會設主任委員一人，副主任委員一人或二人，由部長於委員中指派之。本會會議時，由主任委員主席，主任委員缺席時，由副主任委員代理之。

第四條　本會爲研究便利起見，得分若干組，各組得置召集人，負召集之責，由主任委員指派之。

第五條　本會設祕書一人，由主任委員呈請部長指派之。

第六條　本會職員，由主任委員呈准部長，於本部職員中調用之。

第七條　本會會議每星期舉行一次，必要時得由主任委員召集臨時會議。

第八條　本規程自公布日施行。

社會部合作事業設計委員會組織規程

第一條　社會部爲提倡及改進合作事業，依本部組織法第六條第二項之規定，設立合作事業設計委員會。（以下簡稱本會）

第二條　本會設委員若干人，由部長指派或聘任之。本部合作司司長及幫辦爲當然委員。

第三條　本會設主任委員一人，副主任委員一人或二人，由部長於委員中指派之。本會會議時，由主任委員主席，主任委員缺席時，由副主任委員代理之。

第四條　本會爲設計合作事業起見，得分若干組，各組得置召集人，負召集之責，由主任委員指派之。

第五條　本會設秘書一人，由主任委員呈請部長指派之。

第六條　本會職員，由主任委員呈准部長，於本部職員中調用之。

第七條　本會會議每星期舉行一次，必要時得由主任委員召集臨時會議。

第八條　本規程自公布日施行。

社會部社會保險研究委員會組織規程

第一條　社會部爲提倡及改進社會保險事業，依本部組織法第六條第二項之規定，設立社會保險研究委員會。（以下簡稱本會）

第二條　本會設委員若干人，由部長指派或聘任之。

本部公益司司長及幫辦爲當然委員。

第三條　本會設主任委員一人，副主任委員一人或二人，由部長於委員中指派之。

本會會議時，由主任委員主席，主任委員缺席時，由副主任委員代理之。

第四條　本會爲研究便利起見，得分若干組，各組得置召集人，負召集之責，由主任委員指派之。

第五條　本會設祕書一人，由主任委員呈請部長指派之，

第六條　本會職員，由主任委員呈准部長，於本部職員中調用之。

第七條　本會會議每星期舉行一次，必要時得由主任委員召集臨時會議。

第八條　本規程自公布日施行。

社會部食糧調節設計委員會組織規程

第一條　社會部為規劃調節食糧事宜，依本部組織法第六條第二項之規定，設立食糧調節設計委員會。（以下簡稱本會）

第二條　本會設委員若干人，由部長指派或聘任之。

本部公益司司長及幫辦為當然委員。

第三條　本會設主任委員一人，副主任委員一人或二人，由部長於委員中指派之。

本會會議時，由主任委員主席，主任委員缺席時，由副主任委員代理之。

第四條　本會為設計調節食糧起見，得分若干組，各組得置召集人，負召集之責，由主任委員指派之。

第五條　本會設祕書一人，由主任委員呈請部長指派之。

第六條　本會職員，由主任委員呈准部長，於本部職員中調用之。

第七條　本會會議每星期舉行一次，必要時得由主任委員召集時會議。

第八條　本規程自公布日施行。

專載

對於事變三週年之感想及期望

汪精衛

在蘆溝橋事變發生以前，不能防止事變之發生，在事變發生以後，又不能使此事變得以早日結束，蹉跎三年，坐使全國如水益深如火益烈，撫今思昔，曷勝感慨！

依照國際慣例，兩國不幸至於失和，至於發生戰爭，其唯一的恢復和平之方法，不外停戰協定與講和條約，當此之際戰勝國每以酷虐不堪之條件加之戰敗國，而戰敗國則每以暫時隱忍之態度謀他日之報復。惟此次日本則以毅然之決意，打破此窠臼，不以戰勝國自處，而惟以先進國的風度，指示出東亞各國家各民族所必由的途徑，俾得各本於自主獨立的立場，重新建立親愛和睦的關係，以共同担負東亞復興的責任。自一方面說，日本不以戰敗國的責任課之中國，而自又一方面說，日本以較大的責任課之中國。這較大的責任是什麼？是復興東亞。日本因為要中國能夠分担復興東亞的責任，所以不肯以戰敗國的條件，加重中國的壓迫，削弱中國的力量；不特此也，日本且將援助中國完成其為獨立國家所必具的條件。此所以增加其力量，促進其發展，使之能夠分担東亞復興的責任。

如此說來，中國目前所謂恢復和平，並非以屈辱為和平的代價，而是具有一種活潑進取的意義，這種意義越是青年越容易了解；因為青年的精神體魄都是活潑進取的，與這種意義適相吻合。然則全國青年都應該一致來負担這新的責任，貢獻新的努力：然則為什麼直到此時還會有遲疑觀望的呢？

第一，對於復興東亞的意義還沒有十分認識和了解。其實百年來經濟侵略的毒害，孫先生在『民族主義』，『大亞洲主義』，『中國存亡問題』裏，已經痛切說明了。

中國若不能解脫經濟侵略的桎梏，則將永淪於次殖民地的地位。從前中國多數青年為英美學風所蒙蔽，對於孫先生的指示，至少口是心非；至於二十餘年來共產主義的毒害，則孫先生生時所不及見的，青年又未免為第三國際宣傳所蒙蔽。加之盧溝橋事變以來中國一般青年所戒慎恐懼的，更在彼而不在此。因之經濟侵略及共產主義更有為淵驅魚為叢驅雀之樂。如今只要中日關係由黑暗轉到光明，則以上兩種蒙蔽自然容易解消，何況經濟侵略到今日已成罪惡貫盈，而共產主義的猙獰面目到今日又已底蘊畢露呢！

第二，對於和平雖有熱烈的期望，但又懷疑着此期望之終歸於泡影，因此徘徊觀望久而不決。這種人要算最多。我們只靠宣傳是不夠的，必須在力所能及之範圍以內，做出事實來給他們以一個樣本。事實宣傳相為因果；宣傳可以促進事實，事實可以證實宣傳，我們必須兩方面同時努力。但是這種人也要知道，如果儘這樣觀望的徘徊下去，整個國家民族會斷送於徘徊觀望之中的。

第三，對於中日共存東亞復興的遠大的理想，沒有懷疑，但是眼前一兩件事實不如意，便灰心喪氣起來，甚至走入歧途中去，這種人也不少。全面和平一日沒達到，不如意的事實一日難免；我們固然要盡力的消除這些不如意的事實，但是消除的方法是要研究的，不是可以着急得來的；着急已經無用，若因此而灰餒起來，甚至橫決起來，那就是對於遠大的理想背棄了，對於原來的目的不忠實了。這不是和平反共建國同志們所應有的態度。

以上三點，舉以為例；我們只要把精神氣力集中起來，時時刻刻矯正缺點，猛向前進，則和平反共建國運動由普及而成功，是無疑的。

附錄

社會部職員曠職懲處辦法

一、本辦法依照本部職員請假規則，第十二條之規定訂定之。

二、凡本部職員請假或曠職，除另有規定外，均依照本辦法行之。

三、凡職員有左列情事之一者，以曠職論：

1. 未奉出差，未曾請假，或請假未經核准，擅離職守者；
2. 出差限滿不回，亦未請准延長日期者；
3. 假期已滿，或未經呈准續假，不遵限銷假者；
4. 不遵章簽到或托人代簽者。

四、凡職員曠職，依左列各款處分之：

1. 曠職在五日以內者，依照應得薪金，按日加倍扣罰；
2. 曠職五日以上，未滿十日者，除按日加倍扣薪外，並予記過；
3. 曠職十日以上，未滿十五日者降級；
4. 曠職逾十五日以上者停職。

五、凡職員托他人簽到者，一經查出，代簽者與本人，應受同等處分。

六、凡職員請假回籍，或出差在外，確因路途阻隔，不及依限銷假銷差者，得呈由該主管長官，轉呈核准，免予處分。

七、凡曠職人員，實係情有可原，或情節較重者，得減輕或加重其處分。

八、本辦法自公布日施行。

社會部職員奬懲規則

第一條　本規則依本會處務規程第四十六條之規定訂定之。

第二條　本部職員之奬懲，除法令另有規定外，依本規則行之。

第三條　奬勵分左列五種：
一、嘉奬，　二、記功，
三、記大功，　四、加俸，
五、升級。

第四條　懲罰分左列六種：
一、申誡，　二、記過，
三、記大過，　四、減俸，
五、降級，　六、停職。

第五條　本部職員具有左列事實者，得按第三條之規定，分別奬勵之。
一、勤愼從公忠於職守者；
二、才能卓越著有勞績者；
三、研究與担任公務有關之學術確有心得者；
四、對部務有特殊貢獻者。

第六條　本部職員具有左列事實者，得按第四條之規定，分別懲罰之。
一、辦事疏懶曠廢職守者；
二、忽視責任延誤公務者；
三、行爲失檢妨害部譽者；
四、奉行法令不力者；
五、有不良嗜好者；
六、縱容員役致釀事端者。

第七條　本部職員考核，每半年舉行一次，除參事秘書司長及其他簡任官員，由部長次長考核外，其餘職員，應由各主管長官，按照第五第六兩條之規定，分別核定等第，會同總務司司長，密呈部長核示。

第八條　本部職員，如有特殊勞績，或重大過失，由部長隨時奬懲。

第九條　記功三次，作記大功一次，記大功三次者，得由總務司呈請部長嘉奬加俸或升級。

第十條　記過三次，作記大過一次，記大過三次者，得由總務司呈請部長減俸降級或停職。

第十一條　各職員記功記過，均由總務司隨時登記公佈，功過次數相等時，得抵銷之。

第十二條　本規則自公佈日施行。

社會部證章規則

第一條　本部職員證章之製發、繳銷、更換、補領、概依本規則辦理之。

第二條　本部證章，由總務司擬具式樣，呈請核准製備並標明期別，依照本規則發給保管並收繳之。

前項證章，遺失過十枚時，應即更換式樣，另行製發。

第三條　職員領用證章，由各該主管長官，造具所屬職員名冊，函送總務司彙發，續委人員，仍由各該主管長官函請補發。

第四條　本部所屬機關職員，必須因公到部者，由各該機關長官，將領用證章職員銜名，造冊請領，遇更換及遺失時，概依本規則辦理之。

第五條　本部更換證章時，先由各該主管長官將所屬職員名冊，彙送總務司照冊換發，如無原證章繳回，應暫行停發，須俟查明事由經呈准後，方能補發，其有隱藏不繳者，從嚴處罰。

第六條　證章不得借給他人，如發現假借情事，罰該借與人薪俸一月，其因假借發生事故時，應由本人負責，並按情節輕重，分別議處。

第七條　證章如有損壞時，須呈由直屬長官，函知總務司更換，同時將損壞之證章繳還。

第八條　凡遺失證章，應將情形及地點，登報三日，聲明作廢，並以所登報紙呈報主管長官，函知總務司註銷，在未呈報以前，及隱匿不報，因而發生事故，概由遺失人負責，並從嚴處罰。

前項遺失證章，呈請補領，非經核准，不得發給。

第九條　凡遺失證章一次者，罰月薪三分之一，遺失兩次者，罰薪一月，並記大過一次，遺失三次以上者，予以降級或停職之處分。（罰薪儲為製發新證章之用）

第十條　證章之遺失，如因遭遇不可抗拒情事，或其他特殊情形，呈明部長經特准者，得免予處罰。

第十一條　凡職員退職停職撤職，其所領證章，總務司應即收繳。

第十二條　本規則自公佈日施行。

中政會及行政院會議有關本部之決議案

會議名稱	次數	日期	討論或任免事項	決議	提案人	備考
中央政治委員會議	第十二次	六月二十日	教育社會宣傳三部經常費自七月份起各增一萬元由行政院將中央文化服務團撤銷人員分派三部任用敬候公決案	交財政專門委員會	宣傳部林部長	討論事項第三案
中央政治委員會議	第十四次	七月十一日	財政專門委員會報告奉交審查各機關請求自七月份起增加經費各案提出審查意見請公決案	一、各機關七月份增加經費照財政專門委員會所列之表辦理　二、新增各機關經費緩議　三、凡在七月份或七月份以前增加經費之各機關本年內不再增加經費　四、行政院所設中央文化服務團自七月份起撤消人員由教育社會宣傳三部甄用	主席交議	討論事項第七案
行政院會議	第十四次	七月二日	擬請任命茅子明爲社會運動指導委員會江蘇分會主任委員呂敦章樹欽爲副主任委員案	通過	本部	任免事項第七案
行政院會議	第十五次	七月九日	關於調劑民食及設置糧食管理機關案	一、着財政部籌墊二百萬元交工商部購運米糧到京調劑民食其調劑辦法由工商部擬具呈核　二、設置糧食管理委員會以內政部陳部長工商部梅部長農礦部趙部長社會部丁部長振務委員會岑委員長行政院參事廳陳廳長爲委員並以工商部梅部長爲主任委員顧次長寶衡爲祕書長	院長	討論事項第一案

日本厚生省之組織

日本內閣之厚生省，其任務在施行社會政策，推行社會事業，與國民政府社會部之職掌，大致相同，惟其組織，較爲詳備，茲特譯錄如次，以供參考。

厚生省官制

第一條　厚生大臣，管理關於國民保健，社會事業，及勞動事務。

第二條　厚生省置左列五局：

（一）體力局；

（二）衞生局；

（三）豫防局；

（四）社會局；

（五）勞動局。

第三條　體力局掌左列事項：

（一）關於體力向上之計劃事項；

（二）關於體力向上之設施事項；

（三）關於體力調查事項；

（四）關於體育運動事項；

（五）關於產婦•嬰孩•及兒童之衞生事項•

第四條　衞生局掌左列事項：

（一）關於衣、食、住之衞生事項；

（二）關於衞生指導事項；

（三）關於醫藥事項；

（四）關於不屬其他各局之一切有關國民保健事項。

第五條　豫防局掌左列事項：

（一）關於傳染病、地方病、及其他疾病之豫防事項；

（二）關於檢查疫癘事項；

（三）關於精神病事項；

（四）關於民族衞生事項。

第六條　社會局掌左列事項：

（一）關於社會福利之設施事項；

（二）關於救護及療養事項；

（三）關於母子及兒童之保護事項；

（四）關於其他社會事業事項。

第七條　勞動局掌左列事項：

（一）關於勞動條件事項；

（二）關於工場及鑛山之勞動衞生事項；

（三）關於國際勞動事務之統轄事項；

（四）關於其他勞動事項。

第八條　厚生省得設勞動局參議十五人以內，使參與勞動局之一般局務。

勞動局參議，經厚生大臣之呈請，就關係各廳簡任官及富於學識經驗者之中，由閣內任命之。

就富於學識經驗者中任命之參議，任期為三年，但有特別事故時，得在任期中予以解任。

參議為簡任職，但如另有本職時，則仍受本職之待遇。

第九條　厚生書記官，以專任十六人為法定員額。

第十條　厚生省設專任事務官二十五人，及專任理事官三人，為薦任職，承長官之命，分掌主管事務。

第十一條　厚生省設專任技師三十一人，為薦任職，但在三十一人中，得提一人為簡任。技師承長官之命，掌理技術事宜。

第十二條　厚生省設專任體育官五人，為薦任職，承長官之命，掌理關於體育運動事宜。

第十三條　厚生省課員，以專任一百二十一人為法定員額。

第十四條　厚生省設專任技士二十四人，為委任職，承長官之指揮，處理技術事宜。

第十五條　厚生省設專任體育助理官五人，為委任職，承長官之指揮，辦理關於體育運動事宜。

第十六條　厚生省設工場監督官，鑛務監督官，及調停官；以書記官、事務官、理事官或技師充任之。

工場監督官承長官之命，掌理關於工場法之實施，鑛業及砂鑛業以外各業工業勞動者最低年齡法之實施；暨適用工場法各工場員工退職儲金及退職準備法之實施等事項。

鑛務監督官承長官之命，掌理關於鑛夫事項；關於鑛山之勞動衛生事項；關於鑛業及砂鑛業工業勞動者最低年齡法之實施事項；暨關於適用鑛業法各業員工退職儲金及退職準備法之實施事項。

調停官承長官之命，掌理關於勞動爭議之調停事項。

第十七條　厚生省設工場監督助理官，鑛務監督助理官，及調停助理官，以課員或技士充任之。

工場監督助理官承長官之指揮，辦理關於工場法之實施；鑛業及砂鑛業以外各業工業勞動者最低年齡法之實施；暨適用工場法各工場員工退職儲金及退職準備法之實施等事項

鑛務監督助理官承長官之指揮，辦理關於鑛

夫事項；關於鑛山之勞動衛生事項；關於鑛業及砂鑛業工業勞動者最低年齡法之實施事項；暨關於適用鑛業法各業員工退職儲金及退職準備法之實施事項。

調停助理官承長官之指揮，辦理關於勞動爭議之調停事項。

附則

本令自公布日施行。

厚生省設置臨時職業部

第一條 為處理關於職業介紹，失業救濟，及其他勞務之需給事宜起見，特於厚生省設置臨時職業部。

第二條 厚生省設左列臨時職員，隸屬於職業部：

部長 一人
書記官 專任 二人
事務官 專任 一人
理事官 專任 三人
技師 專任 三人
技士
課員 專任 一九人

第三條 部長承厚生大臣之命，掌理部務。

第四條 為辦理關於職業介紹之聯絡統制事宜起見，厚生省特設職業官，隸屬於職業部。

職業官以事務官、或理事官充任之。

附則

本令自公布日施行

厚生省設置臨時失業對策部

第一條 為處理關於因中國事變而失業之失業者救濟對策事宜起見，特於厚生省設置臨時失業對策部。

第二條 厚生省設左列臨時職員，隸屬於失業對策部：

部長
書記官 專任 二人
事務官 專任 四人
課員 專任 二二人

部長以厚生省職業部部長充任之。

第三條 部長承厚生大臣之命，掌理部務。

附則

本令自公布日施行。

厚生省設置臨時軍事援護部

第一條 為處理軍事扶助，及其他軍事援護事宜起見，特於厚生省設置臨時軍事援護部。

第二條 厚生省設左列職員，隸屬於臨時軍事援護部：

部長　專任　一人
書記官　專任　一人
事務官　專任　三人
理事官　專任　一人
技師　專任　一人
課員　專任　一六人
技士

第三條　部長以厚生省社會局局長充任之。部長承厚生大臣之命，掌理部務。

附則

本令自昭和十二年十一月一日起施行。

厚生省內部臨時職員設置制

第一條　厚生省設左列職員，隸屬於大臣官房：

（一）從事關於國立癩病療養所，建築事務者。
技士　專任　三人

（二）從事關於國立結核病療養所建築事務者。
技師　專任　一人
課員　專任　一人
技士　專任　二人

第二條　厚生省設左列職員，隸屬於體力局：

（一）從事關於國立公園事務者。
技師　專任　二人
課員
技士　專任　五人

（二）從事關於昭和十五年開幕之奧林匹克大會事務者。
事務官　專任　一人
體育官　專任　二人
課員　專任　二人
體育助理官　專任　二人

第三條　厚生省設左列職員，隸屬於衛生局：

（一）從事關於保健衛生調查事務者。
技師　專任　二人
課員
技士　專任　三人

（二）從事關於醫療關係者職業能力諸事項之報道登記事務者。
事務官　專任　一人
技師　專任　一人
課員　專任　二人
技士　專任　一人

第四條　為辦理關於地方改善事務起見，厚生省設左列職員，隸屬於社會局：
技師　專任　一人

課員 專任 二人
技士 專任 二人
第五條 爲辦理關於工場災害之豫防調查，暨工場及鑛業之衛生，調查事務起見，厚生省設左列職員，隸屬於勞動局：
技師 專任 三人
課員 專任 一人
技士 專任 三人
第六條 爲辦理關於醫藥品之製造，試驗，暨藥用植物栽培之試驗，指導事務起見，特於衛生試驗所設左列職員：
技師 專任 十人
技士 專任 一六人
書記 專任 四人
附則
本令自公布日施行。

防疫職員官制

第一條 爲辦理傳染病之豫防事宜起見，厚生省設左列職員：
防疫官 專任 八人 薦任
防疫助理官 專任 三人 委任
第二條 厚生大臣，得命令防疫官隨駐帝國領事館，辦理關於傳染病之豫防事宜。
第三條 厚生大臣認爲於傳染病之豫防上有其必要時，得臨時在各廳、府、縣、設左列職員：
防疫監吏 委任職
防疫醫 薦任職或委任職
防疫獸醫 委任職
依據前項規定之薦任職防疫醫員額，全數不得超過八十人。
防疫監吏承長官之命，辦理關於傳染病之豫防事宜，防疫醫及防疫獸醫，承長官之命，辦理關於傳染病豫防之技術事宜。
應添設防疫監吏、防疫醫、防疫獸醫之各廳、府、縣、及其員額，由厚生大臣決定之。
附則
本令自公布日施行。

保險院官制

第一條 保險院受厚生大臣之管理，掌左列事項：
（一）關於健康保險，國民健康保險，勞動者災害扶助責任保險，及其他社會保險事項；
（二）關於簡易生命保險，及郵政年金事項；
（三）關於前二項所列保險制度之計劃，暨

被保險者保健設施之計劃及統轄事項。

第二條　保險院設左列職員：

長官			簡任
局長		三人	簡任
理事	專任	一人	簡任
書記官	專任	一二人	薦任
事務官	專任	一五人	薦任
理事官	專任	三人	薦任
簡易保險事務官	專任	二五人	薦任
技師	專任	一一人	薦任
課員	專任	三〇三人	委任
簡易保險書記	專任	一四一二人	委任
技士	專任	四五人	委任
簡易保險助理書記	專任	二二八六人	委任

除前項職員外，特設專任保險技師六十五人，為薦任職。

第三條　保險院置左列三局：

總務局

社會保險局

簡易保險局

總務局掌理關於人事，文書，及會計事項；關於保險數理事項，第一條第三項所列諸事項；及其他不屬各局掌管事項。

社會保險局掌理第一條第一項所列諸事項。

簡易保險局掌理第一條第二項所列諸事項。

厚生大臣為使分掌簡易保險局之事務起見，得在認為必要之各地，設立簡易保險局支局。簡易保險局支局之名稱，位置，管轄區域，及事務處理範圍，由厚生大臣決定之。

支局長以書記官，事務官，或簡易保險事務官充任之。

第四條　長官承厚生大臣之指揮監督，綜理院務，並指揮監督所屬職員，並得全權辦理委任職以下職員之任用與免職。

第五條　局長承長官之命，掌理局務。

第六條　理事承長官之命，掌理關於簡易生命保險及郵政年金事務。

第七條　書記官，事務官，及理事官，承長官之命，分掌主管事務。

第八條　簡易保險事務官，承長官之命，掌理關於簡易生命保險及郵政年金事務。

等九條　技師承長官之命，掌理技術事宜。

第十條　課員承長官之指揮，辦理一般事務。

第十一條　簡易保險書記，及簡易保險助理書記，承長官之指揮，辦理關於簡易生命保險及郵政年金事務。

第十二條　技士承長官之指揮，辦理技術事宜。

第十三條　保健技師承長官之指揮，掌理醫務事宜。

附則

本令自公布日施行。

傷兵保護院官制

第一條　傷兵保護院，受厚生大臣之管理，掌理關於軍人因戰鬪或其他公務而受傷或罹疾者（傷兵，病兵）之療養，職業保護，及其他保護事項。

第二條　傷兵保護院，設左列職員：

總裁			特任
副總裁		一人	簡任
局長		二人	簡任
秘書官		一人	薦任
書記官	專任	五人	薦任
事務官	專任	五人	薦任
理事官	專任	五人	薦任
技師	專任	一〇人	薦任
課員 技士	專任	九〇人	委任

總裁為名譽職。

第三條　秘書官由書記官或事務官兼充之。除前條職員外，得經厚生大臣之呈請，就關係各廳高等官中，由內閣任命事務官。

第四條　傷兵保護院置總裁官房及左列二局：

（一）計劃局；

（二）業務局。

總裁官房掌理關於人事、文書、會計、及其他不屬兩局之一切事項。

計劃局掌理關於保護事業之計劃及工營，暨不屬業務局主管之保護事業事項。

業務局掌理關於療養及職業指導，就業援助，及其他職業保護事項。

第五條　傷兵保護院，得設顧問五人以內，使參與策劃關於保護傷兵病兵之重要事項。

顧問經厚生大臣之呈請，由天皇任命之。

第六條　傷兵保護院得設參議十五人以內，參院與務。參議經厚生大臣之呈請，就關係各廳簡任官或富於學識經驗者之中，由內閣任命之。就富於學識經驗者中任命之參議，任期為三年，但有特別事故時，得在任期中予以解任。

第七條　傷兵保護院得設專門委員，調查專門事項。

專門委員經厚生大臣之呈請，就富於學識經

驗者之中，由內閣任命之。

專門委員之任期爲二年，但有特別事故時，得在任期中予以解任。

第八條　總裁承厚生大臣之監督，綜理院務，指揮監督所屬職員，並全權辦理委任職以下職員之任用與免職。

第九條　副總裁輔助總裁，處理院務。

第十條　局長承長官之命，掌理主管局務。

第十一條　秘書官承總裁之命，掌理關於機密事項。

第十二條　書記官、事務官、及理事官、承長官之命，分掌主管事務。

第十三條　技師承長官之命，掌理技術事宜。

第十四條　課員承長官之指揮，辦理庶務事宜。

第十五條　技士承長官之指揮，處理技術事宜。

第十六條　厚生大臣，爲使分掌傷兵保護院事務之一部起見，得設立職業輔導所或療養所，其名稱及位置，由厚生大臣決定之。

第十七條　爲辦理前條所列職業輔導所暨療養所事務起見，傷兵保護院得設左列職員：

傷兵保護主事	專任	二一人	薦任職
傷兵保護技師	專任	四人	薦任職
傷兵保護醫	專任	一二九人	內 九五人薦任職 三四人委任職
傷兵保護調劑員	專任	五一人	內 一七人薦任職 三四人委任職
傷兵保護書記	專任	八〇人	委任職
傷兵保護技士	專任	二人	委任職
傷兵保護護士長	專任	一七人	委任職

職業輔導所所長，或療養所，所長以傷兵保護主事或傷兵保護醫充任之。

第十八條　傷兵保護主事，承長官之命，掌理主管事務

第十九條　傷兵保護技師，承長官之命，掌理技術事宜

第二十條　傷兵保護醫，承長官之命，掌理療養事宜。

第二十一條　傷兵保護調劑員，承長官之命，掌理調劑事宜。

第二十二條　傷兵保護書記，承長官之指揮，辦理一切庶務事宜。

第二十三條　傷兵保護技士，承長官之指揮，處理技術事宜。

第二十四條　傷兵保護護士長，承長官之指揮，辦理看護事宜。

附則

本令自公布日施行。

社會部公報價目表

限期價目	郵費	
零售 一角	本埠半分	外埠一分
半年 一元	本埠六分	外埠一角二分
全年 二元	本埠一角二分	外埠二角四分

廣告暫訂刊例

頁數	價目
一頁	每號十八元
四頁	每號九元
半分之一頁	每號四元五角

刊登廣告在四號以上者每號按七折計算，在十號以上者每號按照六折計算長期另議

編輯者 社會部總務司

發行者 社會部總務司

印刷者 中文仿宋印書館

代售處 南京三通書局

出版日期 每月一日十六日各出版一次

社會部	
電話號碼	
部長室	23581
次長室	23582
秘書室	23583
總務司	23584
勞動司	23585
合作司	23586
公益司	23587
公用	23589

（偽）社會部總務司　編

（偽）社會部公報

第五號

南京：（偽）國民政府行政院社會部總務司，民國二十九年（1940）鉛印本

經中華郵政登記認爲第一類新聞紙類

中華民國二十九年八月十六日

社會部公報

第五號

國民政府行政院社會部總務司印行

總理遺像

總理遺囑

余致力國民革命，凡四十年，其目的在求中國之自由平等，積四十年之經驗，深知欲達到此目的，必須喚起民衆，及聯合世界上以平等待我之民族，共同奮鬥。

現在革命尚未成功，凡我同志，務須依照余所著，建國方略，建國大綱，三民主義，及第一次全國代表大會宣言，繼續努力，以求貫澈，最近主張，開國民會議，及廢除不平等條約，尤須於最短期間，促其實現，是所至囑。

汪代主席

目錄

命令

國民政府令

茲制定蘇浙皖食米運銷管理暫行條例公布之，此令。

中華民國二十九年八月一日

代理主席　汪兆銘

行政院院長　汪兆銘

茲制定米業同業公會管理暫行條例公布之，此令。

中華民國二十九年八月一日

代理主席　汪兆銘

行政院院長　汪兆銘

行政院令

行政院訓令　行字第四一四號

令社會部

查關於法，條例，暫行條例，暫行規則等法規之制訂程序，各有不同，經着本院法制局根據規定，列爲簡明表，俾各機關，有所依據，旋據該局呈復，擬具是項法規制訂程序簡明表，並經提出本院第十六次會議，報告在案，除分令外，合行檢同法制局所擬法規制訂程序簡明表一件令仰該部遵照，此令。

附抄發法制局簽呈及所擬法規制訂程序簡明表各一件

院長　汪兆銘

中華民國二十九年七月十七日

法制局原呈

案奉

鈞座本月十一日

條諭開「關於法，條例，暫行條例，暫行規則，等等法規，其法定程序各有不同，着即根據規定，列爲簡明表，（如某種須經中政會，立法院，國民政府，某種須經上級機關核准，某種可逕以本機關核定公布，均須明白列出，）報告院議，以便各機關有所依據。」等因，奉此，茲經職局查核以前各種法規成例，稱「法」者必須經過立法院通過，中政會核定，再由國民政府公布，或逕由中政會議決，交國府公布，至「條例」胥視其性質，或須經由立法機關中政會或僅須上級機關轉國府核准公布。「規程」則必須先呈准上級機關核准。「規則」「章程」「辦法」等項，大都均可由主管機關自行核定公布。惟事涉兩部職權有牽連關係者，應會同公布，（如規定有增加人民負担者，應呈准上級機關，）倘規定事項涉及於主管範圍以外，當呈由上級院會或國府核准，以府院名義公布之。奉諭前因。理合擬具簡明表一件，呈請

鑒核

附呈法規制訂程序簡明表一件（見附錄）

會令

社會運動指導委員會令 社指令字第七八號

茲制定本會辦事細則公布之，此令。

中華民國二十九年八月一日

兼委員長　丁默邨

社會運動指導委員會佈告 社指布字第二號

查修正人民團體組織方案，業經呈奉行政院核准公布，並轉呈中央政治委員會准予備案各在案。嗣後凡有發起組織人民團體者，均應遵照修正人民團體組織方案第十五條之規定，「由具有各該團體法規中所規定之資格者，依法定發起人數連署幷推舉代表，備具理由書，向當地社會運動指導委員會省市分會，申請許可」。至人民團體各項會議，除例會外，亦應遵照上項方案第十七條己項之規定，須得當地社會運動指導委員會省市分會之許可，方可召集，除通令外，特此布告。

中華民國二十九年八月八日

兼委員長　丁默邨

法規

蘇浙皖食米運銷管理暫行條例

第一條　蘇浙皖三省及京滬兩市，境內所有食米運銷事宜，依照本條例之規定辦理之。

第二條　凡以經營食米之販運，零躉批發，居間買賣，及設機精碾等為業者，均稱之為米商。

第三條　凡米商搬運食米，應經由各該地米業同業公會，代向糧食管理委員會所設各該地主管機關，申請須給食米採辦證，或食米搬運護照，經審核許可頒發後，方可經營食米運銷業務。

前項申請辦法另訂之。

第四條　糧食管理委員會，得將蘇浙皖三省及京滬兩市，劃分為若干食米運銷管理區，公布週知。

前項食米運銷管理區，分區界限，遇有變更時，由糧食管理委員會，隨時公布之。

第五條　持有食米採辦證之米商，得在指定食米運銷管理區內，自由搬運食米，持有食米搬運護照之米商，應依照護照上指定之起運經由及運往地點，暨許可運輸數量，搬運食米。

第六條　凡食米數量不超過一百石者，得在各該食米運銷管理區內自由搬運，毋須請領食米採辦證。

第七條　凡米商持有食米採辦證，或食米搬運護照，搬運食米時，不得夾帶違禁物品，或漏稅貨物，及其他類似情事，一經發覺，除依法嚴懲外，並將其所持食米採辦證，或搬運護照註銷，以後不准再行申請頒發。

第八條　凡米商持有食米採辦證，或食米搬運護照，搬運食米時，其沿途遇有軍警及行政稅卡各機關查驗，應隨時呈驗，不得違抗，各地軍警及行政機關，對於持有食米採辦證，或食米搬運護照之米商，應加意保護，不得無故留難。

第九條　糧食管理委員會，爲調節米價起見，得隨時規定公布米商收買及出售之最高及最低價格，必要時幷得規定適當價格，強制收買米商囤積或搬運中之食米。

第十條　凡未經請領食米採辦證，或食米搬運護照，私自搬運食米者，除由糧食管理委員會，將其私運食米悉數沒收外，並得課以私運食米價格二倍以下之罰金。

第十一條　凡米商囤積居奇，操縱米價，及售米時攙水或雜入沙泥石子等，妄爲不正當之行爲者，糧食管理委員會，得將該米商所有之米，半數沒收。

前項米商，持有之採辦證，或搬運護照，準用本條例第七條之規定。

第十二條　糧食管理委員會對於前條之舉發人，得酌給沒收米價百分之十以內之獎勵金。

第十三條　本條例自公布之日施行。

米業同業公會管理暫行條例

第一條　凡米商應加入米業同業公會，方得經營食米運銷業務。

第二條　已有米業同業公會之地方，應由公會勸導米商全體加入為會員。

第三條　當地尚無米業同業公會組織，而同業有七家以上時，責成該省市社會運動指導委員會分會，於本條例公布後兩星期內，召集米商組織米業同業公會。

第四條　當地同業不滿七家，公會組織不能成立時，得加入最近地方之同業公會為會員。

第五條　各地米業同業公會除受法定之各種行政官廳監督外，兼受糧食管理委員會之指揮監督。公會有違背法令或食米運銷管理條例時，糧食管理委員會得商請社會運動指導委員會解散並改組之。

第六條　公會應將其所屬會員之資金數目，開設年月，信用狀況，運銷能力，及經營者之品行狀態等，詳細查明報告糧食管理委員會。

第七條　公會應將各該地方生產情況，消費狀況，存貨數量，市面情形，及與米業有關之各種消息，每週製表報告，呈送糧食管理委員會備查。

第八條　公會負責人，有傳達糧食管理委員會所公布之政策方針於所屬會員，及監督並密報所屬會員有無違背糧食管理條例情事之責任。

第九條　公會對於食米運銷事宜，得直接向糧食管理委員會作任何合理之建議。

第十條　公會有接收糧食管理委員會之指示，聯合會員向指定地區收買產米之義務。

第十一條　本條例自公布之日施行。

社會運動指導委員會辦事細則

第一條　本會事務以本細則之規定處理之，其未經規定者，應由主管部份擬具辦法，簽呈委員長核准行之。

第二條　本會委員長總理一切會務，常務委員襄理之。

第三條　本會秘書主任秉承委員長，及常務委員之命，處理一切事務，秘書襄理之。

第四條　本會各組組長承委員長，常務委員之命，及秘書主任之指導，掌管各該組一切事務。

第五條　本會幹事承長官之命，辦理指定事務。

第六條　本會各組科長，股主任，科員，辦事員，均承各該主管長官之命，分任工作。

第七條　本會收文，均須由收發員摘由，編號，登簿，註明文到時日，送秘書室，按文書性質，加蓋最要，次要，及尋常戳記，分由各該主管組擬具辦法，轉由秘書主任核閱，送呈委員長，常務委員核批交辦。

重要及機密文件，逕由秘書主任送呈委員長，常務委員核示交辦。

第八條　凡來文封面書明本人姓名，機密或親啓字樣者，不得拆封，逕送收件人收閱，俟發下後，補辦收文手續。

第九條　各組應辦之例行文件，由各該組擬稿送核，如有會辦之件，得會稿辦理之，遇重要文件，不能決定辦法時，應簽呈委員長核定行之。

本會對外文件，經委員長常務委員之認可，得以秘書室名義行之。

第十條　撰擬稿件，應由擬稿人簽名蓋章，登錄送稿簿，送主管長官核閱蓋章後，送秘書主任核轉委員長常務委員核定判行。

第十一條　凡判行文件繕寫完畢，經校對無誤，用印後，交收發員登簿封發。

凡繕寫員，校對員，監印員，均須加蓋名戳，以專責任。

第十二條　凡文件封發後，其原稿及來文全卷，交主管組保管，其應歸檔者，送管卷室分別歸檔。

機密文件，由祕書主任密存之。

第十三條　調閱案卷，應填寫調卷證，註明應調卷目，向管卷室調閱，閱畢送還，將原證收回。

第十四條　應登公報文件，由祕書主任或各組組長，加蓋送登公報戳記，經委員長常務委員核定後，分別抄送。

第十五條　本會經費由主管組會同會計主任，按月造具支付預算書，送由祕書主任，呈委員長常務委員核定後，領款備用。

第十六條　本會出納款項，每屆月終，由主管組結算數目，編造收支計算書，經會計主任復核後，送由祕書主任轉呈委員長常務委員核閱。

第十七條　本會職員薪俸，由主管組會同會計主任，按月開列職員俸額清冊，送由祕書主任轉呈委員長常務委員核准支發，各職員領薪時，應於收據上簽名蓋章，各組勤務工餉，亦應填具收條。

第十八條　本會出納賬目，每屆月終，由主管組結算一次，經會計主任復核後，送由祕書主任轉呈委員長常務委員核閱蓋章。

第十九條　本會辦公用品，由第一組購辦並保管之。

前項購辦物品，價值在五十元以上者，應呈請委員長，常務委員核定之。

第二十條　凡各職員因公需用物品時，須填具領物證，註明種類數目蓋章後，經各該組組長核定領用。

第二一條　本會各組辦公用具，及室內器具等，應由第一組編號登簿，並黏貼簽條，印製清單，分送各該組保管。

第二二條　本會職員一切之請假，考勤，及獎懲規則另定之。

第二三條　本會各項會議規則另定之。

第二四條　本細則如有未盡事宜，得隨時修正之。

第二五條　本細則自公布日施行。

人民團體整理辦法

第一條　本辦法依據修正人民團體組織方案第二十五條之規定訂定之。

附註：第二十五條原文：本方案修正以前，各地方已經組織之人民團體，應向主管分會重行登記，其組織內容與方案不合，或與國民政府現行政綱政策不合者，社會運動指導委員會主管分會，應令其改組，或派員整理之，或逕行解散之。

第二條　社會運動指導委員會各省市分會，（以下簡稱分會）對所屬人民團體，認爲有整理必要時，應列舉理由，呈准上級機關後，飭令整理，並由主管分會函知有關官署備查。

第三條　人民團體實施整理時，應由主管分會派員指導。

第四條　人民團體之整理，應由主管分會就該團體中選派三人至九人爲整理員，負責整理之。

第五條　人民團體整理員，應就原團體所在地成立辦事處，直接受主管分會所派指導員之指導。辦事處組織另定之。

第六條　人民團體整理期間，以二個月爲限，如以特殊情形不克如限整理完竣者，得於限前呈准主管分會，酌量延長之。前項於延長期內，仍不能將該團體指導整理完竣時，指導員及整理員應一律撤回，另行選派。

第七條　人民團體開始整理時，應由指導員整理員會同擬具整理工作實施程序，呈請主管分會核准施行。

第八條　人民團體整理員，於工作開始及任務總了時，均應呈報主管分會考核，並由分會函請有關官署備查。

第九條　本辦法自公佈日施行。

省市縣工會組織準則

第一條　本準則依據修正人民團體組織方案第二節第九條之規定訂定之。

第二條　省市縣工會，以增進生產技能，辦理福利事業，調處勞資糾紛，推行互助精神為宗旨。

第三條　省市縣工會，應冠以所在地之名稱。

第四條　市（包括直屬於行政院之市）縣工會，以該區域內各個產業工會，職業工會，為基本組織。省工會以該省內各縣市（專指普通市）工會為基本組織。

第五條　省工會得由三分之一縣市（普通市）工會發起，依照修正人民團體組織方案第二節之規定組織之。市縣工會得由各該區域內之產業工會職業工會三分之一發起組織之。

第六條　省市縣工會之最高權力機關，為各該省市縣工會代表大會。

第七條　前條所稱代表大會之代表，由各該工會按照會員比例數，依法選舉之。

第八條　代表大會每半年開會一次，其職權如左：

一、選舉及罷免省市縣工會理監事；

二、修訂省市縣工會組織章程；

三、接納省市縣工會理監事之報告，並決議其提案；

四、審核經費之預算及決算，並確定徵收標準。

第九條　省市工會設理事十一人至十九人，監事五人至九人，候補理事不得超過七人，候補監事不得超過五人，縣市（普通市）工會設理事五人至九人，監事三人至七人，候補理事不得超過五人，候補監事不得超過三人，由各該省市縣代表大會依法選舉之。

第十條　省市工會理事會互選常務理事五人至九人，縣市(普通市)工會互選常務理事三人至五人，處理日常會務，理事會每星期開會一次。

第十一條　省市縣理事會設秘書一人，並酌設左例各科：

一、總務科　掌理文書會計庶務交際及不屬於其他各科事項；

二、組織科　掌理所屬工會之組織，及所屬工會會員，就業失業之調查登紀統計事項；

三、訓練科　掌理所屬工會會員訓練及糾紛調處事項；

四、宣傳科　掌理全部宣傳，並指導所屬工會之宣傳事項；

五、惠工科　掌理工人福利及合作儲蓄職業介紹等事項。

第十二條　理事會秘書由理事會決議聘任之，各科設主任一人，由理事會互推担任之，並酌設幹事，助理幹事，錄事若干人，佐理會務。

第十三條　省市工會監事會，互選常務監事一人至三人，縣市(普通市)工會，互選常務監事一人，並得酌設幹事佐理之。

監事會每月應開會一次。

第十四條　理事會之職權如左：

一、處理日常會務；

二、執行代表大會決議案；

三、辦理召集代表大會事宜；

四、接納及執行會員之建議；

五、指導及處理所屬各工會一切興革事宜；

六、參加所屬各工會一切會議；

七、調處勞資間及各業工會間糾紛。

第十五條　監事會之職權如左：

一、處理日常會務；

二、稽核經費之出納；

三、審核各種事業之進行狀況；

四、考核職員工作之勤惰，及會員之言論行動；

五、有向理事會複議之權。

第十六條　代表大會理事會及監事會等，各種會議均以過半數之出席，方得開會，出席過半數之同意，方得決議。

第十七條　省市縣工會理事監事任期均為一年，連選得連任。

第十八條　省市縣工會除遵照本準則外，應依照工會法工會法施行法之規定。

第十九條　本準則自公佈日施行。

人民團體負責人員就職宣誓規則

第一條　凡人民團體負責人員就職時，應依照本規則之規定舉行宣誓。

第二條　凡人民團體負責人員宣誓時，須呈由社會運動指導委員會或主管分會派員監誓。

第三條　誓詞規定如次：

「余誓以至誠，恪遵國民政府現行政綱政策及一切法令，盡忠職守，如有違背，願受嚴厲之制裁，謹誓。」

第四條　前項誓詞，由宣誓人簽名並彙呈社會運動指導委員會或主管分會備查。

第五條　人民團體負責人員就職，如有特殊情形不能舉行宣誓儀式時，得呈請社會運動指導委員會或主管分會核准，塡寫誓詞，彙呈備查。

第六條　本規則自公佈日施行。

社會部職員分發及調用規則

第一條　社會部（以下簡稱本部）職員分發及調用概依本規則辦理。

第二條　本部職員奉令分發及調用，依左列規定，向服務機關（卽新任機關）履行報到手續：

一、塡寫報到書及登記表；

二、呈繳最近二寸半身相片；

三、呈驗證件；

四、塡寫聯保切結或保證書。（在部已塡者得免重塡）

第三條　分發及調用人員，履行報到手續，在本省境內者，自奉令日起，以五日爲限，在省外者，以十日至十五日爲限，逾期不報到者，由服務機關呈報本部核辦。

前項規定報到日期，如有特殊情形，經奉核准者，不在此限。

第四條　分發及調用人員，其俸給由本部規定，在服務機關支取。

前項支取俸給，自奉令日起算。

第五條　分發及調用人員，依照國內出差旅費規則支取車船費，其有特殊情形者，由部長酌量批發。

第六條　分發及調用人員，服務機關，認爲工作不適宜時，得聲敍理由，請求調回或另行指派工作，呈本部核定之。

第七條　分發及調用人員，有違背法令時，應由服務機關，聲敍理由，呈請本部核辦。

前項違背法令，如遇情節重大時，服務機關得先予停職，呈部核辦。

第八條　分發及調用人員，由服務機關，每月考績一次，呈報本部備查。

第九條　分發及調用人員，應接受服務機關長官之命令，辦理指派工作。

第十條　分發及調用人員，在服務機關，如奉令他調時，須依照本規程第二條第三條之規定辦理。

第十一條　本規則自公佈日施行。

專載

全面和平展望（爲紀念八一三作）

汪精衛

有人問我道：中國的抗戰派與和平派，何時始能合一呢？全面和平何時始能實現呢？

我答道：中國沒有什麼派，只有一個國家，一個民族，一個爲國家民族求生存獨立的共同意見，祇有極少數的共產黨，是被擯於此共同意見之外。然而這些共產黨，久矣夫不是中國人了，是應該被擯於中國人之外，那麼，中國沒有什麼派，祇有一個爲國家民族求生存獨立的共同意見。

這共同意見是什麼，是好的和平條件。詳細些說，是有益於中日兩國，有益於東亞的和平條件；如果這好的和平條件能得到呢，中國絕不會再有所謂抗戰派。反之，不能得到呢，則所謂和平派歸於失敗；這所謂失敗，不過是目前的失敗，不是永久的失敗，因爲中日合作復興東亞這條大路，遲早兩國總要共同走上的。

由此可知，全面和平之能否實現，視乎好的和平條件之能否獲得；好的和平條件獲得越快，則全面和平，實現亦越快。

然則我們將如何獲得好的和平條件呢？

好的和平條件是中國人所共同希望的，至於如何獲得好的和平條件，則中國人所採的方法，未見得盡同了，我如今舉出兩個最要不得的方法如下：

其一：以爲單獨與日本講和平，是不容易得到好條件的，必須加上某某國方纔能得到幫助以折衷至當，這種打算是最要不得的。我們必須認定，所謂中日合作復興東亞，不是一種門面話，而是一種有眞實性的主張，不是一種權謀術數，而是一種有絕對性的信仰。如果中日兩國不能相見以誠，而欲以縱橫捭闔的手段，得到外交上的效用，眞所謂弄小巧成大拙。

其二：以爲日本旣欲結束戰事，則中國正宜利用之，使戰事延長，因而獲得更好的和平條件；這種打算，尤其要不得。戰事越延長，則消耗越多，補償之必要越加甚，只有使和平條件更不好，豈有使和平條件更好之理！

以上兩者，不但淺薄，而且乖戾，然而重慶方面，往往發生此種論調，恬然不以爲怪，是何故呢？一由於懷疑好的和平條件之能否獲得，二由於恐懼好的和平條件之不能獲得。而其懷疑與恐懼之來源，則在對於中日合作復興東亞的意義，始終沒有認識清楚，始終以爲這不過一種門面話，一種權謀術數。殊不知立國於現世界很少能孤立的，不惟弱國不能孤立，強國亦不能孤立；固然爲國家打算，不可輕易與他國發生連帶關係，以致牽掣了行動的自如；然而在天然關係上，如地理，人種，在人爲關係上，如道德觀念，經濟條件，兩三個國家聯合起來，各自保障，並且互相保障，實在是必要的。所以日本看得在睦鄰友好共同防共經濟提攜的原則上面，與中國合作，復興東亞，比較藉戰勝之威，使中國屈服，更來得重要。中國如果明白此層，則用不着懷疑，用不着恐懼，只有打疊起全副精神加倍的努力，如我在四月二十六日所講，「罪己的精神」使日本覺得中國實實在在是復興東亞的一個最良的伴侶，則和平條件斷沒有不好的。因爲這所謂好，不但於中國好，於日本也好，於東亞也好。

附錄

法規制訂程序簡明表

名別	法	規程	條例	規則
略解	法律之簡稱	內容並含規則與章程兩種性質（規則常規定行為準則而章程並定有組織）	法或規則之不擬有永久施行之性質者或將來須演進為法律者	為組成法律之成分集若干規則加以系統化組織化乃成法律或在已公布之法律範圍內復加詳密規定者謂之規則
施行程序	須經立法機關三讀程序通過經中政會議核定國民政府公布始稱為法或逕由中政會議決交國民政府公布	各院會部及各省市根據法律設立附屬機關或辦理特定事件得擬訂規程須呈准上級機關核准公布	通常不須經立法機關但須視其性質以定公布機關如有國際關係或與各院部會均有關者應由國府公布屬於各部職權範圍內者可由主官院部會呈准上級機關或轉國府公布但關於憲政或徵募公債等之條例仍須經由立法機關及中政會並由國府公布	依事務上或地域上之施行範圍由主管機關核定公布如僅適用於一省市者得由省市政府公布
舉例	如各院部組織法民刑法公司法銀行法及工會法商會法等	如各部附屬機關之組織規程均須呈准行政院公布僑務委員會僑民登記規程由僑務委員會呈准行政院備案外人在華攝製電影片規程前由內政部呈准行政院核准施行	如海上捕獲條例捕獲法院條例公務員交代條例由國府公布引水人考試條例由考試院公布禁止婦女纏足條例由內政部公布又如國民會議各委員會組織條例建設公債條例均由國府公布	如各地方倉儲管理規則由內政部公布路局發電規則由鐵道交通兩部會同公布天津市陸上交通管理規則由天津市政府公布
備攷		其暫時施行者稱暫行規程	其暫時施行者稱暫行條例	其暫時施行者稱暫行規則有詳細規定者稱細則內容規定適用一般事件者稱通則

章程	集合體之團體以文字定其組織及行動之準則爲章程	由主管機關核定公布	如輪船業監督章程航業公會章程由交通部公布商事公斷處章程由司法工商兩部會同公布	其暫時施行者稱暫行章程
辦法	爲特定事件規定政府與人民間之命令或請求方法者爲辦法	以施行對象及主管範圍而定由主管機關核定公布	如民國二十三年公務員捐俸助賑辦法係由國府公布學校暑期軍訓暫行辦法由教育部及訓練總監部訓令施行	其暫時施行者稱暫行辦法

附記

甲、按法規制定標準法（民國十八年五月十四日國民政府公布）第二條之規定凡「（一）關於現行法律之變更或廢止者（二）現行法律有明文規定應以法律規定者（三）其他事項涉及國家各機關之組織人民之權利義務關係經立法院認爲有以法律規定之必要者」均爲法律案應經立法院三讀會程序之通過第三條規定「凡條例章程或規則等之制定應根據法律」又第五條規定「應以法律規定之事項，不得以條例章程規則等規定之。」又立法程序法第一條「中央政治會議將議決一切法律由中央執行委員會交國民政府公布之。」

前項法律概稱曰法

乙、按立法程序綱領第五條「立法院會議通過之法律案在國民政府未公布以前中央政治會議認爲有修正之必要時得以決議案發交立法院依據修正之」

丙、按立法程序第三條「國民政府組織法第七條所列各機關各省政府各特別市政府制定條例時除法令有特別規定外須呈經國民政府核准」

日本厚生省及保險院之分課規程

厚生省分課規程

大臣官房

秘書課

一、關於官吏之任免，銓衡，及賞罰事項；
一、關於官吏之服務事項；
一、關於恩給事項；
一、關於敍位，敍勳及褒賞事項；
一、關於儀式禮典事項；
一、關於大臣官章及省印之典守事項；
一、關於機密事項。

文書課

一、關於文書之收發，編纂，及保管事項；
一、關於成案文書之審查及送核事項；
一、關於公報之編輯發行事項；
一、關於統計之編纂及報告事項；
一、關於圖書之分類及管理事項；
一、關於資源調查，及統制運用計劃之統轄事項；
一、其他不屬各局，課主管事項。

會計課

一、關於一般會計及特別會計經費及諸收入之豫算，決算，暨會計事項；
一、關於本省所轄會計之監督事項；
一、關於國有財產國有物品事項；
一、關於修繕事項；
一、關於省內管理監督事項；
一、關於公役之雇用，解雇及監督事項。

體力局

企畫課

一、關於體力向上之計劃事項；
一、關於體力調查事項；
一、其他不屬各課主管事項；

體育課

一、關於體育運動之調查研究及指導事項；
一、關於體育運動指導者之敎養事項；
一、關於體育運動團體事項；
一、關於其他體育運動事項。

設施課

一、關於國立公園及其他公園事項；
一、關於體力向上之設施事項；

衛生局

一、關於產婦，嬰孩及兒童之衛生事項。

保健課
一、關於自來水及溝渠事項；
一、關於飲食物及飲料水事項；
一、關於屠畜及屠場事項；
一、關於清掃衛生事項；
一、關於温泉，海水浴場，療養地事項；
一、關於衛生技術人員之教養事項；
一、關於衛生統計事項；
一、關於不屬其他主管之一切國民保健事項。

指導課
一、關於保健所事項；
一、關於人體營養之改善事項；
一、關於衣服，住宅之改良，及住宅之供給事項；
一、關於其他衛生指導事項。

醫務課
一、關於醫師，齒科醫師，產婆及其他醫療人員事項
一、關於藥劑師，製藥者，及藥種商事項；
一、關於醫師公會，齒科醫師公會，及藥劑師公會事項；
一、關於醫師，齒科醫師，及藥劑師之試驗事項；
一、關於診療所及齒科診療所事項；
一、關於藥品，成藥，及成藥附屬品事項；
一、關於鴉片及痲藥事項；
一、關於毒物，劇性刺激物，及其他有害物品事項；
一、關於藥草栽培，及製藥獎勵事項；
一、關於其他醫藥事項。

豫防局

優生課
一、關於民族衛生事項；
一、關於精神病事項；
一、關於慢性中毒事項；
一、關於脚氣，癌，（註一）及其他慢性病事項；
一、關於不屬各課主管事項。

豫防課
一、關於結核病，顆粒性結膜炎，（註二）癩病，花柳病，及其他慢性傳染病事項；
一、關於寄生蟲病，原蟲病，及地方病事項。

防疫課
一、關於急性傳染病事項；
一、關於海港檢疫，及航空檢疫事項；
一、關於痘苗，血清，及其他細菌學之豫防治療品事項；

社會局

保護課
一、關於救護及療養事項；
一、關於罹災之救助事項；
一、關於社會事業之助成事項；
一、關於方面委員（註三）事項；

一、關於社會事業之統計事項；

一、關於恩賜財團濟生會事項；

一、關於不屬各課主管之一切社會事業事項。

福利課

一、關於公益當舖事項；

一、關於公設市場，公寓，及其他社會福利設施事項；

一、關於地方改善事項；

一、關於協和事業事項；

一、關於低利資金通融調濟事項。

兒童課

一、關於母子保護事項；

一、關於少年教育保護事項；

一、關於兒童虐待之防止事項；

一、關於其他母性及兒童之保護事項。

勞動局

勞政課

一、關於一般勞動政策事項；

一、關於勞動爭議事項；

一、關於勞動運動及其他勞動事態之調查事項；

一、關於不屬各課主管之一切勞動事項。

勞務課

一、關於國際勞動事項；

一、關於勞動者災害扶助法之實施事項；

一、關於勞動者之福利事項。

監督課

一、關於工場法之實施事項；

一、關於工業勞動者最低年齡法之實施事項；

一、關於鑛夫事項；

一、關於鑛業及砂鑛業之勞動衛生事項；

一、關於員工退職儲金及員工退職準備法之實施事項；

一、關於商店法之實施事項；

一、關於其他勞動者保護事項。

職業部

職業課

一、關於入營者職業保障法之實施事項；

一、關於職業適宜性之研究事項；

一、關於國民登記制事項；

一、關於失業之救濟事項；

一、關於其他不屬各課主管事項

監理課

一、關於職業介紹所之監理事項；

一、關於職業介紹所職員之養成事項；

一、關於職業介紹委員會事項。

介紹課

一、關於職業介紹所業務及職業介紹之聯絡統制事項；

一、關於私營之職業介紹事業事項；

一、關於勞務供給事業，及勞務者之徵募事項。

失業對策部

總務課

一、關於失業狀況之調查偵察事項；

一、關於失業對策之計劃事項；

一、關於失業對策委員會事項；

一、其他不屬各課主管事項。

轉職課

一、關於豫備登記事項；

一、關於轉職指導事項；

一、關於解雇及雇用之調整事項。

事業課

一、關於職業輔導之設施事項；

一、關於授產及副業之設施事項；

一、關於其他救濟設施事項。

臨時軍事援護部

軍事扶助課

一、關於軍事扶助法之實施事項；

一、關於不屬他課主管之一切軍事援護事項。

遺族援護課

一、關於遺族之援護事項。

（註一）癌此係一日本病名，近來我國亦有沿用者，為一種惡性腫瘍；始則破壞組織，繼則出血，馴使全身發生營養障礙。雖經割治，常易地復發，故一般均認係一難治之惡症，患此者恆有生命虞。計分胃癌，舌癌，子宮癌等數種。

（註二）顆粒性結膜炎　顆粒性結膜炎（Trachom），為結膜炎之一種，中國俗稱沙眼，由患者之眼眵而傳染，係慢性病，患者恆感染而不自覺。經過相當時間，結膜（眼瞼內）起白色或灰白色之顆粒，漸次蔓延擴大，馴至侵及角膜，甚有因此而失明者。

（註三）方面委員　方面委員為日本一法律名詞，係担任某一劃分區域指定任務之委員。

保險院分課規程

第一條　總務局置左列四課：

一　庶務課

二　企畫課

三　數理課

四　設施課

第二條　總務局庶務課掌左列事項：

一　關於機密事項；

二　關於人事事項；

三　關於印信之典守事項；

四　關於文書之收發分配暨編纂保管事項；

五　關於經費及諸收入之預算、決算暨會計事項；

六　關於修繕事項；

七　其他不屬各局、課事項。

第三條　總務局企畫課掌左列事項：

一　關於保險制度之計劃事項；

二　關於生命保險公司之監督事項。

第四條　總務局數理課掌左列事項：

一　關於保險費比率之基礎計算及其他保險數理事項；

二　關於統計之觀察事項；

三　關於民營生命保險保險費比率之調查事項。

第五條　總務局設施課掌左列事項：

一　關於被保險者保健設施之計劃統轄事項；

二　關於生命保險公司被保險者之保健設施事項。

第六條　社會保險局置左列四課及健康保險諮詢所：

一　庶務課，

二　監理課，

三　醫務課，

四　國民健康保險課。

第七條　社會保險局庶務課掌左列事項：

一　關於健康保險合作事項；

二　關於健康保險審查會事項；

三　其他不屬他課主管事項。

第八條　社會保險局監理課掌左列事項：

一　關於政府掌管一切健康保險事項；

二　關於健康保險特別會計事項；

三　關於勞動者災害扶助責任保險事項；

四　關於勞動者災害扶助責任保險特別會計事項。

第九條　社會保險局醫務課掌左列事項：

一　關於醫療事項；

二　關於健康保險一切保健設施之實施事項。

第九條之二　社會保險局國民健康保險課掌理一切關於國民健康保險事項。

第十條　社會保險健康保險諮詢所，分掌關於第九條第二項所列事務中，被保險者之健康保持設施事宜。

第十一條　簡易保險局置左列十九課：

一　監理課，

二　經理課，

三　積存資金運用課，

四　積存資金監查課，

五　年金課，

六　地方課，

七　業務課，
八　統計課，
九　契約課，
十　第一支付課，
十一　第二支付課，
十二　第三支付課，
十三　貸款課，
十四　償還課，
十五　第一徵收課，
十六　第二徵收課，
十七　第三徵收課，
十八　第四徵收課，
十九　第五徵收課。

第十二條　簡易保險局監理課掌左列事項：
一　關於簡易保險局及其支局職員之統轄事項；
二　關於事業之監督事項；
三　關於事業之運籌經營及改良計劃事項；
四　關於保險事業之法令事項；
五　關於保險事業之訴訟，及簡易生命保險審查會事項；
六　關於被保險者之保健設施事項；
七　其他不屬本局各課事項。

第十三條　簡易保險局經理課掌左列事項：
一　關於歲入、歲出之豫算、決算及經理事項；
二　關於收入、支出及現金之出納事項；
三　關於職員員額、辦事能率、薪津、及服務事項；
四　關於物品之經理事項；
五　關於土地建築物之貸借管理，及建築工程之管理監督事項；
六　關於對通信事業特別會計歸入金事項；
七　關於技工事項。

第十四條　簡易保險局積存資金運用課掌左列事項：
一　關於積存資金運用計劃事項；
二　關於積存資金之貸與，暨有價證券之購入、承受、及出讓事項；
三　關於對積存資金之運用有關聯之一切金融經濟及貸款利息，證券利率，暨社會政策諸設施之調查事項；
四　關於簡易生命保險積存資金運用委員會事項。

第十五條　簡易保險積存資金監查課掌左列事項：
一　關於積存資金之貸與契約事項；
二　關於積存資金貸與後之監查事項；
三　關於積存資金之債權確保事項；
四　關於積存資金之管理事項；

五 關於有價證券之保管事項。

第十五條之二 簡易保險局年金課掌左列事項：

一 關於年金事業之改良計劃事項；

二 關於年金事業之法令事項；

三 關於年金事業之訴訟事項；

四 關於年金契約之締結事項；

五 關於郵政年金證書之製作事項；

六 關於年金契約締結後，各種原始單票賬册之調製事項；

七 關於退還金之計算事項；

八 關於年金及退還金之支付事項；

九 關於年金契約之異動變更事項；

十 關於年金契約之解約事項；

十一 關於對年金契約者及年金受款人之貸款事項；

十二 關於有關年金契約各種證書之再度發行事項；

十三 關於年金事業所屬一切收付款項之總計算事項；

十四 關於年金事業所屬有關郵局代理收付，暫移用代墊之歲入金歲出金，及歲入歲出外，現金之計算整理事項；

十五 關於年金事業所屬一切劃蟄支付，歲出金單據之計算整理事項；

十六 關於未確定年金暫記款單據之計算整理事項；

十七 關於契約者所繳之年金費及年金雜收入收款單據之計算整理事項；

十八 關於年金費收入原始賬之登記事項；

十九 關於年金費繳付豫告書及催繳通知書之送發事項；

二十 關於延滯金之監查事項。

第十六條 簡易保險局地方課掌左列事項：

一 關於積存資金貸與之調查事項；

二 關於積存資金貸與各事業狀況之調查事項；

三 關於積存資金貸與有關債權確保之調查事項；

四 關於簡易保險健康諮詢所及其他保健設施之運籌經營事項。

第十七條 簡易保險局事務課掌左列事項：

一 關於從事現業事務（簡易保險支局業務除外，以下同此。）各職員之任免、賞罰及銓衡事項；

二 關於現業員勤勉津貼之支給事項（技工除外）；

三 關於現業員之訓育、保健、娛樂、及互助事項；

四　關於現業事務之監查事項；

五　關於有關現業事務之報告及其他事故之處理事項；

六　關於電話機、電燈、及煖房之管守保存事項；

七　關於國有財產之管守保存事項；

八　關於公役傭工（技工除外）事項；

九　關於伕役、舟車之供給事項；

十　關於本局房屋之管理及公役傭工之監督事項；

十一　關於保險契約締結時，暨保險賠償金支付時，醫的審查事項；

十二　關於保險事業所屬一切收付款項之總計算事項；

十三　關於保險事業所屬有關郵局代理收付暨移用代墊之歲入金歲出金及歲入歲出外，現金之計算整理事項；

十四　關於現業事務有關文書，及各種單據之收發保管事項。

第十八條　簡易保險局設業務長。業務長綜理左列各課事務：

一　監理課，

二　經理課，

三　積存資金運用課，

四　積存資金監查課，

五　年金課，

六　地方課，

七　業務課。

第十九條　簡易保險局統計課掌左列事項：

一　關於責任準備金之計算事項；

二　關於更正保險賠償金額及保險退還金額之計算（屬於支付課職掌者除外）事項；

三　關於更正年金額之計算事項；

四　關於事業之統計事項。

第二十條　簡易保險局契約課掌左列事項：

一　關於保險契約之締結事項；

二　關於保險契約之復活事項；

三　關於保險契約締結時保證書之製作事項；

四　關於保險契約締結時，保險費收入賬冊及保險費收入傳票之調製事項。

第廿一條　簡易保險局第一支付課掌左列事項：

一　關於對東京市區及東京市外遞信局管轄內保險契約，暨本局管轄內保險契約，支局管轄內經異動各保險契約，保險賠償金及保險退還金之支付決定事項；

二　關於保險賠償金及保險退還金之「即時付款制」事項；

三　關於東京市區及東京市外遞信局管轄內保

險契約，暨本局管轄內保險契約，支局管轄內經異動各保險契約之異動變更事項；

四 關於東京市區及東京市外遞信局管轄內保險契約，暨本局管轄內保險契約，支局管轄內經異動各保險契約之解約事項；

五 關於對東京市區東京市外遞信局管轄內保險契約，暨本局管轄內保險契約，支局管轄內經異動各保險契約，證書類之再度發行事項；

六 關於對東京市區及東京市外遞信局管轄內保險契約，暨本局管轄內保險契約，支局管轄內經異動各保險契約，更正保險賠償金額及保險退還金額之計算（凡不能依照：一期付保險費表、保險退還金額表、積存金額表、乘率表、及保險賠償金額表計算者，暨契約再度變更者除外，）事項；

七 關於保險事業所屬有關劃墊支付歲出金單據之計算整理事項。

第廿二條 簡易保險局第二支付課掌左列事項；

一 關於名古屋、廣島各遞信局及南洋廳管轄內保險契約、保險賠償金、保險退還金之支付決定事項；

二 關於名古屋、廣島各遞信局及南洋廳管轄內保險契約之異動變更事項；

三 關於名古屋、廣島各遞信局及南洋廳管轄內保險契約之解約事項；

四 關於對名古屋，廣島各遞信局及南洋廳管轄內保險契約，證書類之再度發行事項；

五 關於對名古屋，廣島各遞信局及南洋廳管轄內保險契約，更正保險賠償金額及保險退還金額之計算（凡不能依照：一期付保險費表、保險退還金額表、積存金額表、乘率表、及保險賠償金額表計算者，暨契約再度變更者，除外。）事項；

第廿三條 簡易保險局第三支付課掌左列事項：

一 關於對大阪遞信局管轄內保險契約，保險賠償金及保險退還金之支付決定事項；

二 關於大阪遞信局管轄內保險契約之異動變更事項；

三 關於大阪遞信局管轄內保險契約之解約事項；

四 關於對大阪遞信局管轄內各保險契約，證書類之再度發行事項；

五 關於對大阪遞信局管轄內保險契約，更正保險賠償金額及保險退還金額之計算（凡不能依照：一期付保險費表、保險退還金額表、積存金額表、乘率表、及保險賠償金額表計算者，暨契約再度變更者，除外。）事項；

六　關於保險賠償金及保險退還金支付通知書／之發行事項。

第廿四條　簡易保險局貸款課掌左列事項：

一　關於對保險契約者之貸款事項；

二　關於對保險契約者貸款之即時付款制事項

三　關於對保險契約者貸款金額之計算（凡不能依照：一期付保險費表、保險退還金額表、積存金額表、乘率表、及保險賠償金額表計算者，暨契約再度變更者，除外。）事項；

四　關於對保險契約者保險貸款支付單據之計算整理事項；

五　關於對保險契約者貸款通知書之再度發行事項。

第廿五條　簡易保險局償還課掌左列事項：

一　關於對保險契約者貸款之償還事項；

二　關於對保險契約者貸款現額之監查事項；

三　關於對保險契約者保險貸款，收款單據之計算整理事項。

第廿六條　簡易保險局第一徵收課掌左列事項：

一　關於對東京市區遞信局管轄內契約者，保險歲入金單據之計算整理事項；

二　關於對東京市區遞信局管轄內契約者，保險費及延滯費之收入監查事項；

三　關於對東京市區遞信局管轄內契約者，保險費及延滯費收入報告書之整理保管事項

四　關於對東京市區及東京市外遞信局管轄內，利用「郵局代理收付儲金制」繳費各契約者之失效豫告及失效通知事項；

五　關於對東京市區遞信局管轄內契約者，未定各保險暫記款單據之計算整理事項；

六　關於對東京市區遞信局管轄內契約者，保險費收入賬册及保險費收入傳票之再度發行事項；

七　關於本局管轄外異動登記簿之整理及保管事項；

八　關於對各既成契約，有關保險費合併繳費、及團體保險之保險費收入賬册及保險費收入傳票之發行事項。

第廿七條　簡易保險局第二徵收課掌左列事項：

一　關於對東京市外遞信局管轄內契約者，保險歲入金單據之計算整理事項；

二　關於對東京市外遞信局管轄內契約者，保險費及延滯費之收入監查事項；

三　關於對東京市外遞信局管轄內契約者，保險費及延滯收入報告書之整理保管事項；

四　關於對東京市外遞信局管轄內契約者，未確定各保險暫記款單據之計算整理事項；

五 關於對東京市外遞信局管轄內約契者，保險費收入賬册及保險費收入傳票之再度發行事項；

第廿八條 簡易保險局第三徵收課掌左列事項：

一 關於名古屋遞信局管轄內契約者，保險歲入金單據之計算整理事項；

二 關於名古屋遞信局管轄內契約者，保險費及延滯費之收入監查事項；

三 關於名古屋遞信局管轄內契約者，保險費及延滯費收入報告書之整理保管事項；

四 關於名古屋遞信局管轄內，利用「郵局代理收付儲金制」繳費各契約者之失效豫告及失效通知事項；

五 關於對名古屋遞信局管轄內契約者，未確定各保險暫記款單據之計算整理事項；

六 關於對名古屋遞信局管轄內契約者，保險費收入賬册及保險費收入傳票之再度發行事項。

第廿九條 簡易保險局第四徵收課掌左列事項：

一 關於對大阪遞信局管轄內契約者。保險歲入金單據之計算整理事項；

二 關於對大阪遞信局管轄內契約者，保險費及延滯費之收入監查事項；

三 關於對大阪遞信局管轄內契約者，保險費及延滯費收入報告書之整理保管事項；

四 關於對大阪遞信管轄內，利用「郵局代理收付儲金制」繳費各契約者之失效豫告及失效通知事項；

五 關於對大阪遞信局管轄內契約者，未確定各保險暫記款單據之計算整理事項；

六 關於對大阪遞信局管轄內契約者，保險費收入賬册及保險費收入傳票之再度發行事項。

第三十條 簡易保險局第五徵收課掌左列事項：

一 關於對廣島遞信局及南洋廳管轄內，暨朝鮮、僑居國外各契約者，保險歲入金單據之計算整理事項；

二 關於對廣島遞信局及南洋廳管轄內，暨朝鮮、僑居國外各契約者，保險費及延滯費之收入監查事項；

三 關於對廣島遞信局及南洋廳管轄內，暨朝鮮、僑居國外各契約者，保險費及延滯費收入報告書之整理保管事項；

四 關於對廣島遞信局及南洋廳管轄內，暨朝鮮、僑居國外，利用「郵局代理收付儲金制」繳費各契約者之失效豫告及失效通知事項；

五 關於對廣島遞信局及南洋廳管轄內，暨朝鮮、僑居國外各契約者，未確定保險暫記款單據之計算整理事項；

六 關於對廣島遞信局及南洋廳管轄內，暨朝鮮、僑居國外各契約者，保險費收入賬册及保險費收入傳票之再度發行事項。

第卅一條 刪除。

第卅二條 簡易保險支局置左列各課：

庶務課（限於福岡及仙臺簡易保險支局）

地方課（限於福岡及仙臺簡易保險支局）

運用課（限於名古屋、大阪、廣島及札幌簡易保險支局）

福祉課（限於名古屋、大阪、廣島及札幌簡易保險支局）

契約課（限於福岡及仙臺保險支局）

徵收課（限於福岡及仙臺保險支局）

第卅三條 簡易保險支局庶務課掌左列事項：

一 關於職員之任免、賞罰及銓衡事項；

二 關於現業員勤勉津貼之支給事項；

三 關於職員之訓育、保健、娛樂、及互助事項；

四 關於現業事務之監查事項；

五 關於有關現業事務之報告，及其他事故之處理事項；

六 關於文書及各種單據之收發保管事項；

七 關於國有財產之管守保存事項；

八 關於會計事項；

九 其他不屬本支局他課主管事項。

第卅三條之二 簡易保險支局地方課掌左列事項：

一 關於積存資金貸與之調查事項；

二 關於積存資金貸與各事業狀況調查事項；

三 關於積存資金貸與，有關債權確保之調查事項；

四 關於簡易保險健康諮詢所及其他保健設施之運籌經營事項。

第卅四條 簡易保險支局運用課掌左列事項：

一 關於積存資金貸與之調查事項；

二 關於積存資金貸與 各事業狀況之 調查事項；

三 關於積存資金貸與，有關債權確保之調查事項。

第卅五條 簡易保險支局福祉課掌左列事項：

一 關於簡易保險健康諮詢所及其他保健設施之運籌經營事項；

二 其他不屬本支局他課主管事項。

第卅六條 簡易保險支局契約課掌左列事項：

一 關於保險契約之締結事項；

二 關於保險契約之復活事項；

三 關於保險證書之製作事項；

四　關於保險契約締結時保險費收入賬冊及保險費收入傳票之調製事項；

五　關於未確定各保險暫記款單據之計算整理事項；

六　關於統計票之調製事項；

七　關於普通三等郵局事務處理費支給資料之調製事項；

八　關於保險賠償金及保險退還金之支付事項；

九　關於保險賠償金之「即時付款制」事項；

十　關於保險契約之異動變更事項；

十一　關於保險契約之解約事項；

十二　關於保險證書類之再度發行事項；

十三　關於保有契約變更之保險賠償金額，保險退還金額，及貸款金額之計算事項；

十四　關於保險契約締結時暨保險賠償金支付時之醫的審查事項；

十五　關於對保險契約者之貸款事項；

十六　關於對保險契約者，保險貸款，各種收付單據之計算整理事項；

十七　關於對保險契約者貸款通知書之再度發行事項；

十八　關於對保險契約者貸款之償還事項；

十九　關於對保險契約者　貸款現額之　監查事項。

第卅七條　簡易保險支局徵收課掌左列事項：

一　關於保險歲入金單據之計算整理事項；

二　關於保險費及延滯費之收入監查事項；

三　關於保險費及延滯費收入報告書之整理保險管理事項；

四　關於對利用「郵局代理收付儲金制」繳費各契約者之失效豫告及失效通知事項；

五　關於本支局管轄外異動登記簿之整理及保管事項；

六　關於本支局各種收付款項之總計算事項；

七　關於有關匯劃、郵局代理收付、各歲入金歲出金及歲入歲出外現金之計算整理事項；

八　關於有關劃墊支付，歲出金單據之計算整理事項；

九　關於保險費收入賬冊及保險費收入傳票之再度發行事項；

十　關於對各既成契約，有關保險費合併繳費，及團體保險之保險費收入賬冊及保險費收入傳票之發行事項。

本部人事調動

總務司司長　應　瀅（原簡任秘書）
合作司司長　楊偉昌（原簡任秘書）
主任秘書　陳端志（原專門人才登記調查處主任）
簡任秘書　陳東白（原簡任專員）

勞動問題研究委員會
主任委員　李志雲（原總務司司長）
專門人才登記調查處
主任　陸善熾

社會運動指導委員會人事調動

浙江省分會主任委員　張鵲聲（原合作司司長）
副主任委員　張梅庵（原浙江辦事處主任）
沈半梅（原第二組組長）
安徽省分會主任委員　胡志甯（原公益司司長）
副主任委員　潘國俊（本會專任委員）
廣東省分會主任委員　林汝珩
副主任委員　駱用弧
羅廣來（本會專任委員）
湖北省分會主任委員　張國恩
副主任委員　方煥如
王錦霞

專任委員　陸友白（原兼任委員）
勞綏遠（原荐任秘書）
熊竭南（原荐任專員）
張石之（原簡任專員）
曹翰芳（原簡任專員）
兼任委員　顧惠公　張泉林
第一組組長　曹翰芳
第二組組長　周樹望
本會會計主任　勞綏遠
上海市分會會計主任　勞綏遠（兼）
南京市分會會計主任　蔣信昭（代理）
江蘇省分會會計主任　汪國杰

社會部公報價目表

限期	價目	郵費	
零售	一角	本埠半分	外埠一分
半年	一元	本埠六分	外埠一角二分
全年	二元	本埠一角二分	外埠二角四分

廣告暫訂刊例

頁數	價目
一頁	每號十八元
四頁	每號九元
半分之一頁	每號四元五角

刊登廣告在四號以上者每號按七折計算，在十號以上者每號按六折計算長期另議

編輯者 社會部總務司

發行者 社會部總務司

印刷者 中文仿宋印書館

代售處 南京三通書局

出版日期 每月一日十六日各出版一次

社會部	
電話號碼	
部長室	23581
次長室	23582
秘書室	23583
總務司	23584
勞動司	23585
合作司	23586
公益司	23587
公用	23589

中華民國法規大全補編

公務員

各法團

一般公民

不可不備

國府還都凡二十六年十一月十九日以前之法規奉令適用本編搜羅完備補充正編都五百餘則七百八十餘頁每部實價四元外埠另加郵費二角

最高法院書記廳啓

院址南京甯海路二十六號

（偽）社會部總務司　編

（偽）社會部公報

第六、七號合刊

南京：（偽）國民政府行政院社會部總務司，民國二十九年（1940）鉛印本

經中華郵政登記認爲第一類新聞紙類

中華民國二十九年九月十六日

社會部公報

第六七號合刊

國民政府行政院社會部總務司印行

總理遺像

總理遺囑

余致力國民革命，凡四十年，其目的在求中國之自由平等，積四十年之經驗，深知欲達到此目的，必須喚起民衆，及聯合世界上以平等待我之民族，共同奮鬥。

現在革命尚未成功，凡我同志，務須依照余所著，建國方略，建國大綱，三民主義，及第一次全國代表大會宣言，繼續努力，以求貫澈，最近主張，開國民會議，及廢除不平等條約，尤須於最短期間，促其實現，是所至囑。

汪代主席

目錄

命令

行政院令

行政院指令　行字第五五六號

令社會部社會運動指導委員會

呈乙件（為呈送人民團體鈐記圖記頒發規則及鈐記圖記式樣仰祈核准備案由）

呈件均悉，准予備案。此令。件存

院長　汪兆銘

中華民國二十九年七月廿三日

行政院指令　行字第八六六號

令社會部社會運動指導委員會

呈乙件（為擬訂人民團體整理辦法仰祈鑒核備案由）

呈件均悉，所擬尚無不合，准予備案。此令。件存

中華民國二十九年八月二十八日

行政院指令 行字第八六八號

令社會部社會運動指導委員會

呈乙件（爲擬訂派駐各縣市專員服務規則呈請備案由）

呈件均悉：，查所擬尙無不合，准予備案。此令。件存

院長 汪兆銘

中華民國二十九年八月二十八日

行政院指令 行字第八八一號

呈乙件（爲擬具人民團體負責人員就職宣誓規則呈請備案由）

呈件均悉：，准予備案。此令。附件存

院長 汪兆銘

中華民國二十九年八月三十日

行政院指令 行字第八九〇號

令社會部社會運動指導委員會

呈乙件（爲湖北省分會兼辦武漢特別市社運呈請俯賜備案由）

呈悉，准予備案。此令。

中華民國二十九年八月三十日

院長　汪兆銘

行政院指令　行字第九二〇號

令社會部社會運動指導委員會

呈乙件（為呈送本會附屬機關統一會計規程仰祈鑒核備案由）

呈暨規程均悉，准予備案。此令。規程存

中華民國二十九年九月二日

院長　汪兆銘

行政院指令　行字第八五八號

令社會部

呈乙件（為修正合作社法施行細則仰祈鑒核備案由）

呈暨附件均悉，查修正各條，尚屬妥適，准予備案。此令。附件存

中華民國二十九年八月二十六日

院長　汪兆銘

部令

社會部指令 社丙字第一六號

茲修正合作社法施行細則，公佈之。此令。

中華民國二十九年八月三十日

部長 丁默邨

會令

社會運動指導委員會公佈令 社指佈字第二號

茲制定人民團體整理辦法，公佈之。此令。

中華民國廿九年八月廿一日

兼委員長 丁默邨

（辦法登本期公報法規類）

社會運動指導委員會公佈令 社指佈字第三號

茲制定省市縣工會組織準則，公佈之。此令。

中華民國廿九年八月廿一日

兼委員長　丁默邨

（準則登本期公報法規類）

社會運動指導委員會公佈令

社指佈字第四號

茲制定社會運動指導委員會各省市分會派駐各縣市專員服務規則，公佈之。此令。

中華民國廿九年八月廿一日

兼委員長　丁默邨

（規則登本期公報法規類）

社會運動指導委員會公佈令

社指佈字第五號

茲制定人民團體鈐記圖記頒發規則，公佈之。此令。

中華民國廿九年八月廿一日

兼委員長　丁默邨

（規則登本期公報法規類）

社會運動指導委員會公佈令

社指佈字第六號

茲制定人民團體負責人員就職宣誓規則，公佈之。此令。

中華民國二十九年八月廿一日　　兼委員長　丁默邨

（規則已登第五號公報）

社會運動指導委員會訓令

社指字第二六九號

令各分會辦事處

查人民團體鈐記圖記頒發規則，及鈐記圖記式樣，業經本會分別規定，呈奉行政院行字第五五六號指令准予備案在案。除公布並分行外，合行檢發上項規則及式樣各一份，令仰該分會辦事處知照。

此令。

計發人民團體鈐記圖記頒發規則一份及鈐記圖記式樣一紙

中華民國廿九年八月二日　　兼委員長　丁默邨

公牘

呈行政院（為呈請通令各省市政府對人民團體之組織應遵照修正人民團體組織方案辦理以一事權而符功令由）

案查修正人民團體組織方案，早經呈准
鈞院於本年六月二十六日明令公佈在案，惟近查各省市政府，對於人民團體之組織程序，及其指導監督事宜，應由社會運動指導委員會各該省市分會掌理各節，間有隔膜之處，以致事權紛岐，徒使一般民衆，莫知適從，爲特具文呈請
鈞院通令各省市政府，嗣後對人民團體之組織，應遵照修正人民團體組織方案辦理，以一事權，而符功令，謹附呈修正人民團體組織方案三十份，並祈隨令分別轉發，是否可行仍乞
核示祇遵。

謹呈

行政院院長汪

社會部部長　丁默邨

中華民二十九年八月廿六日

公函　覆武漢特別市政府

社會運動指導委員會公函　社指字第九七號

案准

貴市政府歌代電略開；

「爲電請解釋商店店員應否組織工會抑應屬於商會」

等由；准此，查商店店員係輔佐商業主體人，經營商業，在商法上爲商業使用人；依照工商同業公會法施行細則，有充任會員代表之機會；若組織工會，於法無據。再查工會法第廿七條，幷無店員字樣。准電前由，相應函復，卽希

查照飭遵爲荷。

此致

武漢特別市政府

兼委員長　丁默邨

中華民國二十九年八月二十一日

法規

社會運動指導委員會各省市分會派駐各縣市專員服務規則

第一條　本規則依據社會運動指導委員會各省市分會組織規程第七條之規定訂定之。

第二條　各分會派駐各縣市（專指屬於省政府之市）專員，秉承各主管分會之命令，兼受各該縣市政府之指導監督。

第三條　各分會派駐各縣市專員，對所在地人民團體負指導監督之責。各縣市人民欲組織團體者，應轉呈主管分會申請許可。

第四條　各縣市專員在所在地，得設立辦事處。

第五條　各縣市專員呈准主管分會得委用助理員或設計員，並得雇用辦事員。

第六條　各縣市專員，每月應製備工作報告，呈送各縣市政府及主管分會。

第七條　各縣市專員不得自任所在地職業團體之發起人，籌備人，或被選任理監事等。

第八條　各縣市專員，對於所在地之關係機關，應密切聯繫。

第九條　本規則自公佈日施行。

人民團體鈐記圖記頒發規則

第一條　凡人民團體之鈐記圖記均依本規則之規定頒發之

第二條　人民團體鈐記圖記，其文為各該團體名稱之全文，如某地某會圖記。

第三條　人民團體鈐記圖記為陽篆文，木質長方形，其尺寸大小規定如次：

一、縣市所屬團體長六公分四厘，寬四公分六厘

二、省市所屬團體及縣市總的組織，長六公分八厘，寬四公分八厘。

三、省市總的組織長七公分二厘，寬五公分二厘

四、全國性之團體長七公分六厘，寬五公分六厘

第四條　鈐記圖記之頒發機關及領用團體，規定如次：

一、縣市所屬團體應領用圖記，由主管分會頒發

二、縣市總的組織及省市（特別市）所屬團體，應領用圖記，由主管分會頒發。

三、省市（特別市）總的組織應領用鈐記，由主管分會，呈請社會運動指導委員會頒發。

四、全國性之團體，應領用鈐記，由社會運動指導委員會直接頒發。

第五條　人民團體請領鈐記圖記時應隨繳成本費鈐記規定每顆成本費國幣拾元，圖記每顆成本費國幣伍元

第六條　人民團體啓用鈐記圖記時須將印鑑及啓用日期，呈報頒發機關備案。

第七條　人民團體鈐記圖記，因故失效時，須呈報頒發機關註銷。

第八條　本規則自公佈日施行。

人民團體鈐記圖記式樣

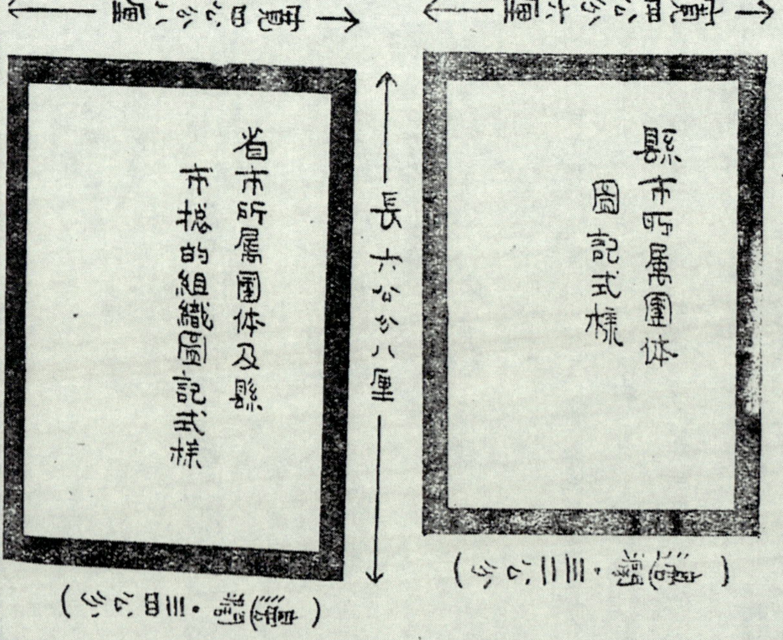

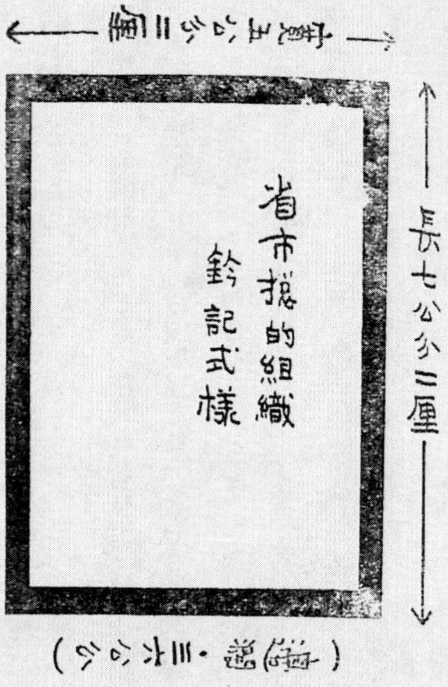

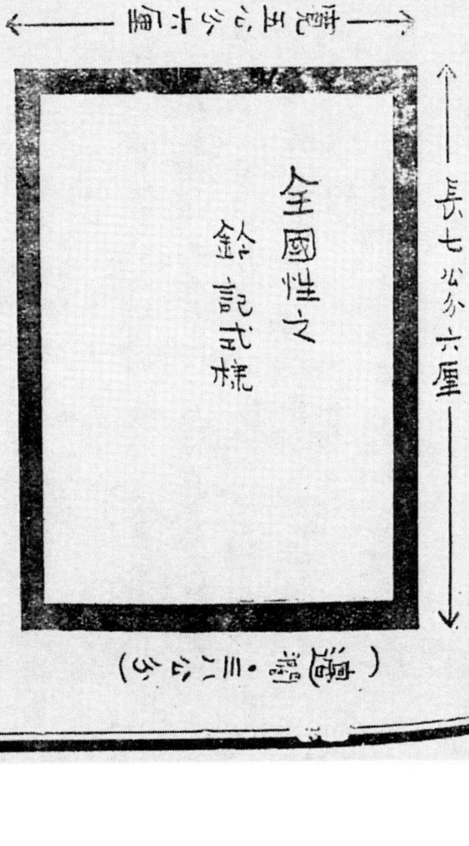

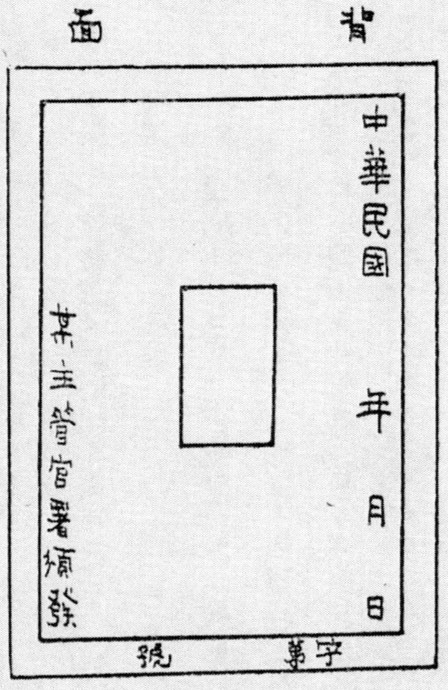

附註

一、分厘用公尺計算

二、鈐記圖記邊線照長度二十分之一

三、鈐記圖記背高三公分背嵌木柄外包錫葉邊

四、鈐記圖記背面右邊鐫「中華民國年月日」字樣左邊鐫「某主管官署頒發」字樣下端鐫「字第號」字樣

五、本鈐記圖記由主管官署依式製頒以歸一律

人民團體整理辦法

第一條　本辦法依據修正人民團體組織方案第二十五條之規定訂定之。

附註：第二十五條原文，本方案修正以前，各地方已經組織之人民團體，應向主管分會重行登記，其組織內容與方案不合，或與國民政府現行政綱政策不合者，社會運動指導委員會主管分會，應令其改組，或派員整理之，或逕行解散之。

第二條　社會運動指導委員會各省市分會（以下簡稱分會）對所屬人民團體，認為有整理必要時，應列舉理由，呈准上級機關後，飭令整理，並由主管分會函知有關官署備查。

第三條　人民團體實施整理時，應由主管分會派員指導。

第四條　人民團體之整理，應由主管分會就該團體中選派三人至九人為整理員，負責整理之。

第五條　人民團體整理員，應就原團體所在地成立辦事處，直接受主管分會所派指導員之指導。辦事處組織另定之。

第六條　人民團體整理期間，以二個月為限，如以特殊情形不克如限整理完竣者，得於限前呈准主管分會，酌量延長之。

前項於延長期內，仍不能將該團體，指導整理完竣時，指導員及整理員，應一律撤回，另行選派。

第七條　人民團體開始整理時，應由指導員整理員會同擬具整理工作實施程序，呈請主管分會核准施行。

第八條　人民團體整理員於工作開始及任務終了時，均應呈報主管分會考核，並由分會函請有關官署備查。

第九條　本辦法自公佈日施行。

省市縣工會組織準則

民國二十九年八月二十一日遵照行政院指令修正

第一條　本準則依據修正人民團體組織方案第二節第九條之規定訂定之。

第二條　省市縣工會，以增進生產技能，辦理福利事業，調處勞資糾紛，推行互助精神為宗旨。

第三條　市（包括直屬於行政院之市）縣工會，以該區域內各個產業工會，職業工會，為基本組織。省工會以該省內各縣市（屬於省政府之市）工會為基本組織。

第四條　省工會得由三分之一縣市（屬於省政府之市）工會發起，依照修正人民團體組織方案第二節之規定組織之。市縣工會得由各該區域內之產業工會職業工會三分之一發起組織之。

第五條　省市縣工會之最高權力機關，為各該省市縣工會代表大會。

第六條　前條所稱代表大會之代表，由各該工會按照會員比例數，依法選舉之。

第七條　代表大會每半年開會一次，其職權如左：

一、選舉及罷免省市縣工會理監事，

二、修訂省市縣工會組織章程，

三、接納省市縣工會理監事之報告，並決議其提案。

四、審核經費之預算及決算，並確定徵收標準。

第八條　省市工會設理事十一人至十九人，監事五人至九人，候補理事不得超過七人，候補監事不得超過五人、縣市（屬於省政府之市）工會設理事五人至九人，監事三人至七人，候補理事不得超過五人，候補監事不得超過三人，由各該省市縣代表大會依法選舉之。

第九條　省市工會理事會互選常務理事五人至九人，縣市（屬於省政府之市）工會互選常務理事三人至五人，處理日常會務，理事會每星期開會一次。

第十條　省市縣理事會設秘書一人，並酌設左列各科：

一、總務科　掌理文書會計庶務交際及不屬於其他各科事項；

二、組織科　掌理所屬工會之組織，及所屬工會會員，就業失業之調查登記統計事項；

三、訓練科　掌理所屬工會會員訓練及糾紛調處事項；

四、宣傳科　掌理全部宣傳，並指導所屬工會之宣傳事項；

五、惠工科　掌理工人福利及合作儲蓄職業介紹等事項。

第十一條　理事會秘書由理事會決議聘任之，各科設主任一人，由理事會互推擔任之，並酌設幹事助理幹事，錄事若干人，佐理會務。

第十二條　省市工會監事會，互選常務監事一人至三人，縣市（屬於省政府之市）工會，互選常務監事一人，並得酌設幹事佐理之。

監事會每月應開會一次。

第十三條　理事會之職權如左：

一、處理日常會務；

二、執行代表大會決議案；

三、辦理召集代表大會事宜；

四、接納及執行會員之建議；

五、指導及處理所屬各工會一切興革事宜；

六、參加所屬各工會一切會議；

七、調處勞資間及各業工會間糾紛。

第十四條　監事會之職權如左：

一、處理日常會務；

二、稽核經費之出納；

三、審核各種事業之進行狀況；

四、考核職員工作之勤惰，及會員之言論行動；

五、有向理事會提請複議之權。

第十五條　代表大會理事會及監事會等，各種會議均以過半數之出席，方得開會，出席過半數之同意，方得決議。

第十六條　省市縣工會除遵照本準則外，應依照工會法工會法施行法之規定。

等十七條　本準則自公佈日施行。

合作社法施行細則

第一條　本細則依合作社法(以下簡稱本法)第七十五條之規定制定之。

第二條　本法及本細則所稱主管機關，在縣市為縣市政府，在隸屬行政院之市為市政府。

第三條　合作社之設立，以社員能實行合作之範圍為準。在同一能實行合作之範圍內，非有特殊情形呈經所在地主管機關核准，不得設立二個同一業務之合作社。

第四條　前條合作社範圍如超過一市或一縣以上時，其主管機關為社址所在地之市縣政府，或隸屬行政院之市政府。

第五條　合作社依本法第三條之規定經營業務，得於名稱上用生產消費信用利用運銷保險等名詞表明之。

第六條　本細則施行前成立之合作社，應自本細則施行之日起三個月內，向所在地主管機關，依法聲請登記，其與本法及本細則牴觸者，於登記時自行改正。

第七條　本細則施行前成立之合作社，其實際性質不合本法及本細則之規定者，應即按照性質，各依其關係法令，更改名稱。

第八條　合作社於必要時，得呈准所在地主管機關設立分社。

第九條　依本法第六條之規定，合作社得呈請財政主管機關免徵所得稅及營業稅。

第十條　合作社業務不受任何行規之限制。

第十一條　合作社章程應載明左列各事項。

一、名稱，
二、區域，
三、責任，
四、社址，
五、業務，
六、社股金額及其交納或退還之規定，
七、保證責任合作社社員之保證金額，
八、營業年度起止日期，
九、盈餘處分及損失分担之規定，
十、公積金及公益金之規定，
十一、社員資格及入社退社除名之規定，
十二、社務執行及理事監事任免之規定，
十三、定有成立期限或解散事由者其期限或事由，
十四、其他處理社務事項。

第十二條　凡設立合作社，應先備具計劃書，發起人姓名經歷，連同章程，由全體發起人具名，呈由主管機關備案後，方得開始組織。

第十三條　合作社向所在地主管機關爲成立之登記時，應附送創立會決議錄，章程及社員名册。

第十四條　合作社登記成立後，應即開始經營業務，但因天災人變或不可抗之事由，得呈准所在地主管機關延長之。

第十五條　合作社成立登記證，由省政府印製，分發所在地主管機關轉發，在隸屬行政院之市由市政府印發。

第十六條　所在地主管機關應備合作社登記簿其式樣由省市政府定之。

第十七條　所在地主管機關對於合作社之成立登記及變更解散合併清算之登記，應呈請省政府備案並彙報社會部，在隸屬行政院之市由市政府彙報社會部。

第十八條　合作社章程之變更，須經社員大會議決，並附具決議錄，向所在地主管機關登記。

第十九條　社股金額在同一社內必須一律。社股不得數人共有。

第二十條　社員認購社股得依章程之規定，以貨幣以外之財物估定價値代付股款。

第二十一條　社員認購社股第一次所繳股款，不得少於每股四分之一。

第二十二條　有限責任合作社，增減每股金額須經社員大會議決，其議決減少時，須通知或公告債權人，並指定一個月以上之期限得提出異議。前項期限，由債權人表示異議時，合作社非將其債務清償或提供相當之担保者，不得減少社股金額。

第二十三條　保證責任合作社減少社員之保證金額時，准用前條之規定。

第二十四條　合作社因減少社股金額或保證金額聲請登記者，應敍明公告結果，附送社員大會決議錄，財產目錄，及資產負債表。

第二十五條　合作社之公積金超過股金總額時其每年應提之數，由社員大會決定之。

第二十六條　合作社公積金超過股金總額時，其超過部份，得由社員大會決定，作爲經營業務或公共事業之用。

第二十七條　合作社理事監事不得兼任其他同性質合作社之理事監事。

第二十八條　合作社得依章程之規定，設候補理事及候補監事，其人數不得超過理事監事之半數，候補理事或候補監事，得列席理事會或監事會。

第二十九條　社員大會開會，以理事會主席爲主席，理事會主席缺席時，以監事會主席為主席，社員召集大會時，臨時公推一人為主席。

第三十條　合作社社員人數超過二百人以上時，社員大會得就地域之便利分組舉行，並依各組社員人數推選代表，出席全體代表大會。

第三十一條　法人為社員時，其表決權由其代表一人行之，仍為一權。

第三十二條　社員大會及代表大會之開會及決議，如有違反本法第四十六條四十七條，及本細則第三十條三十一條之規定時，社員得聲請所在地主管機關宣告其決議案為無效。

第三十三條　合作社每屆年度終了時，應將本法第三十三條所規定書類於社員大會承認後，呈報所在地主管機關。

第三十四條　所在地主管機關得派員審查合作社賬簿，及本法第三十二條第三十三條規定之各種簿錄書表等，於必要時並得指導該書類之編造及記載方法。

第三十五條　合作社依本法第五十三條第一二三四各款解散，向所在地主管機關登記時，應敘明解散事由，其依第二款第四款解散者，加具社員大會決議錄。

第三十六條　合作社清算人就任後，應呈報所在地主管機關。

第三十七條　所在地主管機關得隨時令清算人報告清算事務，於必要時並得派員檢查之。

第三十八條　清算人清算完結後，呈報所在地主管機關，或法院時，應附送社員大會承認之清算終了報告書。

第三十九條　合作社聯合社社股金額每股不得超過五十元。

第四十條　合作社聯合社之設立以業務上聯合之需要為準，遇有特殊情形，時得不依現有之行政區域。

第四十一條　除前二條外本細則關於合作社之規定合作社聯合社準用之

第四十二條　本細則自公布日施行

社會部職員攷績委員會暫行組織規則

第一條　本部依據公務員攷績法第三條之規定，設立考績委員會。（以下簡稱本會）

第二條　本會設主任委員一人，委員若干人，由部長指派之，主任委員，綜理本會一切事務。

第三條　本會辦理事務如左：

一、職員工作勤惰之攷核事項；

二、職員工作成績之攷核事項；

三、職員學識才能之攷核事項；

四、職員品性行爲之攷核事項；

五、其他有關攷績事項。

第四條　本會會議由主任委員召集並主席，如因故缺席時，由部長指定委員一人代理之

第五條　本會會議議決事項，呈請部長核定施行。

第六條　本會職員，以調用本部職員爲原則，不另支薪。

第七條　社會運動指導委員會職員攷績，適用本規則。

第八條　本規則自公布日施行。

專載

民權主義前途之展望

汪精衛

一個國家，如果沒有一個中心勢力以運用一切，這個國家，不但不容易進步，並且不容易維持。然則中心勢力之存在，與民主政治有沒有矛盾呢？我們且來看看近世所謂民主政治。

近世所謂民主政治，其形式不外兩種；其一是直接民權，這只有小國如瑞士方纔可以實現，其二便是代議政體。

代議政體的特質，是國會議員由人民選舉，國會一切議案，取決於多數。這種代議政體，是否即爲民主政治之極則呢，早就發生了不少疑問。代議士由人民選舉，人民從何而知其人之賢不肖呢？從何而知其人之適於爲代議士與否呢？因此人民之間，必須有一種組織，就是所謂政黨。由政黨運動選舉，競爭選舉。其運動競爭之方法，最光明純潔的是將政黨的政治主張，告訴人民；人民相信某一黨的政治主張，就選舉某一黨的候補人爲代議士。這是最光明純潔的方法。至於其他黑暗污穢的方法，如行賄等等，不必說了，然即以最光明純潔的方法而論其能達到政治之最高目的與否，仍然沒有把握，爲什麼呢？

其一，政治主張，不是容易了解的，一般人民不是個個都有政治頭腦：那麼要他能了解，並且能判斷能決定某一黨的政治主張是對的，某一黨的政治主張是不對的，這不是強人所難的事情麼？

其二，各政黨的政治主張不是相同的，在國會裏互不相下，其結果只有取決於多數，然而多數主張未必即好，少數主張未必即不好。反之，二種極好的主張，往往爲少數聰明卓絕的人所堅持，而爲多數糊塗的人所排斥，即使這多數的人，能苦心孤詣繼續努力，能漸次取得多數同情，然往往時機已過，徒喚奈何，此類事情，伊古以來見得多了，尤其現在的世界，因科學的進步，即以機器而論，速力增加不止萬倍，汽車汽船的速力，不是馬車帆船可比，飛機的速力，又不是汽車汽船可比，物質機構的速力增加，人事機構的速力，也就得隨而增加，方才可以適應，如果你有一種極好的主張，要慢慢的取得多數，然後可以見諸施行，只怕多數通過之時，這種主張，已成為歷史的陳迹，使人於事後而歎其先見之明罷了，於國家民族間之生存競爭，不會發生影響的，這不是很使人短氣的事麽？

以上兩種，是代議政體無可補救的缺點，早就有人指摘。至於現在，滿世界都是這個國家和那個國家拚個你死我活的時候，即使勢均力敵，也要眼明手快爭取先著，這種慢慢的取得多數的方法，無怪更使人不耐煩甚至於認為不知死活了。

同是一樣采用代議政體的國家，其制度亦有不同，例如法國的國會，是小黨林立的，沒有一個內閣可以取得絕對多數，因之沒有一個內閣，不是靠着拉攏各黨各派來支持，這種拉攏是極不堅固的，隨時可以拉攏，即隨時可以撤手，所以法國內閣，在世界上最稱短命，有二十四小時即換一個的。

第三，共和以來，靠着這個彈性緩和了國內激烈的政爭，然於對外則牽制太多，建樹太少了，這種破綻，上次大戰時候，已經發露，因為僥倖戰勝所以仍得維持。到了這次大戰其崩潰遂不可免。一個國家沒有一個中心勢力以運用政治，在平時雖可勉強維持，在非常時期必然發生裂痕；何況現在世界各國性命相搏的時候，根本便沒有所謂平時！

又如英美，則是標榜兩黨主義的；甲黨執政，乙黨在旁監督，兩黨迭為進退，英國近來政治，稍有演變，實際上已不止兩黨；然大體上仍是大黨對抗，與法國之小黨林立不同，所以英美的政治比較穩定。這種政治，是否最合理的民主政治，雖然還沒有定評，但有一點是不可忽視的；這種政治缺乏一個中心勢力甚至可稱為兩個以上的中心勢力。如果國家社會的基礎沒有鞏固，勉強仿傚，很有陷於分裂的危險。

日本維新，比中國成功大而且快，雖然有種種原因；然其中有一最重要的原因，卽是日本國家社會，以天皇爲中心；有此中心舉國一致，容易做到。中國滿洲帝室，不能做中心，以致非革命不可，而革命之後，中心勢力不能咄嗟造成，以致蹉跎復蹉跎。把無數時光拋撒了去。說起來實在痛心之至！

民主政治，是我們所信仰的。獨裁政治是我們所反對的；然則防止民主政治之流弊，使不至於散漫，而又不致蹈獨裁政治之武斷有甚麼辦法呢？

我以爲應該以一個黨一個主義爲中心，而聯合其他各黨以共同負荷國家社會的責任，這裏仍然採用民主政治的基本精神，卽所謂少數服從多數，多數尊重少數，有了一個黨一個主義做中心，則不致散漫，而且因組織訓練的種種努力，使這一個黨日臻於紀律化，這一個主義日臻於普及化，則可以常常得著多數，以運用一切。所謂築室道謀費時失事的毛病，可以掃除，有了其他各黨各派存在，雖居少數，而意見常被尊重，沒有掣肘的壞處，而有補偏救敝的好處，較之獨裁政治一味武斷，做好事固然可以專美，做壞事絕對沒有方法可以矯正，其是非得失之相去，不待言了。

今日的世界，是拚命的世界，而今日的中國，又正在危急存亡繫於一髮的時候，既需要一種同心協力的精神，更需要一種能適合此精神運用此精神的政治制度，以一個黨一個主義爲中心勢力，而聯合各黨各派以共同負荷責任，我認爲是比較最合理的。

這種原理總理孫先生在民權主義裏，早已指示我們，我們應該認定方針，猛向前進，既不可蹈民元二年假民主之覆轍，尤不可聽重慶方面黑暗獨裁之制度繼續存在。

紀念孔子的眞義

汪精衛

國民政府紀念先師孔子誕辰，所采儀節，具有折衷至當的意義。自前清末造，及民國以來，國人對於先師孔子的觀念，具有兩極端的意義。其一：看見西方有耶教，尊崇教主，便想尊崇儒教，以孔子爲教主；殊不知宗教的特質，是於現實世界之外，尙有理想，世界超於其上，如所謂天堂等等，儒教則不然。『子路問事鬼神？子曰：未能事人，焉能事鬼？問死？曰：未知生，焉知死』？可見儒教所重，端在現實世界，儒教雖有祭祀，但其意義爲報本。如所謂「雖蔬食菜羹必祭」，至今鄉下猶存此俗。儒教之所謂教，非宗教之教，乃教育之教。中國尊崇孔子爲先師，不尊崇孔子爲教主，尊崇其啓導中國民族之道德智慧，視爲萬世師表，不視爲上帝化身，這正是中國的光榮。其二：所謂世界主義國際主義，將東西洋文化比較，結果，任意誣蔑儒教，詆毀先師，這種思想，荒謬絕倫，世界上無論何種文化，皆是隨時代以進步的，不責後人不肖，卽責先民沒有好好的留貽，眞是荒謬絕倫！儒教說：「過則勿憚改」，說「苟日新，日日新，又日新」，說「進德」，沒有一句不責人自新，勉人進步。而他們卻說什麼「祖宗罪孽深重，不自隕滅，禍延子孫」；他們這種論調，自矜爲客觀，其實不過獻諛歐美，唾棄自己的國家民族，這種論調，猖獗起來，可以使一般青年習於忘恩負義，其結果斷送國家民族而不恤，眞可痛心。由前之說，不過模倣歐美，忘卻本來，由後之說，則直淪中國民族於忘恩負義，禽獸不如。國民政府爲要矯正這種思想，所以頒布紀念先師孔子誕辰辦法，既不如耶教聖誕日之鋪張揚厲，而又切實，從喚起中國民族的自覺着想；先師孔子教人以道德，其方法是日日新，又日新的，其原理卻是萬古不易。例如仁字，是人生最高尙最廣大的道德，實行起來，積極方面，是己欲立而立人，己欲達而達人，消極方面，是己所不欲，勿施於人，這豈不是萬古不易的原理？至於導人以智慧，我們知道，中國一切的典章文物，無不源於先師孔子，無先師孔子，便無所謂中國文化；我們於先師孔子誕辰舉行紀念，一方面在道德上發生猛省，一方面在智慧上發生勇猛精進的決心。

說到時局：「子貢問政？子曰，足食足兵，民信之矣。子貢曰：必不得已而去，於此三者何先？曰去兵。子貢曰；必不得已而去，於此二者何先？曰去食。自古皆有死，民無信不立」。今日從事和平運動者，切須牢記此言，我們從事和平運動，係因爲和平可以救國，決非偷生苟活。反之，從事和平運動的人，都決心爲和平運動而犧牲。

「孟子曰：生亦我所欲，所欲有甚於生者，故不爲苟得也。死亦我所惡，所惡有甚於死者，故患有所不避也。如使人之所欲，莫甚於生，則凡可以得生者，何不用也？如使人之所惡，莫甚於死，則凡可以避患者，何不爲也？由是則生而有不用也，由是則可以避患而有不爲也」。這種「自古皆有死，民無信不立的精神，是儒敎的眞精神，有了這種精神，方纔談得上經濟軍事，我們從事和平運動的人，於紀念先師孔子誕辰，更應該發生猛省，勇猛精進」。

國府施政方針及世界一般情勢

汪主席與美記者伊本尼士夫人之談話

美國記者伊本尼士夫人於八月二十四日下午四時晉謁　汪主席時，曾對國民政府之施政方針，及世界一般情勢，作懇切之談話，以下即　汪主席答伊本尼士夫人之談話。

（問）：先生所努力以求實現之理想何在？以先生所處獨特之地位，必然對於國家及人民之前途，具有一種信念，願聞一二。

（答）：吾人遵孫先生遺教，所努力以求實現之者，一爲奠定中日兩國之永久和平，以建設東亞之新秩序；一爲完成三民主義的中華民國之建設。中日兩國壤土相接，種族相同，文化相通，和平相安，有其自然與必要。吾等之所謂致力和平者，蓋中日兩方皆知中國之最後勝利不可期，而日本欲達其吞併目的，亦不可得。戰則兩敗俱傷，和則共存共榮。兩方皆知之，且洞知之，故基於平等互惠，互相尊重主權之原則，以謀和平之實現，實爲勢所應然。至於三民主義之實行，則所以求民族之獨立，民權之發達，民生之改善，使國家權力，依於民主之正軌，得以確立，不復爲獨裁者利用之，以便其私圖，尤爲建國必經之途徑。

（問）：先生將以何種綱領，實現此理想？

（答）：國民政府施政方針，具見於本年三月所頒佈之政綱，如尊重各友邦之正當權益，調整其關係，增進友誼，聯合各友邦以防制第三國際之擾亂陰謀，創立國防軍隊，打破獨裁制度，實施憲政，發達產業，安定金融，復興農村，以及和平反共建國爲教育方針，提高科學教育，掃除過去浮囂空泛之學風，皆其犖犖大者。

（問）：爲實施此種綱領，當務之急，果何在乎？

（答）：爲實現上述政綱，吾人首當基於平等互惠，互相尊重之原則，與日本調整邦交。尤願美國人對於吾人努力於太平洋和平之確立，為之尊重而予以諒解。孫先生一生致力於中日友誼之增進，深冀由此進而求日美關係之改善。良以中日兩國友好關係，實為中日美三國眞正友誼之先決條件。中日之友好合作一日未確立，則中美日美之友誼猶未能謂已具有鞏固而適當之基礎。

（問）：從民主思想之觀念以視美國人，吾人能否為先生有所助力？對於具有同情具有識見之美國人士，先生有何言相告？

（答）：誠然美國人民具有眞確民主理想。使能承認和平運動之原則，即為奠定東亞永久和平之原則，其所助於吾人以達到所抱之目的者，良非淺鮮。邇者美總統羅斯福之祕書，曾謂歐洲美洲亞洲三洲國家，應各自聯合，處理其本洲之領土問題，此言適與孫先生之大亞細亞洲主義相脗合，孫先生確信此實為保障太平洋永久和平之惟一基礎，深望美國愛好和平諸人士，推己及人。美洲和平既繫於門羅主義，則東方之和平，亦繫於孫先生之大亞洲主義，事同一體，初無二致。今則孫先生之主張，亦為日本有識之士所讚同，近衛聲明，其尤著者也。

附錄

公文程式條例

二十九年七月十二日修正公布

第一條 凡稱公文者，謂處理公務之文書，其程式依本條例之規定。

第二條 公文之類別如左：

一、令 公布法令，任免官吏，及有所指揮時用之。

二、訓令 上級機關對於所屬下級機關，有所諭飭或差委時用之。

三、指令 上級機關對於所屬下級機關，因呈請而有所指示時用之。

四、佈告 對於公衆宣布事實，或有所勸誡時用之。

以上屬於國民政府者，由主席署名，關係院部會長副署，蓋用國民政府之印，屬於其他機關者，由各該機關長官署名，蓋用各該機關之印。

五、任命狀 任命官吏時用之。

甲、特任官任命狀，由國民政府主席署名，關係院院長副署，蓋用國民政府之印。

乙、簡任官及薦任官任命狀，由國民政府主席署名，關係院部會長副署，蓋用國民政府之印。

丙、委任官任命狀，由各該機關長官署名，蓋用各該機關之印。

六、呈 五院對於國民政府，或各院所組織之機關對於各該院，及其他下級機關對於直轄上級機關，或人民對於公署，有所陳請時用之。

七、咨呈 各部會於不相隸屬之院用之。

八、咨 同級機關公文往復時用之。

九、公函 不相隸屬之機關，公文往復時用之。

十、批 各機關對於人民陳請事項，分別准駁時用之。

十一、通知 各機關對於人民有所論知時用之。

第三條 五院對於各省政府，及隸屬行政院之市政府，及其所屬機關，以令行之。

第四條 公文應記明年月日，並由負責者署名蓋章。

第五條 政府發布之公文，除密件外，應於國民政府公報公布之。

第六條 本條例自公布日施行。

劃一中央各機關處理公文辦法

民國二十九年七月十三日通飭

一、關於公文標點及行文款式，仍遵照二十二年十月二日本府令頒公文標點舉例及行文款式辦理。

二、關於公文用紙，仍遵照十八年十月十八日本府劃一公文用紙令辦理。

三、關於各機關行文自稱，仍遵照二十年四月十六日本府劃一各機關行文自稱辦法令辦理。

四、關於行政院所屬各部對省市政府及其所屬廳局行文，仍照向例分別用咨及令。

五、行政院所屬各委員會及其他各院，與軍事委員會所屬部院會，對於各省市政府暨所屬廳局行文，准比照前條分別用咨及令，但對各省市政府所屬廳局用令時，須分咨該管市政府查照。

六、關於各機關越級公文，應仍交來文機關之直屬上級機關辦理。

七、關於公文內長官之簽署，仍照向例：一、上行公文在年月日前繕具銜名，蓋用小官章。二、平行公文在年月日前蓋用簽名章。三、下行公文在年月日後蓋用簽名章。

公文標點舉例及行文款式

民國二十二年十月二日國府通飭

一、標點符號暫用左列各種，仍期將來能逐漸採用教育部劃一教育機關公文格式辦法上規定之各種符號。

（一）逗號，　用於意義未完之語尾。

（例）查社會教育經費，在全教育經費中，暫定應占百分之十至二十，自十八年預算年度起一律實施一案，業經呈奉國民政府，於上年十月公布，並由本部分別函令遵行各在案。

（二）句號。　用於意義已全之句末。

（例一）此令。

（例二）准予照辦。

（例三）中華民國青年男女有受教育之義務，父母或監護人應負責督促之。

（三）提引號「」 凡文中有所引用時於引用文之首末適用之。

（例一）准貴部咨開：「准浙江省政府效代電請將派員承辦箔類特稅一案立予撤銷相應咨請核復」等由

（例二）查「學校學年學期及休假日期規程」前經呈奉鈞院修正通過，

（四）複提引號『』 凡引用文中另有所引用時，於另引文之首末適用之。

（例）案奉 鈞府訓令第一八二號令開「案據本府文官處簽呈稱『准中央執行委員會祕書處函開「頃據中央宣傳部呈稱『查全國各學校教員編製之文學及社會科學講義影響學生思想行爲至爲重大（略）理合備文呈請鑒核施行』等情經陳奉常務委員批准照辦等因在案相應據情錄批函請查照轉陳辦理爲荷」等由理合簽呈鑒核』等情據此自應照辦除函復外合行令仰該院查照辦理並轉飭遵照此令」等因

（五）省略號（略） 凡文中有可省略句語時用以表明之。

（例）全教文言的仍教孜孜兀兀把十分之五的工夫用在「之乎也者」上而放棄應用科學生活技能（略）純教語體兒童成績雖佳但也不能轉學或升學於注重文言的學校

（六）專名號— 用於國名人名地名機關名稱及其他各種專名之旁，但專名之習見者可省略，文中如有相連之專名 可以頓號代之。

（例一）前據該部會呈奉令討論章嘉呼圖克圖年俸

（略）

（例二）查此次各省市選出之國民會議代表有江蘇李作新浙江王自強山東陳有爲天津劉之楨等均已於本月十二日來會報到

（七）括弧（）凡文中有夾註詞句，不與上下文氣相連者適用之。

（例）除將原規程遵照加入 總理逝世紀念（三月十二日）一項公布施行外合行抄發規程全文令仰遵照轉飭所屬一體遵照

二、公文應就文稿意義，酌量分段寫法，及引用原文寫法，悉依照教育部劃一教育機關公文格式辦法規定之式樣，今摘要略述如左：

一、文在十行以上者，應酌量分段，其有意義自成段落者，雖未滿十行亦可分段，但每段末句下有空白處，應用〓號截之，以防添字句。

二、首行低二格寫，次行以下頂格寫。（分段者逐段均如此）

三、對上級機關之直接稱謂，均換行頂格寫，如係間接稱引，應視稱引時對該機關之關係，或換行頂格寫，或空一格寫，或不空格寫，對平行機關之直接稱謂，亦應換行頂格寫，如係間接稱引，應視稱引時對該機關之關係，或空一格寫，或不空格寫。

四、分段寫者，文尾「謹呈」「此致」「此令」「此批」等字，均作另一行低二格寫。

五、引用原文在兩行以上者，應另作一段，其首行低五格寫，次行以下低三格寫，以清眉目。

六、引用原文如因過長，分為數段者，每段之寫法，與上款同，每段之首及末段之尾，均加提引號。

七、引用文之分段者，如末段後仍用「等因」「等由」「等情」「等語」等字樣，應換行頂格寫。

八、引用文之內復有引用文，層次繁多者，提引號與複提引號可反復應用，最外面一層或可省略提引號，第二層用提引號，第三層用複提引號，第四層又用提引號，第五層又用複提引號，（略）以下仿此。

參考資料

意大利內閣之法團部

義大利內閣，由下列十五部組織之：

一、外交部 二、內政部
三、義大利「阿非利加」殖民部
四、司法部 五、財政部
六、陸軍部 七、海軍部
八、參謀部 九、航空部
十、教育部
十一、工務部(Ministry of Public Works)
十二、農業森林部 十三、交通部
十四、法團部(Minisfry of Corpor:fions)
十五、文化實業部(Ministry of Exchahge Values)

以上十五部中，以法團部(Mintsfry of Corporaf.ns)較為別緻，略如我國行政院之社會部及日本之厚生省。查該部係法西斯政府成立後，根據一九三六年七月二日所頒布法律之第一一三一條而設立，對於義大利之振興，大有裨助。該部組織，除部長外，另設次長二人，其一處理部中一切通常事務，一則專負與一切實業，經濟及勞工等團體接洽之責。部次長之下，分下列三署：

一、法制署
二、研討署
三、總務署——處理下列五部分之事務：
(1)計劃、保險及傭僱等事宜，
(2)勢工及文書事宜，
(3)職業團體事宜，
(4)實業，
(5)商業。

該法團部之任務，可分為下列八項：

一、監督全國各法團之行政及設施；
二、管理各省市之法團最高理事會；
三、督察各職業團體之活動；
四、審查各法團之團費，捐款，及決算：
五、督察各種勞工及勞資合同；
六、督察勞工之保護，工人之任用及撤職事宜：
七、監督各省市銀行信託部之合作事宜：
八、管理各種社會保險之組織事宜。

又按義大利內閣中，並無工商部之設，所有關於工業及商業之行政及通常事務，均由法團部處理。

社會部公報價目表

限期	價目	郵費	
		本埠	外埠
零售	一角	半分	一分
半年	一元	六分	一角二分
全年	二元	一角二分	二角四分

廣告暫訂刊例

頁數	價目
一頁	每號十八元
四頁	每號九元
半分之一頁	每號四元五角

刊登廣告在四號以上者每號按七折計算，在十號以上者每號按照六折計算長期另議

編輯者　社會部總務司

發行者　社會部總務司

印刷者　中文仿宋印書館

代售處　南京三通書局

出版日期　每月一日十六日各出版一次

社會部電話號碼	
部長室	23581
次長室	23582
秘書室	23583
總務司	23584
勞動司	23585
合作司	23586
公益司	23587
公用	23589

中華民國法規大全補編

公務員

各法團

一般公民

不可不備

國府還都凡二十六年十一月十九日以前之法規奉令適用本編搜羅完備補充正編都五百餘則七百八十餘頁每部實價四元外埠另加郵費二角

最高法院書記廳啓

院址南京甯海路二十六號

（偽）社會部總務司　編

（偽）社會部公報

第八號

南京：（偽）國民政府行政院社會部總務司，民國二十九年（1940）鉛印本

中華郵政登記認為第一類新聞紙類

中華民國二十九年十月一日

社會部公報

第八號

國民政府行政院社會部總務司印行

總理遺像

總理遺囑

余致力國民革命，凡四十年，其目的在求中國之自由平等，積四十年之經驗，深知欲達到此目的，必須喚起民衆，及聯合世界上以平等待我之民族，共同奮鬥。

現在革命尚未成功，凡我同志，務須依照余所著，建國方略，建國大綱，三民主義，及第一次全國代表大會宣言，繼續努力，以求貫澈，最近主張，開國民會議，及廢除不平等條約，尤須於最短期間，促其實，現是所至囑。

汪代主席

目錄

命令

行政院令

行政院訓令　行字第八二九號

令社會部

現奉

國民政府府文一訓字第一四八號訓令開：

「查禁煙治罪暫行條例，及禁毒治罪暫行條例，現經明令廢止，應卽通行飭知，除分令外，合行令仰知照，並轉飭所屬一體知照，此令。」

等因；奉此，除分令外，合行令仰該部知照，並轉飭所屬一體知照。此令。

院長　汪兆銘

中華民國二十九年九月二十七日

行政院訓令　行字第八五一號

令社會部

案奉

國民政府府文一訓字一五三號訓令開：

「據本府文官處簽呈稱：『本年九月二十一日准中央政治委員會秘書廳中政秘字第五二四號公函內開：「案查前奉　主席交下監察院以據審計部呈：各機關所送支出概算書列支類似兼薪之津貼，夫馬，交際，伙食等費，殊少法令依據，應如何辦理？請核示，等情，轉請交財政專門委員會討論一案，呈一件，幷奉　諭『交財政專門委員會擬具辦法，復候核奪，』等因，遵經由廳錄諭函請查照辦理在案。現准財政專門委員會函復略開：『……在特殊情況之下，如辦理公務人員有必需付給特別費用之必要時，得由主管長官就該機關額定經費內酌支臨時辦公費，以資應付，所有公費，津貼，夫馬，交際，伙食等名目一律刪除。……』等由，幷陳奉主席提交中央政治委員會第二十一次會議討論，當經決議：『照審查意見通過，函國民政府通飭遵照。』記錄在卷，除分函監察院查照，幷轉飭審計部遵照外，相應錄案函達，至希查照轉陳通飭遵照。」等由；理合簽請鑒核。』等情：到府，自應照辦，除分令外，合行令仰遵照，幷轉飭所屬一體遵照，仍將辦理情形，具報備查。此令。」

等因；奉此，自應遵辦，除分令外，合行令仰該部遵照，並轉飭所屬一體遵照。此令。

中華民國二十九年九月三十日　　院長　汪兆銘

行政院指令　行字第一〇〇三號

令社會運動指導委員會

呈一件（為呈報修正省市縣工會組織準則仰祈鑒核備案由）

呈件均悉：准予備案。此令。附件存

中華民國二十九年九月十一日　　院長　汪兆銘

（準則已登第六七號公報）

部令

社會部令 社甲字第四三五號

茲制定本部編譯委員會組織規程公布之。此令。

部長 丁默邨

中華民國二十九年九月十七日

（規程登本期公報法規類）

會令

社會運動指導委員會訓令 社指訓字第二八二號

令各省市分會（不另行文）

案准

國民政府監察院審計部公字第一〇〇號公函內開：

「案奉

國民政府訓令內開：「查審計法業經制定，明令公布，應即通飭施行，除分令外，合行檢發該法，令仰該院知照，並轉飭所屬一體知照。」等因：合行抄發該審計法，令仰該部知照。此令」。等因：計抄發審計法一份，奉此。除遵照幷分函外，相應檢同審計法一份，函達查照，幷希轉飭所屬一體知照。爲荷！」等由；附審計法一份，准此。除分令外，合行抄發該審計法，令仰該會知照。此令

計抄發審計法一份（附刊本期法規類）

中華民國二十九年九月一日

兼委員會長　丁默邨

社會運動指導委員會指令　社指字第三〇六號

令南京市分會

呈一件（爲工商同業公會法施行細則第七條與組織須知關於籌備期間之規定不符請賜解釋由）

呈悉。查工商同業公會法施行細則第七條，係指公會在籌備期間草訂章程之期限，與組織須知內關於籌備期間之規定，並無抵觸。此令。

中華民國二十九年八月二十八日

兼委員長　丁默邨

法規

審計法（二十九年九月六日公布）

第一章　通則

第一條　中華民國各級政府及所屬機關財務之審計依本法之規定。

第二條　審計職權如左：

一、監督預算之執行；

二、核定收支命令；

三、審核計算決算；

四、稽查財務上之不法或不忠於職務之行為

第三條　審計職權由監察院審計部行使之。

第四條　中央各機關，及其所屬財務之審計，由審計部辦理，其在各省市地方者，由審計處或審計辦事處辦理之。

第五條　各省政府，及直隸於行政院之市政府，並其所屬機關財務之審計，由審計部就各該省市所設之審計處辦理之。

第六條　各特種公務機關，公有營業機關，公有事業機關財務之審計，由審計部就各該組織範圍所設之審計辦事處辦理之。

第七條　未依前二條規定設有審計處或審計辦事處者，其財務之審計，由審計部辦理，或指定就近審計處或審計辦事處兼理之。

第八條　審計機關對於審計事務為辦理之便利，得委託其他審計機關辦理，其結果仍應通知委託之審計機關。

第九條　審計人員，獨立行使其審計職權不受干涉。

第十條　審計機關處理重要審計案件，及調度主要審計人員，在部以審計會議，在處以審核會議決議行之。

前項審計會議及審核會議規則由審計部定之

第十一條　審計機關應派員赴各機關執行審計職務，但對於縣或有特殊情形之機關，得由審計機關通知其送審仍應每年派員就地為抽查之審計

第十二條　審計人員，為行使職權向各機關調閱簿籍憑證，或其他文件，或檢查現金財物時，各該

主管人員，不得隱匿或拒絕，遇有疑問，並應爲詳實之答覆。

如有違背前項規定時，審計人員應將其事實報告該管審計機關，通知各該機關長官，予以處分，或呈請監察院核辦。

第十三條　審計機關爲行使職權，得派員持審計部稽察證，向有關之公私團體或個人查詢，或調閱簿籍憑證或其他文件，各該負責人不得隱匿或拒絕，遇有疑問，並應爲詳實之答覆。

行使前項職權，遇必要時，知照司法或警察機關協助。

第十四條　審計機關或人員，行使前二條之職權，遇必要時，得臨時封鎖各項有關簿籍憑證或其他文件，並得提取全部或一部。

第十五條　審計人員發覺各機關人員有財務上之不法，或不忠於職務之行爲，應報告該管審計機關，通知各該機關長官處分之，並得由審計部呈請監察院依法移付懲戒。

第十六條　審計人員對於前條情事，認爲有緊急處分之必要者，應立即報告該管審計機關，通知該機關長官從速執行之。

第十七條　遇有應負賠償之責任者，審計機關通知該機關長官限期追繳。

第十八條　第十二條第二項，及第十五條至十七條所舉情事，其負責者爲機關長官時，審計機關通知其上級機關執行處分。

第十九條　各機關對於審計機關通知處分之案件，有延壓或處分不當情事，審計機關應查催或質詢之，各該機關應爲負責之答覆，審計機關對於前項答覆，仍認爲不當時，由審計部呈請監察院核辦。

第二十條　各機關違背本法之規定，其情節重大者，審計機關除依法辦理外，並得拒絕核簽該機關經費支付書。

第二十一條　審計機關或審計人員，對於各機關顯然不當之支出，雖未超越預算，亦得事前拒簽，或事後駁覆之。

第二十二條　各機關接到審計機關之審核通知，應依限聲覆，逾限者審計機關得逕行決定。

第二十三條　各機關對於審計機關之決定不服時，得自接到通知之日起，三十日內，聲請覆議，但以一次爲限。

第二十四條　審計機關對於審查完竣案件，自決定之日起，五年內發現其中有錯誤遺漏重復等情事，得爲再審查，若發現詐僞之證據，經過五年後，仍得爲再審查。

第二十五條　各機關人員對於財務上行爲應負之責任，非經審計機關審查決定，不得解除。

第二十六條　審計機關如因被審核機關之負責人員，行蹤不明致案件無法清結時，除通知其主管機關負責查追外，得摘要公告，並將負責人員姓名通知銓敘機關，在未經清結前停止敘用。

第二十七條　關於審計之各種章則及書表格式，由審計部定之。

第二十八條　審計部應將每會計年度審計之結果，編製審計報告書，並得就應行改正之事項，附具意見，呈由監察院，呈報國民政府。

第二章　事前審計

第二十九條　各機關應於預算開始執行前，將核定之分配預算，送審計機關，其與法定預算不符者，審計機關應糾正之。

前項分配預算，如有變更，應另造送。

第三十條　財政機關發放各項經費之支付書，送審計機關核簽，非經核簽公庫不得付款或轉賬。

第三十一條　各機關收支憑證，應連同其他證件送駐公庫或駐各機關之審計人員核簽，非經核簽不得收付款項，但未駐有審計人員者不在此限。

第三十二條　審計機關或審計人員，核簽支付書收支憑證，發現與預算或其他有關審計法令不符時，應拒絕之。

第三十三條　審計機關或審計人員，對於支付書或收支憑證核簽與否，應從速決定，除有不得已之事由外，自收受之日起，不得逾三日。

第三十四條　駐有審計人員之機關，應將記賬憑證，送該審計人員核簽。

第三章　事後審計

第三十五條　駐有審計人員之機關，應將各項日報，逐日送該審計人員查核，審計人員對其各項簿籍，得隨時檢查，並與一切憑證及現金財物等核對。

第三十六條　各機關於每月終了後，應依法編製各項會計報告，送該管審計機關，或駐該機關之審計人員查核。

第三十七條　未駐有審計人員之機關，其收支憑證，因特殊情形准予免送者，審計機關除就報告查核外，得派員赴各機關審核其有關之簿籍憑證及案卷。

第三十八條　駐在或派赴各機關之審計人員，應將審核結果，向該管審計機關報告，經決定後，分別發給核准通知，或審核通知於各該機關。

第三十九條　經審計機關通知送審之機關，於造送各項會計報告時，應將有關之原始憑證，及其他附屬表册，一併送審。

前項審核結果，應由審計機關分別發給核准通知，或審核通知。

第四十條　各機關編製之年度決算，應送審計機關審核，審計機關認爲符合者，應發給核准書。

第四十一條　審計機關依本法第二十四條爲再審查之結果，如變更原決定者，其已發之核准書，失其效力，並應限期繳銷。

第四十二條　主管公庫機關，及代理公庫之銀行，應將每日庫款收支，詳具報告，逐日送該管審計機關，或駐公庫之審計人員查核。

第四十三條　主管公庫機關，應按月編造庫款收支月報表，並於年度終了時，編造庫款收支年報，分別依限送該管審計機關查核。

第四十四條　經理公債財物或特種基金之機關，應按月編造動態月報，並於年度終了時，編造年報，分別依限送該管審計機關查核。

第四十五條　各級政府編製之年度總決算，應送審計機關審定，審計機關審定後，應加註審查報告，由審計部彙核，呈由監察院轉呈國民政府。

第四章　稽察

第四十六條　審計機關對於各機關之一切收支，得隨時稽察之。

第四十七條　審計機關對於各機關之現金票據證券，得隨時檢查之。

第四十八條　審計機關對於各機關之財物，得隨時盤查，遇有遺失損毀等情事，非經審計機關證明其對於良善管理人應有之注意，並無怠忽者，經管人應負其責任。

如遇水火盜難或其他意外事故，各機關所管之現金票據證卷，與會計檔案及其重要公有財物，應分別解繳公庫，或移地保管，倘因怠忽致有遺失損毀者，該機關長官及主管人員應負賠償之責。

第四十九條　各機關營繕工程，及購置變賣各種財物之開標決標驗收，應通知審計機關派員監視，其不合法定手續，或與契約章則不符者，監視應糾正之。

第五十條　經管債款機關，於債券抽籤償還及銷燬收回之債券時，應通知審計機關派員監視。

第五十一條　各機關有關財務之組織，由審計機關派員參加者，其決議事項，審計機關不受拘束，但以審計機關參加人對於該決議曾表示反對者爲限。

第五十二條　審計機關對於各機關有關財務之行政事項，得調查之，認爲有不當者，得隨時提出意見於各該機關。

第五十三條　審計機關對於審計上監視鑑定等事項，得委託其他機關團體或個人代理之。

第五十四條　審計機關對於受公款補助之私人或團體，應行審計事務，得依本法之規定執行之。

第五十五條　本法施行細則由審計部擬訂呈請監察院核定之。

第五十六條　本法自公布日施行。

公務員交代條例

（二十年十二月十九日國府公布）

第一條　凡中央地方機關長官及其所屬負有保管責任人員前後任交代時，悉依本條例之規定。

第二條　前後任應交代之事項如左：

一、經費實領實支及其餘存數；

二、經收各款項已解未解數；

三、票照存根及未用票照與票照性質類似之各種單證；

四、領售及餘存印花稅票或其他債券；

五、公有財產及物品；

六、印章及各種文卷圖書表册簿記收支憑證

第三條　前後任交代時，直接上級機關或主管長官，派員監盤。

第四條　前任人員，應於後任接替之日，將印章及一切存款，移交清楚，其餘交代事項，至遲應於一個月內，造具清册，悉移交後任接收，非經取得交代清結證明書後，不得擅自離去任地但因病卸任，或在任病故者，得由各該機關佐理人員代辦交代，仍由前任負責。

第五條　前三條之規定，因被裁而卸任之人員，對接收人員移交時準用之。

第六條　凡款項交代收入之款，以票據印簿爲憑，支出之款，以單據爲憑，公有財產及物品，以財產目錄，財產增損表，及以前移交清册爲憑，其有解款撥款者，解款以批迴或銀行銀號錢莊票據爲憑，劃撥之款，以往來文電，及領款機關印收爲憑。

第七條　後任或接收人員，接到移交清册時，應即會同監盤員，於十日內逐項盤查清楚，出具交代清結證明書，交前任或被裁人員呈繳，並會呈上級機關或主管長官查核。

第八條　後任人員所造各項表册，其開始日期，應與前任人員造報截止日期銜接。

第九條　前任或被裁人員，無論現任或調任，遇交代不清，逾限一月以上者，停止任用一年，逾三月者，停止任用，並限期嚴追。

第十條　因交代不清而逃匿或捏報病故者，除查封其財產抵償外，並應依法懲處之。

第十一條　後任或接收人員，對於交代故意留難，或延不結報者，予以記過減俸或免職處分。

第十二條　交代清册內，如發現有虛捏或漏報情事，除將前任或被裁人員，照第九條第十條分別辦理外，應予後任或接收人員以記過或減俸處分，但自行揭報者，不在此限，前項情形，如後任或接收人員或監盤人員，通同舞弊時，除依法懲處外，並應共負賠償之責。

第十三條　因交代不清而停止任用之人員，任何機關不得予以任用。

第十四條　本條例施行規則，由各主管機關分別定之。

第十五條　本條例自公布日施行。

醫師暫行條例（二十九年五月修訂）

第一章　總綱

第一條　在醫師法未頒布以前，關於醫師執業許可或取締，依本條例之規定行之。

第二條　凡具有醫師資格者，由內政部審查後，給予醫師證書，其未經核准給證者，不得執行醫師之業務。

內政部審查醫師資格，得組織審查委員會，其章程另定之。

第二章　資格

第三條　凡年在二十五歲以上，具有左列資格之一者，得呈請給予醫師證書：

一、在國立或政府有案之公立私立醫學專門學校以上畢業，領有畢業證書者。

二、在外國官立或政府有案之私立醫學專門學校以上畢業，領有畢業證書者，或在外國政府領有醫師證書者；

三、外國人曾在各該國政府領有醫師證書，經外交部證明者；

四、經中央政府醫師甄別考試及格，領有證書者。

第四條　有左列各款情事之一者，雖具有前條資格，仍不得給予醫師證書：

一、曾受三年以上有期徒刑之執行者；

二、禁治產者；

三、心神喪失者；

其給證在前，事發在後者，應隨時將證書撤銷，但二三兩款之原因消滅時，得再發給此項證書。

第三章　領證程序

第五條　凡請領醫師證書者，應備證書費伍元，印花稅費二元，半身二寸相片兩張，履歷書一紙，連同畢業證書，證明資格文件，繳由所在地該管官署，轉報內政部審核後發給證書。

前項轉報程序，設有衛生局地方，由衛生局呈由主管機關，未設衛生局地方，由警察局呈由主管機關，未設衛生局及警察局地方，由其他行政官署呈由主管機關，按月彙報內政部。

外籍醫師具領醫師證書，除將畢業文憑，證明資格文件，先送就近該國領事審核，出具證明書外，照本條例辦理。

第六條　已領之證書，如有損壞遺失等情，呈請補領時，除提出確實證明文件外，應補繳證書費二元，印花稅費二元。

第七條　在本條例施行前，已領有部頒執照，並與第三條所定資格相符者，准其繳納證書費二元，印花稅二元呈請換領新證，其僅在地方官署註冊領照，未經領有部照者，仍須依照本條例第五條之規定，補領部領證書。

第八條　本條例施行後，凡現在開業之醫師，未經領有部證者，應由該管官署，限期令其呈領。
前項開業之醫師，在已遵令請領部證，而尚未奉頒給之前，該管官署得酌量情形，發給臨時證書，准其暫時執行業務。

第四章　義務

第九條　凡醫師欲往某處開業，須向該管官署呈驗部頒證書，請求註册。

第十條　醫師之開業休業復業或遷移死亡等事，應於十日內，由本人或其關係人向該管官署報告。

第十一條　醫師非親自診察，不得施行治療，或開給方劑，及交付診斷書，其非親自檢驗屍體者，亦不得交付死亡診斷書，或死產證明書。
死亡診斷書，死產證明書之程式，另定之。

第十二條　醫師執行業務時，應備治療簿，記載病人姓名，性別，年齡，職業，住址，病名，病歷，及其醫法，前項治療簿，應保存五年。

第十三條　醫師處方時，應記明左列事項：
一、自己姓名地址證書及註册號數，並蓋章或簽名；
二、病人姓名年齡藥名藥量用法年月日。

第十四條　醫師對於診治之病人交付藥劑時，應於容器或紙包上，將用法，病人姓名，及自己姓名及診治所，逐一註明。

第十五條　醫師如診斷傳染病人，或檢驗傳染病之屍體時，應指示消毒方法，並應向該管官署據實報告。

第十六條　醫師當檢查屍體或姙娠之死產兒，如認為有犯罪之嫌疑時，應於二十四小時內，向該管官署報告。

第十七條　醫師如無法令所規定之正當理由，不得拒絕診斷書，檢案書，或死產證書之交付。

第十八條　醫師關於其業務不得登載及散布虛偽誇張之廣告。

第十九條　醫師除關於正當治療外，不得用鴉片瑪啡等毒劑藥品。

第二十條　醫師關於審判上，公安上，及預防疾病等事，有接受該管法院警察機關，或行政官署委託負責協助之義務。

第五章　懲戒

第二十一條　醫師於業務上如有不正當行為，或精神有異狀時，應由該管官署交由地方醫師公會審議後，暫令停業。

第二十二條　本條例施行後，凡未領部頒證書，或證書撤銷，與停止營業者，概不得擅自執行業務，違者處以五十元以上，三百元以下之罰鍰。

第二十三條　醫師受撤銷證書之處分時，應於三日內將證書向該管官署繳銷，其僅受停業之處分者，應將證書送由該管官署，將停業理由及期限，記載於該證書背面後，仍交由本人收執。

第二十四條　醫師違反本條例之規定時，除已定有制裁者外，得由該管行政官署處五十元以上之罰金。其因業務觸犯刑法時，應送由法院辦理。

第二十五條　本條例自公布日施行。

藥師暫行條例

（二十九年八月八日公佈）

第一章　總綱

第一條　在藥師法未頒布以前，關於藥師之許可或取締，依本條例之規定行之。

第二條　凡具有藥師資格者，由內政部審查後，給予藥師證書，其未經核准給證者不得執行業務

藥師除配發醫師之藥方外，得製造販賣或管理藥品。

第二章　資格

第三條　凡年在二十五歲以上，具有左列資格之一者，得呈請給予藥師證書；

一、在國立或政府有案之公立私立專門以上學校藥科畢業，領有畢業證書者；

二、在外國官立或政府有案之私立專門以上學校畢業，領有畢業證書者。

三、在外國得有藥師證書者；

四、外國人曾在各該國政府領有藥師證書，經外交部證明者；

五、經中央政府藥師考試及格領有證書者。

第四條　有左列情事之一者，雖具有前條資格，仍不得給予藥師證書；

一、曾受三年以上有期徒刑之執行者。

二、禁治產者；

三、心神喪失者；

其給證在前，事發在後者，應隨時將證書撤銷，但二三兩款之原因消滅時，得再發給此項證書。

第三章　領證程序

第五條　凡請領藥師證書者，應備證書費五元，印花稅費二元，半身相片兩張，履歷書一紙，連同畢業證書，證明資格文件，繳由所在地該管官署，轉報內政部審核，發給證書。

前項轉報程序，設有衛生局地方，由衛生局呈由主管機關，未設衛生局地方，由警察機關呈由主管機關，未設衛生局及警察機關地方，由其他行政官署呈由主管機關，按月彙報內政部。

第六條　已領之證書，如有損壞遺失等情，呈請補領時，除提出確實文件外，應補繳證書費二元印花稅費二元。

第七條　在本條例修訂前，僅在地方官署註冊未經領有部證，而具有符合第三條所定之資格者，仍須依照本條例第五條之規定補領部頒證書

第八條　本條例施行後，凡現在執業之藥師，未經領有部證者，應由該管官署限期令其呈領。

前項執業之藥師，在已遵令請領部證，而尚未奉頒給之前，該管官署得酌量情形，發給臨時證書，准其暫時執行業務。

第四章　義務

第九條　凡藥師欲在某處開業，須向該管官署呈驗部頒證書，請求註冊。

第十條　藥師一人不得執行兩處藥房之業務，如開設藥店時，須另聘藥師担任之。

第十一條　藥師無論何時，不得無故拒絕藥方之調劑。

第十二條　藥師接受藥方時，應注意藥方上年月日，病人姓名，年齡，藥名，藥量，用法，醫師署名蓋章各項，如有可疑之點，應詢明開方醫師，始得調劑。

第十三條　凡調劑均須按照藥方，不得有錯誤情事，如藥品未備或缺乏之時，應即通知開方醫師，請其更換，不得任意省略，或代以他藥。

第十四條　藥師對於有毒劇藥之藥方，非有醫師通知，只許配售一次，其藥方須由醫師加蓋印章，添記調劑年月日，保存三年。

第十五條　藥方應備調劑簿，備載左列各項；

一、藥方上所載各項；

二、調劑年月日；

三、調劑者姓名；

四、依第十二條第十三條規定詢問或請醫師更換之顛末，前項調劑簿應保存三年。

第十六條　藥師於藥劑之容器上，須記明左列各項；

一、藥方上記載之病人姓名及藥之用法；

二、藥房之地點名稱或調劑者姓名；

三、調劑年月日。

第十七條　藥師之開業休業復業或遷移死亡等事，應於十日內，由本人或關係人向該管官署報告。

第五章　懲戒

第十八條　藥師於業務上如有不正當之行為時，得由該管官署酌定期限，令其停業，但不得逾一年，一方面將案由及起訖日期報部。

其因業務而觸犯刑法時送由法院辦理，如犯罪成立，即撤銷其藥師證書並繳呈內政部。

第十九條　藥師受撤銷證書之處分時，應於三日內將證書向該管官署繳銷，其受停業之處分者，應將證書送由該管官署，將停業理由及期限記載於證書背面，仍交由本人收執。

第二十條　凡未領部頒證書，或受撤銷證書，及停業之處分，而執行藥師業務者，得由該管行政官署處五十元以上，三百元以下之罰鍰。

第二十一條　藥師違反第四章各條之規定時，得由該管行政官署處五十元以下之罰鍰，違反第十九條之規定者亦同。

附則

第二十二條　凡不具第三條所列資格，而曾在醫院或藥房執行調劑業務三年以上，經內政部或其他委託之機關考查合格者，得核發藥劑士證書，核發藥劑士證書以五年為限，自本條例施行之日起算。

第二十三條　藥劑士除配合醫師之藥方外，不得自行製造毒劇藥品及零賣配方以外之毒藥劇藥，本條例關於藥師之規定，除各別規定外，藥劑士準用之，但證書印花稅費減為五角。

第二十四條　醫師得自行調配藥品，以為診療之用，無須請領藥師證書，但關於調劑義務及懲戒仍適用本條例之規定。

第二十五條　本條例自公布日施行。

會計師條例（二十九年九月七日修正公布）

第一條　會計師受公務機關之命令，或當事人之委託，辦理關於會計之組織管理稽核調查整理清算證明及鑑定各項事務，會計師得充任檢查員清算人破財管財人遺囑執行人及其他信託人。會計師得代辦納稅及登記事務，幷得代撰關於會計及商事各種文件。

第二條　會計師受工商部之監督，但省或直隸於行政院之市之工商行政官署，依本條例之規定，於不牴觸工商部命令範圍內，亦得行使監督權。

第三條　在會計師考試未舉行以前，凡中華民國人民具有左列資格，經工商部審查合格者，得爲會計師：

一、在國立或國內經教育部立案，在國外經教育部認可之公私立大學，獨立學院，或專科學校之商科，或經濟科畢業者，

二、曾在專科以上學校教授會計主要科目二年以上，或在各級政府或其所屬機關或在有實收資本十萬元以上之公司任會計主要職員二年以上，或在會計師事務所助理重要會計事務二年以上者。

前項資格審查規則由工商部定之。

第四條　有左例各款情事之一者，不得爲會計師：

一、受禁治產之宣告者；

二、因損害公私財產被褫職或解僱者；

三、受破產之宣告尚未復權者；

四、受褫奪公權之處分尚未復權者；

五、有反革命行爲判決有案者；

六、吸用鴉片或其他代用品者；

七、受除名撤銷證書之懲戒者。

第五條　審查合格者，由工商部發給會計師證書。

前項證書費五十元，印花稅二元，於呈請時附繳，審查不合格者發還之。

第六條　工商部置會計師登記簿，於核給證書時登記左列事項：

一、姓名年齡籍貫住所，

二、資格，

三、證書號數，

四、發給年月日。

第七條　省或直隸於行政院之市之工商行政官署，置會計師登錄簿，記載左列事項：

一、前條各款所載事項；

二、事務所；

三、助理員之人數姓名略歷；
四、開始業務年月日；
五、加入之公會；
六、登錄事項之變更；
七、停止執行業務之原因及年限；
八、會否受懲戒。

第八條　會計師開始執行業務前，應具聲請書連同證書，呈由所在地工商行政官署驗明登錄於會計師登錄簿。

第九條　會計師遇有第十一條事情時，應向所在地工商行政官署自行聲請撤消登錄，但其事由消滅時得再請登錄。

第十條　省或直隸於行政院之市之工商行政官署於會計師登錄時，應呈報工商部並通知該省市各法院備案，撤銷登錄時亦同。

第十一條　會計師不得兼任公務員或工商業經理人員或董事理事。

第十二條　會計師對於其有利害關係之事件，不得執行業務。

第十三條　會計師不得利用會計師地位，在工商業上為不正當之競爭。

第十四條　會計師受委託辦理事件時，得與委託人約定受取相當公費，其公費章程由工商部定之。

公務機關命令會計師辦理事件時，應酌給費用。

第一項之委託與第二項之命令，會計師非有正當理由，不得拒絕。

第十五條　會計師於登錄後，不得有左列各款情事：

一、與非會計師共同行使業務，或使非會計師用本人名義行使業務，但使有會計師證書助理員代理時，不在此限
二、受債權人專任索債之委託；
三、為會計師業務外之保證人；
四、於合法約定報酬及實際費用外為額外之需索，或與委託人訂立成功報酬之契約；
五、收買業務上所管理之動產或不動產；
六、未得公務機關命令，或委託人許可，宣布業務上所得之祕密；
七、對於受命受託事件，有不正當之行為，或違背廢弛其業務上應盡之義務。

第十六條　會計師非加入所在省或市之會計師公會，不得在該省或市內執行業務，所在省市未設有公會者，加入附近省市之會計師公會。

凡領有會計師證書者，會計師公會不得拒絕其加入。

第十七條　會計師公會置左列職員：

一、理事三人至十五人。
二、監事一人至五人。

第十八條　會計師公會應公同訂立章程呈由所在地工商行政官署轉呈工商部核准。

第十九條　會計師公會章程，應規定左列各款事項：

一、會員之入會出會；

二、職員選舉方法職務任期；

三、會員會及職員會之會議方法；

四、維持會計師信用之方法；

五、會費；

六、其他處理會務之要項。

第二十條　會計師公會成立後，應將其職員之姓名住所呈報所在地工商行政官署備案，有變更時亦同。

第廿一條　會計師公會應將會務及會員業務概況，向所在地工商行政官署每半年呈報一次。

第廿二條　會計師有違反本條例，及會計師公會章程之行為者，得由會計師公會決議或由關係人舉發，向所在地工商行政官署聲請交付懲戒。工商行政長官接受前項聲請後，應呈報工商部交會計師懲戒委員會。

會計師懲戒委員會之組織，由工商部定之。

第廿三條　懲戒分左列三種：

一、申誡，

二、六個月以上，三年以下之停止業務，

三、除名撤銷證書。

第廿四條　會計師之懲戒，依左列之規定：

一、違反第十五條第一款第二款第三款第四款之規定者，應予申誡或停止業務：

二、違反第十一條第十二條或十五條第五款第六款或第七款之規定者，應予停止業務或除名：

三、於執行會計師職務後，發見有第四條各款情事之一，或第十三條之情事者，應予除名。

第廿五條　本條例自公布日施行。

修正國內出差旅費表

（二十九年七月二十六日國府公布）

等級＼費別	舟車費 火車	舟車費 輪船	舟車費 舟輿車馬	膳宿雜費 以每日計算	特別費
特任	一等	一等	按實開支	二十元	按實開支
簡任	一等	一等	仝	十五元	仝
薦任	二等	二等	仝	十二元	仝
委任	二等	二等	仝	八元	仝
僱員	三等	三等	仝	六元	仝
傭工及隨從	三等	三等	仝	三元	仝

社會部編譯委員會組織規程

（二十九年九月十七日部令公布）

第一條 社會部為編譯社會行政及與社會行政有關之圖書，特設編譯委員會（以下簡稱本會）

第二條 本會編譯圖書，限於左列各款：

一、關於社會行政；

二、關於社會政策；

三、關於社會事業；

四、關於社會運動；

五、關於社會法規；

六、關於社會年鑑；

七、其他有關社會問題之理論及資料。

第三條 本會設主任委員一人，副主任委員二人，委員若干人，秘書一人，由部長分別聘任或派充之。

第四條 主任委員主持本會一切事務，副主任委員襄助之。

第五條 本會分設四組其職掌如左，

一、年鑑組 關於本部年鑑之編纂事宜

二、叢書組 關於本部叢書之編譯事宜

三、定期刊物組 關於本部定期刊物之編輯事宜。

四、出版組 關於圖書之印刷，校對，出版發行及保管事宜。

第六條 各組設主任一人由部長就委員中指定之。

第七條 本會各組設職員若干人，由部長派充之。

第八條 本會設專任編譯特約編譯各若干人，均由部長聘任或派充之。

第九條 本會會議規則及編譯圖書辦法另定之。

第十條 本規程自公布日施行，

專載

汪主席對中央黨務訓練團學員訓詞

【中央黨務訓練團學員，於九月十五日上午十一時赴中央黨部大禮堂，向　汪主席致敬，茲錄汪主席訓話全文如次：】

中央黨務訓練團各位同志：總理領導我們努力國民革命，目的是一貫的，然而時代却是不斷變化的。我們要認清楚時代的要求，領導民衆向着我們最後的目的不斷的進步，這樣才能使國民革命臻於成功。如此說來，我們同志第一要認清楚時代的要求，第二要能担負時代的使命，第三要有一致的言論，一致的行動，才能担負起這時代使命。這一致的言論，一致的行動，從何得來呢？從訓練得來。這就是中央黨務訓練團所以設立的原因。第一次全國代表大會的時候，總理是自己在指導我們，訓練我們的，總理逝世之後，時代還是不斷的變化，我們同志，還是想使這時代在不斷變化之中，能夠不斷進步，達到國民革命的本來目的。這次時代的使命是什麼？國府還都以後，已經說明白了。實現和平，實施憲政，就是時代的要求，也是我們同志對於這個時代所應該担負的使命。我們先講實現和平，中日兩個國家，如果不會合作，和平不會實現的。中日兩個國家，如果沒有合作的可能，弄到非兩敗俱傷不可，那就不用說了。如果想到一個方法，使中日能夠合作，這固是中國所必要，也是日本所必要的。我們現在已經找到中日可以合作的一條路，就是實現和平的一條路。這條路，就是實現和平的一個根本的原因。如果中日不合作，實現和平這四個字是做不到的。各位同志如果把總理遺教從頭到尾看一遍，就知道總理對於中日合作已決定的。總理遺教裏頭也有批評日本在某階段的政策不妥當，例如在實業計劃裏，就有這些批評。然而根本思想仍然是要中日合作。這種根本思想，在總理遺教中，沒有一點動搖過的。不只是總理逝世前年在神戶所講演的大亞洲主義爲然，我們試看看民國六年總理所著的中國存亡問題，我們現在看起來，更覺得驚心動魄。

各位同志，把總理遺教留心看看！從頭到尾有過一句根本反對中日合作的沒有？可以斷定是沒有。所以我們現在主張實現和平，是總理遺教中的一個重要部份。所謂實現和平，就是中日和平。這是總理遺教中的一個重要部份。請各位注意！這個是信念，實現的方法怎樣呢？如今中日交涉條約已經做好了，可以說中日合作共同基礎是有了。但是合作共同的基礎固然是已經有了，但是中國還沒有做到全面和平。我們沒有方法使重慶政府放棄抗戰，也就沒有方法使日本停止戰爭。在這個時間之中，我們是很苦痛的，我們的工作是很困難的。各位同志：你們已經遭受了困難，我們可以決定將來也遭受困難，總而言之：在全面和平沒有實現之前，我們不能夠有完全自由。我們要協力，非協力不能實現全面和平，非協力不能實現中日合作。既然目的這樣遠大，環境又這樣困難，如果我們同志行動不一致，言論不一致，拿什麼方法去担負這個使命呢？要求我們同志有一定的方針，有一定的步驟，大家一致去做，就得要受訓練，這是關於實現和平。至於實施憲政呢？有人以為現在中國是不必講實施憲政的，這句話是過去的了。因為五全大會宣言，已經明定了實施憲政，六全大會宣言，又是明定了要實施憲政，這不可以失信的，所以說現在亦不是實施憲政的時候，這句話，是已經過去了的。現在所需要是如何實施憲政，詳細一點說：我們同志在實施憲政的時候，怎樣能夠使中國國民黨成為中國的一個中心勢力，來實行三民主義，及總理一切的政策？如果我們大家同志能夠努力做成中心勢力，憲政實施之後，還是能夠實行主義，實行政策的。總而言之：我們同志不努力，不能夠做成一個中心勢力，就算是一黨專政，還是空的。所以現在的問題，是我們同志如何實施憲政的問題，我們同志如何在實施憲政的時候，使中國國民黨的主義政策能夠成為全國的中心勢力的問題。這個問題的複雜困難，同實現和平也差不多的，也要有一定的方針，一定的步驟。這種一定的方針，一定的步驟，從那裏得來呢？也是要訓練才能夠得來的。

總而言之：訓練才能夠担負時代的使命，訓練才能夠適應時代的要求，訓練的重大意義在這裏。至於實現和平，實施憲政種種的道理，種種的內容，我們很有時間大家來討論。今天兄弟還有一句話說：就是總理「知難行易」四個字。譬如實現和平，實施憲政，應該怎樣呢？我們有小組討論會來交換意見，所有小組討論會，座談會，都是求知。知是要難的，所以我們要努力去求知。同時我們的行動能否紀律化，我們的行動能否組織化，就是行。行是比較容易的，我們不用去求，可以立刻做到，如果我們以為有了小組討論會，座談會，大家研究就夠了，而對於自己的行動不能夠遵守紀律，不能夠遵守組織的規定，這麼我們根本不是知難行易的信徒。我們如果以為這一回的訓練，光是求知，那就錯了！我們這一回的訓練上，不只要滿足大家求知之欲望，尤其要使大家對於實行上能夠一致。換一句話來說：不只在我們思想上要訓練，我們行動上也要訓練。所以各位同志，如果要求知，就要在平常一切行動上紀律化組織化，否則知還沒有求到，行已是完全散漫了。我們訓練團，不只注意知識，尤其注重行動，不只注重訓練思想，尤其注重訓練行動，這是知難行易的信徒應該遵守的。今天很簡單的對各位同志說幾句話，因為將來我們大家討論研究的時候很多，我們認定了時代的要求，認定了我們要担負的時代的使命，因此我們在這個時代來做言論上行動上的訓練，要來達到我們担負時代的使命，適應時代的要求，這個重大的目的。今天各位同志對兄弟致深厚的祝辭，兄弟非常的感激！謹以誠意，說幾句簡單的話。末了，祝我們各位同志，對於國民革命的成功！祝我們各位同志健康！　（完）

附錄

中政會及行政院會議有關本部之決議案

會議名稱	次數	日期	討論或任免事項	決議	提案人	備考
中政會議	第二十次	九月十二日	本院第二十四次會議通過由社會部會同各機關舉辦藥品消費合作社資金分兩種甲二千元乙一千元由各機關自由攤認一次交付并准予報銷一案提請核議案	通、過	行政院	討論事項第一案
行政院會議	第二十四次	九月十日	擬由社會部會同各機關舉辦藥品消費合作社資金分兩種甲二千元乙一千元由各機關自由攤認請公決案	通過並呈送中央政治委員會	本部	臨時動議第一案
	第二十六次	九月二十四日	本部勞動司司長張克昌公益司司長胡志甯參事呂斅劉存樸均另有任用擬請免職並擬請任命呂斅為勞動司司長劉存樸為公益司司長案	通過	本部	任免事項第十案

國定紀念日表

（二十九年十月三日第二十二次中政會議通過）

日期	名稱	紀念辦法	宣傳要點備註
一月一日	中華民國成立紀念	是日休假一天全國一律懸旗紮綵提燈誌慶並由各當地政府召開各界慶祝大會	一、辛亥革命及辛亥前後各地革命運動之經過及其因果二、總理就任臨時大總統宣言中重要意義三、中華民族復興之意義四、封建專制與民主政治之比較
三月十二日	總理逝世紀念	是日休假一天全國一律下半旗停止娛樂宴會誌哀並由各當地政府召開各界紀念大會	一、講解總理遺囑及自傳二、講述國民黨接受總理遺囑經過事實及第一屆中央執行委員會第三次全體會議發出之宣言訓令三、講述　總理逝世後國民黨工作之概要與今後應有之努力
三月二十九日	革命先烈紀念	是日休假一天由各當地政府召開紀念大會祭奠所有為革命而死之烈士	一、講述各革命先烈為國犧牲之事略二、講述革命先烈生平之言行三、闡揚各革命先烈之特別精神
三月三十日	國府還都紀念	是日全國一律懸旗各機關各團體學校均分別紀念不放假	一、講述中日事變之事略二、說明中日共同担負建設東亞新秩序與國府還都之意義三、闡述和平反共建國之使命
五月五日	革命政府紀念	是日全國一律懸旗誌慶各機關各團體各學校均分別集會紀念不放假	講述民十時軍閥與帝國主義之暴亂情形二、說明總理就職總統之原因及其護法之精神三、說明總理為國為民之大無畏精神與吾人應有之努力
七月九日	國民革命軍誓師紀念	是日全體一律懸旗誌慶各機關各團體各學校均分別集會紀念不放假	一、講述國民革命軍成立之歷史及其使命二、講述國民革命軍北伐經過及其重要意義三、說明國民黨歷次出師北伐宣言重要意義

八月二十七日	先師孔子誕辰紀念	是日休假一天全國各界一律懸旗誌慶並由各當地政府召開各界紀念大會	一、講述孔子生平事略二、講述孔子學說三、講述國父孫中山先生革命思想與孔子之關係
九月一日	和平反共建國運動諸先烈殉國紀念	是日休假一天、由各當地政府召開紀念大會祭奠所有爲和運而死之烈士	一、講述各和運先烈爲和平反共建國犧牲之事略二、講述各和運先烈生平之言行三、闡揚各和運先烈之特殊精神
十月十日	國慶紀念	是日休假一天全國一律懸旗紮綵提燈誌慶並由各當地政府召開各界慶祝大會	一、講述國慶日之意義二、講解總理遺著中之雙十節紀念三、講述民元前一年武昌首義之情形與今後應有之努力
十一月十二日	總理誕辰紀念	是日休假一天全國一律懸旗誌慶並由各當地政府召開各界紀念大會	一、講述總理生平革命之重要事略二、演講總理學說三、演講三民主義
十二月廿五日	雲南起義紀念	是日全國一律懸旗紀念并由各機關各團體各學校分別集會紀念不放假	一、講述雲南起義情形二、講述封建專制與民主政治之比較

蘇浙皖鄂粵五省政府委員錄

江蘇省政府

主　　席　高冠吾
兼民政廳長　蔡洪田
兼財政廳長　董修甲
兼建設廳長　季聖一
兼教育廳長　張仲寰
警務處長　楊鼎勛
兼秘書長　汪曾武
委　　員　茅子明
　　　　　奚則文
　　　　　潘子義
　　　　　李志雲

嚴家幹

浙江省政府

主席 汪瑞闓
兼民政廳長 沈爾喬
兼財政廳長 張德欽
兼建設廳長 王厦材
兼教育廳長 徐季敦
兼警務處長 石林森
兼秘書長 馮國勳
委員 孫楝三
章正範
陸棨鍰
湯應煌

安徽省政府

主席 倪道烺
兼民政廳長 葉震東
兼財政廳長 陶思澄
兼建設廳長 鄧贊卿
兼教育廳長 錢慰宗
兼秘書長 傅君實
委員 徐仲仁
張拱宸
胡志甯
胡大剛
馬驥材

湖北省政府

主席 何珮瑢
兼民政廳長 汪澧
兼財政廳長 徐愼五
兼建設廳長 宋懷遠
兼教育廳長 黄賓光
兼警務處長 王壽山
兼秘書長 賀遐昌
委員 方煥如
王仕任
雷壽榮
魏武襄

廣東省政府

主席 陳公博
兼民政廳長 王英儒
兼財政廳長 汪宗準
兼建設廳長 陳耀祖
兼教育廳長 林汝珩
兼警務處長 李道軒
兼秘書長 周應湘
委員 彭東原
周之楨
周秉三

社會部公報價目表

限期	價目	郵費	
零售	一角	本埠半分	外埠一分
半年	一元	本埠六分	外埠一角二分
全年	二元	本埠一角二分	外埠二角四分

廣告暫訂刊例

頁數	價目
一頁	每號十八元
四頁	每號九元
半分之一頁	每號四元五角

刊登廣告在四號以上者每號按七折計算，在十號以上者每號按照六折計算長期另議

編輯者　社會部總務司
發行者　社會部總務司
印刷者　中文仿宋印書館
代售處　南京三通書局
出版日期　每月一日十六日各出版一次

社會部電話號碼	
部長室	31955
次長室	31956
常務委員室	31958
秘書室	31957
總務司	31961
勞動司	31959
合作司	31960
公用	31963

中華民國法規大全補編

公務員

各法團

一般公民

不可不備

國府還都凡二十六年十一月十九日以前之法規奉令適用本編搜羅完備補充正編都五百餘則七百八十餘頁每部實價四元外埠另加郵費二角

最高法院書記廳啓

院址南京甯海路二十六號

（偽）社會部總務司　編

（偽）社會部公報

第九、十號合刊

南京：（偽）國民政府行政院社會部總務司，民國二十九年（1940）鉛印本

經中華郵政登記認爲第一類新聞紙類

中華民國二十九年十一月一日

第九十號合刊

社會部公報

國民政府行政院社會部總務司印行

總理遺像

總理遺囑

余致力國民革命，凡四十年，其目的在求中國之自由平等，積四十年之經驗，深知欲達到此目的，必須喚起民衆，及聯合世界上以平等待我之民族，共同奮鬥。

現在革命尚未成功，凡我同志，務須依照余所著，建國方略，建國大綱，三民主義，及第一次全國代表大會宣言，繼續努力，以求貫澈，最近主張，開國民會議，及廢除不平等條約，尤須於最短期間，促其實現，是所至囑。

汪代主席

目錄

命令

行政院令

行政院訓令行字第八六六號

令社會部

案准

國民政府文官處處文二公字第九九〇號公函開：「奉　國民政府二十九年九月二十八日令開『任命應瀅爲社會部總務司司長楊偉昌爲社會部合作司司長此令』等因除由　府另行頒給任命狀外相應錄令函達請煩查照飭知爲荷」等由：准此。合行令仰該部轉飭知照！此令。

中華民國二十九年十月四日

院長　汪兆銘

行政院訓令行字第八八八號

令社會部

現奉

國民政府府文一訓字第一五六號訓令開：

「查公務員懲戒委員會組織法，現經修正，明令公佈，應卽通飭施行，除分令外，合行檢發該組織法，令仰知照，並轉飭所屬一體知照此令」。等因；計檢發修正公務員懲戒委員會組織法一份，奉此。除分令外，合行抄發該組織法一份，令仰該部知照。

此令

計抄發修正公務員懲戒委員會組織法一份

院長 汪兆銘

中華民國二十九年十月七日

行政院訓令 行字第九〇一號

令社會部

案奉

國民政府府文一訓字第一五七號訓令開：「據本府文官處簽呈稱：「准中央政治委員會秘書廳中政秘字第五四七號公函內開：「查二十九年十月三日中央政治委員會第二十二次會議討論事項第三案 主席交議：「國民政府移送據考試院呈稱請將公務員甄審期間表展限六個月一案，提請核議案」。當經決議，「通過，送國民政府」」，除紀錄在卷外，相應錄案函請查照轉陳通飭遵照」等由；理合簽請鑒核」等情；到府，自應照辦，除分令外。合行抄附考試院原呈，令仰遵照，並轉飭所屬一體遵照此令」。等因；奉此，自應遵照，除分令外。合行抄發考試院原呈，令仰該部遵照，並轉飭所屬一體遵照！

此令。

附發考試院原呈一件

院長　汪兆銘

中華民國二十九年十月九日

抄考試院原呈

案據銓敘部呈稱：

竊前奉　鈞院書字第五八號訓令案奉
國府政府文一訓字第四二號訓令內開自二十九年三月三十日至同年九月三十日止為公務員甄審期間幷奉
國民政府公佈現任公務員甄別審查條例及其施行細則當經遵照依法製定甄審表暨有關甄審各書類分發京內各機關及
已經改組之各省市政府限期填送甄審會呈請　鈞院轉請
國民政府備案在案現甄審期間瞬即屆滿而未經改組各省市政府及其所屬機關之簡薦委公務員若於甄審期滿後改組即
依公務員任用辦理俟審查後再行任用勢須相當時日在改組革新之際各省市政府及其附屬機關設無固定人員負責任事
一切公務推動必感困難且已經改組者暨適用甄審條例尚待改組者即適用任用法辦理兩歧似未足照平允再查事變以前
第一期甄審期間係一年零兩個月期滿後復因事實環境之關係接續展期計共五次每次或六個月三個月不等今為顧全事
實起見擬請將甄審期展限六個月以利進行所擬是否有當理合呈請鑒核轉請國民政府核定遵行」。

等情，據此，查所陳各節，尚屬實情，除指令俟轉請核示外，合理備文呈請

鈞府鑒核，指令祇遵

謹呈

國民政府

考試院院長　王揖唐

副院長　江亢虎代行

行政院訓令　行字第九三一號

令社會部

案奉

國民政府府文一訓字第一六一號訓令開：

「據本府文官處陳稱：『准中央政治委員會祕書廳中政秘字第五六六號函開：「查二十九年十月三日中央政治委員會第二十二次會議，討論事項，第五案；行政院提：『為本院第二十七次會議通過財政部呈請懲處財務行政徵收人員舞弊受賄在千元以上者，概處極形一案，提請公決案』當經決議：『通過，送國民政府轉飭遵照』！記錄在卷。除分函行政院查照外，相應錄案函達至希查照轉陳令飭遵照」。等由；理合陳請鑒核』。等情；據此，自應照辦，除飭處函復，暨分令外，合行令仰遵照，並轉飭所屬一體遵照，此令」。

等因：奉此，自應遵照。除分令外，合行令仰該部遵照，並轉飭所屬一體知照

此令

院長　汪兆銘

中華民國二十九年十月十五日

部令

行政院社會部令 社甲字第五一八號

茲修正本部職員請假規則公佈之。

此令

部長　丁默邨

中華民國二十九年十月二十一日

行政院社會部令 社甲字第五一七號

茲修正本部編譯委員會組織規程公佈之。

此令。

（規程另登本期公報法規類）

部長　丁默邨

中華民國二十九年十月二十一日

行政院社會部令 社甲字第四九四號

茲制定本部編譯委員會特約編譯編譯圖書辦法公佈之。

此令。

部長　丁默邨

中華民國二十九年十月十四日

會令

社會運動指導委員會指令　社指指字第三三四號

令安徽省分會

呈一件爲商會之組織準則未奉頒布對于申請許可之商人團體呈送簡章應依据何項法令請核示祇遵由

呈悉。查省市縣工會組織，因工會法未有明文規定，故另訂組織準則。至商人團體組織，則有商會法及其施行細則與工商同業公會法及其施行細則，可資遵循，自毋庸另訂商人團體組織準則，仰即知照。

此令

中華民國二十九年十月九日

兼委員長　丁默邨

社會運動指導委員會佈告　社指佈字第八號

查農會，漁會，工會，商會，工商同業公會、暨教育會等各團體、在新法未經修正頒行以前、遵照國府命令，仍適用舊法。惟上項團體之主管機關，應依据修正人民團體組織方案規定辦理。又各團體職員，以採用理監事制爲原則。除分令各省市分會外合亟佈告各人民團體，一體遵照！

此佈！

委員長　丁默邨

文電

滬各工潮圓滿解決汪主席丁部長去電嘉獎

此次上海各工人團體，因物價高漲，向資方要求改善待遇，因而發生工潮者，前後凡有多起，其中形勢最嚴重範圍最擴大者，有英商公共汽車，電車，法租界電車，及徐重道國藥號等工潮，其中英商公共汽車電車及徐重道國藥號工潮，早已調解解決，此次法商電車工潮，經社會部顧次長及社會常委凌憲文，張克昌，委員范一峯，專員蔣兆祥等會同社運會上海分會，法捕房政治部，多次向勞資雙方進行調解，現亦已獲得圓滿解決，各項工潮期間，工友等均能恪守秩序，絕無軌外行動，社會部顧次長等約束指導，頗著辛勞，國府汪主席社會部丁部長特分別去電嘉獎，茲錄原電如次。

(一)汪主席電

上海社會部顧次長繼武同志，幷轉社運會常務委員凌憲文，孫鳴岐，張克昌，諸同志均鑒，此次諸同志，秉承丁部長指示，調處上海工潮，苦心毅力，卒使勞資兩方，皆獲滿意解決，社會秩序，民生需要受實利益，至深嘉慰，除面囑丁部長查明出力人員分別獎勵外，特對諸同志指導之勤，負責之勇，表示欣感之意，汪兆銘(有)

(二)丁部長電

上海顧次長繼武，凌常務委員憲文孫常務委員鳴岐，張常務委員克昌均鑒，邇來物價飛漲，民生凋敝，影響社會，至爲重大，尤以上海生活指數特高，以致工潮相繼發生，其中徐重道國藥號，公共租界英商電車與公共汽車等，均先後發生罷工風潮，規模情勢嚴重，非惟國府還都以後所未有，抑亦近十年來所僅見，兄等暨社運會專任委員范一峯，本部簡任專員蔣兆祥等會同社運會上海市分會，向勞資雙方，竭誠調處，卒獲先後結束，使勞資均感圓滿，復查兄等暨范蔣二員約束工友，順序進行，使無越軌行動，社會一致同情，貢獻邦國，殊非淺鮮，除將兄等暨社會專任委員范一峯，本部簡任專員蔣兆祥等調解各大工潮經過，呈報行政院外，特電嘉勉，至其餘出力人員仍仰查明具報，以憑獎勵，社會部長丁默邨寒印。

公牘

國民政府考試院銓敘公函　字第〇九〇號

查本部辦理現任公務員甄別審查，關於曾任年資訂算終點，未經明白規定，無從依據，當經本部銓敘審查委員會提出討論，認爲本年三月三十日爲國民政府還都之期。所謂現任公務員，卽係自三月二十日以後，九月三十日以前任用之公務員。甄審工作亦卽甄別是項人員。故曾任年資計算，應以二十九年三月二十九日爲計算終點，經呈請

考試院核示在案。茲奉

考試院院文指字第八四號指令內開：

「呈悉。查核所擬辦法，尙屬可行，准予照辦，仰卽知照。此令」。

等因；奉此，除分函外，相應函請

查照爲荷！

此致

社會部

暫行兼代部長　江亢虎

中華民國二十九年十月十九日

鐵道部公函

逕啓者，本部爲中央各機關高級公務人員，往返京滬便利起見，在南京上海兩站，各設駐站員二人，業經辦理在案。惟此項辦法，中央各機關未盡周知，而駐站員如何服務，亦須定有準繩以便辦理。茲經訂定駐站員服務須知十條，除令遵並分函外，相應檢同該項服務須知一份隨函奉達，即希

查照爲荷！此致

社會部

附鐵道部南京上海兩站駐站員服務須知一份

鐵道部啓

中華民國二十九年十月十一日

（服務須知另登本期公報附錄類）

南京市政府　祕字第三一三九號

案查本府經辦之市民證從前係用南京特別市政府名義會同南京特務機關加蓋印章發行現改用南京市政府名義會同南京特務機關連絡官發行雙方均蓋小印章爲憑與前發舊證一律通用有同等之證明效力除分函外相應函達即希

查照爲荷此致

社會部總務司

市長　蔡培

中華民國二十九年十月八日

法規

審計法施行細則

二十九年九月三十日奉
國民政府府文一字二二一號指令准予備案

第一條　本細則依審計法第五十五條訂定之

第二條　依審計法第十一條前段之規定審計部得酌量情形逐漸推行就地審計但在審計機關未派員赴各機關就地審計前各機關仍應送審

第三條　審計法第十一條但書規定得送審之機關其送審內容審計機關得斟酌情形依審計法第三十七條規定辦理之

第四條　審計機關派員對各機關之現金票據證券賬等施行檢查時得逕以審計機關文件或稽察證交受檢查機關閱視後爲之

第五條　審計人員在外執行職務應製作報告呈報主管審計機關遇有查詢事件應製作筆錄交受查詢人閱覽後令其署名蓋章

第六條　審計人員執行職務有使用稽察證之必要時由該管審計機關長官核發稽察證須記明事由地點時日及持用人職別姓名稽察證使用規則另定之

第七條　審計人員依計法第十四條規定執行封鎖時應製作筆錄記明封鎖物之種類件數加封於封面署名蓋章並令物之所有人或其關係人於筆錄及封面署名蓋章前項封鎖物應令物之所有人或其關係人負責保管不得擅自拆封

第八條　審計人員依審計法第十四條規定執行提取時應製作筆錄記明提取物之種類件數並作成收據交物之所有人或有關係人收執

第九條　因處理重要審計案件而調度主要審計人員時應依審計法第十條之規定但遇緊急處分得提出最近之會議追認之

第十條　審計機關依審計法規定發出之通知書應附記明送達日期之回條或以雙掛號郵件送達同一案件受通知之機關有數個時應分別送達

第十一條　審計機關通知書定有限期者受通知之機關應依限聲復其不能依限聲復者應於限內敘明事由聲請展期

第十二條　受通知執行處分之機關接受通知後應依通知書內容執行處分並將處分結果聲復審計機關

第十三條　審計機關就審核案件爲剔除繳還或賠償之決定者於本案確定後應通知受審機關及主管公庫機關於必要時並通知受審核機關之主管上級機關

第十四條　各機關聲請復議已逾審計法第二十三條所定期限而未於期限內聲請展期者審計機關不予復核

第十五條　各機關聲請復議原決定審計機關認爲有理者應變更原決定認爲無理由或理由不充分經駁復後受審核機關仍堅持前項聲請者應附具意見檢同關係文件呈送上級審計機關復核原決定之審計機關係審計部時應由審計部自爲復核

第十六條　派駐各機關審計人員之決定視爲該管審計機關之決定但聲請復議之案件應由該管審計機關依前條規定辦理

第十七條　審計機關委託其他審計機關辦理審計案件時受委託之審計機關應將辦理結果通知原委託之審計機關決定之

第十八條　審計機關依審計法第二十六條所爲之公告於各級政府公報及審計部公報爲之

第十九條　各機關對分配預算爲一部或全部之變更有不合程序或與預算法不符時審計機關應糾正之

第二十條　財政機關因預算法第六十八條所列各款情事得以暫付款支付書送請審計機關核簽在非常預算未成立前其責任由財政機關負之

第二十一條　各機關因重大災變或緊急工程得以暫付款支付憑證送請駐在審計人員核簽在支付法案未成立前其責任由該機關負之

第二十二條　各機關得暫收款收入憑證送請審計機關核簽在收入法案未成立前其責任由各該機關負之

第二十三條　審計機關依審計法之規定拒絕核簽支付書時應發拒簽事由之通知書分別送達簽發機關及領款機關或領款人派駐各機關之審計人員爲拒簽收支憑證之決定時除依前段規定辦理外並應即時向該管審計機關報告

第二十四條　審計機關或審計人員對支付書或收入憑證因不得已事故不能於審計法第三十三條所定期內核簽者應於限內通知不能核簽之事由

第二十五條　各機關之會計報告應直接送達於該管審計機關審計機關之審核通知或核准通知應直接送達於受審機關

第二十六條　各機關應送審計機關之報告應依左列期限

一、日報於次日內送出

二、月報於期間經過後十五日內送出

三、年報於期間經過後三個月內送出

第二十七條　各機關應送之會計報告不依前條所定期限送審者審計機關應予催告經催造後仍不送審者

得依審計法第十五條規定辦理

第二十八條　各機關送審各項會計報告時應附送原始憑證及其他附屬表册表册之種類格式由審計部另定之

第二十九條　主管公庫機關及代理公庫之銀行每日應送報表

報表册之種類格式由審計部另定之

第三十條　主管公庫機關每月及年終應送報表

報表之種類格式由審計部另定之

第三十一條　經理公債財物或特種基金之機關每月及年終應送報表報表之種類格式由審計部另定之

第三十二條　審計機關發給各機關之核准書應送由各該機關之主管上級機關轉發

第三十三條　審計處或審計辦事處辦理在各省市中央機關及其所屬機關之審計案件認為應發核准書者應將審核結果呈由審計部核發

第三十四條　前條規定於審計辦事處辦理特種公務機關公有營業機關公有事業機關之審計案件準用之

第三十五條　各級政府編製之年度總決算審計機關審定時應注意左列事項

一、各級政府歲入歲出是否與預算相符

二、各級政府歲入歲出是否平衡

三、各級政府歲入歲出與預算不符時其不符之原因

四、各級政府歲入歲出不平衡時其不平衡之原因

五、對各級政府歲入歲出應行改正之意見

第三十六條　審計機關對各機關之現金票據證券執行檢查遇必要時應通知該管長官或主管上級機關派員蒞視

檢查結果應製作筆錄由保管人蒞視人署名蓋章

第三十七條　各機關對於財物有遺失損毀等情事應隨時記明其原因其重大者應提出證明方法

各機關遇有審計法第四十八條第二項所列情事應即報告於該管審計機關並提出其證據審計機關亦得依職權調查之

第三十八條　各機關購置物料或營繕工程依規定應公告招標或採用比價辦法者應通知該管審計機關派員監視其招標或比價各項規則圖樣說明書預估底價標單式樣以及契約底稿等應於事前送審計機關備查簽訂契約時應由監視人署名蓋章

第三十九條　各機關購置物料或營繕工程如有中途變更或增減價額情事應隨時通知該管審計機關查核其變更重大或增減價額在一成以上者應予協議時通知該管審計機關派員參加

第四十條　各機關購置物料或營繕工程審計機關派員監

視開標決標或比價者于貨到或工竣驗收時應通知審計機關派員監視

第四十一條　前項監驗人員應於驗收證明書類署名蓋章
各機關營繕工程及購置變賣各種財物之開標決標驗收事項其金額較小或有特殊情形者審計機關得斟酌情形決定派員與否

第四十二條　各機關購置物料營繕工程之驗收凡與原定圖說契約章則不符者監視人得拒絕署名蓋章其因不得已事由准予減價收受者應先得審計機關之同意

第四十三條　凡發行債劵及借款應由主管機關將發引條例或借款契約等送該管審計機關備查如有變更應隨時通知審計機關

第四十四條　各機關處分公有財物凖用第三十八條至四十二條之規定

第四十五條　審計機關行使稽察職權有須各機關團體協助者各機關團體應負協助之責

第四十六條　審計機關委托其他機關團體或個人辦理監視鑑定等事項其結果應由原委託之審計機關依職權決定之

第四十七條　本細則如有未盡事宜由審計部呈請監察院修正之

第四十八條　本細則由監察院核定施行

審計部稽察證使用規則

二十九年九月三十日奉
國民政府文一字第二二一號指令准予備案

一、審計人員持此證向公私團體或個人查詢或調閱簿籍憑證及其他文件各該負責人不得隱匿或拒絕遇有疑問並應為詳實之答覆

二、審計人員於必要時得臨時封鎖各項有關簿籍憑證或其他文件並得提取其全部或一部

三、審計人員執行封鎖或提取處分時應依審計法施行細則第七條第八條規定辦理

四、審計人員於必要時得持此證知照司法或警察機關協助

五、審計人員辦理完畢時即將此證繳銷如係由各省市審計機關塡發者繳銷後即將本證呈報審計部備核

附錄審計法第十三條第十四條原文

第十三條　審計機關為行使職權得派員持審計部稽查證向有關之公私團體或個人查詢或調閱簿籍憑證或其他文件各該負責人不得隱匿或拒絕遇有疑問應為詳實之答覆

行使前項職權遇必要時知照司法或警察機關協助

第十四條　審計機關或審計人員行使前二條之職權遇必要時得臨時封鎖各項有關簿籍憑證或其他文件並得提取全部或一部

國民政府監察院審計部公函

公字第七〇七號

查審計法前經本部於二十九年九月十九日函送

貴部查照在案。茲審計法施行細則暨稽察證使用規則復經轉奉

國民政府二十九年九月三十日，府文一字第二二一號指令，「准予備案等因」。相應檢同上項細則及規則各一份，函達

查照，並希轉飭所屬一體知照，為荷！此致

社會部

附審計法施行細則及稽察證使用規則各一份

中華民國二十九年十月九日　夏奇峯

審計部稽察證

字第　號

以下三件證規則表等奉國民政府二十八年一月三日諭字第六號指令「准予備案」

茲依審計法第十三條之規則定派　　赴
稽察
部長
案件此證

中華民國　　年　　月　　日

審計部印

某審計機關填發

長官章

審計部稽察證

審計部稽察證存根

字第　　號

審計部印第　　字第　　號

茲依審計法十三條之規定派　　赴
稽察
案件此證

中華民國　　年　　月　　日

審計部印

某審計機關填發

長官章

公務人員懲戒委員會組織法

二十九年九月三十日修正公佈

第一條　公務員懲戒委員會直隸於司法院法律別有規定外掌管一切公務員之懲戒事宜

第二條　公務員懲戒委員會分左列二種

一、中央公務員懲戒委員會

二、地方公務員懲戒委員會

第三條　中央公務員懲戒委員會設委員長一人委員九人至十一人掌管全國薦任職以上公務員及中央各官署委任職公務員之懲戒事宜

前項委員中應有三人至五人曾任簡任法官者

第四條　中央公務員懲戒委員會委員非年滿四十歲於政治法律有深切之研究並具有左列各款資格之一者不得任用

一、曾任簡任職公務員二年以上或薦任職公務員五年以上者

二、有勳勞於國家或致力革命十年以上者

第五條　地方公務員懲戒委員會分設於各省各置委員長一人委員七人至九人掌管各該省委任職公務員之懲戒事宜

前項委員長由高等法院院長兼任委員由司法院就高等法院庭長及推事中遴派三人至五人餘就省政府各廳處現任薦任職公務員中遴派

第六條　行政院直轄市準用前條之規定設地方公務員懲戒委員會並得以地方法院院長兼任委員長及遴派地方法院庭長及推事三人至五人兼任委員餘就市政府現任薦任職公務員中遴派

第七條　懲戒事件之審議在中央公務員懲戒委員會應有委員七人之出席在地方公務員懲戒委員會應有委員五人之出席由委員長指定一人為主席

第八條　公務員懲戒委員會委員長綜理會務監督所屬職員對於懲戒事件得查察進行程序不得干涉懲戒

第九條　中央公務員懲戒委員會設書記官長一人承長官之命掌理典守印信分配案件書記官十五人至二十人承長官之命辦理文書庶務紀錄編卷及其他事務

第十條　中央公務員懲戒委員會委員長特任委員簡任書記官長薦任或簡任書記官六人薦任餘委任

第十一條　中央公務員懲戒委員會設會計員一人統計員一人辦理歲計會計統計事項受委員長之指揮監督并依國民政府主計處組織法之規定直接對主計處負責

會計室及統計室需用佐理人員由中央公務員懲戒委員會及主計處就本法所定委員中會同決定之

第十二條　中央公務員懲戒委員會為繕寫文件及其他事務得酌用雇員

第十三條　地方公務員懲戒委員會之分配案件紀錄編卷等事務由委員長調用法院職員辦理

第十四條　公務員懲戒委員會辦事規則由司法院定之

第十五條　本法自公布日施行

社會部職員請假規則

二十九年五月十五日第二次部務會議通過
二十九年十月　日二十二次部務會議修正

第一條　凡本部職員請假均依本規則行之

第二條　凡職員請假者應塡具請假單並由各該主管長官分別核轉奉准後即送總務司登記存查銷假時亦應塡具銷假單呈由各該主管長官核轉總務司

第三條　各司科職員請假不滿三日者得由各該主管長官核准在三日以上者應由各該主管長官轉呈　部次長核准參事秘書司長專員視察等其請假在一日以上者應呈　部次長核准

第四條　凡職員請假經核准後即應將經辦事件陳明　部次長或其主管長官幷委託同事代理或由　部次長及其主管長官派員暫代接管明晰方得離職

第五條　凡職員請假不逾半日者經主管長官許可後得於簽到簿內註明免具請假單但此項臨時請假每月不得過三次

第六條　凡職員確因緊急事項或重病不及自行請假時得委託同事代為塡具請假單

第七條　職員請假計分三種：

一、事假

二、病假

三、婚喪假

第八條　凡請事假以年歷計每年積計不得過十四日新任職員依到差日起按照比例計算

第九條　凡請病假者每年積計不得過三十日並須呈驗診斷證件

第十條　凡職員遇有婚喪事故得按下例日數請假

一、直系尊親屬喪假二十日

二、本人婚嫁或喪偶假十日

凡請婚喪假者得按程期遠近呈請酌給程期假

第十一條　凡女職員因生育得請假兩個月

第十二條　凡職員逾假不歸或續假未經奉准延不銷假者均以曠職論得按情節之重輕予以下列之處分

一、扣薪

二、記過

三、降級

四、停職

第十三條　凡職員在職滿兩年請假不逾十日者得休假二十日滿三年請假不逾二十日又未曾休假者得休假四十日

第十四條　本規則如有未盡事宜得隨時修正之

第十五條　本規則自公佈日施行

社會部編譯委員會組織規程

二十九年九月十七日部令公布
二十九年十月十四日部令修正

第一條　社會部爲編譯社會行政與社會有關之圖書特設編譯委員會「以下簡稱本會」。

第二條　本會編譯圖書限左列各款。

一、關於社會行政；

二、關於社會政策；

三、關於社會事業；

四、關於社會運動；

五、關於社會法規；

六、關於社會年鑑；

七、其他有關社會問題之理論及資料。

第三條　本會設主任委員一人副主任委員二人委員若干人秘書一人由部長分別聘任或派充之。

第四條　主任委員主持本會一切事務副主任襄助之。

第五條　本會分設四組其職掌如左：

一、徵集組　關於參考資料之徵集整理事宜。

二、年鑑組　關於本部年鑑之編纂事宜。

三、叢書組　關於本部叢書之編譯事宜。

四、定期刊物組　關於本部圖書之印刷校對出版發行及保管事宜。

第六條　各組設主任一人由部長就委員中指定之。

第七條　本會各組設職員若干人由部長分派充之。

第八條本會設專任編譯特約編譯各若干人均由部長聘任或派充之。

第九條　本會會議規則及編譯圖書辦法另定之。

第十條　本規程自公佈日施行。

專載

關於團訓『誠明廉毅』的解釋

九月二十一日對中央黨務訓練團訓話

汪精衛

各位同志，今天所講的是關於團訓的解釋，在前幾天，我們同志，要兄弟定四個字的團訓，當時兄弟很踟躕，因為四個字很不容易概括，尤其是團訓，用四個字，就想把各種要點賅括下去，是更不容易的，後來想想，用四個字，固然不能把所有要點都賅括了去，却是最少也可以舉出幾個最重要點，使我們同志一看見就想起，因此兄弟後來還是寫出這四個字的團訓來，現在要把這四個字的內容舉出來，使各位同志明白這裏頭有重要的意義，『誠明廉毅』這四個字，固然不能說賅括一切的要點，却是總可以說把最重要點舉出來了。

先講『誠』字，世間的現狀，有善有惡，我們所做的事，所說的話，有是有非，我們心裏知道是就做，知道非就改，然而一個先決問題，就是老實不老實，這個『誠』字解作『老實』兩個字還不夠的，然而我們說慣了，就用老實兩個字罷，如果老實，才有是非可言，不老實就根本不必講是非了，因為如果不老實，他所說是的他自己根本就不曾以為是，他所說非的，他自己根本就不曾以為非，那還有什麼是非可說，更提不到遷善改過的話了，所以一切的道德如果不從『誠』字着手，是不行的，有了誠，纔有所謂是非，有了是非，纔有所謂遷善改過，我們要做一個人，就要從誠字做起，我們要做現在中國的一個人，現在存亡危急中的中國的一個人，更要從誠字做起，說到這裏，兄弟想介紹歐美人同日本人批評中國人的壞的話，固然也有批評中國人的好的，我們今天不必說了，我們單把歐美人同日本人批評中國人的壞的話，介紹一些，歐美人批評中國人怎樣呢，說中國人說話含糊，不明確，每一個中國人，你問他一件事情，他總是含含糊糊答你，不肯實實在在說的，這是歐美人批評中國人的話，這個批評，似乎很輕，實在却是很重，為什麼呢，因為歐美人從古就有一種道德是『老實』，心裏恨你，口裏也恨你，如果心裏恨你，口裏不恨你，這就叫做卑怯，卑怯是人家最看不起的，中國人說話為什麼要含糊不明白呢，就是恐怕說出來要得罪人，換一句話就是恐怕說出來要負責任，因爲不敢負責任，所以含含糊糊，使得你這樣解法也可以，那樣解法也可以，一個人弄到不敢負責任，那也無所謂是非善惡了，根本對於是不敢負責任，對於非也不敢負責任，對於善不敢負責任，對於惡也不敢負責任，這還成一個什麼人呢，歐美人批評中國人，說中國人說話含糊，不明確，我們認爲他批評得很輕，殊不知這就是說中國人不敢負責任，所以故意說含糊的話來不負責任，日本人批評中國人怎樣呢，兄弟可以告訴各位，隨便拿一本日本人批評中國人的書來看，總有一句話是中國人只曉得愛面子，兄弟可以告訴各位，如果將日本人批評中國人的書都拿來看，決沒有一本不說中國人只曉得愛面子的，這愛面子，似乎也是很平常的事，殊不知只曉得愛面子，而把一切實際的利害看得比面子還輕，那麼，便不惜將他拿做面子的犧牲品，於是乎國家興亡，民族存亡，都是閒閒的，只要面子不傷就可以過得去了，這個是要亡國的，要滅種的，中國人爲什麼只曉得愛面子呢，因爲沒有想到誠字，明明白白是如此，故意說不是，因爲面子的緣故，明明白白不是如此，故意說是，因爲面子的緣故，『誠』字便沒有了，現在日本人簡直把『面子』兩個字，來做『音讀』，認爲這便是中國人第一樁要緊的事，歐美人批評我們，說我們說話含糊，這話怎麼講呢，就是不負責任的意思，日本人批評中國人愛面子，這句話怎麼講呢，就是不講實在的意思，這兩樣都是『誠』字的反對，這兩樣都可以亡國，可以滅種，就時局來說，總理民族主義裏，曾說某某幾個國家在幾天以內，就可以亡中國，這句話，在『九一八』以後，蔣介石辭國民政府主席職的時候，還引用過，到五全大會的時候，還引用過，當時已經有許多人說，這話說出來，很難過，所謂長他人志氣，滅自己威風，其實這句話是頂老實的話，我們只要把民族主義看看，總理把國家的危急，民族的危急，沉痛的說出來，人家說中國是半殖民地，總理說不夠，是次殖民地，這樣說法難道不怕給人家翻成英文法文給歐洲人笑嗎，不管，因爲老實，民國二十三年，日本有一本海軍雜誌，裏面有一篇文章，說是如果英美兩國的海軍聯合起來，以數學來計算，十七分鐘之內，日本艦隊完了，這句話也是老實話，他是以數學來計算的，如果英美海軍聯合一起，十七分鐘日本的艦隊完了，爲什麼日本不禁止他說這句話呢，以老實話告訴國民，這樣，他的海軍永遠不會讓英美的海軍能夠聯合，永遠不會讓英美的海軍能夠集中，英美海軍沒有集中以前，他就會想方法把他各個擊破了，這種方法，由於說老實話，所以能一息不懈的想出來，不然，就會糊塗的拉倒了，而事情便終於出來了，我們開仗以來有說過一句老實話沒有呢，我們如果將要丟一塊地方一定說『轉移陣地』，已經丟了這一塊地方之後，一定說『已經取得相當代價了』，臨丟的時候，一定說『巷戰』，已經丟了，並且走得遠遠了，一定說『取遠勢包圍』，從前兄弟在武漢在重慶的時候，不曉得同多少宣傳的人嘔了多少氣，因爲這樣是不得了的，大家連實際的情形都不知道，如何想出適應這情形的方法來呢，然而他們說要安軍心，不得不如此，怎樣安軍心呢，這種安軍心有用沒有呢，在徐州打仗的時候有這樣一段事，日本的飛機來了，那個領隊的人就告訴他的士兵說，這些是我們的飛機，趕快迎前去，這是什麼意思呢，是要安軍心，但是飛機來還是來，炸還是炸，這種安軍心有什麼用處？當時大家以爲凡是戰爭的時候，都不免要如此宣傳的，自從歐戰以來，我們看看歐戰的各當局，這樣的宣傳有沒有呢，對於應該秘密的事情，最多不說，沒有歪曲來說的，我們看看歐洲的戰報，當然各方都有秘密，然而秘密和老實不會矛盾的，秘密是不說而已，不是胡說，有些時候對於敵人還可以用『兵不厭詐』，但是對於自己國民却不能詐，因爲詐的結果，會使自己國民受騙，一個政府，使自己國民受騙，這是何等危險的事情，我們試將歐戰的各當局來比較一下，法國人說老實話，英國人也說老實話，法國人怎樣說老實話呢，他們看見德國的軍隊衝破「馬其諾」防線知道自己兵力不行了，老實就告訴國民兵力不行，立刻就去講和，什麼停戰條件他都受，爲什麼呢？他不是發狂，他是比較過的兵力已經破了，現在最要保存的是什麼呢，就是財力了，一個國家要有兵，要有財兵力已經破了，不能支持了，趕快講和，使財力保得住，法國是一個農業國家，『馬其諾』防線打破以後，北方的工業的地方也打破了很多，而南方農業的地方還沒有打破，立刻講和可以保存自己的農業，這樣他還有一點立國的基礎，有人說，這是沒有用的，將來德國還是要吃你的啊，保持就有用嗎，將來是將來的事，將來有將來的應付方法，也許將來德國眞是把法國食光，但是將來是將來的事，一步一步有應付，在這一階段之內，兵力保持不住，立刻保持財力，這是一個爲國家民族求生命的方法，但是他爲什麼能夠轉得這樣快呢？是講老實話，他沒有騙老百姓，自從甘茂林他們從前線打敗了之後，我們看一看萊諾，各人所說的話，有瞞住老百姓，說沒有打仗沒有，他們不瞞的，他們沒有說『愈戰愈強』，他們不說這些話的，因爲他們老實，須知道國家民族到危急的時候，對敵人可以僞裝，對國民不能僞裝的，這兩句說話我盼望各位同志注意一點，自從蘆溝橋事變以來，軍事當局一直的對國民僞裝，半句老實話不說，這樣，爲什麼不弄到國民這樣糊裏糊塗呢，因此離祖國遠的華僑，唱高調唱到不得了，唱到連甲午年思想都有，這是那個的罪惡呢？是軍事當局僞裝的罪惡，政府對國民僞裝，使國民不明白眞相，所以把中國弄到今天，法國一收就收得轉，我們弄了兩年多，沒有方法收得轉，就是這個緣故，有人說，你不要單把這種講和的來說，你要講講繼續抗戰的。英國不是繼續抗戰嗎？然而英國也是很老實，因爲一直到現在德國的軍隊，還沒有打到他的地方，法國是長驅直入，連心臟都已經給人拿了，所以他看見兵力不行，趕快保持財力，英國呢，現在還有兵力，他還有海軍，他還有空軍，德國的軍隊不過佔領到他沿海的幾個小島，還沒有佔領到英倫的本土，爲什麼他不強硬呢？法國講和是老實，英國繼續抗戰也是老實，絕不是中國這樣，中國為什麼會弄到這樣，誠然是國民已經有一點不好的性格，的確只曉得愛面改，的確說話含糊，可恨的是軍事當局，不去矯正國民的弱點，反去利用國民的弱點，中國國民黨是一個革命黨，應該領導着人民向前走，不應該跟着人民尾巴走的，應該做人民的一個忠實的朋友，時時刻刻矯正人民的弱點的，不應該利用人民的弱點，既然知道我們的國民有不誠有只曉得講面子有說話含糊的毛病，這種毛病會弄到不負責任，會弄到亡國滅種，我們如何不想法子去矯正他，免致他一直沉淪下去，所以這個『誠』字，兄弟今天不是來向各位像道學先生似的講什麼性理的話，是現在存亡危急關頭，所以不能不要說的話，我們大家非有一個『誠』字不可，無『誠』字，非但不能認識清楚現狀，卽使認識清楚之後，亦不敢說出來，這樣必至大家糊裏糊塗，國亡種滅，還不曉得，宋朝明朝都是這樣斷送了去的，現在我們提出這個『誠』字，不只是為個人修身之用，我們若要對於整個國家整個民族負起責任，我們不可不從『誠』字做起，所以團訓第一個字就是『誠』。

第二講到『明』，中國古代說『誠則明矣』，這話是不錯的，就是剛才所說，現狀有善有惡，我們做事有是有非，如果不誠，就無善惡是非之可言，所以『誠』字有了，纔能講到『明』字，明字是用以辨別是非善惡的，須知道現狀之善惡，事情之是非，不是容易曉得的，從古到今，莫不皆然，歌柏尼發明地動，而大家把他拿去燒了，達爾文發明物種由來，而大家迫到他連倫敦都住不得，要跑到鄉下去，這是大家都知道的故事，向來這些最先知先覺的人，總是給那班半知半覺，不知不覺的入糟蹋到死，死了之後，多者一千幾百年，少亦一百幾十年，大家方想起他的話來，所以知是不容易的，總理的知「難行易」的學說，正是有見於此，兄弟跟隨總理久了，曉得總理內心的經過，他的內心，痛苦到極點了，一般人以不知為知，以一知半解為全知全解，把中國弄到這個樣子，所以總理很痛苦的說『知難』，他這個要大家知道知是難的，必須用全副精神去求知才行，並不是叫大家不必去求知，廣東有一句話叫做『半桶水』，用來形容一知半解的人，總理常常引用這句話，這與江南江北的所謂『半瓶醋』，差不多，舉個例來說，有些人以為三民主義要加一個哲學基礎，這句話從那時候起的呢，我記得從民國十五年共產黨喊出來的，是馬克斯主義有哲學基礎，孫先生的三民主義沒有哲學基礎，哲學基礎有沒有呢？當然是有，但是現在是不是我們講哲學基礎的時候呢，據兄弟想，如果講起來也可以，不過一定引起黨裏頭許多辯論，許多紛擾，你一個哲學基礎，我一個哲學基礎，幾時纔能得到結論呢，我們在這時候，與其討論哲學基礎，不如將水深火熱中的老百姓救出來，要緊得多，可憐我們的老百姓，聽見我們的宣傳，已經十多年了，却沒有看見我們做成一件事實，所以現在還是趕快做一點事情要緊，如果把這個放下却去討論哲學基礎，這太把『知難』看做知易了，我們還是從『行易』着想，趕快把建國大綱，實業計劃，實現出來，救救老百姓要緊，再舉個例來說，上一個例，是就總理遺教說，這一個例，是就時局說，有許多人，對於和平運動，以爲和平那個不想，所難得的，是合理的和平，卽如經濟提攜，說來好聽，其實比賠款還要利害，所謂經濟提攜，名爲什麽都不要，其實什麽都要，我們甯可賠款，你要我多少，我賠了去，賠剩了的，還是中國的，不致於名爲什麽都不要，其實什麽都要，這句話似乎很有道理，各位同志大槪都聽見過，有人這樣說法，各位同志，這是『明』字的關係了，照現在軍費的情形，卽使打了勝仗，也不能向戰敗國要賠款的，不是不想要，因爲要不到，各位同志只要看看民國八年巴黎和會的經過，就可以知道，當時法國傾了全力，纔得勝仗，不說別的北方二十多省殘破之後，就難以恢復，他滿心想向德國要到賠款復興法國，後來經一班專門財政家經濟家計算調查，纔知道德國是賠不起的，沒有方法賠的，這個消息一來，法國那種痛苦，像再打一個敗仗一樣，後來雖然硬把賠款數目定了，然而弄到德國一個郵票要幾十馬克，一件衣裳要幾十萬馬克，終於沒有方法賠，這是一件人所共知的事實，何况中國是一個農業國家，不是一個工業商業發達的國家，更從何處有這樣的款來賠呢，庚子那年賠款四萬萬，到現在四十年了，還沒有賠完，現在日本的軍費，照日本說，用了一百多萬萬到二百萬萬，我們算算，四萬萬要賠四十年，四十萬萬就要賠四百年，何况二百萬萬，那不是要賠一二千年嗎，賠的人固然賠不起，要賠的人也等不得罷，還有一層，賠款是要有抵押的，庚子年的四萬萬，拿關稅鹽稅來做抵押，關稅鹽稅是中國收入最大部分，如果我們說甯可賠款，不要經濟提攜，那麽試問這些賠款拿什麽做抵押，恐怕我們連一絲一粟都要拿來做抵押品，如果說經濟提攜沒有了自由，難道這樣的連一絲一粟都做了抵押品，就有了自由嗎，那麽甯可賠款不要經濟提攜的說法，從那裏成立呢？然而這些說法，不是從平常人口中說出來，而是從財政家經濟家口中說出來，各位同志，知之難如此，所以我們不提『明』字則已，提到明字，最少要做到以下三樣工夫，第一自然是求知，惟其難也，所以要求，第二是力行，知是難的只曉得求知必終於不知，有許多事是行然後知的，所以力行卽是求知，第三，知與行之間要有一個連繫，這連繫是什麽是起信，因爲人無論怎樣沒有全知全能的，縱的方面，自己所知，不如人之所知之高且深，則要信，橫的方面，一人所知不如各人所知之多且廣，則也要信，單是知不夠的，必要信纔能對於萬事萬物各得安排，以上三樣工夫做到了，『明』字就有相當把握了，『誠』字是要有認識善惡是非的誠意，『明』字是要有分別是非善惡的知識，善的是的就做，惡的非的就不做，既能分別，又能担負，則庶幾乎夠得上做個人，夠得上在這危急存亡的時局中做個人，所以團訓第二個字就是『明』。

第三講到『廉』，關於『廉』字，副團長陳公博先生已經發表過一篇文章，主張廉潔政治，各位同志大槪已經看過，本來對一個做官的人說『你要廉潔』多少近於侮辱，譬如對新婚夫婦說：你要貞潔，這不是過於唐突嗎？不是多少近於侮辱嗎？因為不貞潔連人都做不成了，不廉潔何嘗不是一樣，如今兄弟解釋這個『廉』字，不只要有廉潔的操守，同時要有廉潔的制度，所謂廉潔的制度是怎樣呢，兄弟舉一個先烈的例給各位聽，廖仲凱先生在民國元年時候做廣東財政廳長，那時候廣東庫裏頭是空空的，等到民國二年，只有一年，他臨交卸的時候，庫裏頭存得現銀有四百萬了，那時候正是討袁失敗，大家預備亡命預備再舉，覺得留這四百萬給龍濟光，是很可惜的不如提出來，為再舉之用，於是找到仲凱先生來說，請他想個方法把這四百萬即刻提出來，仲凱先生皺了眉頭，說我沒有方法的，我的命令發不出去，因為財政廳長沒有權力這樣隨隨便便的調動一筆錢，財政廳長沒有法律根據，是不能發命令的，大家問他何以如此，他說從支錢的人，到管錢的人，有許多級，不依着法律一級級的經過，就是財政廳長，也拿不到錢，各位同志，這是什麼這就是廉潔制度，大家後來又問他，有其他通融方法沒有呢，他說只有打一個電報給總理，總理如果回一個電報要這筆錢我就有法律根據了，於是乎打電報給總理，不幸得很總理已經被上海的租界當局受了袁世凱的囑託，逼他離了上海，去大連了，於是一個錢沒有動，四百萬都被龍濟光拿了去，後來大家都笑仲凱先生說他是一個獃子，但是這個獃子是什麼是廉潔制度的表現，單是有廉潔操守不中用的，要有廉潔的制度才行，各位同志將來都是回去管理黨部或者管理其他行政機關免不了經手各種財政的，各位同志要預備有廖仲凱先生的精神，不錯他不能拿這四百萬來做以後革命的用，他自己也很痛心，然而他另外有一個用處這用處，是什麼，是替中華民國留下一個廉潔制度，替中國國民黨留下一個廉潔精神，這個效果是很大的，然則當國家存亡危急的時候就只有這樣的『板板六十四』一點應急的方法都沒有嗎，這却不然，應急的方法是應當有的，是應當特別以法律規定，許其有行動的自由的，除此之外，就只有『板板六十四』，一點不能通融，一點不能含糊了，我們必須以這種精神樹立這種制度，我們才好講民主政治，不但要這樣我們才好建國，而且要這樣我們才好做人，要這樣我們才配是廉潔，廉潔不只是精神，廉潔不只是人，廉潔是制度，廉潔是使人人雖欲不廉潔而不能，那才是眞廉潔，如果我要廉潔就廉潔，要不廉潔就不廉潔，那斷斷乎不是眞廉潔，像從前中國所謂清官，實在不過是糊塗虫，因為只能自己做清官而不能樹立一種制度，使他的僚屬，他的同寅，雖欲不廉潔而不能，那麼他一個人做清官有什麼用處呢，還有一層，廉潔制度，存在於廉潔風氣之中，從來任事的人，不只要任勞尤其是要任怨，一個管財政的人，這樣的『板板六十四』是不會得人喜歡的，這在本人主觀上，固然要有任怨的精神，而在一般人，却要設身處地於這些『板板六十四』的人予以瞭解予以尊重，這樣才能做成廉潔的風氣，總而言之，廉潔要從操守上制度上同時着力，使得自己廉潔，人人一樣廉潔，這是政治道德的基本條件，所以團訓第三個字是『廉』。

第四講到『毅』，毅字是怎樣呢，古人說，『無欲則剛』，能廉潔才能勇取，所以『毅』字跟着『廉』字，『毅』就是勇敢，毅字包括得勇敢，勇敢二字却包括不得毅，因爲毅是有恆的勇敢，這勇敢是一直的勇敢下去，不會間斷的，不會有始無終的，不會做一下子就沒有興趣的，這才叫做毅，無論什麼事沒有恆心是做不成的，尤其是現在和平反共建國的工作我們不曉得要做多少時候，我們的困難不曉得有多少，我們碰到不如意的事情不曉得有多少，我們如果看見一些現狀不對，就灰心了，看見一件事情不順手，就灰心了，那就不行，自從和平運動開始以來，有些人中途離去的，我們不願意再提這些人的姓名，這些人可爲分兩種，一種是看見現狀不對，立刻灰心，灰心之後有索性反動，這不用說他了，還有一種呢，看見現狀不對，立刻灰心，灰心之後，不肯反動，只知一味悲觀，一味消極，甚至以自殺了事，他的心事以爲當時覺得抗戰有望，所以主張抗戰，及至抗戰無望，以爲和平有望，所以主張和平，如今和平也無望了，反動麼，是不來的，除了消極有什麼法子呢？這一種人比起反動，自然好得多，但是國家民族到了如此緊要關頭，能以消極付之不聞不問嗎？即使一死，然一死就可塞責嗎？這樣弱志薄行也不行的，所以要有一個『毅』字，兄弟對於和平的觀念坦白對各位同志說，在廿七年十二月廿九日發表艷電的時候，原希望重慶採納的希望快快採納的，有人以爲發表得早一點，但是不發表豈不等於以前在重慶說話一樣，一般同志一般人民永遠不會聽見的，及至廿八年一月一日，聽見重慶那種蠻橫決絕的態度知道採納沒有指望了，全面和平不知何時才得到來，却是我雖然知道困難正多我並沒有一點灰心，因爲我認定中日兩國，除非有一個亡了，要不然，只有走我這條路，這條路是不錯的，我便放心前進，即使艷電發表以後，我立刻死，也無妨的一定繼續有人向這條路走，我自己不死自己做下去，自己死了，有人別做去，有困難沒有呢？有的，有危險沒有呢？有的，然而不相干，只要這條路不錯，就算我們指示出中日兩國國民所要走的一條路，除非要亡，如果不要亡，就只好走這條路我們一方面要感動中國人，一方面要感動日本人，起初很難的，後來漸漸容易些了，可以說希望有了，然而這個希望還是很微的，魔障重重荆棘重重，不如意的事情不曉得多少，如果爲這樣子搖動了自家的心，那就什麼都完了，『毅』字是什麼，是有恆，只要道理對了，就衣着去做，做個不休，就是『毅』的作用，這作用是很大的，因爲做到一半就灰心下去，氣餒下去，那就等於不做，且比不做更糟，還有一層，我們對於這個『毅』字，不使之成爲一個人的『毅』，而成爲整個團體的『毅』，整個團體蒸蒸日上，使樂觀材料天天增加，悲觀料材天天減少，這是必要的，養成這個『毅』字，要有辦法的，不只要意志堅強而已，還要行動穩健，一個人要行動意志才能堅強，纔能把悲觀材料減少，把樂觀材料增加，記得前幾天，有一個同志，到各處攷察回來了，兄弟問他，你對於和平前途悲觀還是樂觀呢？他說也悲觀也樂觀，旁邊有幾個同志笑起來說你這個豈有此理，他說不然，因爲我所看見的悲觀材料也有，樂觀材料也有，兄弟覺得他的話很對，我們只有努力使悲觀材料減少，樂觀材料增加就是了，大概一個革命黨人，有兩種養心的方法，第一我們革命黨只要有一個信仰如果覺得我們的道理對，我們便什麽都不怕，第二，我們革命黨勇於實行，認定道理對了，便依着做，世界上只有做纔能得到樂觀的材料，古人所謂『智者不惑仁者不憂勇者不懼』其源皆在於此。總而言之，所謂有恆，不是勉強得來而是越工作越增加興趣，從苦得甘，從危險得安慰，這是一切事業成功之母，所以團訓第四個字是『毅』，以上對於團訓誠明廉毅四字的解釋，雖不能說賅括一切要點，然而最要的幾點，已經指出，誠纔能有担負是非善惡的責任的決心，明纔能分別是非善惡，廉纔能爲善去惡，爲是去非，毅纔能爲之不倦，各位同志，在這危急存亡的關頭，抱負着和平反共建國的使命，願相與本此四字同甘共苦，同生共死，一直到成功爲止。

政治的離心力與向心力

在中央黨務訓練團演講詞

丁默邨

目次

各位同志：

不久以前，　主席汪先生曾有「民權主義前途之展望」的講稿發表，今天擬將　汪先生在這篇演詞中所講的精神，再加引伸，故準備與各位討論題材，是：政治的離心力與向心力。

一　離心力與向心力的解釋

現代世界各國的政治，大體可分為這樣二種形態，二種趨勢，所以政治的離心力與向心力是個現實問題，我想各位也需要研究需要理解的。

在未開始討論這個問題之前，所謂「離心力」，「向心力」，先應該作一個簡單的解釋。

這是物理學上的名詞，離心力在力學上又叫做遠心力，向心力在力學上又叫做近心力，依據力學上運動的定義來說：凡物體繞着圓周作周期的運動的時候，叫做圓運動。物體所以成為圓形運動的原因，完全因為向心力與離心力相牽制的結果，向心力，是引物體趨向着中心的力，離心力，是引物體向切線進行的力，在這裏我們可以作一個簡單的圖解：

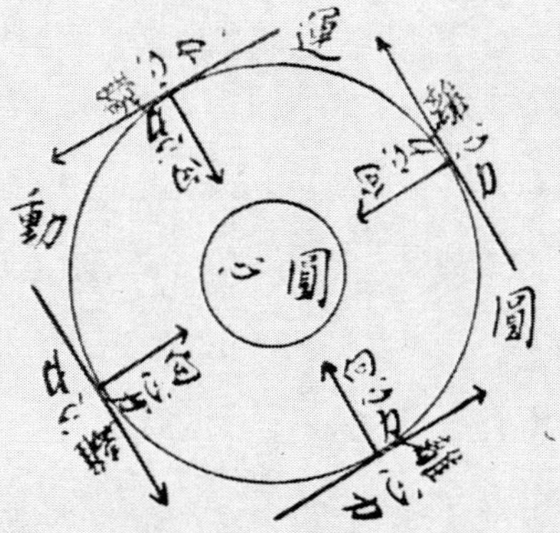

（圖解一）

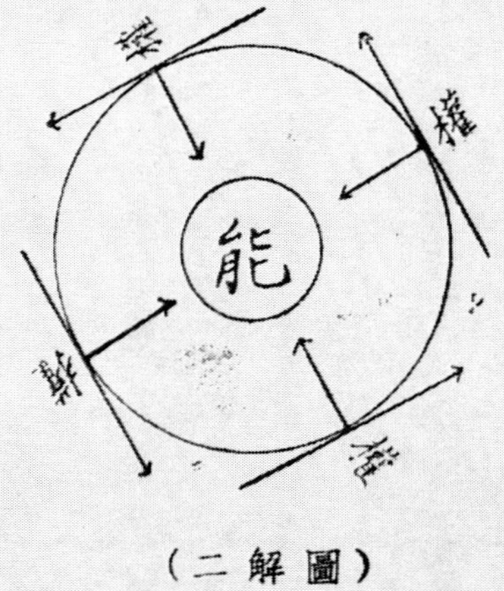

（圖解二）

譬如地球繞日而行，必成為圓運動，原理上解釋起來也是相同的。太陽的攝力，使地球引近於太陽而永不離開，就是向心力；而地球前進不已之力，即為遠心力；遠心力所以不致成為直線前進，而地球得永恆環繞於太陽，就是因為向心力的吸引，否則地球豈不是要脫軌？反過來說，地球沒有離心力去牽制向心力，只是被向心力所吸引，那麼地球豈不是要毀滅？地球的脫軌與毀滅，現象也許是兩樣的，但決定其不能生存於天體之中，則殆無疑義。

所以在物理學上占着重要地位的圓運動，其基體力，發生於離心力與向心力之互相配合，互相牽制作用而使然，證以地球生生不息永恆環繞太陽作有規則的運動，其理至明，自不必再詳爲闡解了。

以上把物理學上的離心力與向心力的意義，已作一簡要解釋，拿來引證到政治方面，亦有極微妙的意味。

二 「能」的向心作用與「權」的離心作用

說到政治，依 總理的指示，「政就是衆人的事；治就是管理；管理衆人的事，便是政治」。政治的正確定義，既爲管理衆人的事，則政治的內容，非常錯綜複雜，自不待言。但是政治並不神秘，儘管它的內容非常錯綜複雜，政治的本質，只是「權」與「能」發生交互的作用而已。「權」是什麼呢？權就是力量。 總理在民權主義中對於「權」與「能」有詳細的說明：

『⋯用機器來做比喻：機器就是有能的東西，而管理機器的工程師，就是有權的人，無論機器有多少馬力，祗要工程師一動手，要機器開動便立刻開動，要機器停止便立刻停止』。緊接着說：『現在歐美人無論做甚麼事，都要專門家，譬如練兵打仗，便要用軍事專家；要辦工廠，便要用工程師；國家大事也是如此，也要用專門家，要把國家大事，付託給有本領的人』—

據另一方面說，「權」是屬於人民的，「能」是屬於政府的，所以人民有政權，政府有治權，人民運用政權，政府則發揮治權，政權與治權，得到相牽相制的調和作用，互相配合運動，政治因之而健全且進步。 總理在民權主義中曾說：『人民有了選舉權罷免權創制權複決權，這四個大權來管理政府，要政府去做工夫；在政府之中，要用甚麼方法呢？要政府有很完全的機關，去做很好的工夫，在政府一方面要有五個治權，就是行政權，立法權，司法權，考試權，監察權。⋯政權與治權彼此保持平衡，民權問題才算是眞解決，政治才算是有軌道』。由這所謂「政權與治權彼此保持平衡」，恰與離心力和向心力配合運動的基本原理相吻合，其牽引關係，略如次圖：

但是假定政權與治權，彼此配合不適當，或者說是離心力與向心力不能調和，那麼會形成怎樣的一個結果呢？治權的惡性膨漲，則變為「專制政權」；政權的惡性膨漲，則變為「暴民政治」。換言之，向心力過分的擴大，便成功「獨裁」，離心力過分的伸張，便成為一盤散沙，使國家社會無組織，無秩序。

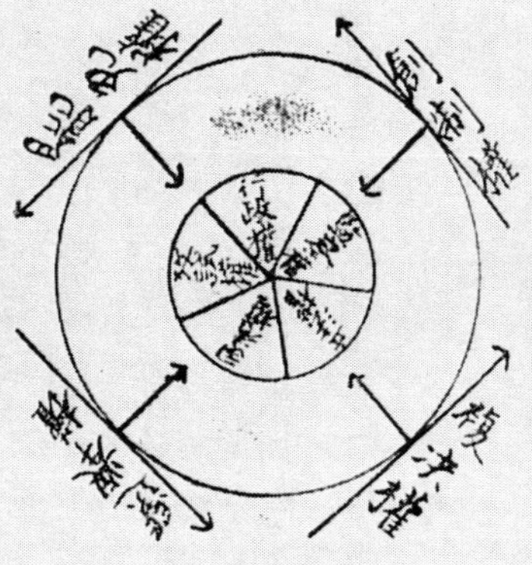

（圖解三）

三　法美現實政治之弱點

當第一次世界大戰以後，各國政治體制，為了應付非常時期的重任，都有極大的轉變，結果成為兩大潮流——民主政治與集體政治，這和一七八九年，法國大革命之後，世界各國政治趨向于專制與民主兩大分野，有同樣的趨勢。

民主政治的代表者，為法國與美國，兩國均為民主國的先進，第一次大戰後，又是居于戰勝地位，雖遭一九二九年世界不景氣巨浪襲擊同樣感受鉅創，但是在世人心目中，總認為他們是最有希望的國家。

集體政治的代表者，為德國與義大利，戰後這兩個國家的遭遇雖不同，可是外交的棘手，內政的紛岐，財政的貧乏，如出一轍。德國被凡賽爾條約所束縛，更是瀕於窒息的狀態，雖然德義兩國民族並不因此而沮喪，但在世人心目中，總是認為他們復興的希望很微渺，至少也得要隔較長的時期。

不到十年，被看作最有希望的國家，並無偉大表現，希望最微渺的國家，驚人傑作反一幕幕演出，初猶當他們是偶然，是虛張聲勢，在去年慕尼黑會議以後，還以為是他們取巧的勝利，戰爭開始最初幾個月中，依然那樣看法，直至法國屈服，大家始咋舌稱奇，於是民主政治的缺陷與集體政治的玄妙，開始被人重視起來。

戰爭的勝敗，雖然不能估定政治的良窳，而且這次大戰的最後結果，還在不可知之數，不過民主政治的弱點，已暴露無遺，集體政治應付目前緊急的國際局勢，確有很多便利，故將來戰事結束，無論誰勝誰敗，戰後各國政治體制，必有一大轉變，與前一七八九年法國大革命同樣的，再度成為世界政治上劃時期的鴻溝。

現在不談理論，先以法美兩國現實的政治，來證明政治上的離心力。

先談法國：法國雖為民主國家先進，『自由平等的故鄉』，可是實際上政府無治權，人民無政權，所以法國的政治，暴露着十足的離心力，分析其原因，大約可歸納為五點；

第一總統無權；　法國的大總統高貴如帝王，實際是傀儡。當第三次共和時，保皇黨還想乘機復辟，故在憲法上的規定，幾如立憲君主，任期長至七年，並無副總統的設置，總統對於閣員的選擇，完全不敢自主，對於非法議會的解散，僅在一八八七年有過一次，却幾乎鬧成大事，所以法國的總統有立憲君主的尊嚴，而無統攝百官的威權，法國著名的政治家杜義氏說得好：『總統成了內閣與國會的囚徒』！

第二內閣無能：因為要調劑各黨各派的關係，一個部內的次長，沒有定額，在第一次大戰前，每部次長多至四人，戰後一九二〇年最多時，竟有一部十次長的怪現象，因為小黨林立，組閣時期常多至數星期，內閣的任務，總理不過在閣員中負周旋調和之責，閣員又以全力應付議員，希望同意票的獲得，祇要有一個議員提出詰問，倘認為不滿意時，閣員祇有出於辭職。內閣產生的困難，壽命的短促，職權的狹小，世界上簡直找不到第二個類似的國家。

第三議會庸俗：　當選議員，大都是以政治為職業的各小黨派活動份子，向各地選民取巧得來，所以議員中絕少特出人才。他們當選以後，一面極意巴結當地選民，實行小惠，希望下次選舉連任，一面便不得不向凌空的閣員進攻，以圖補償，從來沒有注意到議員應負的責任，因小黨林立，所以除了倒閣以外，似乎再也沒有其他正當的工作了。

第四政黨畸形　民主政治原應建築在合法政黨之上；但是法國從來未有成爲兩大政黨的局面，而且黨的組織之簡陋，世無其匹；黨員是沒有參加黨員大會的機會，黨綱祇須一兩人的自由擬訂，黨員對于他參加的黨已經是相當的漠視了，人民自更不必論；所以黨的存在，好像專為活動議員的人們而特爲設置的一般。

第五地方自治不務實際：　法國中央行政機關對國會之關係，微弱得可憐，但是對地方之權勢，却又其大無比，地方細小事件，每每須由巴黎解決，中央行政機關的箝制政策，比專制國還要利害，地方人民除與選出的議員通些聲氣，此外全無生路，於是祇出席會議不做事的議員，和有黨部而無羣衆，就在如此的局面下，過着畸形的政治生活！

因爲法國的現實政治，表現的是這樣的姿態，所以一般人民，不但沒有參政的興趣，即對於政治，亦很多不大瞭解，對於自由平等只是一種空論，向來都是憑少數知識份子，講些抽象的學說，毫無實際基礎；大部份人民，還是憧憬於路易拿坡崙的時代，無怪法國少數哲學家與政論家，很憤慨的大聲疾呼：

「民主政治所造成的，皆是平庸的故事！社會上一切罪惡，皆從共和而來」！

法國是如此，美國怎樣呢？美國除了總統稍有權力，國會稍有作用，政黨組織稍見健全之外，其他弱點也正和法國不相上下。以歸納的方法研究起來，也可找出他五大弱點：

第一是政治的運用上欠敏捷：因爲分權與會議的拘束，任何事體，不能作適應時間的緊急處置，在這樣的情形之下所發生的問題是很多的。

第二是主張難貫澈：這是與第一點有連帶關係。高瞻遠矚的主張，往往被多數庸俗的見解所阻礙，這也是一種損失！

第三是政策不易推行：這與第二點相同，但性質比較重大，因爲一個良好的政策，或者是一個適應非常變化的政策，未必能得全體多數之同意。這樣要求行政效率提高，是不可能的。

第四是機密難保守：因為事事須經議會通過，機密當然不易保守，這種危險性，也是很大的。

第五是高調無法應付：生活于資本主義社會中的一般人民，虛驕心理是一種通病，大家為迎合起見，濫唱高調，以致眞正賢明有價値的意見，反常被抹煞，這是社會的下趨現象，對進步勢力，是一大打擊！

以上所舉，不過是民主政治弱點之一部份。法國在過去，幸有一點虛名，一面得歐陸均勢牽制的機會，故五十年來，始終保持強國姿態，此次失敗，實係應有之結果。美國因為遠離歐亞大陸，故在孟羅主義口號之下，能稱霸于西半球；如果長此下去，政治不圖改進，前途亦難預測。

代表民主政治國家的法美兩國，從現實的政治形態中，很明顯地證實他的「無力」！這個根本原因在什麼地方呢？我想用　總理在民權主義中的話來解答，最為適當。　總理說：

『因為個人自由太多，國家反沒有自由』！

民主政治之缺少向心力而呈離心力者，都是由於這個道理。

四　德義集體政治的成功

現在再以德國和意大利兩國的現實政治，來證明政治上的向心作用。

意大利集體政治最初之成功，是有其成功的要素：當一九二三年十一月十八日，意大利新選舉法頒布之後，到一九二四年四月六日選舉結果，法西斯蒂黨員即以三分之二的最多數獲得勝利，這樣一來，便把議會政治所有的缺陷避免掉了，這是第一個成功的要素。

其次是縮小立法權，擴大行政權，憲法上有：

『首相於一般政務之指導上，對君主負責』。

『首相之任命及罷免，首相均自副署』。

『各大臣由首相奏荐而任命』。

這樣，行政權的擴大，集中于首相一人，內閣不是合議制，而是首相獨裁制。又在憲法上規定：『首相是皇族人事的保護及監督者，在舉行即位式時，含有公正人的作用』。所以意大利的首相，不僅為政治最高領袖，且可干涉宮中事務。意大利的首相運用治權得有如此的便利，加以墨索里尼「能」的充分發揮，其近十年來，國力的增進，國威的發揚，可說是當然的道理和當然的結果。

德國在戰後，亦成為法西斯蒂運動之一員，因為德國的遭遇，比意大利還要艱苦數倍，所以政治的轉變也越加曲折，其形成之力量，也就越加堅實而偉大。德國集體政治成功的要素，與意大利在性質上大致相彷彿，因為厲行集體政治的國家，在政治方面必有共同的力量，在社會方面必有相似的良好現象，這些便都成為集體政治的向心力。分析起來，有後列各種：

第一，政黨統一：政黨是人民與政府間的橋樑，但它在民主政治中表現的弊病，在于政黨的太多，因為有了太多的黨，所以不能團結，以致意見紛歧，力量渙散；就是兩大政黨的對立，也是有弊而無利。故在集體國家中，都採單一主義，即祗認可一黨領導民衆，不許黨派林立，這樣人力的集中，也就等於力量的集中。

第二，軍警強力：軍警是綏靖地方防禦外侮必不可少的力量。集體政治的開始，為掃除障礙，把握形勢，總是一種衝鋒式的革命運動，苟無腹心的指揮如意的強力的軍警，集體政治的基礎，決不能在短期內建立起來，這一次歐戰中，德軍建立了世無倫匹的神奇戰績，雖說由于訓練的優良，科學的進步，但實際還是因厲行集體政治，而收得的非常效果。

第三，官吏賢能：官吏是執行治權的主角，全部配置適當，就可以發生無限「能」的作用。猶之一部機器，一個關節，甚之一個螺釘的疏忽，即可影響全體。所以在集體政治的機構中，對於官吏的才具，選擇與配置，都十分縝密而鄭重；德國和意大利就是在嚴格的原則之下，任用官吏的，所以在這方面，也得到很大的力量。

至於在社會方面的良好現象，最顯著的一點，便是對於勞苦大衆的維護。

集體政治國家，雖都反對共產黨，但是他們維護勞苦羣衆工農階級的福利，則不遺餘力；同時對小資產階級，也很注意，因爲對於社會間各階層，都是一律予以尊重的緣故，所以集體政治國家，階級間非但沒有對立，沒有衝突，並且成爲舉國一致的團結，在各階層和諧之中充實起來的力量，實在非常寶貴，因爲這對于集體政治國家的建設，有莫大的幫助！

此外，宗教勢力的諒解，也很有關係。歐西各國，政教不大融洽，歷史是常見的事，尤其是舊教，對於近代各種政治體制皆不同情，但是對於集體政治的形成，似乎引起興趣，所以在某種場合，舊教且樂予援助，集體政治國家得到宗教勢力的諒解，障礙自是比較減少得多，這也可說是意外的收獲。

集體政治國家，有了上面所說的政治上與社會上的綜合力量，其運用治權，推行政策，不但迅速有力，並且絕少阻礙，所有民主國家不可避免的種種弊病，都一掃無餘。

代表集體政治國家的德意兩國，從現實政治中證實他的強健，這是說明政治上向心力的好例子。

五　英日政治的離心與向心

政治上的離心力與向心力，看了法美德義四國的現實政治所表現的一切，大致已可得到相當的認識，得到一個比較明確具體的觀念了。可是除了代表民主政治的法美二國與代表集體政治的德義二國之外，尙有日英兩國，也値得研究。日本與英國，原來都是君主立憲國，到現在，日本漸漸走上逼近集體政治那方面；至於稱雄世界的大英帝國，終以走錯了路徑，漸呈動搖的徵兆，到了此次歐戰暴發，捷克波蘭相繼淪亡，法蘭西隨着降服後，英帝國已有分崩離析的樣子。蠡測起來，卽使希特勒未必能以閃電戰像擊敗法國一樣的擊敗英國，而得到預期的勝利，但是英帝國與民主政治的前途，將步入悲觀地位，恐怕是可以預斷的。

日本之向集體政治的路上邁進，還是近年的事。最近始以新體制運動的姿態，明白表示其政治體制的大轉變，當近衞首相在野的時候，日本朝野便都己感到舊體制的缺憾，不能担當應付大時代非常的重任，而力主「一元政治」，所謂

「一元政治」，便是糾正過去政治上的散漫，加強政治上的向心作用，及至歐洲戰事進入嚴重階段，國際形勢日趨緊張險惡的時候，理論的「一元政治」，便在近衛首相組閣之後，使其具體化了。幾日前，以建設世界新秩序作號召的日德義同盟的告成，更可以體味到日本集體政治之初步成功，也可以說，日本運用向心作用的初步成功。

六　一點感想

上面已把政治的離心力與向心力，用各國現實政治，加以分析比較過了，至於今後世界政治體制的一般趨勢，則是進一步的研究，擬俟下次有機會再討論。最後，我個人有一點感想，不妨在這裏順便說一說：

主席　汪先生在『民權主義前途之展望』演詞中，曾懇切的說過：

『今日的世界，是拚命的世界，而今日的中國，又正在危急存亡繫於一髮的時候。既需要一種同心協力的精神，更需要一種能適合此精神運用此精神的政治制度，以一個黨一個主義為中心勢力，而聯合各黨各派以共同負荷責任，我認為是比較最合理的』。

以一個黨一個主義為中心勢力，這就是加強政治的向心力，中國在此次大變亂之中，國家社會的組織與秩序，顯然都受了很大的破壞，現在我們的確是在拚命，我們以拚命的精神在焦土之上，重新建設新組織新秩序，把我們的國家社會，從死中挽救過來，因為是這樣，所以在政治上，絕對不能夠再給它發生散漫的現象！

「一個國家，如果沒有一個中心勢力以運用一切，這個國家，不但不容易進步，並且不容易維持」，這是千眞萬確的，中國現在眞所謂百廢待舉，一事一物，都須從頭做起，困難特別的多，為適應非常的局勢，為發揮政府『能』的作用。非有大團結以加強政治的向心力不可！必如是，和平反共建國的國策，才能夠順利推行！必如是，與建國族的大業，庶幾可以完成！

上海英商電車罷工處理總報告

社運會上海分會

上海英商電車公司，規模宏大，資本雄厚。內分機務車務兩大部份，全體工人三千五百餘名，向有上海市第三區電車業產業工會之組織，事變後，公司營業更爲發達，惟待遇工人，仍極苛刻。邇來滬市物價騰昂，工人不堪負担，要求資方改善待遇不果，遂發生罷工風潮。自九月十九日晨起罷工，至二十九日晨復工，共計罷工十日，參加罷工工人三千五百餘名，其始末情形如次

一、起因

上海英商電車公司，包括培開爾路機廠，（即銅匠間），及匯山路赫德路機務車務等部，全體工人共計三千五百餘人。九月十日，培開爾路機廠工人三百餘人，以米價昂貴，生活維艱，全體向廠方要求增加米貼。該廠代理經理濮六克，代理機務總管亨鐵，（該公司經理原爲伊文，機務總管原爲推鐵現均返國從軍），表示願於九月二十五日正式答覆，全體工人正靜候公司答復之際，詎料九月十七日，該廠夜班工人出廠時，代理機務總管亨鐵，突然親抵該廠門首，搜查工人。工人認爲侮辱，激起衆怒，至十八日上午八時一部份工人進廠後，聞悉此事，均感不滿，表示反對，而廠方態度強硬，置不答復，工人乃各靜坐怠工，實爲此次工潮爆發之起點。

二、罷工

至十九日風潮蔓延，該廠全體工人實行怠工，並提出條件四項，於是日上午八時，推派代表八人，備文來本會領導之市總工會請願，要求援助，並於同日下午二時，推派代表至蘇州路該公司總寫字間，與代理經理濮六克進行談判，詎公司方面態度強硬，拒絕接受，以致激起赫德路匯山路機務部（銅匠）車務都（司機及賣票）全體工人之憤懣，於二十日晨起，實行全體三千五百餘工人之聯合總罷工，使上海公共租界全部有軌無軌電車一律停駛，參加罷工工人，計培門爾路銅匠間四百五十餘人，匯山路工人三百八十餘人，赫德路車務機務二部工人二千五百餘人，共三千五百餘人。

三、處理經過

（甲）　方針

是項工潮形成後，本會鑒於電車工潮，對交通治安，俱有影響，且爲防止發生意外，及被反動份子利用計，故對此次工潮，決定設法把握，並定處理方針如次。

1.工潮範圍不使擴大。

2.解決辦法力求合理。

3.處理時間儘量縮短。

4.指導工人嚴守秩序。

5.督促工人整齊步伐。

（乙）步驟

根據上述方針，本會遂派幹員，會同上海市總工會督率第三區電車業產業工會，共同調處：

1.於二十日召集該產業工會幹部份子嚴鏞清，葛春福，白文貴，郁永保等組織罷工委員會，設於憶定盤路九十五弄十號，使有嚴密之組織，領導全體工人。

2.由第三區電車業產業工會佈告工人，嚴守秩序，並通告全體會員，赴憶定盤路九十五弄十號上海市總工會聽候命令。

3.指導罷工委員會成立糾察隊兩大隊，每隊隊員六十人，交通隊兩大隊，每隊隊員二十人，担任維持秩序及通訊工作。

4.指導罷工委員會在憶定盤路旅館，及其他等四處設立通訊處，作為工人聽候消息之地點。

5.由工運委員范一峯，負責指導工人，派本會第三科長黃惕人，担任與公司當局及捕房進行磋商事宜。

（丙）概況

為使風潮之迅予解決起見，本會一方極力勸導工人減低要求，一方促醒公司讓步，費盡苦心，不無成效。第一次工人於十九日提出之二十二條：本會即勸導工方代表，另提臨時解決辦法四點，於二十一日上午十一時，由工人代表嚴鏞清，葛春福，白文貴，郁永保等四人，赴蘇州路該公司進行談判，不料該公司代理經理濮六克，對該項條件完全拒絕。至二十三日上午十時再度談判，又告失敗，本會以長此僵持，殊非善策，乃於二十五日下午四時，派委員范一峯與該公司經理濮六克，華買辦胡子餘，會談於華懋飯店。濮六克對解決條件，表示考慮，俟提董事會討論後，於二十六日答復，旋經數度斡旋，至二十八日下午四時，再派范一峯與公司談判，始獲最後結果。並即召集罷工委員會，由委員余耀球將所談條件，向工人報告，均表滿意，乃決議二十九日全體復工，上海公共租界停止十天之電車交通，始告恢復。

四、談判條件

（甲）最初條件

工方除勞資互惠條件二十二條外，原提之四項條件：

1.公司原有米貼取銷，每人每月發米五斗。

2.每工人每日發給雜費一元。

3.工人工作每小時增加工資五分。

4.短工滿六個月以上者作長工論。

（乙）臨時條件

十九日經本會勸導工人，將二十二條暫緩提出，經另提出臨時先決條件四項。

1.每一工人按月增加米貼十五元。

2.公司不得藉故開除工人。

3. 罷工期內工資照給。

4. 所有全部條件，應請公司於二星期內開始談判。

（丙）首次談判

上項條件於二十一日上午十一時，由工人代表與公司方面作首次談判。

公司方面態度堅決，表示。

1. 每人每日發給特別津貼一角，米貼五分。

2. 允照向例辦理。

3. 完全拒絕。

4. 完全拒絕。

（丁）二次談判

二十三日上午十時舉行二次談判，公司方面之答復爲：

1. 每人每日加工資一角五分米貼一角五分。

2. 仍予拒絕。

3. 罷工期內工資充給二天。

4. 完全拒絕。

（戊）最後結果

經本會派員數度與公司磋商後，於二十八日簽訂之解決條件爲：

1. 工資每人每日增加一角八分，米貼一角七分。

2. 工人在業務上過失，仍照向例辦理，但不得開除罷工工人。

3. 罷工期內發給工資五天（原有升工照給）

4. 勞資互惠協約，由公司予以考慮。

五、尾言

綜觀此次上海英商電車公司工潮，罷工人數達三千五百餘人，其蔓延之廣，影響之大，實爲近年來所僅見，當大罷工發動時，全部交通，陷於停頓，中外人士，均極關心，資方態度，初甚強硬，旋見工人行動一致，紀律嚴明，罷工多日，秩序井然，社會多表同情，輿論亦深贊許，故態度漸趨軟化，本會在此次工潮中，把握全滬工人，不使逸出軌外，幸可告無罪，又使若大工潮，能於十日內，全體解決，尤爲不易爲力之處，且此次工潮，爲國府還都以後之第一次，本會代表中央，妥爲調處，能使勞資雙方，均感滿意，足見我中央對於勞資視同一體，於社會問題甚爲重視也。

上海英商公共汽車罷工處理總報告

社運會上海分會

上海英商中國公共汽車公司，其資本之雄厚，規模之宏大，不亞於英商電車公司，開辦迄今雖祇十餘年，然路線逐年擴展，營業蒸蒸日上，自事變以後，滬市人口激增，交通工具需要殷繁，因而營業益突飛猛進，截至目前止，路線擴展至廿四路，僱用工人二千五百餘名，年終盈餘動以千百萬計，惟對工人之待遇，仍未改善，非但工資標準，不能依生活程度作比例提高，且仍復沿襲種種苛例，並常藉細故而開革工人，故本年四月間，工人曾向公司提出改善待遇要求，遭資方拒絕而發生怠工，後經本會及工運協進會，會同盧洽卿出任調解，始告暫時解決，此次又發生罷工風潮，自九月二十四日晨起至九月二十九日晨復工，共計五天，參加人數二千五百餘名，茲將其始末情形縷述如后。

一、起因

上海康腦脫路英商公共汽車公司全體司機，賣票，銅匠等三部工人，共計二千五百餘名，此次發生罷工風潮，一部份原因係受電車工潮所激動，另一部份則以該公司工人為謀勞資澈底合作及改善待遇起見，曾於本年七月六日向公司提出勞資互惠條件二十三條，送請考慮，歷時三日，公司曾與勞方作數度談判，經過尚稱良好，至九月十八日勞資談判時，資方允於二十三日作具體答復，以求全盤解決，詎至是日勞方推派代表十二人，與公司當局作最後一次談判時，資方態度突變，忽趨強硬，並對已談妥之各條，亦加推翻，全體工人得訊，憤激異常，於二十三日晚十一時，夜班工人進廠時，本擬立即罷工，旋經上海市總工會阻止，但二十四日終不能免，晨五時起，各部間全體工人，一致聯合實行罷工。罷工人數，計銅匠間六百五十餘人，司機六百十餘人，賣票八百八十餘人，查票及華職員三百餘人，共計二千五百餘人。

二、罷工情形

二十四日晨實行總罷工後，全部車輛均未開出，廠內各門口，由工人糾察隊把守，當時捕房派警車二輛，中西探捕八十餘名，在廠門駐守，工人方面亦有罷工委員會之組織，設交通隊及糾察隊與通訊站等，分別擔任工作，故秩序甚佳。

該公司大班寇萊，於二十四日上午九時親往中央捕房訪晤總巡包文，商酌應付辦法，十一時，由包文召開臨時特別警務會議，決定用強制方法壓迫復工，至下午三時，遂有萬國商團俄隊員六十名，中西探捕八十名，及警備車二輛，先往該廠附近實施警戒，形勢甚為嚴重。

旋有意國防軍十六名，亦馳往該廠，先將廠門四圍斷絶交通，旋入廠內將所有停留廠中之工人，一律驅逐出廠，當有工人俞阿根，吳永康等，被意兵毆傷，形勢更趨緊張本會因恐發生意外，經通知滬西警局及滬西憲兵隊派員保護，當由憲兵隊派出數人，及警局派出警察數十人，到廠保護，形勢始告緩和。

至二十六日晨零時三十分，公司企圖在戒嚴期間，利用白俄及猶太人，將汽車駛出，準備停放大華路空地上，再以綠色油漆改換美商牌子，在租界區繼續營業，當被工方發覺，令糾察隊員一百二十人預伏四週，待汽車駛出廠門時，投大石十餘塊，將車窗擊碎，並毆傷猶太人三名，及拘獲白俄一名，公司方面見情勢緊張，立將廠門緊閉，停止駛出，嗣後公司轉變態度，故情形卽轉良好。

三、處理經過

甲、指導方面

本會對於該項工潮，以英商電車工潮尚未解決，誠恐交通全部停止，益增社會不安，故經召集該會工人代表來會談話，剴切勸導，希望和平解決，無如羣情憤激，甚難遏止，工潮既已釀成，乃以處理電車工潮之同一方針與步驟，對公共汽車工潮，全力處理，又爲防止工人發生意外，以及反動份子混入利用起見，對於工人方面不得不派員參加指導，使其行動趨於正軌，以待合理解決，乃飭上海市總工會及三區公共汽車業產業工會，指導工人組織罷工委員會，由車務機務各部間，分別推出委員馬公亮，許偉，鮑景疇，洪坤棠，許阿慶，王服田，趙鍾然，田志達，尹相國，田步洲，陳永達，張玉乾，顧玉祥，劉振海，盧防方，王立和等十餘人，共同負責，使一切事件，易於解決。

乙、調解方面

二十五日，公司在報端公開發表答復勞方之條件，工人頗爲滿意，希望根據此項原則，進行談判，本會以勞資雙方意見有接近可能，乃於二十七日上午派代表范一峯，至福州路漢密爾登大廈茶室，與該公司車務總管，強特蘭先行商談解決辦法，並由工方推出代表，向虞洽卿袁履登等請願，要求參加調解，是日下午三時，虞洽卿，袁履登，顧炳元，本會代表范一峯，暨工方代表馬公亮，張阿慶，王立和，陳永達，鮑景疇，陸秀章，陸仲甫，王慶海等十二人，赴沙遜大廈一百十一號該公司寫字間，與大班兼秘書長寇萊，車務總管，強特蘭等會商，決定解決辦法，卽於當日下午六時，召集罷工委員會。幸一致通過接受，乃定二十九日晨，一律復工，工潮於是解決。

四、互惠條件

工人方面向公司當局所提出二十三項互惠條件，及公司當局於二十五日在報端公開答覆，其內容併錄如次：

（一）公司須承認工會代表全體工人之權利，答覆稱，公司歡迎工人代表委員會之產生，該委員會賦有代表工人解决一切事件之權力，（二）公司須同意不得無故開除工人，如有違犯重大過失，而獲有充分之證據者，得照公司定章處置，答覆稱，公司從未無故開除工人，但公司對於任何工人，凡品行不端或工作不良者，保留開除之權，（三）公司依照本埠生活指數及市面情形之變動，而隨時改良工人之待遇，必要時，公司當召集工人代表互相討論，答覆稱，公司始終支付生活費用高漲之津貼，最近並自動增加此項津貼，此外，公司並支付特別米貼，隨米價之漲落而定，（四）平均每天工作時間不超過八小時，如超過八小時以上者，須作爲額外工作，每小時作爲一小時半計算，答覆稱，工人每日平均工作，無需超過八小時，早經同意議定，有時因車務職責之需用，難免稍有上下，但此旣爲不可避免者，其過時之工作，當依原薪支配，（五）星期日及休假日，仍照常支薪，答覆稱，星期日不能作爲特別休假日，惟陰曆新歲休假期五天，得照原薪加倍，工人每工作九天，由公司給假一天，（六）每年年底公司須發紅利，等於每一工人全年薪工百分之十，答覆稱，公司已下令發給新年紅利，等於年薪百分之五，（七）工人薪工，每年須增加一次，答覆稱，加薪問題，規定於僱約中，公司始終將嚴守之，（八）工人因病告假得支全薪，答覆稱，工人因病告假，須得公司醫生之核准，並得半薪另外半數米貼，惟花柳病不在此例，（九）車輛肇禍，被害人之撫恤金與民事要求等，須由公司負責，答覆稱，公司須確定車輛肇禍非由於本公司職工之疏忽之過，方協助之，（十）職工之撫恤協定，答覆稱，因公受傷者，公司例有撫恤，因傷而致死者，其家屬得領之，（十一）工人得免費乘坐，答覆稱，工人免費乘車，祇限五路與十路，（十二）公司添招新人時，須先向已被開除之舊工人中，選之，答覆稱，公司不能復用已被開除之工人，但因生意清淡而被裁去之工人，則得享復用之優先權，（十三）工人如因特別環境而不得不辭職時，須由公司給以若干補助金，答覆稱，公司之意外基金，專爲補助服務已滿五年而因事不得不告退之職工，（十四）公司對於工人代表委員會，每月須津貼五百元，答覆稱，不能同意，（十五）公司創辦工人家屬求學之學校，答覆稱，業已實行，（十六）工人經六個月之試用後，卽得爲永久之工人，答覆稱，已實行，（十七）永久工得領按月計算之薪工，答覆稱，同意，（十八）公司職員須對工人促進合作，答覆稱，此爲公司全力擁護者，（十九）有益於工人之項目，須予以維持，答覆稱，工人目下所享之利益，若無工人代表之同意，公司自不取消之，（二十）犯有過失之工人，須經公司約時訊問，不得憑一方面之報告，遽加開除，答覆稱，工人之紀律，必須由公司依照第三款定章管理之，（二十一）本協約所訂各條凡屬本公司工友均有同等享受之權利，答覆稱，同意，（二十二）本約經雙方同意修正及簽字後，卽日生效，答覆稱，同意。

五、臨時要求

二十七日下午，工人代表與資方談判時。臨時有要求四項：

(1)每日增加生活津貼五角；

(2)工潮期內工資照給；

(3)不得藉故開除工人；

(4)勞資互惠協約依本月二十五日公司公開在報端答覆爲談判基礎解決。

六、最後結果

經調處解決勞資雙方簽訂之條件如次：

英商中國公共汽車工人罷工後，經調處解決勞資雙方簽訂之條件

(一)本公司允自西歷一九四〇年九月一日起，全體華籍雇員，得享受特別生活津貼，每人每日，計國幣叁角伍分正，但在工人脫班或革班期間除外，病假期內此項津貼，給予半數。

(二)倘全體工人，於西歷一九四十年九月廿九日，星期日晨一律復工，則罷工期內，另給工資一日。

(三)關於養老金章程之付給，曾載有凡工員有參加罷工之舉者，當時養老金取消之規定，倘本公司嚴勵執行，則我公司之多數工員，其服務多年者，將深受其苦，茲者，雖因此次事故，本公司仍擬不將此項養老金取消。

(四)本公司允在公共租界電車工人罷工期內，所有華員，皆得雙薪，至該公司工潮解決爲止。

(五)本公司應允，嗣後無充足理由，不開革工人。

(六)關於廿三條要求，本公司業已於九月五日加以答覆，茲再重申其要旨爲下：

A：所有工員，每工作九天，得有特假一天，照給全薪，（參照車務處工人，管理辦法。）

B：凡工員由本公司醫師給有病假者，（花柳病及自己疏忽而染病者除外。）得享受半薪之米貼然每次不得超過叁拾天，每年不得超過陸拾天。

C：工員等得在本公司之第五十路，免費乘車，而着有制服者，除各路可乘外，不得叁人以上同時乘車。

D：長工薪金，當按月論日計算

上載條件，於西歷一九四〇年九月念玖日星期日早晨，於全體工人恢復工作後開始有效，倘工人等不克準時復工，則所有協約，即予取銷

七、尾言

由英商電車工潮之發動，繼之又有，此次公共汽車工潮爆發，上海公共租界交通，實受至大之打擊，資方最初企圖採取強硬政策，壓迫工人復工，顧以工人意志堅決，步驟整齊，遂使資方改變態度，趨於緩和，罷工前後僅五天，與英商電車同時復工，公共租界兩大交通，得以同時恢復，尤使社會人士咸感欣慰，本會居間調解，煞費苦心，獲此結果，亦聊告無罪而已。

鐵道部南京上海兩站駐站員服務須知

一、本部爲便利照料中央高級公務人員往來京滬起見特在南京上海兩站各設駐站員二人

二、駐站員應在各該站問詢處辦事

三、駐站員應與車站職員和衷共濟互相協助

四、駐站員應備帶本部證章及職員證並須於左臂纏「國民政府鐵道部某某站駐站員」臂章

五、駐站員應於每日每次火車開行及到站前在車站照料

六、凡中央高級公務人員（須備帶院部會證章者）由站乘車或到站下車時應妥爲照料予以便利

七、中央高級公務人員有所詢問或請托時駐站員應誠懇答覆於可能範圍內予以協助

八、凡非中央高級公務人員不得濫行招待

九、駐站員不得受人任何酬報

十、駐站員應於每月一日十一日二十一日將辦理經過情形列入旬報表報告本部

參考資料

日本社會事業法

第一條　對於左列各種社會事業，皆適用本法，但另有命令規定者，不在此限。

一、養老院救濟所及其他生活扶助事項；

二、育兒院託兒院及其他保護兒童事項；

三、施診所保產院及其他施藥保產事項；

四、平民習藝所公共寄宿舍及其他經濟保護事項；

五、其他以法令規定之救濟事項；

六、有關以上各款之指導聯絡及輔助事項。

第二條　經營社會事業者，在事業開始時，或於結束時，應依法呈報該事業所在地主管長官。

第三條　地方長官，對於經營社會事業者，得委託其將需要保護者加以收容。

依據前項規定，而作前述情形之委託時，經營社會事業者，如非具有正當理由，不得拒絕之。

第四條　地方長官，認為對收容於社會事業諸設施中各份子之待遇上，或有改進之必要時，對於經營社會事業者，得命令其將屬於該設施之建築物或設備，加以改良。經營社會事業者，不服從依照前項規定之處分時，地方長官，得禁止或限制該建築物或設備之使用。

依照前項規定之處分，必須於事先豫作警告；但有急迫之情形時，則不在此限。

第五條　經營社會事業者，或擬經營社會事業者，如資金不足必須募集捐款時，須得地方長官之許可。

如經營事業在二區以上之範圍時，應得高級主管長官之許可。

依照前二項規定之許可，得附以條件。

依照第一第二兩項之規定，徵募捐款者，應向許可其徵募之原官廳報告捐款收支。

依照第一第二兩項之規定，徵募捐款者，對其募得捐款或財產之處置辦法，應經由許可其徵募原官廳之許可。

第六條　地方長官，對於經營社會事業者，認為在監督上或有必要時，得命其作有關經營事業之報告，提出帳冊與單據，調查其實際業務及會計之狀況，指示其事業經營之途徑。

第七條　經營社會事業者，違反官廳命令，或不接受處分，或有其他不正當行為時，高級長官根據中央社會事業委員會之意見，得限制或禁止其所經營之社會事業。

第八條　關於中央社會事業委員會之各種規程，以命令定之。

第九條　各地方為調查及審議地方社會事業重要事項起見，得依照中央命令設置地方社會事業委員會。

第十條　經營社會事業者，依第二條之規定，在開辦之初向事業所在地主管長官呈報時對各地公共場所，可以供給使用，並免除其捐稅。

第十一條　政府在預算範圍內，得補助經營社會事業者。

第十二條　經營社會事業者，有下列各款之一時，得取消其補助，並追還以往補助金之全部或一部：

一、全部或一部份事業已結束時；

二、違反補助條件時；

三、違反命令及不接受處分時。

第十三條　高級長官對於地方情況認為必要時，根據中央社會事業委員會之意見，得命令其經營地方社會事業。

第十四條　有左列各款之一者，處以五百元以下之罰金；

一、違反第五條第一第二兩項之規定擅自捐款者

二、違犯第五條第三項規定許可條件，擅自徵募捐款者；

三、違犯第五條第五項之規定，未經許可而將徵募之捐款或財產，擅行處置者；

四、違犯依據第七條規定辦法之禁止或限制，而仍擅自經營原來之社會事業者。

第十五條　第五條第四項之規定，未經報告或有浮報事情，處以三百元以下之罰金。

第十六條　經營社會事業者，或擬經營社會事業者，主持人以下各職員，如有違反業務上所定之法令時，雖非主持人所指使，亦不得免其處罰。

第十七條　本法罰則，對於經營社會事業者，或擬經營社會事業者，如係法人時，則其理事，及其他執行法人業務之辦事員，適用之，如為未成年者，或禁治產者，則其法定代理人適用之。

日本社會事業法施行規則（昭和十三年六月二十九日公布 厚生省令第十四號）

第一條　左列事業，為適合於社會事業法第一條第一款之規定者：

一、養老院；

二、救濟所，及其他收容貧苦者，作生活上扶助之事業；

三、施與貧苦者以生活上所必需之現金及物品之事業。

第二條　左列事業，為適合於社會事業法第一條第二款之規定者：

一、育兒院；

二、乳兒院；

三、託兒防；

四、母子保護之設施，或父子保護之設施；

五、施與貧苦兒童以養育上所必要之現金及物品之事業；

六、對兒童施藥或施診之事業；

七、收容體質虛弱之兒童，加以保護之事業；

八、收容逃亡兒童，流浪兒童，及不良兒童，加以暫時保護之事業；

九、對盲兒，聾兒，啞兒，及其他身體機能發生障礙之兒童，加以保護之事業；

十、收容神經衰弱兒童，加以保護之事業；

十一、對於貧苦兒童作健康上之指導及諮詢之事業；

十二、收容被虐待兒童加以保護之事業；

十三、對於貧苦兒童，作生活技能上或教養上所必要之輔導設施之事業；

十四、對於不良兒童之教育保護事業；

十五、對於少年教護院出院者之保護事業。

第三條　因保護貧苦者而舉辦之左列事業，為適合於社會事業法第一條第三款之規定者：

一、施診所，及其他免費診療，或指撥經費作診療之事業；

二、產科醫院，及其他免費助產，或指撥經費作助產之事業；

三、免費施藥，或指撥經費作藥品供給之事業，

第四條　因保護貧苦者而舉辦之左列事業，為適合於社會法第一條第四款之規定者：

一、平民習藝所及其他平民習藝事業；

二、作職業輔導之事業；

三、無利息或低利息，作小額資金通融之事業；
四、不取房租或僅收低廉房租，作住宅出租之事業；
五、寄宿舍，及其他免費寄宿，或僅收低廉費用之宿舍經營事業；
六、免費或僅收低廉費用，使利用各項設備之事業；
七、以低廉價格，供給日常生活必需用品之事業，

第五條　為社會事業之輔助事業，而依據社會事業法第一條但書，及昭和十三年命令第四四五號第二條第七款之規定，不適用社會事業法之諸事業，其補助金額，每年度不得超過一萬元，所補助之社會事業數，每年度不得超過五十。

第六條　依據社會事業法第二條之規定，應於該事業開始後二星期內，向事業經營地地方長官，作事業開始之呈報；其呈文內，應記載左列事項：
一、名稱，
二、位置，
三、事業之種類，
四、經營者之住址及姓名「如係法人或團體，則其事務所所在地及代表人姓名。」
五、建築物及其他設備之規模，構造，及利用方法，
六、從事事業之職員數，
七、事業經營之方法，
八、事業開始日期。
前項事業有變更時，即應將變更之內容，呈報地方長官。
第一項所稱之呈文內，應附呈記載左列事項之書類：
一、經營者之履歷及資產狀況；
二、如係法人或團體，則其章程，資助行為，及其他約款。

第七條　依據社會事業法第二條之規定，事業結束時，應於事業結束前四星期內，向事業經營地地方長官，作結束之呈報；其呈文內，應具備結束之事由，受保護者之處置情形，及財產之處分辦法。
依據社會事業法第五條第一第二兩項之規定，在請求許可之申請書內，應記載左列事項：
一、徵募者之住址及姓名「如係法人或團體，則其事務所所在地及代表人姓名。」
二、事業成績之概要，暨該年度及上年度之

收支狀況；

三、事業計劃，暨關於事業計劃之收支預算；

四、必須徵募捐款之事由；

五、徵募金額；

六、徵募方法；

七、徵募之區域及時期；

八、如設置徵募員時，則其住址，姓名，履歷，担任徵募之區域及報酬，

前項申請書內，應附呈記載左列事項之書類；

一、徵募者之履歷及資產狀況；

二、如法人或團體，則其章程，資助行爲，其他約款，暨代表人之履歷及資產，狀況。

第八條　依據社會事業法第五條第四項規定所作之報告，應於徵募完了時，或徵募滿期時，或徵募中止時，二星期以內爲之。

第九條　依據社會事業法第五條第四項之規定，關於捐款處置，請求許可之申請書內，應記載處分之金額，處分之目的及方法。

第十條　依據社會事業法第五條第五項之規定，關於處置募得財產，請求許可之申請書內，應記載左列事項：

一、處分之財產及其估；

二、必須處分之事由；

三、處分之方法；

第十一條　依據社會事業法第五條之規定，對厚生大臣，申請許可或報告時，應呈由各該事業經營地之地方長官轉呈之。

第十二條　地方社會事業委員會，對於有關地方社會業之重要事項，應北海道廳長官或府，縣知事之諮詢，申述意見。

第十三條　地方社會事業委員會，由會長及委員組織而成。

委員之員額，由北海道廳長官或府，縣知事決定之。

會長及委員爲名譽職。

第十四條　地方社會事業委員之會長，以北海道廳長官或府，縣知事充任之。

第十五條　地方社會事業委員會之委員，由北海道廳長官或府，縣知事，就左列人選中委任之。

一、與社會事業有關之長官吏，或自治團體之服務人員；

二、從事於社會事業者；

三、對於社會事業富有學識經驗者。

第十六條　適合前條第二第三兩款之一，而受委任之委員，其任期爲二年，但有特殊事故時，北海

道廳長官，或府，縣知事，得在任期中予以解任。

第十七條　地方社會事業委員會之會長，綜理會務主席會議。

會長因事故不克執行職務時，由會長指定之委員代理之。

第十八條　地方社會事業委員會幹事及書記，由北海道廳長官或府，縣知事，就委任官吏委任之。

幹事承會長之指揮，整理庶務，書記承上級長官之指揮，辦理庶務。

第十九條　依據社會事業法第十一條之規定，對於適合左列二款之一，而認爲有給與補助金必要之社會事業，得予以補助：

一、凡成績優良，而於將來事業之繼續，確具把握者。

二、除有特殊事故者外，凡事業開始後經過三年以上者。

第二十條　凡領到補助金者，應於年度終了後兩個月以內，將其事業成績，暨收支決算，呈由事業經營之地方長官，轉報厚生大臣。

附則

本令自社會事業法施行之日起施行。

日本中央社會事業委員會官制

第一條　中央社會事業委員會，受厚生大臣之監督，依據社會事業法第七條及第十三條之規定，調查審議其權限所屬諸事項。

委員會除前項規定事項外，並解合厚生大臣之諮詢，調查審議有關社會事業之其他重要事項。

第二條　委員會以會長及四十五人以內之委員組織。為調查審議特殊事項，必要時各設臨時委員。

第三條　會長以厚生大臣充任之。

委員及臨時委員，經厚生大臣之呈請，就有關各廳高級官員及富於學識經驗者之中，由內閣任命之。

就富於學識經驗者中任命之委員及臨時委員，其任期爲二年，但委員，臨時委員如有特殊事故，或該特殊事項之調查審議業已終了時，業於任期中予以解任。

第四條　會長綜理會務。

會長因事不克執行職務時，得由會長指定之委員代理之。

第五條　委員會得設幹事，經厚生大臣呈請，由內閣任命之。

幹事承會長之指揮，主持日常事務。

第六條　委員會設書記，由厚生大臣派充之。

書記承上級長官之指揮，辦理日常事務。

附則

本會自社會事業法施行之日起施行。

日本簡易生命保險事業之現況

簡易生命保險，關係國民生活安定，以及中產以下之勞働者家庭經濟之保障，爲政府施行社會政策的事業，關係非常重要。日本自大正五年創始以來以至最近，契約已達三千六百餘萬件，保險金額亦達六十四億圓巨額達空前盛況，二十餘年短促時間，有如此飛躍的進展，至可驚異！本書譯自日本厚生省保險院簡易保險局所編「簡易生命保險事業之現況，」內容簡要精警，譯筆通暢，爲人人必讀之書。

編輯兼發行　社會部編譯委員會

總經售　中央書報發行所

每册實價二角

社會部公報價目表

限期	價目	郵費	
零售	一角	本埠	半分
		外埠	一分
半年	一元	本埠	六分
		外埠	一角二分
全年	二元	本埠	一角二分
		外埠	二角四分

廣告暫訂刊例

頁數	價目
一頁	每號十八元
四頁	每號九元
半分之一頁	每號四元五角

刊登廣告在四號以上者每號按七折計算，在十號以上者每號按六折計算長期另議

編輯者 社會部總務司
發行者 社會部總務司
印刷者 中文仿宋印書館
總經售 中央書報發行所
代售處 南京三通書局
出版日期 每月一日十六日各出版一次

社會部電話號碼	
部長室	31955
次長室	31956
常務委員室	31958
秘書室	31957
總務司	31961
勞動司	31959
合作司	31960
公用	31963

中華民國法規大全補編

公務員

各法團

一般公民

不可不備

國府還都凡二十六年十一月十九日以前之法規奉令適用本編搜羅完備補充正編都五百餘則七百八十餘頁每部實價四元外埠另加郵費二角

最高法院書記廳啓

院址 南京甯海路二十六號

（偽）社會部總務司 編

（偽）社會部公報

第十一號

南京：（偽）國民政府行政院社會部總務司，民國二十九年（1940）鉛印本

經中華郵政登記認爲第一類新聞紙類

中華民國二十九年十一月十六日 第十一號

社會部公報

國民政府行政院社會部總務司印行

總理遺像

總理遺囑

余致力國民革命，凡四十年，其目的在求中國之自由平等，積四十年之經驗，深知欲達到此目的，必須喚起民衆，及聯合世界上以平等待我之民族，共同奮鬥。

現在革命尚未成功，凡我同志，務須依照余所著，建國方略，建國大綱，三民主義，及第一次全國代表大會宣言，繼續努力，以求貫澈，最近主張，開國民會議，及廢除不平等條約，尤須於最短期間，促其實現，是所至囑。

汪代主席

目錄

命令

行政院訓令 行字第一〇五九號

令社會部

案奉

國民政府府文一訓字第一七六號訓令開：

「據本府文官處簽呈稱；『准中央政治委員會秘書廳中政秘字第六一六號公函內開；「查二十九年十月三十一日中央政治委員會第二十五次會議，討論事項第二案主席交議；『制定公務人員宴會及送禮限制辦法，請核議案。』當經決議：『通過送國民政府通飭遵照。』除紀錄在卷外，相應錄案並抄附上項辦法二份函達，請煩查照。轉陳明令通飭遵照。」等由；理合簽請鑒核』等情：到府，除明令公布並分行外，合行抄發公務人員宴會及送禮限制辦法一份，令仰該院，即便知照。並轉飭所屬一體知照！此令。」等由；附發公務人員宴會及送禮限制辦法一份，奉此，自應遵辦。除分令外，合行抄發前項辦法，令仰遵照。並轉飭所屬一體遵照！

此令。

附抄發：公務人員宴會及送禮限制辦法一份。

院長　汪兆銘

中華民國二十九年十一月七日

行政院訓令 行字第九八五號

令社會部

案奉

國民政府府文一訓字第一六七號訓令開：

「案據行政院呈稱：『案據財政部呈稱：「案查民國二十五年十一月二十六日，國民政府第八九二號訓令；查會計年度，經中央政治委員會決議；應改用歷年制，自二十八年一月一日起實行，通飭遵照。等因；又查二十六年四月二十七日，國民政府公布修正預算法第十一條第二項規定，會計年度於每年一月一日開始，至十二月三十一日終了。其年度依民國紀元之年次爲名稱，等語；現在國府還都，自應賡續遵行，以重法令。理合具文呈請鑒核轉呈通行一體知照，實爲公便」等情；據此，理合呈請鑒核；俯賜通飭遵行！』等情；據此，應准照辦，除分令外，合行令仰遵照。並轉飭所屬一體遵照！此令。」

等因；奉此，自應遵照，除分令外，合行令仰該部遵照。並轉飭所屬一體遵照！此令

中華民國二十九年十月二十一日

院長 汪兆銘

行政院訓令 行字第一〇〇五號

令社會部

現奉

國民政府府文一訓字第一六九號訓令開：

「查修正郵政法第四條第一項郵資數額表，前經令發行政院轉飭自二十九年九月二十三日起，先行照辦，並交立法院審議各在案，茲據立法院審議呈復到府，除明令公布並通飭施行外，合行檢發該表，令仰知照，並轉飭所屬一體知照。」等因；附發修正郵政法第四條第一項郵資數額表一份，奉此。合行抄發原附件，令仰該部知照，并轉飭所屬一體知照！

此令

附發修正郵政法第四條第一項郵資數額表一份

院長　汪兆銘

中華民國二十九年十月二十三日

部令

國民政府行政院社會部令　社甲字第五六〇號

茲制定本部社運會統計室暫行組織規程公布之。

此令。

部長　丁默邨

中華民國二十九年十一月六日

法規

公務人員宴會及送禮限制辦法

民國二十九年十一月一日公布

第一條　凡公務人員公私宴會，及關於婚嫁生育喪祭壽慶之送禮，概依本辦法行之。

第二條　公務人員請客宴會限於左列事項，（一）關於慶祝開會懇親及聯歡必須宴會時，（二）關於婚喪慶弔必須宴客時。

第三條　凡宴會之酒席菜品，以儉樸撙節爲主旨，以免浪費。

第四條　凡宴會時以不妨害日常工作勤務爲要。

第五條　凡遇婚嫁致送禮物，選任官特任官及將官不得過四元，簡任官薦任官及校官不得過三元，委任官尉官不得過一元。

第六條　凡遇婚嫁得用茶點款客。

第七條　生育子女除戚族外，不得接送禮物。

第八條　喪葬除戚友執紼者外，不得用無用之儀仗。

第九條　送致賻儀準用第五條之規定。

第十條　年未滿六十歲者，不得設宴慶壽。

第十一條　賀壽禮物及款客，準用第五條第六條之規定。

第十二條　凡婚喪壽慶等事，除親族或確有戚誼友誼者外，不得濫發通知函件，如喜帖訃文之類，並禁止借用機關團體及他人名義，代發代收。

第十三條　凡公務人員違反本辦法確有實據者，得先由長官誥誡，受誥誡後再有違反情事，由主管長官分別懲戒之。

第十四條　本辦法自公布之日施行。

郵政法第四條第一項郵資數額表

二十九年十月十八日修正公布

第四條　郵件之種類及資費依左列之規定但交通部得呈准行政院減低其資費

郵件種類		計費標準	資費 國內 第一 各局就地投送界內資	資費 國內 第二 各局互寄資
第一類 信函類		每起重二十公分或其畸零之數	四分	八分
		每續加二十公分或其畸零之數	四分	八分
第二類 明信片		單	二分	四分
		雙（即附有回片者）	四分	八分
第三類 新聞紙	第一類（平常）	每束一張或數張	每重一百公分半分	每重五十公分半分
	第二類（立劵）	每束一張或數張按每次交寄總重計算	每重一百公分按六折收費半分	每重五十公分按六折收費半分
	第三類（總包）	每份每重一百公斤或其畸零之數		一厘
第四類 書籍印刷物貿易		重不逾一百公分	一分	二分
		逾一百至二百五十公分	二分	四分
		逾二百五十公分至五百公分	四分	八分
		逾五百公分至一公斤	六分	一角二分

類	契等類	逾一公斤至二公斤	一角二分	二角四分
		逾二公斤至三公斤 此行重量祇適用於盲本寄遞之書籍	一角八分	三角六分
第五類	瞽者所用印有點痕凸出字樣之文件	每重一公斤（重至五公斤爲限）	二分	四分
第六類	商務傳單	每五十張或五十張內	八分	八分 另加印刷物資費
第七類	貨樣類	重不逾一百公分	二分	五分
		逾一百至二百五十公分	四分	一角二分
		逾二百五十公分至三百五十公分	六分	一角七分
		逾三百五十公分至五百公分（重至此數爲限）	一角	二角四分
第八類	掛號郵件	每件除普通資費外另加	一角三分	一角三分
第九類	平快郵件	每件除普通資費外另加	八分	八分
第十類	快遞掛號郵件	每件除普通資費外另加	二角	二角

前項以外之郵件其種類及資費由交通部擬訂呈請行政院核定之

社會部/社運會統計室暫行組織規程

民國二十九年十一月六日公布

第一條　本規程依照社會部組織法第十九條之規定及國民政府主計處頒行之中央各機關統計室組織及辦事通則第一條之規定訂定之

第二條　本室定名為社會部/社運會統計室

第三條　統計室設統計主任一人統計員辦事員各若干人

第四條　統計主任受部長/委員長之指揮監督辦理本部/本會暨所轄各機關/分會之統計事務統計員及辦事員受統計主任之指導辦理本室事務

第五條　統計室之職掌如左：

一、關於社會部/社運會統計冊籍圖表格式之製訂與編製統計統一辦法之推行事項

二、關於社會部/社運會統計材料之登記調查及整理彙編事項

三、關於社會部/社運會統計報告之編纂事項

四、其他有關統計事項

第六條　統計室對於本部/本會所屬機關/分會統計事務與人員應負責辦理左列各事項

一、關於所屬機關/分會統計人員之指導監督事項

二、關於所屬機關/分會統計工作之分配事項

三、關於所屬機關/分會統計冊籍圖表格式之審查製訂及編製統計方法之統一事項

四、關於所屬機關/分會統計報告之審核彙編事項

五、關於所屬機關/分會統計工作及報告之核轉事項

第七條　統計室視事實上之需要得呈請部長/委員長指定各司/組室處/會及所屬機關/分會協助辦理登記調查統計工作

第八條　統計主任得出席社會部/社運會有關其職掌之各項會議

第九條　本規程自公佈日施行

專載

社會建設的理論與實際

在政治訓練部政訓班演講詞

丁默邨

一：爲什麼講社會建設

各位同志：

今天承蒙　陳院長邀兄弟到此，得與各位見面，並看到各位飽滿的精神，和嚴整的氣象，使兄弟非常興奮，　陳院長曾對各位說：『將來對於人民須取合作精神，以軍隊的力量，協助人民爲地方之建設，引起人民對軍隊的尊敬，以收軍民合一，共同動作之效』；這是非常切要的教訓。各位將來都要派往軍隊中服務，對于民衆的協助，想必都要遵照實行，使一般民衆對軍隊發生好感，以收軍民合一，共同動作的實效。因爲軍民合一，共同動作，不僅是戰時必要的條件，就在平時，也是地方建設的要素。兄弟現担任社會部的職務，與各位受訓期滿後，所做事情很相接近，並且有不少地方，直接或間接有聯繫性，大家担任同一路線的工作，特別感覺趣味。

社會部整個的工作，可以拿社會建設四個字來概括，今天預備向各位提出討論的，就是：社會建設的理論與實際的問題，一面說明社會部的任務，一面說明社會建設的重要性；並再引證若干實際的例證，說明社會建設是建國工作的基本工作。

關於社會建設，在　總理的建國方略中，想必各位都已研究過。建國方略分三大部門：一是物質建設，屬於經濟交通實業方面的；其二是心理建設，是屬於國民精神訓練和知行修養方面的；另一部門就是社會建設，　總理在建國方略中關於社會建設的材料比較的少，除對民權初步有詳細的闡明之外，或者因爲當時環境不同，未曾充分發揮。兄弟對此，在幾年來實際工作中，略有所得，雖然祇是平凡淺顯的見地，或許對於各位，稍微有點貢獻。

二：社會建設的意義及其重要性

什麼是社會建設？社會建設簡單的解釋，就是建設社會。換句話說，就是要把無組織無秩序的社會，建設成為有組織有秩序的社會。更具體的說：就是要把落後的，散漫的，腐舊的社會，改造成為進步的，健全的，現代的社會。所以社會建設，千頭萬緒，是十分繁複的事業。

使社會有組織，有秩序，這是社會建設的使命與目的。社會的組織與社會的秩序，是聯貫的，是互為因果的。必須社會有組織，社會才能有秩序；要社會有秩序，必先建立社會組織。社會組織的內容是怎樣的呢？就是要使社會中間，每一個單位，每一個部門，都有合理的組織。譬如：農人有健全的農人組織，商人有健全的商人組織，工人有健全的工人組織，大的單位組織之外，復有小的單位組織，例如商會工會之中又分各業的組織等等。以此類推，無論大小單位大小部門，都有健全的組織，使個人參加于組織之中，由組織來領導個人，來聯繫個人，社會的秩序便可因此而建立。但是要各單位各部門的組織健全，必須參加各單位各部門的份子健全，這是很重要的。每個份子對于參加的一個組織，應享的權利與應盡的義務，認識得非常清楚，一方面能夠愛護組織，同時不懈於改進組織，時時刻刻以善意之努力，使參加的組織趨于健全，趨于合理，社會上每一份子都有這樣的訓練，這樣的基本觀念，社會建設第一步的工作，便算完成。總理所以把民權初步，作為社會建設之一，就是這個意義。民權初步是社會建設第一步工作，但不是社會建設的全部工作。

三：社會建設與物質建設及心理建設的聯繫性

社會建設的意義及其重要性，已如上述，現再說明與物質建設及心理建設的聯繫性，就越加可以證明它在建國工作中的重要。——什麼叫做物質建設？物質建設為現代國家求生存發展，絕對不可缺少的條件，如農礦工商各業，鐵道，航務，郵電各政，都屬物質範圍，建設的重要是不待言的。心理建設，就是精神訓練，過去與社會建設同樣被人忽視。心理建設簡單的解說，就是要使社會上每一份子，都有統一的信仰，與正確的觀念。換言之，就是要使每一份子，瞭解應如何對國家，如何對自己，與如何對社會？

社會建設與物質建設有什麼關係呢？因為一切經濟交通的設施，必須合於科學的原則。而運用科學絕不能離開人力的要素，所以應先有社會建設的基礎，否則物質建設不是浪費便是失敗。這就是物質建設與社會建設不可分離的理由。

社會建設與心理建設，又有什麼關係呢？因為對國民施行精神訓練，要國民的思想正確，只有在有組織的社會，才能獲得機會。如果沒有健全合理的社會組織，多數國民心目中便祇有個人，祇有家庭，國家社會的觀念便無由產生，對于國家社會的情緒當然也很淡薄；所以必須社會有組織，才能訓練國民，因此社會建設與心理建設，也是不可分離的。

再總括言之，心理建設是無形的，物質建設是有形的，社會建設以無形的心理建設為出發點，而達到有形的物質建設為其終極目的。心理建設沒有社會建設去輔助，則心理建設無從表現，物質建設沒有社會建設去推動，則物質建設末由成功，所以社會建設，是心理建設與物質建設之橋樑。

四：以法國證明三種建設的聯繫性

社會建設心理建設與物質建設三者，因為有密切的連鎖性的緣故，所以不可偏廢。但如此釋解，或嫌不夠具體，那麼找幾個例子來，作有力的佐證。

法國這一次的慘敗，在表面看起來，似乎是歷史上罕有的先例。法國素稱世界強國之一，而且物質建設很發達，較諸德意等國既無有遜色，以中國去比，那更是望塵莫及，但為什麼在數月前竟輭弱到不經一戰，而即被德國所屈服呢？這裏的原因，可以肯定的說：因為法國自大革命後，對于國民精神訓練，過分忽視，對于社會建設，亦未臻健全，所以雖然努力于物質建設，結果還是事倍而功半，既免不了浪費，且免不了失敗。法國因為忽視心理建設，所以自由空氣，極其濃厚，個人利益，超過國家利益。復次，因為社會建設未臻健全，社會對于個人的拘束力，極其微薄，遂致政治方面社會方面的怪現狀，層出不窮，以政治方面說，譬如：法國的大總統，實際成為內閣與國會的囚徒，內閣壽命的短促，有一星期，甚之二十四小時的，國會議員除了倒閣之外，幾乎無事可做，光桿黨魁不知有多少，地方上任何小事件，都要去巴黎解決。在社會方面則崇尚奢侈，窮極享樂，大家不願勤奮工作，勞資雙方時常發生衝突，女子則不願生產，以致人口減少，這些壞現象，都可證實：法國人民對於國家民族的觀念太淡薄，大多數人民對于政治太缺乏認識。法國為了防備德國的報復，曾經用全力去築馬奇諾防線，法人即以為德國不能飛越天塹，可以高枕無憂，故對于精神的，社會的防禦，一點都沒有注意到，這實在是大錯！所以法國此次慘敗，並非物質建設不夠，社會建設與心理建設未能並重，實在是重要關鍵，以法國為例，可見一個國家，單靠物質建設的進步是不夠的，必須要社會建設心理建設與物質建設三位一體配合起來，才有力量，才有良好的效果。

五：以日本證明三種建設的聯繫性

日本是接近中國的一個夠得上現代化的強國，他們雖無物質建設心理建設與社會建設的名目和宣傳，但無形中却是把這三種建設聯繫着進行的，兄弟過去對日本實際情況，還未有完全瞭解，今年六月曾一度去考察過，雖在短時間中，未能作周詳的研究，可是走馬看花，也就看到有許多長處，足資我們借境。特別感覺的是： 總理主張的物質建設心理建設與社會建設，其不可分離的連鎖關係，從日本更得到一個巧合的證明。

以日本的物質建設說，沒有人可以否認他的進步，比我們中國高明自不必說，有許多地方且已趕上歐美各國。日本交通事業，非常發達，這是誰都知道的；曾看到許多交通方面的工程，艱巨偉大，很可想見經營時的苦心與精神。日本的重工業，雖尚未達到最高峯，然輕工業極為發達，則是事實，有一部份甚且超過歐美各國。在大阪，曾經參觀一家最大的紗廠——鐘淵紡績會社，其負責人津田信吾先生，曾將三種人造絲，指給我們看，一種是蘆葦做的，一種是大豆做的，還不算十分稀罕，另一種是用黑的煤炭作原料，經過若干提煉手續，亦成功人造絲，雖然實用的效能如何，經濟上的實惠如何，尚待考量；可是以黑的煤炭做成潔白的人造絲，總要算空前的發明了。

日本明治維新，在西曆一八六八年，與中國遜清末造的革新，差不多是同時期，前後不過六七十年光陰，日本已獲得很大的成功，為什麼中國仍然瞠乎其後呢？為什麼中國各方面的建設，同他們比較起來是相去很遠呢？這以我個人的觀察，日本雖一面盡力物質建設，但因同時對心理建設與社會建設也同樣重視。

日本的國民精神訓練，大部份是採取中國的舊道德，並配合日本民族特有的堅毅力行的性格，而陶鑄成為富進取性的日本民族精神。他們把這種精神，發揚光大，便成為無限的建設力量，足以克服一切的困難。比方本來沒有的東西，能使其變為「有」；本來缺乏的，能使其「充實」起來，他們百折不撓，耐心的與自然環境奮鬥，方得到現在的成功，也可以說，是心理建設的成功。

至于日本的社會建設，只要看他們處處地方，都表現有組織，有秩序，便可知道在這方面，他們同樣也努力注意的。事變以前，我們中國人對于日本，實在太隔膜，不了解日本的各種建設，都有實在的基礎，因此所有對日本的估計，都陷於錯誤，對日本的判斷，更不切合事實。殊不知日本雖沒有物質建設心理建設社會建設這樣的名目，可是無形中，三者并重，互相輔助推動，配合得甚為靈巧，所以一切建設，都獲得「相得益彰」的成功。

六：中國物質建設為什麼失敗

法國因為祇注重物質建設，忽略了社會建設與心理建設，終不能免這一次悲慘的失敗；日本因為在無形當中把三種建設，同時並重努力，乃得有今日的成功，以上已分別說明，現在再回頭說到中國。

中國物質建設基礎的脆弱，程度的幼稚，是無可諱言的事。其實並非沒有先知先覺者，不知道物質建設對國家生存發展的重要性，比方曾國藩曾利用洋槍，李鴻章力排衆議，興建江南造船廠洋砲局，張之洞鼓吹中學為體，西學為用，可算當年注意物質建設之先聲。可是舉辦的事業，都無何成績，舉一個最顯著的例，如事變以前的招商局，原是國營最大的企業，規模也相當完備，對于全國航業，負有重要的責任，論理是應該辦理得完善的，可是內幕的腐敗，不堪聞問。諸如此類的例子，眞是不勝枚舉，說起來非常慨嘆。

中國物質建設沒有好的成效，進步特別的遲滯，原因却也相當複雜，不過歸納其所以然的道理，則很明顯的，是因物質建設，沒有配合社會建設與心理建設，同時的互相輔助推動。因爲未注意到社會建設，所以社會沒有健全的組織與良好的秩序，因此，民衆更不了解科學運用，對于物質建設就沒有若何幫助。復次，因爲同時還未能注意到心理建設，故一般民衆墨守舊法，固步自封的心理，牢不可破，這對于物質建設的影響也極大。我記得在日本福岡，曾參觀一家織繡工廠，據說是三百年前，一個日本和尙到中國來，看見我們中國出產的繡物，精致美觀，于是細心學習，回國後又銳意研究，以後又經過後輩歷年的改良，結果成功日本式的織繡物品，當時看見一幅錦屛，說是繡了三年才完成的，那精致美觀，無論我國湘繡蘇繡，都很少見，學習我們的已超過我們，眞所謂靑出於藍，而勝於藍。這種求進步，精益求精的精神，實在是我們所不及的。

在精神方面，中國不能說沒有獨特的精神，也可以說，中國並不是沒有心理建設，可是都是承襲數千年的舊道德，以個人家族爲中心的舊道德，——這種道德，這種精神，這種心理建設，不僅不能幫助物質建設，相反的，恰足以阻礙物質建設的進步。

從另一方面說，守舊的精神，同時也足以阻礙社會建設，所以中國社會，一徑是不進步，一徑是欠缺組織，然而社會如能有進步有組織，心理建設也可以推動，腐敗落後的精神，也自然可以糾正過來。但因爲中國的社會建設心理建設，都是落後的，不合時代的要求，所以物質建設，雖從淸末維新到現在，始終沒有偉大的表現。

七：今後對于社會建設的重要性

最後兄弟還想與各位一談，在現階段中，社會建設的重要性。國府還都以後，在還都宣言中，說明政府兩大施政方針：「實現和平與實施憲政」。——要實現和平，首先要恢復地方秩序，肅淸共匪，使得一般人民各安生計，並使一般人民對和平有絕對信心，對政府竭誠擁護，但如果不是民衆有組織，受過訓練，都不易建立功效。

其次，要實施憲政，首先要推進地方自治，因爲地方自治是使人民參加政治的第一步；但推進地方自治，必先使社會有組織，人民利用組織，地方自治才能推動，所以不論實現和平與實施憲政，都應當從社會建設着手。這樣，社會建設不僅是物質建設與心理建設之橋樑，亦是和平反共建國的基本工作。

關於組織民衆與訓練民衆，事變前由中央黨部民訓部及社會部担負這個任務，因爲機構未臻健全，加以其他種種原因，所以組訓工作，衹是得失相抵，未有顯著成效，還都以後，國府對此，非常重視，因而仿照日本及歐美各國辦法，在行政院下，設置社會部。

社會部主要的任務：第一是施行社會政策，使一切社會問題，都得到合理的公平的解決；其目的是維護社會秩序的安定，第二是舉辦社會事業，以期普遍的嘉惠于人民，例如公益合作事業等等，使人民享受政府所賦予之一切福利，其目的是保障人民的生活安定。另設社會運動指導委員會，那是專司對于人民團體的指導監督，對于全國人民的組織訓練事宜的。其目的，是使社會上每一部門，每一單位，均能健全化合理化。所以社會部整個的工作，概括言之，就是推進社會建設的工作，也就是把抽象的心理建設更具體化起來，把現實的物質建設，更科學化起來。再換言之，社會部的工作，以無形的心理建設爲出發點，以有形的物質建設作爲終極的目標。工作的範圍，是整個的社會，工作的對象，是全體民衆，所以我們的工作，是要與社會打成一片，與民衆發生密切的聯繫的。

各位將來所做的工作，與社會建設，是很有關係的，與社會部便有不少地方，要互相協助，所以今天兄弟提出這個問題來，與各位研究，同時更以社會部的組織和工作的大要，報告給各位。雖然所講的非常簡單，但倘使能因此而引起各位對於社會建設研究的興趣，將來各地方增加一批從事社會建設的有力份子，那是兄弟所最盼望，最引爲欣幸的事。

附錄

人民團體組織須知

人民團體組織程序圖

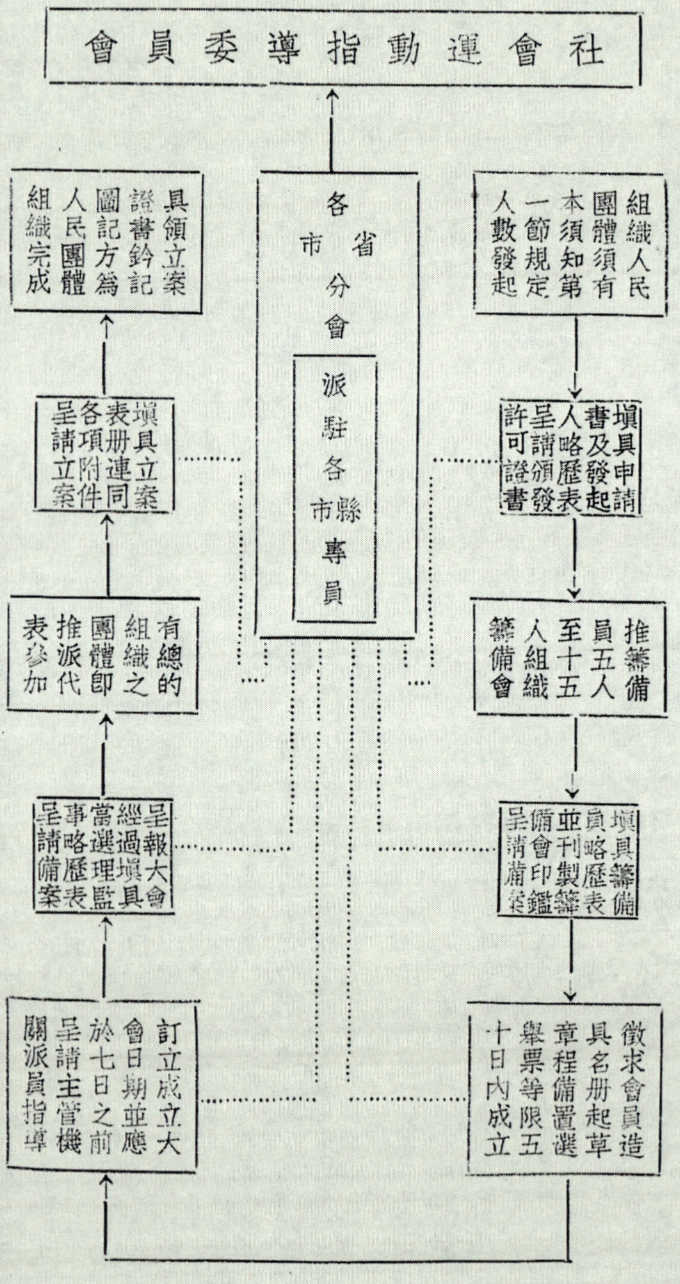
社會運動指導委員會
組織人民團體須有本須知第一節規定人數發起
塡具申請書及發起人略歷表呈請須發許可證書
推籌備員五人至十五人組織籌備會
塡具籌備員略歷表並刊製籌備會印鑑呈請備案
徵求會員造具名冊起草章程備置選舉票等限五十日內成立
各省市分會
派駐各縣市專員
具領立案證書鈐記圖記方為人民團體組織完成
塡具立案表册連同各項附件呈請立案
有總的組織之團體即推派代表參加
呈報大會經過塡具當選理監事略歷表呈請備案
訂立成立大會日期並應於七日之前呈請主管機關派員指導

本須知依照左列各項法規編訂之：

一、修正人民團體組織方案，

二、農會法及農會法施行法，

三、漁會法及漁會法施行細則，

四、工會法及工會法施行法，

五、工商同業公會法及工商同業公會法施行細則，

六、商會法及商會法施行細則，

七、教育會法及教育會法施行細則，

八、人民團體鈐記圖記頒發規則，

九、人民團體負責人員就職宣誓規則，

十、其他有關人民團體之組織法令。

第一節　發起組織申請許可手續

甲、徵求發起人

凡欲組織團體者，須先徵求具有各該團體法規所規定之資格者爲發起人。其發起人數除下列各團體有特殊規定外，一般團體均爲三十人以上，但同一區域無法湊合三十人時，得呈經社會運動指導委員會主管分會之許可，酌量變更之。

一、農會，漁會，職業工會，發起人爲五十人以上；

二、產業工會發起人爲一百人以上；

三、商會發起人爲五個以上工商同業公會，或商業的法人或商店五十家以上；
四、工商同業公會發起人爲同業公司行號七家以上。

乙、申請許可

一、徵求發起人數足額後，應即推舉代表三人連署，具備理由書，暨發起人履歷表各三份，向社會運動指導委員會主管分會申請許可。（縣市由派駐各該縣市之專員呈轉）（以下簡稱主管機關）
二、凡具有全國性之團體，得呈請社會運動指導委員會申請許可。

人民團體申請許可組織理由書式（向社會運動指導委員會領取）

竊…………等擬發起組織

遵照修正人民團體組織方案之規定，理合塡具理由書，連同發起人略歷表三份，一併備文呈請

鑒核，仰祈

俯賜派員調查，並懇准予頒發許可證書，以利進行，實爲公便。

謹呈

社會運動指導委員會　省市分會

附申請許可組織理由書一份暨發起人略歷表三份

發起人代表　簽名蓋章　簽名蓋章　簽名蓋章

中華民國　年　月　日

理由書

申請組織團體名稱		性質
組織理由		

經營業務或服務區域	同業家數或工友人數

通訊處

備註

本表第四第五項備組織工會及同業公會時填載之

人民團體發起人略歷表式（此表向社會運動指導委員會領取）

姓名	性別	年齡	籍貫	學歷	經歷	現在職業及其地位	黨籍	住址或通訊處	蓋章	備考

附註 1.如係國民黨員應在黨籍欄內填明黨、字號。

2.如發起組織同業公會，應於備考欄內填明代表商號名稱，並在蓋章欄內蓋用商號圖章，住址欄內填明商號地址。

丙、具領許可證書

發起人奉到主管機關批示許可組織後，應即備文派員攜帶圖章，前往具領許可證書。

具領許可證書文式

竊　　等前以發起組織　　會遵照規定手續呈奉

鈞會　字第　號批准許可組織在案，茲推　　前來領取許可證書，仰祈

俯賜頒發，實為公便。

呈

社會運動指導委員會省市分會

發起人代表　簽名蓋章
簽名蓋章
簽名蓋章

第二節　籌備成立手續

甲、組織籌備會

發起人領得許可證後，應即召集發起人會議，互推籌備員五人至十五人，組織籌備會。

乙、刊製圖記呈請備案

籌備會應照許可證書所載核定之名稱，自行刊製籌備會圖記，其式樣大小，以公尺五公分見方，邊闊各五公厘，文曰「……………籌備會圖記」文字用正楷。

圖記刊製後，即將啓用日期及印模，連同籌備員略歷表呈請主管機關備案。

人民團體籌備會呈請備案文式

（爲呈報推定籌備員繕具略歷表，及圖記印模仰祈鑒核備案由）

竊查本會業於　月　日呈奉
鈞會批示准予設立，並須給　字第　號許可證書在案，嗣於　月　日假座　處舉行發起人會議，當由
鈞會派員指導，經推定　等　人爲籌備員組織籌備會紀錄在卷，並刊就籌備會圖記，於　月　日
起啓用，理合檢同籌備員略歷表，暨籌備會印模各三份，備文呈請
鈞會鑒核，准予備案，實爲公便。

謹呈

社會運動指導委員會省市分會

附呈籌備員略歷表暨籌備會印模各三份

（此處塡團體名稱（籌備會常務　簽名蓋章

（註：如有必須聲敘事項可分別塡入，不必拘於定格）

人民團體籌備員略歷表式（此表向社會運動指導委員會領取）

姓名	性別	年齡	籍貫	職別	學歷	經歷	現在職業及其地位	黨籍	住址或通訊處	備考

如係工商同業公會應於備考欄內註明代表商號名稱

此單向社會運動指導委員會領取

人民團體籌備會圖記印模

大小五公分邊闊半公分

此處蓋印模

文曰「　　會籌備會」圖記

文用正楷

本圖記於　　月　　日啓用

啓用日期

中華民國　　年　　月　　日　（此處塡團體名稱）　呈報

丙、徵求會員

籌備會經核准備案後，應即備置入會志願書，徵求會員入會。（如係工商同業公會並須具備委託書）

會員入會志願書式

立志願書　　今由

〇〇〇　兩君介紹，加入

〇〇〇

爲會員，自入會之後，願恪守會章及決議案，須至志願書者。

立志願書人　　簽名蓋章

介紹人　　簽名蓋章

　　簽名蓋章

中華民國　　年　　月　　日

委託書式

茲委託　　　君為本　　　　出席代表此致

業同業公會存照

會員　　　　商號蓋章

中華民國　　年　　月　　日

○○市縣○○○○○業同業公會會員代表委託書

商號名稱	設立地址	使用人數	資本金額	組織性質	有否註冊
代表人姓名	性別	年齡	籍貫	學歷	經歷	曾否加入何黨

說明　會員推舉代表一人至二人以經協理主體人為限，其最近一年間平均店員人數超過十人時，應增派代表一人由各該公司行號之店員互推之，但至多不得逾三人。

丁、擬訂章程草案及造具會員名冊

籌備會並應擬訂章程草案，造具會員名冊各三份，呈請主管機關審核（章程用紙及會員名冊向社會運動指導委員會領取）

人民團體會員名冊式

姓名	性別	年齡	籍貫	學歷	經歷	現在職業及其地位	黨籍	住址或通訊處	備考

市縣 業同業公會會員名冊式

商號名稱	使用人數	代表姓名	性別	年齡	籍貫	學歷	經歷	黨籍	資本金額	組織性質	有否註冊	開設地址

呈送會章草案及會員名冊文式

（為籌備就緒繕呈會章草案及會員名冊仰祈鑒核備案由）

竊本會籌備，業已就緒，所有本會章程草案，暨會員名冊，經於　月　日第　次籌備會議決議通過，理合繕具本會章程草案暨會員名冊各三份，呈送

鈞會鑒核仰祈准予備案，實為公便，

謹呈

社會運動指導委員會　省市分會

附呈章程草案及會員名冊各三份

（此處填團體名稱）籌備會常務　　簽名蓋章

中華民國　　年　　月　　日

戊、召開成立大會

章程草案及會員名册經呈奉核准後，應即定期召開成立大會，並於成立大會七日前，呈請主管機關，派員出席指導。

成立大會秩序單

一、開會
二、公推主席
三、全體肅立
四、向國旗及 國父孫中山先生遺像行最敬禮
五、報告
甲、報告開會宗旨
乙、報告籌備經過
六、各機關長官或代表致訓詞
七、討論會章及議案
八、選舉
九、臨時動議
十、宣誓就職
十一、散會

己、籌備會結束

人民團體籌備期間自籌備會備案之日起，以五十日爲限，必要時得呈准延長之，至成立大會舉行，理監事就職後，籌備會應即結束。

第三節 申請立案程序

甲、呈報成立經過

人民團體成立後，應即召開第一次理事及監事會議，並將成立大會情形，第一次理監事會議紀錄，會員名册暨章程

草案變更之處，塡具人民團體成立大會報告表，連同當選理監事略歷表各三份，呈報主管機關備案。

呈報成立大會經過文式

（爲呈報成立大會經過塡具報告表暨當選理監事略歷表仰祈鑒核備案由）

竊本會於　月　日在　處舉行成立大會當由　鈞會派員出席指導，當場通過會章，選舉理監事，並通過決議案多件，並於　月　日舉行第一次理事會議及監事會議理合塡具成立大會報告表，連同首次理監事會議紀錄，當選理監事略歷表各三份，備文呈報，仰祈鑒核備案，實爲公便。

呈

社會運動指導委員會　省市分會

（此處塡團體名稱）籌備會常務　簽名蓋章

中華民國　年　月　日

人民團體理監事略歷表式（此表向社會運動指導委員會領取）

職別	姓名	性別	年齡	籍貫	學歷	經歷	現在職業及其地位	黨籍	備考

注意：如係同業公會，應於備考欄內塡載代表之公司行號

人民團體成立大會報告表式

團體名稱	會址
成立日期	年 月 日 午 時 地點
會員總數	出席會員數
主席姓名	
上級機關代表姓名	
章程草案修正之點	
會員名册更動之處	
當選職員姓名及票數	理事
	候補理事
	監事
	候補監事
通過提案	
臨時動議	
備考	

中華民國 年 月 日 填報

乙、宣誓就職

人民團體當選理監事如於成立大會時，未及宣誓就職，應於成立大會後定期舉行宣誓就職典禮，并呈請主管機關派員監誓。

人民團體負責人員就職宣誓書式

（此書向社會運動指導委員會領取）

「余誓以至誠，恪遵國民政府現行政綱政策及一切法令，盡忠職守，如有違背，願受嚴厲之制裁，謹誓。」

宣誓人　　簽名蓋章

監誓人　　簽名蓋章

中華民國　　年　　月　　日

前項誓詞稟呈主管機關備查。

丙、申請立案

前列各項手續辦完後，應即派員領取立案表格，備文連同塡具之立案表格及章程名冊各三份，申請立案。

呈請立案文式

竊本會於　　月　　日召開成立大會，業將經過情形，暨當選職員略歷表，呈奉鈞會備案在案，玆遵將立案表格，依式塡具，理合檢同章程及會員名冊各三份，備文送請鑒核，仰祈俯准立案，並請頒給立案證書及圖記，以完手續，而利會務。

謹呈

社會運動指導委員會　省市分會

附呈立案表格全宗及章程名冊各三份

（此處塡該團體名稱及負責人姓名）　　簽名蓋章

丁、具領立案證書及鈐記圖記

申請立案奉令核准後，應即派員具領立案證書及鈐記或圖記，並將啓用日期備文連同印模三份，呈請備案。

人民團體成立後，尚未辦理立案時，准用籌備會圖記。

戊、每次開會應呈請派員指導

人民團體自許可之日起，每逢開會，除例會外，均須備文呈請主管機關派員出席指導。

召集會議呈請派員出席指導文式

（爲定期召集　會議仰祈　派員出席指導由）

本會茲定於　月　日在　召集第　次　會議仰祈

鈞會派員出席指導，俾資遵循，實爲公便。

謹呈

社會運動指導委員會省市分會

（此處填該團體名稱及負責人姓名）　簽名蓋章

各級黨部社會服務工作大綱

二十九年十一月一日中央執行委員會常務委員會第二十次會議通過

甲、原則

一、各級黨部關於社會服務事項，應遵守本黨主義，政綱、政策、及有關社會服務之各項法令。

二、各級黨部關於社會服務事項，應遵守和平反共建國國策。

三、各級黨部關於社會服務事項，除直接辦理外，應指揮或督促下級黨部進行之。

四、各級黨部關於社會服務事項，得由各民衆團體及其機構內之黨員，運用各該團體或其組織共同進行之。

五、各級黨部關於社會服務事項，應視事業性質，隨時與當地主管官署聯絡進行。

乙、方針

一、社會服務在使民衆信仰三民主義，服從國民政府現行政綱政策。

二、社會服務在使民衆對本黨有深切之認識，並了解本黨領導民衆爲社會服務之方針。

三、社會服務在改善人民經濟生活，並促進政治、經濟、社會、文化、思想之建設。

四、社會服務在增進人民智識技能，並養成其爲社會服務之能力。

五、社會服務在養成合作互助之精神。

六、社會服務在養成勤奮耐勞之習慣。

丙、範圍

子、關於政治方面：

一、領導人民全體動員努力參加和平反共建國運動。

二、領導人民積極參加地方自治活動，樹立民主政治之基礎。

三、協助各地地方政府，舉辦保甲，厲行清鄉，使人民得安居樂業。

四、在人民團體中，建立黨團，指導民衆，練習四權之行使。

丑、關於經濟方面：

一、領導人民努力生產事業，以謀戰後經濟之復興。

二、領導人民改善生產技術，促進工商業之發展。

三、提高農業智識，改進農業生產，以復興農村。

四、提倡節約儲蓄，保險及合作事業，以改善人民生產。

五、領導人民撫輯流亡，還鄉復業。

寅、關於社會生活方面：

一、領導人民舉辦育幼、養老、救災、濟貧、衛生、保健等事業。

二、提倡義務勞動，促進社會建設。

三、破除迷信，矯正陋劣風俗。

四、提倡正當娛樂，戒除不良嗜好。

五、領導人民推行義務教育，社會教育，識字教育。

六、推行國民體育運動。

丁、權責

子、對於上級黨部應負之職責：

一、執行上級黨部所頒有關社會股務之一切法令。

二、呈請上級黨部指示有關社會服務之重要事項。

三、貢獻有關社會服務之意見。

四、呈報該管區域內社會服務之工作狀況。

丑、對於下級黨部應有之職權：

一、指導事項：

（一）計劃所屬下級黨部關於社會服務之工作實施方案。

（二）指揮並督促下級黨部關於社會服務之進行。

（三）解釋下級黨部有關社會服務之疑義。

（四）召集下級黨部社會服務工作人員舉行會議或談話。

（五）參加下級黨部關於社會服務之會議。

（六）轉發或印發有關社會服務之刊物。

二、考核事項：

（一）派員視察下級黨部社會服務之進行狀況。

（二）審查下級黨部社會服務之報告

（三）考核下級黨部社會服務之成績，並分別加以獎懲。

戊、附則

一、本大綱由中央執行委員會常務委員會決議施行。

更正

本公報九十期合刊法規欄內所載之社會部編譯委員會組織規程第五條之第四項登載錯誤幷脫載第五項茲更正如下：

四、定期刊物組：關於本部定期刊物之編輯事宜。

五、出版組：關於圖書之印刷校對出版發行及保管事宜。

社會部公報價目表

限期	價目	郵費	
零售	一角	本埠半分	外埠一分
半年	一元	本埠六分	外埠一角二分
全年	二元	本埠一角二分	外埠二角四分

廣告暫訂刊例

頁數	價目
一頁	每號十八元
四頁	每號九元
半分之一頁	每號四元五角

刊登廣告在四號以上者每號按七折計算，在十號以上者每號按照六折計算長期另議

編輯者　社會部總務司

發行者　社會部總務司

印刷者　中文仿宋印書館

總經售　中央書報發行所

代售處　南京三通書局

出版日期　每月一日十六日各出版一次

社會部電話號碼	
部長室	31955
次長室	31956
常務委員室	31958
祕書室	31957
總務司	31961
勞動司	31959
合作司	31960
公用	31963

中華民國法規大全補編

公務員
各法團
一般公民
不可不備

國府還都凡二十六年十一月十九日以前之法規奉令適用本編搜羅完備補充正編都五百餘則七百八十餘頁每部實價四元外埠另加郵費二角

最高法院書記廳啓

院址 南京甯海路二十六號

（偽）社會部總務司　編

（偽）社會部公報

第十二號

南京：（偽）國民政府行政院社會部總務司，民國二十九年（1940）鉛印本

中華郵政登記認爲第一類新聞紙類

中華民國二十九年十二月一日

社會部公報

第十二號

國民政府行政院社會部總務司印行

總理遺像

總理遺囑

余致力國民革命，凡四十年，其目的在求中國之自由平等，積四十年之經驗，深知欲達到此目的，必須喚起民衆，及聯合世界上以平等待我之民族，共同奮鬥。

現在革命尚未成功，凡我同志，務須依照余所著，建國方略，建國大綱，三民主義，及第一次全國代表大會宣言，繼續努力，以求貫澈，最近主張，開國民會議，及廢除不平等條約，尤須於最短期間，促其實現，是所至囑。

汪主席

目錄

命令

專載

法規

附錄

命令

行政院令

行政院訓令 行字第一〇五四號

令社會部

案准

軍事委員會會軍二字第五二號咨開：

『案查二十六年八月三十日，國民政府前所修正公布之軍用運輸護照規則及施行細則規定，係將該項護照製定用印後，交由軍政部掌管施行。自還都以後，爲統馭便利起見；各院會部署系統，較之以前，略有變更。而軍政部統屬，祇限定陸軍範圍以內，若仍沿用舊案，由軍政部掌管，則海空部署請領前項護照時，手續上似有未便。玆按照現在實際情形，業將軍用運輸護照規則及施行細則，再行修正改由本會掌管。除呈報國民政府鑒核公佈施行，並通令各軍事機關遵照外，相應檢附國民政府修正軍用運輸護照規則及施行細則各一份，咨請貴院查照。即希轉飭所屬各機關知照爲荷。』

等由；附送軍用運輸護照規則及施行細則各一份，准此，除分令外，合行抄發前項規則及施行細則各一份，令仰知照。並轉飭所屬一體知照！

此令

附抄發；軍用運輸護照規則及施行細則一份。

中華民國二十九年十一月六日

行政院訓令　行字第一〇七〇號

院長　汪兆銘

令社會部

案照關於盜匪案件前奉
國民政府令暫行援用民國二十五年八月三十一日公布之懲治盜匪暫行辦法辦理，等因，業經
本院通令飭遵在案。現奉
國民政府府文一訓字第一四七號訓令開：

『據本府文官處簽呈稱：『准中央政治委員會祕書廳中政祕字第六一〇號公函內開：「前准貴處二十九年九月十七日處文一公字第八八二號公函抄送軍事委員會呈請核示懲治盜匪暫行辦法第七條第二款處刑疑義一案原呈囑轉呈核定等由，當經陳奉　主席諭：『交法制專門委員會邀同軍事委員會核議。』等因，遵卽錄諭函請該會查照辦理在案。茲准該會梅主任委員函復略開：當經會同軍事委員會核議，僉以懲治盜匪暫行辦法規定，犯第三條之罪者，處死刑，犯第四條之罪者，處死刑，無期徒刑，或十年以上有期徒刑，犯第五條之罪者，處無期徒刑，或七年以上有期徒刑。顯有輕重之分，而第七條所規定者，爲對於第三第四第五各條預備犯之處刑標準，自以第一款預備犯之情罪爲最重，第二款預備犯次之第三款預備犯又次之，詳釋法意確爲五三一各年有期徒刑之分別規定。況查民國二十六年以前出版之六法全書，六法理由判解彙編，司法行政部之司法公報等，均載明應處三年以下有期徒刑，如認爲第二款與第三款均係一年以下有期徒刑，不特第三款絕無另行規定之必要，而科刑標準，亦失平允，是以第二款處刑期間，應爲

三年以下有期徒刑，實無疑義。』等由，復經陳奉 主席諭：『照所議轉行。』等因，相應錄案函達，即請查照轉陳令知軍事委員會，並通飭知照。』等由，理合簽呈鑒核。』等情：到府，除分令外，合行令仰知照，並轉飭所屬一體知照，此令。』等因，『奉此，除分令外合行令仰該部查照，并飭所屬一體知照。

此令。

院長 汪兆銘

中華民國二十九年十一月八日

行政院訓令 行字第一〇七一號

令社會部

現奉

國民政府府文一訓字第一七五號訓令開：

『查參謀本部陸海空軍駐外武官條例，現經修正明令公布，應即通飭施行，除分令外，合行檢發條例一份，令仰知照，並轉飭所屬一體知照。此令。

等因，計檢發修正參謀本部陸海空軍駐外武官條例一份，奉此。除分令外，合行抄發該條例一份，令仰該部知照，並轉飭所屬一體知照。

此令。

計抄發修正參謀本部陸海空軍駐外武官條例一份

院長 汪兆銘

中華民國二十九年十一月八日

行政院訓令 行字第一一〇五號

令社會部

據社運指委會呈請修正人民團體鈐記圖記頒發規則一案令仰查照辦理由

案據社會運動指導委員會呈稱：

『竊查人民團體鈐記圖記頒發規則，業經呈奉鈞院於二十九年七月二十三日准予備案在案。當時為體念各團體減輕負擔起見，對於頒發鈐記圖記，並無取費之規定，但按之向例，原可收取費用，且以近時物價飛騰，工資昂貴，是項支出，殊屬可觀，本會殊無餘款供此虧耗，爰擬修正條文，於人民團體請領鈐記圖記時，酌量收取成本費用，以資挹注，並規定鈐記每顆成本費國幣拾元，圖記每顆成本費五元，理合將修正緣由並檢同人民團體鈐記圖記頒發規則及修正文各一份，備文呈請，仰祈鈞院鑒核，准予備案』

等情：附呈規則及修正文各一份，查核所呈，尚屬可行，應准備案。合行抄發修正文一份，令仰該部查照修正公布，並轉飭知照！

此令。

附抄修正文一份

院長　汪兆銘

中華民國二十九年十一月十四日

行政院訓令 行字第一一一三號

令社會部

案查本院第三十三次會議討論事項第二案：「社會部丁部長提：擬請令社會運動指導委員會各省市分會主任委員，列席各該省市政府會議案。決議：通過，分飭各省市政府遵照。記錄在卷，除分令各省市政府遵照外，合行令仰遵照！

此令。

院長　汪兆銘

中華民國二十九年十一月十四日

行政院訓令　行字第一一五一號

令社會部

現奉

國民政府府文一訓字第一八〇號訓令開：

『查著作權法，現經修正，明令公布，應卽通飭施行，除分令外，合行檢發著作權法一份，令仰知照。並轉飭所屬一體知照！此令。』

等因；計檢發著作權法一份，奉此，除分令外，合行抄發著作權法一份，令仰知照。並轉飭所屬一體知照：

此令。

院長　汪兆銘

計抄發：著作權法一份

中華民國二十九年十一月二十日

行政院指令　行字第一四五六號

令社會部

呈一件　爲制定同鄉團體組織準則除由本部公布施行外呈請准予備案由

呈件均悉！

此令。附件存

院長　汪兆銘

中華民國二十九年十一月八日

行政院指令　行字第一四八二號

令社會部社會運動指導委員會

呈一件　爲重行修訂人民團體整理辦法九條呈請鑒核備案由

呈件均悉；查核修訂人民團體整理辦法九條，大致縝密，准予備案。惟第六條文字尚須酌予修改，合將法制局審查意見抄發，令仰查照修正爲要！

此令。

附抄審查意見一份

院長　汪兆銘

中華民國二十九年十一月九日

抄修正人民團體整理辦法審查意見

法制局簽註

（一）第六條第一項原修正文『人民團體整理期間以三個月爲限如有特殊情形不克如期整理完竣者得於限前呈准主管分會酌量延長之』『有』字擬改用『因』字

（理由）查普通用語似以因字爲妥故酌予更正

（二）第六條第三項『於』字擬删

（理由）句內『於』字似屬衍文

社運會令

社會運動指導委員會公佈令社指佈字第一〇號

茲修訂工會之分會、支部、小組、組織簡則，公佈之。

此令。

中華民國二十九年十一月十六日

兼委員長　丁默邨

社會運動指導委員會公佈令社指佈字第一一號

茲制定同鄉團體組織準則公佈之。

此令。

中華民國二十九年十一月十八日

兼委員長　丁默邨

社會運動指導委員會公佈令社指佈字第一二號

茲修正人民團體鈐記圖記頒發規則，及人民團體鈐記圖記式樣公佈之。

此令，

中華民國二十九年十一月十八日　　兼委員長　丁默邨

社會運動指導委員會公佈令社指佈字第一三號

茲修正人民團體整理辦法公佈之。

此令。

中華民國二十九年十一月十八日　　兼委員長　丁默邨

社會運動指導委員會訓令社指訓字第四二九號

令各省市分會

令頒同鄉團體組織準則仰即知照並飭所屬一體知照由

查同鄉團體組織準則，業經本會制定，呈奉行政院行字第一四五六號指令准予備案，並公佈施行各在案。除分令外，合行頒發上項組織準則二份，令仰該分會即便知照，並飭屬一體知照。

此令。

中華民國二十九年十一月十八日　　兼委員長　丁默邨

社會運動指導委員會指令社指字第四四九號

令上海市分會

呈一件　為呈請解釋本市估衣業店員兼工人身份由

呈悉；查商店店員，為商業使用人，工商同業公會法施行細則中早經增加規定，使其有充任會員代表之機會。該市估衣業店員如以裁剪縫紉工作為主體者，自與商業使用人性質不同，得依法加入工會。惟查該市縫工，已有成衣業職業工會之組織，所請另組估衣業職業工會一節，應毋庸議。仰卽知照，并轉飭知照。

此令。

兼委員長　丁默邨

中華民國二十九年十一月十八日

專載

民族主義與大亞洲主義

廿九年十一月十二日總理孫先生誕辰紀念作

汪精衛

「余致力國民革命，凡四十年，其目的在求中國之自由平等。」中國的民族意識，由孫先生集其大成，這是無疑無貳的。中國自有民族以來，民族意識，卽已存在，在四千多年的歷史裏，充分可以表現，然而把以往的民族意識集合起來，加以現代民族意識之淘鍊，使之成爲一個繼往開來的民族主義，不但在理論上使之確立，並且在實行上領導起來，使之向前邁進，這是孫先生一生致力所在，於臨終時，鄭重的說出來，把未了的責任，交付與後死的同志及同胞。

今年恰恰是鴉片戰爭的百年紀念，由一八四〇年到一九四〇年，這百年中，以經濟侵略爲主，以武力侵略爲輔的帝國主義，向着中國的民族意識，不斷的加以摧殘，這摧殘不能不說是給與中國民族相當痛苦，然而並不能致命，因爲中國民族意識，已經形成，無論怎樣摧殘，不能使之消滅的，越分化，越統一，越高壓，越團結，除了摧殘之外，還有可恨的，是利用，這是共產黨的新花樣，明明主張工人無祖國，却利用中國的民族意識，大喊起救國來，明明主張階級鬥爭，却利用中國的民族意識，大喊起民族統一陣線來，這樣掛羊頭賣狗肉的手段給與中國民族的痛苦，較之明目張胆來摧殘的還要厲害，然而這也不能致命，因爲極其作用，只能矇蔽於一時，不久依然覺醒過來的，覺醒之後，再也不會上當了。

孫先生逝世時，共產黨的猙獰面目，還沒有暴露，我們敢決定的說，如果孫先生在，則十六年以後，共產黨的流毒海內，必然可以消弭于未然。至于帝國主義之猖獗，則是孫先生國民革命的對象，孫先生生於一八六六年，距鴉片戰爭二十二年，致力國民革命，始於一八八五年，距鴉片戰爭四十五年，逝世於一九二五年，距鴉片戰爭八十五年，孫先生說：「余自乙酉中法戰敗之年，始決顛覆清廷，創建民國之志，」乙酉是一八八五年，其時孫先生二十三歲，看見外患如此，決非清廷所能支持，所以決定國民革命。外患以來，是以經濟侵略爲主，以武力侵略爲輔的，中國想要抵禦這種外患，不是容易，沒有民族主義，不能喚起中國民衆的自覺，團結中國民衆的力量，沒有大亞洲主義，不能喚起東亞民衆的自覺，團結東亞民衆的力量，所以孫先生於十三年八月二十四日把三民主義講完之後，便於同年十一月二十八日在神戶講大亞洲主義。遺囑說：「積四十年之經驗，深知欲達到此目的，必須喚起民衆，及聯合世界上以平等待我之民族，共同奮鬥，」所謂「以平等待我之民族」，人人皆以爲所指的是蘇俄，然而遺囑所說，並不是指定那一個國家，而是指定「以平等待我之民族」，如果日本以平等待我，正是大亞洲主義所期望的。爲什麼除了喚起民衆之外，還要聯合世界上以平等待我之民族共同奮鬥呢？因爲以經濟侵略爲主，以武力侵略爲輔的帝國主義勢力，已經根深蒂固，不過日本擺脫得早，因此，美國的紅色人種，澳洲的棕色人種，非洲的黑色人種，已經次第被吞噬，被征服，不爲魚肉，卽爲奴隸了。中國想要抵禦這種勢力，喚起中國民衆的自覺，團結中國民衆的力量，誠然是根本。然而若祇着眼於此，而忽略了四周的形勢，則不但不夠，而且不行。從前任何一個國家對於「聯合」兩個字，都是不敢輕易嘗試的，因爲一經聯合，則運命共同，幸則共存，不幸則共亡，爲避免無謂的束縛起見，還是孤立爲好。然而世界大勢，無論在經濟上軍事上，都已經漸漸的由一國單獨行動而進於集團行動了，聯合二字，在已經強盛的國家尚不能免，況於初起的國家，況於在落伍以後而企圖復興的國家，其爲必要，更何待言。

大亞洲主義就是從此而來的。上頭說過美澳菲三洲以次沉沒，輪到亞洲的黃色人種了。鴉片戰爭以來，受帝國主義侵略的，不止中國，與中國同時受侵略的還有日本，不過日本擺脫得早，因此取得自由平等，先於中國數十年，只是帝國主義的侵略勢力一日不消滅，則日本一日有再受侵略的危險。就此一點，中日兩國運命原是相同的，前此雙方因爲忽略了這一點，將一個相同的運命，變而爲相尅，這是十分痛心的事，經過同時反省之後，同時努力，同時爲共同運命而努力。大亞洲主義，於孫先生逝世十五年後，重新放起光明，照耀着兩大民族的前途，使之攜手前進。

民族主義與大亞洲主義，在過去中日運命相尅時代看去，似乎不相容的。在今日中日運命共同時代，則不只是相連貫，而且可以說是相融合而成爲一體了。中國若不能得到獨立自由，則無分担東亞之資格，東亞若不解放，則中國之獨立自由，終於不能得到保障，這是每一個中國人所應當銘心刻骨的。同時日本既然盼望中國分担東亞之責任，當然以平等待我，這是自從近衛聲明以來，已成爲不動之國策，一致之輿論。

建國的基本原則基本工作與基本精神

在中央黨部第十八次總理紀念週報告詞

丁默邨

各位同志：

今天兄弟奉　命出席紀念週担任報告，擬以「建國的基本原則基本工作與基本精神」，作研究題材；個人意見，容有未盡妥善之處，希望各位同志予以指正。

一　建國的基本原則

誰都知道：國府還都後，是以和平反共確定為建國國策，這便是確定以和平反共，為建國的基本原則。為什麼要和平？為什麼要反共？這兩個問題，本黨在六全大會的宣言中，曾有過透切簡明的解釋：「和平所以順利建國之進行，反共所以掃除建國之障礙」，所以換言之，不和平，建國就不能夠順利進行；不反共，建國障礙就不能夠掃除。基於此，和平反共，便成為確定不變的建國基本原則。關於這一點，各位都有深刻的認識和堅定的信念，今天不必贅言。

建國的基本工作

建國的基本原則，已確定了，然則建國的基本工作是什麼呢？這個不必多費研究，因總理在建國方略中早已指示我們，是：心理建設，社會建設，與物質建設。這三種建設，便是國家民族謀生存發展的基本工作。而和平，反共，建國，與心理建設，社會建設，物質建設，理論上也是貫通的，精神上更是一致的。所以今日政府與舉國民衆奮力推行的和平反共建國的國策，與總理遺敎，是完全相符合的。

我們從前對於物質建設，似乎偏重一點，對於心理建設與社會建設，大多忽略過去，或者說在無形中是把心理建設與社會建設，放在附庸的地位，這是過去一切失敗，一切進步遲滯的最大原因，我們當理解，心理建設，社會建設與物質建設，三者間是有緊密的聯鎖性的。兄弟前在「社會建設的理論與實際」的講詞中，曾說過如下一段話：

『心理建設與社會建設有什麼關係呢？因為對國民施行精神訓練，要國民的思想正確：只有在有組織的社會，才能獲得機會。如果沒有健全合理的社會組織，多數國民心目中便祇有個人，祇有家庭，國家社會的觀念便無由產生」。

「物質建設與社會建設有什麼關係呢？因為一切經濟交通的設施，必須合於科學的原則。而運用科學絕不能離開人力的要素，所以應先有社會建設的基礎，否則物質建設不是浪費便是失敗」。

我們可以這樣說：心理建設是無形的，物質建設是有形的，但社會建設，則以無形的心理建設為出發點，而達到有形的物質建設為其終極目的。進一步說，心理建設假使沒有社會建設去輔助，則心理建設無從表現；物質建設假使沒有社會建設去推動，則物質建設末由成功。所以社會建設實在是心理建設與物質建設之橋樑。因為心理建設社會建設與物質建設，三者間有其不可分離的連繫作用，故必需三位一體的配合起來，相互輔助推動，才能獲有成效。這以數月前法國的失敗，和近年來日本的成功，皆足為強力的佐證。

國府還都，中央注意到心理建設與社會建設的重要，在行政院下，除設教育部外，更增設一個宣傳部，使共同担負心理建設的使命。至於軍隊的心理建設，則由軍事委員會特設政治訓練部，負其專責。而宣傳部，也不是獨創的，因世界各國政府設置宣傳部的已很不少，不過有的稱做情報部，名稱上不同而已。另外在行政院下，設置一個社會部，其任務，概括言之：就是担負社會建設的全部工作，一方面施行社會政策，推行社會事業，一方面指導社會運動，監督人民團體，並組織訓練全國人民。性質上略同日本內閣之厚生省，又略同意太利之法團部，英美德法之勞工部。

心理建設，有教育部及增設的宣傳部政治訓練部負責，社會建設，特設社會部專負其責，物質建設，有財政，工商，農礦，交通，鐵道各部及水利委員會等共同負責，所以還都以後的國民政府，可以說比從前有很大的進步，各個部門，各個行政機構的設置，不僅適合　總理的建國方略，且準切現實的需要。

建國的基本精神

主席　汪先生說過：「今日的世界，是拼命的世界，而今日的中國，又正在危急存亡繫於一髮的時候，既需要一種同心協力的精神，更需要一種能適合此精神運用此精神的政治制度，以一個黨一個主義為中心勢力，而聯合各黨各派以共同負荷國家社會的責任」：這一段話，實在是至理名言，極合目前的需要。本來世界各國的政治潮流，近來多趨向集權政治，因為各黨各派互相牽制的民主政治，有許多缺點，無可避免，祇有集權政治，才能夠把它矯正過來。進一步說：民主政治最大的缺點，即是離心力太大，像法國便是厲行民主政治，國內一切，都不免離心離德，散漫頹唐，以致慘敗。所以政治上離心力太大，對於國家非常危險，在變亂之後，要收拾一切，更不可使離心力過分擴張，必須加強向心作用，才能應付非常。中國政治上歷來的壞現象，就在於散漫，現當國家社會殘破之餘，一事一物，皆需從頭做起，假使不加強政治上的向心力，沒有敏捷斷然應付的機會，決難得到圓滿的效果。關於這一層意思，請參考第一卷十三期的中央導報，兄弟發表的「政治的離心力與向心力」那一篇演講稿，此處不必詳加分析。

一個國家在政治上需要向心力，與地球需要太陽的攝力，是一樣的道理。然則政治上的向心力從何而來呢？，簡截言之，必須發揚向心的精神，日本的新政治體制，德義集權政治的成功，都有這一種深刻的意味。以我們中國來說，發揚向心的精神，客觀上不僅需要，而且必要，因為中國在目前，離心離德，散漫頹唐的現象，實在到處充滿，換言之，離心力是過度的擴張，向心力則頗薄弱，向心力與離心力如此的不平衡，實在是可悲觀的事。要補救牠，必須設法加強向心作用，除此以外，恐怕沒有其他方法。所以在目前建國的過程中，向心精神，便是建國的基本精神。無論和平也好，反共也好，無論建設也好，鬥爭也好，假使沒有向心精神，都不容易得良好結果的。

本黨領導辛亥革命，肇造民國，十六年北伐，完成統一局面，去年展開悲壯的和平運動，使國家得再造建設復興的機會，並進而使東亞歷史創一新紀元，這許多生動的事實，皆足證明本黨對於國家民族是有其特殊的貢獻，對於東亞今後建設，有其不可否認的地位。主席　汪先生所說的：「以一個黨一個主義為中心勢力」，當然是以本黨與三民主義為中心勢力，我們應當在這樣的中心勢力之下，在主席　汪先生領導之下，喚起全國民衆，發揚向心精神，去推進和平反共建國的政策，去執行一切建國的基本工作。

最後幾句話

各位同志：中國是一個多難的國家，雖然說多難興邦，但時至今日，大家還不覺悟，還不團結，危險性實在很大，而政治上殘留散漫的現象，非但無補於國家民族，相反的，適足以影響中國與東亞的前途。故本黨同志，今而後，務須恪遵建國的基本原則，發揚建國的基本精神——向心精神，為建國的工作拚力奮鬥！

法規

修正國民政府軍用運輸護照規則

第一條　為調整軍用物資起見，凡運輸軍用物料時，應依照國民政府（以下簡稱本府）軍用運輸護照規則（以下簡稱本規則）施行。

第二條　本府軍用運輸護照，由本府製定用印後，交軍事委員會核發，每三個月造具清册，連同照費及存根，彙解行政院，並呈本府備查。

第三條　本規則所稱軍用物資者如左：

一、軍械彈藥及用以製造械彈之機器材料；

二、軍用器材；

三、軍需物品及軍用衛生材料（非軍用者不在此例）；

四、軍用教育器材（非軍用者不在此例）。

第四條　軍事機關及軍隊或行政機關請領本府軍用運輸護照者，應由直屬之最高長官，分別報請軍事委員會核發，地方法團及公司商號等請領前項護照者，應呈由地方最高官署轉請核發。

第五條　軍事機關及公共團體請領本府軍用運輸護照者，應備具運輸說明書，以便查攷。公司商號請領前項護照者，應須另具請求書保證書連同運輸說明書，一併呈送，以昭愼重。

第六條　請領本府軍用運輸護照者，應按照細則規定，繳納照費，但軍事機關及軍隊，因公調遣或運輸已成軍械彈藥時，得酌免繳納。

第七條　關於本府軍用運輸護照上所列物料，應行減免釐稅，或應照章繳納，暨經過關局報運手續，以及車船運費等項，仍照向章辦理之。

第八條　凡運輸本規則第三條所列物料，倘無本府軍用運輸護照，或所運之種類數量，與護照所列不符，或護照逾限失效者，及違反本規則第六條之規定者，應由經過關局扣留，報請核辦。

第九條　運智利硝專用護照之領發手續，依照稽核智利硝暫行辦法辦理之。

第十條　運硝磺類專用護照之領發手續，依照硝磺類專運護照規則辦理之。

第十一條　凡由外國運軍用物料來本國者，須將本府軍用運輸護照，送由駐在發運國之本國使館，查驗證明。

第十二條　本府軍用運輸護照有效期限，得由軍事委員會臨時斟酌情形限定之，逾期作廢，另請換發。

第十三條　運輸說明書請求書保證書等格式（如附表第一至第三）暨本規則施行細則另定之。

第十四條　本規則自公布之日施行。

修正國民政府軍用運輸護照規則施行細則

第一條　本細則係根據國民政府軍用運輸護照規則第十三條之規定制定之。關於發給軍用運輸護照事宜，依照本細則施行。

第二條　關於國民政府軍用運輸護照規則第三條第一項之解釋如左：

一、軍械類槍砲軍刀矛及其附件；

二、彈藥類火藥爆藥槍彈砲彈及其裝塡火藥之彈丸銅火帽導火線等；

三、用以製造械彈之機器；

四、用以製造械彈之材料白鉛紫銅及製造械彈之鋼鐵等。

第三條　關於國民政府軍用運輸護照規則第三條第二項之解釋如左：

一、軍用陣營器材；

二、軍用橋樑工作器材；

三、軍用電信電話電燈器材；但無線電材料，應照交通部無線電材料進口護照辦法辦理；

四、軍用航空器及其機件並附屬品，應照航空器件輸入條例辦理；

五、軍用汽車及機件並附屬品；

六、軍用車輛及其他軍用器材。

第四條　關於國民政府軍用運輸護照規則第三條第三項之解釋如左：

一、糧秣類；

二、被服類；

三、裝具類；

四、軍用藥物類；

五、軍用醫藥器械及消耗品類。

第五條　關於國民政府軍用運輸護照規則第三條第四項之解釋如左：

一、軍用教育書籍類；

二、軍用教育器械木槍木劍體操器械軍樂等類。

第六條　國民政府軍用運輸護照之限量如左：

一、槍枝　每照以一百枝爲限

二、槍彈　每照以一萬粒爲限

三、砲及機關槍　每照以六門爲限

四、砲彈　每照以三百發爲限

五、器械刀矛等　每照以二百件爲限

六、火藥爆藥　每照以二千市斤爲限

七、銅火帽導火線　每照以二千個或二千市尺爲限

八、白鉛紫銅　每照以五千市斤爲限

九、銅鐵（非用以製造械彈者不在此限）每照以五千噸為限

十、製造軍械彈藥機器每照以製造一種械或彈之機器一全副為限

十一、米　每照以五百包為限

十二、麵粉　每照以一千五百袋為限

十三、被服裝具　每照以一萬件為限

十四、軍用衛生材料或軍用教育器材　每照以價值一萬元為限

第七條　軍用物料二項以上同運，其成數合計，不超過定限時，准合塡一照，其規定如左：

一、前條之第二第五兩項，得與第一項槍枝合塡一照；

二、前條第二項或第四項，得與第三項合塡一照；

三、前條第六第七第八項等，得與第三項合塡一照。

四、在上列規定之外，二項以上，不得合塡一照，但緊急時期，得不依前條之限量及上列各項之規定，臨時由軍事委員會酌量辦理之。

第八條　本細則未列之軍用物料，有應請領護照運輸者，其種類限量，由軍事委員會隨時核定辦理之。

第九條　軍事機關或軍隊（地方自衛團體及警察不在此例）領運已成或移運舊存軍需物料軍用器材衛生材料及軍餉行李等項，其運輸限量，不適用本細則第六條之規定；但須預先報請軍事委員會查核。

第十條　軍用運輸護照之照費，暫定為每照國幣五元，印花費一元。

第十一條　請領護照時應備之書表，缺略及塡註不詳者，或與本細則規定不符者，應繳照費印花稅費未納足者，除有特別情形經預先聲明外，概作無效。

第十二條　本細則自公布日施行。

附表第一

保證書

為出具保證書事茲有　　因　　擬將　　自
運往　　其種類數量及用途均屬確實並無別情甘願具結保證理合呈請
鑒核備案謹呈
軍事委員會轉呈
國民政府

具保證書人（某公司商號主管者職名章）

中華民國　　年　　月　　日

附表第二

請求書

為呈請發給護照事茲因　　擬將　　自　　運往
請領護照　張以資憑證而利運行理合備文連同保證書暨運輸說明書呈請
鑒核發給俾便運行謹呈
軍事委員會轉呈
國民政府

呈請者

中華民國　　年　　月　　日

附表第三

運輸說明書

發送處所及主管者職名	
承收處所及主管者職名	
押運者職名	
種類	
數量	
用途（或事由）	
起運地點	
到達地點	
經過稅關路站	
請發護照年月日	
預計運畢期限	
附記	

請照者職名章

中華民國　　年　　月　　日

參謀本部陸海空軍駐外武官條例

二十九年十一月一日修正公布

第一條　參謀本部爲求國際間軍事聯絡起見，得派遣駐外武官於大(公)使館。

第二條　駐外武官，設置武官長一人，輔佐官一人至三人，助理官一人至二人，必要時，得增設副武官長一人，並得加派陸海空人員，均視事務之繁簡，隨時增減之。

第三條　駐外武官長由參謀本部遴選曉暢軍機，洞悉國際情形，精通該派遣國之語文，曾在國內外軍事大學暨專門學校畢業者，分別任用之。

各駐外武官，應具有在本部服務半年以上資格。

第四條　駐外武官，受參謀總長之命，並受駐在國之本國大(公)使之指導，辦理軍事外交，及考察軍務，研究軍學。

第五條　駐外武官之重要呈述及業務報告，有必要者，得由本部轉呈軍事委員會。

第六條　駐外武官，得酌用雇員。

第七條　駐外武官之辦事通則與辦事細則，臨時定之。

第八條　駐外武官之官俸(如附表)及各項費用另定之。

第九條　任期爲三年，如有特殊情形，得變更之。

第十條　本條例自呈准公布之日施行，如有未盡事宜得由本部呈請修改之。

駐外武官官俸表

	俸給	勤俸	總計			
簡任	少將一級 500	1000	1500	駐外武官長		副武官長
	少將二級 400	800	1200			
薦任	上校一級 340	680	1020	輔佐武官	駐外武官長	
	上校二級 300	600	900			
	中校一級 240	480	720	輔佐武官	輔佐武官	
	中校二級 200	400	600			
	少校一級 180	360	540			
	少校二級 160	320	480			
委任	上尉一級 140	280	420	助理武官	助理武官	
	上尉二級 120	240	360			
備攷						

駐外武官長公費表

駐日武官	少將	一・六〇〇	辦公費八〇〇 交際費八〇〇
駐英武官	少將		
駐美武官	少將		
駐德武官	少將		
駐法武官	少將		
駐蘇俄武官	少將		
駐意武官	上校		
駐土武官	上校		
附註	上表所列各國，係前已派武官或擬派武官之國，今後情形或有變更，除日本外，應俟派遣時，再行酌定。		

著作權法

二十九年十一月十三日修正公布

第一章 總則

第一條 就左列著作物，依本法註册，專有重製之利益者，爲有著作權：

一、書籍論著及說部；

二、樂譜劇本；

三、圖畫字帖；

四、照片雕刻模型；

五、其他關於文藝學術或美術之著作物。

就樂譜劇本有著作權者，並得專有公開演奏或排演之權。

第二條 著作物之註册，由國民政府警政部掌管之，警政部對於依法令應受教育部審查之教科圖書，於未經教育部審查前，不予註册。

第三條 著作權得轉讓於他人。

第二章 著作權之所屬及限制

第四條 著作權歸著作人終身有之，並得於著作人亡故後，由繼承人繼續享有三十年；但別有規定者，不在此限。

第五條 著作物係由數人合作者，其著作權，歸各著作人共同終身有之。著作人中有亡故者，由其繼承人繼續享有其應有之權利。

前項繼承人，得繼續享有其權利，迄於著作人中最後亡故者之亡故後三十年。

第六條 著作物於著作人亡故後始發行者，其著作權之年限爲三十年。

第七條 著作物係用官署學校公司會所或其他法人或團體名義者，其著作權之年限，亦爲三十年。

第八條 不註姓名或用假設名號之著作物，其著作權之年限，爲三十年。

前項年限未滿而改用眞實姓名者，適用第四條之規定。

第九條 照片得由著作人享有著作權十年，但受他人報酬而著作者，不在此限。

刊入文藝學術著作物中之照片，如係特爲該著作物而著作者，其著作權，歸該著作物之著作人享有之。

前項照片著作權，在該文藝學術著作物之著作權未消滅前，繼續存在。

第十條 從一種文字著作以他種文字翻譯成書者，得享有著作權二十年。但不得禁止他人就原著另譯；其譯文無甚差別者，不在此限。

第十一條　著作權之年限，自最初發行之日起算。

第十二條　著作物係編號逐次發行或分數次發行者，應於首次呈請註册時聲明之，嗣後每次發行，仍應履行呈報之程序。

前項後段所定呈報程序，限於定期刊物，得由警政部准其省略之。

第十三條　著作物係編號逐次發行者，其著作權之年限，自每號最初發行之日起算。

著作物係分數次發行者，其著作權之年限，自其最後部分最初發行之日起算。但該著作物雖未完成其應行繼續之部分，已逾三年而尚未發行者，以已發行之末一部分，視爲最後之部分。

前項規定，於第一次註册時預行聲明繼續發行之期限者，不適用之。

第十四條　著作權人亡故後，若無繼承人，其著作權視爲消滅。

第十五條　著作權之移轉及繼承，非經註册，不得對抗第三人。

第十六條　著作物係由數人合作，而有少數人或一人不願發行者，如性質上可以分割，應將其所作部分除外而發行之。其不能分割者，應由餘人酬以相當之利益，其著作權則歸餘人所有。但該少數或一人不願列名於著作物者聽之。

第十七條　出資聘人所成之著作物，其著作權歸出資人有之。但當事人間有特約者，從其特約。

第十八條　講義演述，雖經他人筆述或由官署學校印刷，其著作權仍歸講演人有之。但別有約定或經講演人之允許者，不在此限。

第十九條　就他人之著作闡發新理，或以與原著作物不同之技術，製成美術品者，得視爲著作人享有著作權。

第二十條　左列著作物，不得享有著作權：

一、法令約章及文書案牘；

二、各種勸誡及宣傳文字；

三、公開演說而非純屬學術性質者。

第廿一條　揭載於報紙雜誌之事項，得註明不許轉載，其未經註明不許轉載者，轉載人須註明其原載之報紙或雜誌。

第廿二條　警政部於著作物呈請註册時，發現其有左列情事之一者，得拒絕註册：

一、顯違三民主義及現行國策者；

二、其他經法律規定禁止發行者。

第三章　著作權之侵害

第廿三條　著作權經註册後，其權利人得對於他人之翻印仿製或以其他方法侵害利益，提起訴訟。

第廿四條　接受或繼承他人之著作權者，不得將原著改竄割裂變匿姓名或更改名目發行之。但得原著作人同意或受有遺囑者，不在此限。

第廿五條　著作權年限已滿之著作物，視爲公共之物。但不問何人，不得將其改竄割裂變匿姓名或更換名目發行之。

第廿六條　冒用他人姓名發行自已之著作物者，以侵害他人著作權論。

第廿七條　未發行著作物之原本及其著作權，不得因債務之執行，而受強制處分。但已經本人允諾者，不在此限。

第廿八條　左列各款情形，經註明原著作之出處者，不得以侵害他人著作權論：

一、節選衆人著作成書，以供普通教科書及參考之用者。

二、節錄引用他人著作，以供自已著作之參證註釋者。

第廿九條　著作權之侵害，經著作權人提起訴訟時，除依本法處罰外，被害人所受之損失，應由侵害人賠償。

第三十條　著作物係由數人合作者，其著作受侵害時，得不俟餘人之同意，提起訴訟，請求賠償其所受之損失。

第卅一條　因著作權之侵害提起民事或刑事訴訟時，得由原告或告訴人請求法院，將涉於假冒之著作物，暫行停止其發行。

於有前項處分後，經法院審明並非假冒，其判決確定者，被告因停止發行所受之損失，應由原告或告訴人賠償之。

第卅二條　著作權之侵害，若由法院審明，並非故意假冒得免處罰。但須將被告所已得之利益，償還原告。

第四章　罰則

第卅三條　翻印仿製及以其他方法侵害他人之著作權者，處五百元以下五十元以上之罰金；其知情代爲出售者亦同。

第卅四條　違反第二十四條之規定者，處四百元以下四十元以上之罰金。

第卅五條　違反第二十五條之規定者，處三百元以下三十元以上之罰金。

第卅六條　註册時呈報不實者，處二百元以下二十元以上之罰金，並得註銷其註册。

第卅七條　未經註册之著作物，假塡某年月日業經註册字樣者，處四百元以下四十元以上之罰金。

第卅八條　依本章處罰之著作物沒收之。

第卅九條　第三十三條第三十四條之罪，須告訴乃論，但犯第三十三十四條之罪，而原著作人已亡故者，不在此限。

第五章　附則

第四十條　本法自公布日施行。

修正工會之分會支部小組組織簡則（按原簡則於民國二十三年九月二十一日中央民衆運動指導委員會頒行）

第一條　凡各產業工會或職業工會，均應依據本簡則之規定，設立分會支部，支部之下，劃分小組，每組以五人至三十人爲限。

第二條　分會設幹事會，支部設幹事，小組設組長，受上級工會之指導，處理一切事務。但分會支部小組，均不得單獨對外。

第三條　分會幹事會，設幹事三人，候補幹事二人，支部設幹事一人，候補幹事一人，小組設組長一人，均由所屬會員，依法選之。

第四條　分會幹事會之下，得設左列三股：

第一股　掌理文件收發會計庶務報告及不屬他股事項；

第二股　掌理合作儲蓄衛生娛樂介紹及工人福利事項；

第三股　掌理教育訓練登記調查統計事項。

第五條　前條各股各設主任一人，由幹事互推兼任，並得設助理員一人至二人，由幹事會就所屬會員中擇用，承各股主任之命，處理本股事務。

第六條　幹事會幹事，任期一年，支部幹事小組組長，任期均爲六個月，連選得連任。

第七條　幹事會開會不得於工廠工作時間內舉行。

第八條　本簡則自公佈日施行。

同鄉團體組織準則

第一條 本準則依據修正人民團體組織方案第二節第十三條之規定訂定之。

第二條 同鄉團體，以聯絡鄉誼互謀福利暨舉辦同鄉中之公益與慈善事業並服務社會為宗旨。

第三條 凡同鄉團體之組織，得由各該區旅居人民三十人以上之發起，依照人民團體組織方案之規定組織之。

第四條 同鄉團體之發起人及會員，應具下列資格：

一、有行為能力者；

二、有正當職業者；

三、無不良嗜好者；

四、未受褫奪公權之處分者。

第五條 省、得成立同鄉團體聯合會，但須該省之縣市同鄉團體十個以上，並經社會運動指導委員會之核准，方得組織之。

第六條 同鄉團體聯合會之最高權力機關，為代表大會；同鄉團體之最高權力機關，為會員大會。

第七條 前條所稱代表大會之代表，由單位同鄉團體，按照會員比例數，於理監事中依法推舉之。

第八條 同鄉團體聯合會設理事十一人至三十三人，監事五人至十七人，候補理事不得超過七人，候補監事不得超過五人；同鄉團體設理事五人至十九人，監事三人至十一人，候補理事不得超過五人，候補監事不得超過三人，由代表大會或會員大會依法選舉之。

第九條 同鄉團體聯合會，由理事會互選常務理事五人至十七人；同鄉團體互選常務理事三人至十一人，處理日常會務。理事會每星期開會一次。

第十條 監事會互選常務監事一人至三人。監事會每月開會一次。

第十一條 同鄉團體聯合會及同鄉團體之理事會，設秘書一人，並酌設左列各科：

一、總務科 掌理文書會計庶務交際及不屬其他各科事項；

二、組織科 掌理會員之入會調查登記統計等事項；

三、服務科 掌理舉辦社會福利公益慈善職業介紹救助會員及調處糾紛等事項。

必要時經代表大會或會員大會之決議，得增設他科。

第十二條 理事會秘書，由理事會決議聘任之，各科設主人一人，由理事中互推担任之，並得酌設幹事助理

五、調查會員間或會員對外所發生之糾紛。

第十三條 幹事雇員若干人，佐理會務。

第十三條 代表大會或會員大會，每年開會一次，其職權如左：
一、選舉及罷免理監事；
二、修訂章程；
三、接受理監事之報告並決議其提案；
四、審核經費之預算及決算並確定徵收會費標準。

第十四條 理事會之職權如左：
一、處理日常會務；
二、執行代表大會或會員大會決議案；
三、辦理召集代表大會或會員大會事宜；
四、接受會員之建議；
五、調查會員間或會員對外所發生之糾紛。

第十五條 監事會之職權如左：
一、處理日常會務；
二、稽核經費之出納；
三、審核各種事業之進行狀況；
四、考核會員之言論行動；
五、有向理事會複議之權。

第十六條 代表大會會員大會理事會及監事會等各種會議，均以過半數之出席，方得開會，出席過半數之同意，方得決議。

第十七條 代表大會或會員大會開會時，應呈報社會運動指導委員會各省市分會，派員出席指導。

第十八條 本準則自公佈日施行。

首都中山醫院捐募開辦費辦法

一、捐募總額　國幣二十五萬元，全部充開辦費。

二、捐募對象　以向全國黨員勸募為原則　但黨外人士熱心捐助者，極表歡迎。

三、捐募時期　自十一月一日開始，至十二月三十一日結束，必要時得延長之。

四、捐募方法　由籌備委員會組織勸募隊若干隊，分頭勸募，編制如下：

甲　名譽總隊長若干人、聘請中央常務委員擔任之；

乙　名譽隊長若干人、聘請中央執監委員擔任之；

丙　總隊長一人、由籌備委員會聘任之；

丁　副總隊長若干人，由籌備委員會聘任之；

戊　隊長若干人、由籌委會就下列人員中聘任之；

1、中央黨部秘書廳及各部主任秘書；

2、政府各院部會本黨同志之任高級職務者；

3、各省市黨部主任委員或常務委員；

4、各省市政府本黨同志之任高級職務者；

己　分隊長若干人、由隊長提請籌委會聘任之；

庚　每隊設幹事若干人、由隊長酌量聘請之；

辛　黨外人士，自願擔任勸募事務者、籌委會得酌量情形，延聘為副總隊長、隊長、或分隊長。

五、酬謝辦法　甲　製贈保健券、在有效期間、可免費診治。

1、捐助在一百元以上者，贈丙種保健券、有效期間為一年；

2、捐助在五百元以上者，贈乙種保健券、有效期間為三年；

3、捐助在一千元以上者、贈甲種保健券，有效期間為五年。

乙　置紀念銅牌，凡一人捐助五百元以上者，除贈保健券外，並鐫刻姓氏於銅牌，永留紀念。

丙　題給獎匾、凡一人捐助五千元以上者，除依上列二項辦法外、並呈請中央執行委員會主席題給獎匾。

丁　凡勸募捐款成績優良者，其獎勵辦法另訂之。

六、收款辦法　由各隊代收，收到捐款時，由各隊掣給籌委會印製之正式收據，每十日將經募之款，匯解籌委會登報公告。

七、宣傳辦法　由籌委會，另組宣傳機構、專司其事。

中華民國法規大全補編

公務員
各法團
一般公民
不可不備

國府還都凡二十六年十一月十九日以前之法規奉令適用本編搜羅完備補充正編都五百餘則七百八十餘頁每部實價四元外埠另加郵費二角

最高法院書記廳啓

院址　南京甯海路二十六號

社會部公報價目表

限期	價目	郵費	
零售	一角	本埠半分	外埠一分
半年	一元	本埠六分	外埠一角二分
全年	二元	本埠一角二分	外埠二角四分

廣告暫訂刊例

頁數	價目
一頁	每號十八元
四頁	每號九元
半分之一頁	每號四元五角

刊登廣告在四號以上者每號按七折計算，在十號以上者每號按六折計算長期另議

編輯者　社會部總務司
發行者　社會部總務司
印刷者　中文仿宋印書館
總經售　中央書報發行所
代售處　南京三通書局
出版日期　每月一日十六日各出版一次

社會部電話號碼	
部長室	31955
次長室	31956
常務委員室	31958
秘書室	31957
總務司	31961
勞動司	31959
合作司	31960
公用	31963

社會部編譯委員會出版

社會叢書

日本簡易生命保險事業之現況

每册實售二角

簡易生命保險，關係國民生活之安定，與中產以下勞動者家庭經濟之保障，至爲重要。日本自大正五年創始簡易生命保險事業以來，延至最近，其契約總數，已達三千六百餘萬件，保險金額，亦達六十四億圓，在二十餘年之短促時間內，竟有如此飛躍之進展，實至可驚異。本書譯自日本厚生省保險院簡易保險局所編「簡易生命保險事業之現況」，內容簡要精警，譯筆忠實通暢，誠爲絕好之參考資料。

編輯兼發行　社會部編譯委員會

總　經　售　中央書報發行所

（偽）社會部總務司　編

（偽）社會部公報

第十三、十四號

南京：（偽）國民政府行政院社會部總務司，民國三十年（1941）鉛印本

中華郵政登記認為第一類新聞紙類

中華民國三十年一月一日

社會部公報

第十三四號

國民政府行政院社會部編譯委員會印行

總理遺像

總理遺囑

余致力國民革命，凡四十年，其目的在求中國之自由平等，積四十年之經驗，深知欲達到此目的，必須喚起民衆，及聯合世界上以平等待我之民族，共同奮鬥。

現在革命尚未成功，凡我同志，務須依照余所著，建國方略，建國大綱，三民主義，及第一次全國代表大會宣言，繼續努力，以求貫澈，最近主張，開國民會議，及廢除不平等條約，尤須於最短期間，促其實現，是所至囑。

汪主席

目錄

命令

法規

專載

附錄

命令

行政院訓令

行政院訓令　行字第一一九四號

令社會部

現奉

國民政府府文一訓字第一八六號訓令開：

「查獎勵工業技術條例，現經修正，明令公布，應即通飭施行，除分令外，合行檢發該條例，令仰知照。並轉飭所屬一體知照！。」

等因；計檢發修正獎勵工業技術條例乙份，奉此，除分令外，合行抄發該條例乙份，令仰該部知照，並轉飭所屬一體知照！此令。

附抄發；修正獎勵工業技術條例乙份。

院長　汪兆銘

中華民國二十九年十一月二十七日

（條例登本期公報法規類）

行政院訓令　行字第一二〇〇號

令社會部

現奉

國民政府府文一訓字第一八四號訓令開：

「據本府文官處簽呈稱：『案查本處前以鈞府二十九年七月十二日修正公布之公文程式條例，關於府令副署部份，與國民政府組織法第十四條不符，比經函准中央政治委員會秘書廳轉准法制專門委員會議復：「以修正公文程式條例第二條，關於副署增加各會長官一節，雖與國民政府組織法第十四條對於國民政府所有命令處分以及關於軍事動員之命令，須經關係院院長部長副署之規定，略有參差不齊之點，惟國民政府組織法關係根本大法，似未便輕予更正，各會委員長係特任職，其地位與各部部長相當，關於副署，似可適用法律上類推解釋之原理，比照部長同一辦理。」等由，過處，嗣以類推解釋之範圍，依照國民政府組織系統表所列，隸屬於行政院者，有振務，邊疆，僑務，水利，等四委員會，隸屬於司法院者，有公務員懲戒委員會，隸屬於考試院者，有考選委員會，其直屬於國民政府者，有軍事委員會，及華北政務委員會，其他尙有官職亦為特任，與各部部長官階相等者，如司法院所屬行政法院，最高法院，軍事委員會所屬參謀本部，軍事訓練部，政治訓練部，及軍事參議院等機關，是否一律依據法制專門委員會類推之解釋，比照部長同一辦理之處，似應提請中央政治委員會決定，復經函請中央政治委員會秘書廳轉陳核示去復，茲准中央政治委員會秘書廳中政秘字第六四五號公函尾開：「案經陳奉　主席諭：『交法制專門委員會審議。』等因，遵由本廳函請該會查照辦理在案。茲准該會梅主任委員思平十一月八日函復內開：『查副署係表示政治責任，各院院長因各自對中央政治委員會負責，（中華民國國民政府組織法第十五條「憲法未頒布以前行政，立法，司法，監察，考試，各院各自對中央政治委員會負責。」）故於國民政府命令必須副署，行政院所屬各部部長，各會委員長，因係連帶責任，故於關係事項亦須副署，至其他各院所屬部會院，並非連帶責任，自不必副署，業經本專門委員會將此解釋報告中央政治委員會第二十六次會議認為無異議，在案。相應函復查照。』等由；准此，相應函達，即請查照為荷。」等由；理合簽請鑒核。』等情，到府，應准依議辦理，除分行外合行令仰知照，並轉飭所屬，一體知照，此令。」

等因；奉此，除分行外，合行令仰知照，並轉飭所屬，一體知照！此令。

院長　汪兆銘

中華民國二十九年十一月二十八日

行政院訓令 行字第一二一三號

令社會部

現奉

國民政府府文一訓字第一八七號訓令開：

「查電影檢查法，現經修正，明令公布，應即通飭施行，除分行外，合行檢發該法，令仰知照，并轉飭所屬一體知照，此令。」

等因；計檢發修正電影檢查法一份，奉此。除分令外，合行抄發修正電影檢查法一份，令仰該部知照，并轉飭所屬一體知照。

此令。

計發修正電影檢查法乙份

中華民國二十九年十一月二十九日

院長 汪兆銘

行政院訓令 （條文登本期法規欄） 行字第一二六八號

令社會部

案據外交部褚兼部長呈送所擬「外交部特派交涉員辦事處組織及職務規程草案。」經交本院祕書處簽註意見，提出本院第三十七次會議，議決：「(一)修正通過，(二)前頒之『省政府及隸屬行政院之市政府設置特派交涉員暫行辦法』同時廢止，并呈報中央政治委員會。」紀錄在卷，除呈報并通行外，合行抄附上項通過之規程一份，令仰該部遵照，并轉飭所屬知照！

此令。

附抄發外交部特派交涉員辦事處組織及職務規程一份

中華民國二十九年十二月十二日

院長　汪兆銘

行政院訓令　行字第一二七七號

令社會部

現奉

國民政府府文一訓字第一九四號訓令開：

「查著作權法施行細則，現經修正，明令公布，應即通飭施行，除分令外，合行抄發修正著作權法施行細則，令仰知照。並轉飭所屬一體知照。」

等因；附發修正著作權法施行細則一份，奉此，除通令外，合行抄發原附件，令仰該部知照。並轉飭所屬一體知照！此令。

計抄發：修正著作權法施行細則一份

中華民國二十九年十二月十三日

院長　汪兆銘

行政院訓令　行字第一二八一號

（條文登本期法規類）

令社會部

（奉令爲各機關截至本年十二月底止繼續舉行各未經考績公務員臨時考績具本屆年考暫行援辦令仰飭屬遵照由）

現奉

國民政府府文二訓字第一九三號訓令開：

「據考試院二十九年十二月三日院總呈字第一七九號呈稱：『案據銓敍部呈稱：案查二十四年七月國民政府公布之考績法第二條第一款規定，年考就各該公務員一年成績考覈，又第二條第二款規定，年考於每年十二月行之。茲者瞬屆年終，似應籌備舉辦。復查二十五年十二月公布之修正公務員考績法施行細則第二條規定，依本法考績之公務員，以經甄別審查，或登記審查合格，或依法任用者為限。第三條規定，本法第二條所稱一年成績，係指在同一機關任同官等職務。自銓敍合格之日起，至考績時止，滿一年之成績。惟該細則修正，係在甄審條例廢止三年以後（二十二年三月廢止）當時不惟甄別審查或登記審查合格之公務員，早經辦竣，即自其銓敍合格之日起，至考績時止，亦均一年，故始有上項之規定。現甄別審查雖已開始舉辦，但各省市機關以改組較遲，其任用之公務員，均未滿三月，尚未能送審，京內各機關，亦有因事實關係，未送審者尚多，至登記審查合格，或依法任用者，現更無此事實，且自國府還都，扣至年終，僅有九月，於年考名實，似有不符，是依現實之狀況，與前列條文，均有重大出入，如本年終舉行年考，必須呈請　國府另行頒訂考績法規，事實法令，庶可適合，否則窒礙難行，無憑辦理。竊思　國府曾於本月終舉辦臨時考績，適用年考獎懲條列，其期距今未久，本屆年考，可否緩辦，抑仍循例舉行，理合具文呈請鈞院鑒核，轉呈　國民政府核示祇遵，實為公便。等情；據此，查年終考績，根據考績法，應就公務員一年成績考覈，現　國府還都，扣至年底，尚未滿一年，且臨時考績，甫經奉令於九月一日起，至九月三十日止舉行，為期未久，其各機關公務員，截至九月三十日止，不滿三個月，未及考績者，為數尚多，為兼顧法令事實起見，擬請通令各機關截至本年十二月底止繼續舉行各未經考績公務員臨時考績以昭一律。本屆年考即行緩辦。是否有當，理合備文呈請鈞府鑒核，指令祇遵。』等情；應准照辦。除指令暨分行外，合行令仰該院遵照，並轉飭所屬一體遵照此令。」

等因；奉此，除分令外，合行令仰該部遵照，並轉飭所屬一體遵照。

此令。

院長　汪兆銘

中華民國二十九年十二月十四日

社運會令

社會運動指導委員會訓令　社指訓字第四六三號

令各省市分會

案據南京市分會呈稱：

「案查還都以前，所有已經成立人民團體，依照修正人民團體組織方案第二十五條之規定，『應向主管分會重行登記』等語，查該項團體來會申請登記時，如經本分會詳加審核，其有不合之處，當卽令飭改正，至認為合法准予備案後，是否應卽頒發圖記，承認為正式團體：抑仍須補行立案手續？因法無明文規定，理合備文呈請鈞會，仰祈鑒核示遵」

等情前來。查合法之人民團體重行登記，其性質與立案相似。如各項手續俱已完備，自毋庸另補立案手續。除指令飭遵外，合行令仰各該分會遵照辦理。

此令

中華民國二十九年十一月二十八日

兼委員長　丁默邨

社會運動指導委員會訓令　社指訓字第四七〇號

令各省市分會

查中外人士合組之宗教文化等團體，以其含有國際性質，未能盡依修正人民團體組織方案辦理，對其申請組織或登記立案，自應審慎處理，茲規定：凡關於國際性之團體，須先向各該國領事館，查詢屬實，徵得其同意，如關於中日人民合組之團體，並須通知友軍特務機關，徵詢其意見後，方可核准，除分令外，合行令仰知照。

此令

中華民國二十九年十一月二十九日　兼委員長　丁默邨

社會運動指導委員會訓令　社指訓字第四八二號

令江蘇省　安徽省　上海市　南京市分會

案據浙江省分會呈請解釋關于日本米商應否加入當地米業同業公會。及其請領採辦證與違反章程時，應如何處罰等情到會。查日本米商加入米業公會一節，於法無據，應毋庸議。至日商領證及違章處置等辦法，專屬糧食管理經轉函粮食管理委員會解釋。茲准粮食管理委員會粮字第二八五號公函內開：

「案准貴部社祕字第一七四號公函，以據社運會浙江省分會電呈，為日本米商請領採辦證及違反章程時如何處置等問題，請求解釋等情，函請迅賜核覆，以便轉飭等由：准此，查關于日商經營米業，應先請求使館或領事館證明，轉向本會登記，方准照章請領採辦證或搬運護照，採運食米。該項登記辦法，業經函請日本大使館查照，通告各米商在案，至日商如有違反章程情事，自應遵照　國民政府二十九年八月一日公佈之蘇浙皖食米運銷管理暫行條例第七第十第十一各條條文，察核情節，分別處理，除觸犯刑法，由使領館依法懲辦外，關于吊銷證照，由本會通知使領後直接處理。關于罰款及沒收貨物，由本會決定，函知使領館執行。准函前由，相應復請查照，并轉飭知照為荷」。

等由：准此，除分行外，合行令仰該分會知照，并轉飭所屬一體知照。

此令

中華民國二十九年十二月三日　兼委員長　丁默邨

法規

獎勵工業技術條例

二十九年十一月二十三日修正公布

第一條　凡中華民國人民，對於工業上之物品或方法，首先發明者，得依本條例呈請獎勵

第二條　依本條例受獎勵者，得享有十年或五年之專利權。

前項專利權以全國為區域。

第三條　有左列情形之一者，不予獎勵：

（一）有同一之發明，核准獎勵在先者。

（二）妨害公共秩序，善良風俗，或衛生者。

第四條　凡發明於軍事上有秘密之必要者，不予專利權，但政府應給以相當之報酬。

第五條　因發明受獎勵者，在其專利權期內，對於原物品或方法，再有新發明時，得呈請追加獎勵，但其期限至原專利權限期屆滿時為止。

第六條　凡利用他人物品或方法，在其專利權期內，再有發明時，得呈請獎勵，但新發明人，應給原發明人以相當之補償金，或協議合製，原發明人如無正當理由，不得拒絕。

第七條　發明受獎勵後，原發明人與他人為同一之再發明，而同時呈請時，僅獎勵原發明人。

第八條　凡二人以上，同一之發明，各別呈請時，應就最先呈請者獎勵之，如同時呈請，則依呈請者之協議定之，協議不諧時，均不給予獎勵。

第九條　凡依本條例呈請獎勵，而其發明之一部份與其他呈請相同者，其相同之部份，應就最先呈請者獎勵之。

第十條　以公司名義或兩人以上聯名呈請時，應載明發明人之姓名，並應附證明有呈請權之文件。

第十一條　獎勵呈請權專利權均得讓與或繼承。

第十二條　發明因經營上之經驗，由多數人之共助行為而成者，其專利權應屬於僱用人。

以他人之委託，或僱用人之費用發明者，其專利權應為雙方所共有。

第十三條　專利權為共有時，非得各共有人之同意，不

得行使其專利權，但訂有契約者從其契約。

第十四條　呈請獎勵應向工商部爲之，經審查確定後發給證書，其專利權之期限，自發給證書之日起算。

第十五條　呈請經核駁而不服者，得於決定，書送達後三十日內呈請再審查。

第十六條　呈請經審查認爲應予獎勵時，應即公告之，自公告之日起六個月內，利害關係人得提起異議。

前項公告期滿，無人提起異議時，即爲審查確定。

第十七條　專利權有左列情事之一者，應撤銷之並追繳其證書：

(一)、違背本條例第一條第三條之規定者；

(二)、得獎勵後滿二年未實行製造，並未呈經工商部核准者；

(三)、專利權期內，無故休業二年以上，並未呈經工商部核准者；

(四)、以詐僞方法，朦請核准者。

第十八條　專利權期限屆滿，或依前條之規定撤銷時，工商部應公告之。

第十九條　專利權撤銷而其追加獎勵未撤銷者，視爲獨立之專利權另給證書，仍至原專利權期限屆滿時爲止。

第二十條　專利權期滿時，得呈准工商部延展之，並加給證書，但以一次爲限，並不得逾原專利權之期限。

第二十一條　專利權讓與或繼承時，應呈由工商部換給證書。

第二十二條　僞造發明品損害他人之專利權者，處三年以下有期徒刑，得併科五千元以下罰金。

第二十三條　仿造發明品，或竊用其方法損害他人之專利權者，處二年以下有期徒刑，得併科三千元以下罰金。

第二十四條　明知爲僞造或仿造之發明品，而販賣或意圖販賣而陳列者，處六月以下有期徒刑，拘役或一千元以下罰金。

第二十五條　前三條之罪，須被害人告訴乃論。

第二十六條　專利權證書費，不得逾一百元，其延展期限，加給證書者，不得逾二百元，均得分年交納。

除前項外，不得另收其他費用。

第二十七條　本條例施行細則由工商部定之。

第二十八條　本條例自公布日施行。

電影檢查法

二十九年十一月二十五日修正公布

第一條　凡電影片，無論本國製或外國製，非依本法檢查核准後，不得映演。

第二條　電影片有左列情形之一者，不得核准：

一、有損中華民族之尊嚴者；
二、違反三民主義及現行國策者；
三、妨害善良風俗或公共秩序者；

第三條　電影檢查由宣傳部，電影檢查委員會辦理之。

第四條　凡本國製或外國製之電影片，應由持有人於影片發行或映演前，備具聲請書。及詳細說明書各二份連同本片，向宣傳部電影檢查委員會聲請檢查。

第五條　聲請書應記載左列各事項：

一、電影片名稱及節目，如係外國製者，應將原名及譯名一併記載；
二、卷數幕數及尺數；
三、影片價格；
四、製作之年月及地點；
五、製作人及主要表演人之姓名住址略歷；
六、聲請人之姓名住址略歷。

第六條　電影檢查委員會，檢查電影片，認為無第二條所規定之情形者，應即發給准演執照。

第七條　電影片准演執照，以三年為有效期間，期滿後應另聲請檢查前項期間內准演執照，如有毀損或遺失時，得聲請補給。

第八條　有准演執照之電影片於映演時，應由映演人將執照向當地警察主管機關呈驗，不得收費前項電影片於映演時，如發現有軼出原核准之範圍者，當地警察主管機關，除即予禁止映演後，並呈請電影檢查委員會，撤消其准演執照。

第九條　有准演執照之電影片，如變更名稱及節目時，應依本法重行聲請檢查。

第十條　電影檢查委員會，得派員攜帶檢查證，至映演電影片之場所檢查。前項人員得要求映演人，呈驗影片底本及准演執照。

第十一條　違反本法之規定者，得處聲請人或映演人以三百元以下之罰金。

第十二條　電影檢查委員會檢查影片，得收檢查費，辦法由電影檢查委員會另行擬定，呈由宣傳部核呈行政院通過施行。

第十三條　本法施行細則，由宣傳部呈准行政院定之。

第十四條　本法自公布日施行。

著作權法施行細則

二十九年十二月七日修正公布

第一條　凡著作物有左列各款情事之一者，不得依本法呈請註冊：

一、未經註冊而已通行二十年以上者；

二、著作人自願任人翻印仿製者。

第二條　依本法以著作物呈請註冊者，應備樣本六份，依後列著作物呈請註冊程式，具呈呈送警政部，其在各省各院轄市或特別區者，得經由各該區域內警察機關，轉呈警政部。本法第一條第四款第五款之著作物，不能具備樣本者，得以著作物詳細說明書或圖畫代替之。因接受或承繼著作權呈請註冊者，毋庸備具樣本。

第三條　著作物係用官署學校公司會所或其法人或團體名義者呈請註冊時，應記明該法人或團體之名稱，其事務所所在地及代表人之姓名住址。

第四條　依本法第八條第二項規定，改用眞實姓名者，應依照後列著作物改正姓名，呈請註冊程式呈報。

第五條　本法第十二條第一項情形應依後列著作物，逐次或分次發行呈請註冊程式具呈聲明。

第六條　因接受或承繼著作權呈請註冊者，應依後列接受著作權呈請註冊程式或承繼著作權呈請註冊程式，具呈爲之。

第七條　著作物之註冊，由警政部將應登記之各事項，登記著作物註冊簿上爲之。著作物註冊後，應由警政部發給執照，並刊登政府公報公告之。

第八條　欲發行無主之著作物者，應開明事由，呈由警政部，於政府公報公告之。自前項最後公告之日滿一年無人聲明異議者，准其發行。

第九條　凡已註冊之著作物，應於其末幅標明某年月日經警政部註冊字樣，並註明執照號數。

第十條　本法施行前已發行之著作物，自最初發行之日起未滿二十年者，仍得以本法呈請註冊。

第十一條　本法施行前已註冊之著作物，限於在本法施行後一年內補行註冊者，其原有之註冊，仍不失其效力。補行註冊，應納公費，按照本細則第十三條規定減輕二分之一。

第十二條　本細則第七條第一項之註冊簿，不問何人，均得請求准其查閱或抄錄之。

第十三條　呈請註冊及請求查閱或抄錄註冊簿等項公費，每件定額如左：

(一)著作物註冊費，該著作物每部定價之五倍；有二種以上之定價者，以其最高者爲準；

(二)承繼或接受著作權註冊費，與第一款同；

（三）執照遺失補領費一元；

（四）查閱註冊簿費五角；

（五）抄錄註冊簿費每百字五角未滿百字者以百字計算。

第十四條　外國人有專供中國人應用之著作物時，得依本法呈請註冊。

前項外國人，以其本國承認中國人民得在該國享有著作權者為限。依本條第一項註冊之著作物，自註冊之日起，享有著作權十年。

第十五條　本細則自公布日施行。

專載

中國國民黨五屆三中全會宣言

今年三月，本黨第二次中央全體會議，決議於三月三十一日前，中央黨部國民政府還都南京，自是以來，本黨同志，遵守第六次全國代表大會宣言，努力於實現和平，實施憲政，最近中日調整邦交條約，已告成立，憲政實施委員會審議憲法草案，籌開國民大會，亦已次第進行，本黨第三次全體會議，於此時開會於首都，鑒於時局之日益進展，責任之日益重大，以一致之決議，宣言如左。

充實民力國力蘄致全面和平

中日調整邦交條約，基本精神，在於徹底掃除過去之糾紛，重新建立現在及將來之親善關係，條約成立之後，吾人當以誠心毅力，期其實踐，假使蔣中正翻然覺悟，共謀進行，則全面和平，早已實現，戰後之補苴，方來之興復，皆已得所措手，無如蔣中正內則受制於共匪，和戰大計，已失決斷之自由，外則對於國際形勢，懵然罔覺，直至最近，猶甘受第三國之愚弄，以重行開放滇緬公路，及巨額借款為餌，釣取中國國家民族無底之犧牲，在此等國家，不過欲遂其牽制日德義同盟之陰謀，在蔣中正則不恤以此造成東亞民族自相殘殺，同歸於盡之浩劫，巨謬極戾，莫此為甚。會議於此，特將外交方針，重加申述，中國今日以後，當與日本，滿洲，結成軸心，同心戮力，保障東亞，對於與日本同盟之德義兩國，當本於平等互惠之原則，以增進親睦關係，對於其他各國，亦願保持友誼，以期於世界和平，有所貢獻，至於內政方針，則以確立治安，與改善經濟生活，為最切要之圖，現在蔣中正雖不惜為和平之障礙，然踞處一隅，全國以內，最大之都市，如京，滬，平，津，武漢，廣州等，以及多數省份，皆在國民政府統治之下，惟當於撫循綏靖，厚加之意，使都市得發揮其效能，使鄉村不再受遊擊戰焦土戰之擾害，則農村農地，得以保全，實業交通，亦必隨以興復，同時並當舉行計劃經濟，以改善社會生活，解除人民痛苦，中國罹於戰禍，三載有餘，全體同胞，皆在水深火熱之中，完全之解放，固有待於全國和平之時，然國民政府，必當於力所能及之地，先為之積累充實民力，即所以充實國力，全面和平，亦應因之促進，有斷然者。

虛衷延攬賢才熱忱推行決議

關於實施憲政，其最大要義，在綜合全國之才力，以造成國家之重心，第六次全國代表大會以來，本黨努力於聯合全國各黨各派及無黨無派之人士，共同收拾時局，全國人士，亦能以坦白精誠相見，中央政治委員會，已爲同心救國，樹之楷模，最近共和黨，大民會，與亞建國本部，更相繼自動宣告解散，泯除畛域，同濟艱難，當此存亡危急之時，有羣策羣力爲之撐拄，不特目前難局，可以打破，且於憲政前途，植堅固不拔之基礎，將來施行憲政，必不致蹈民元以來散漫紛歧之覆轍，此誠可引爲深幸者，本黨於此，更當本精誠團結之旨，以虛衷延攬賢才，以熱忱推行決議， 總理孫先生所提倡之民權主義，國家之自由，較個人之自由爲重，本與一般所謂民主政治者有別，民生主義，節制國人之資本，以發展國家之資本，與個人資本主義及共黨主義尤有別，此種理論，今已漸爲一般新興國家所同采，亦爲國內一般識者所共認，本黨惟有繼續努力，本此以完成中華民國之建設。

望我全國同胞共負時代使命

尤有言者，大亞洲主義，爲 總理孫先生畢生之抱負，亦最後之遺言，事變以來，中日兩國，同時反省，日本方面鄭重聲明，日本之所望，不在中國之滅亡，而在中國之興隆，俾得與日本分担建設東亞新秩序之責任，中國方面，深切認識中國若不能得到獨立自由，則無分担東亞責任之能力，而中國獨立自由之完全獲得，必當於東亞解放求之，此次中日調整邦交條約成立，即以此種精神爲根據，同時根據此精神，發展而爲東亞聯盟之運動，蓋東亞各國家，各民族，各本於獨立之立場，以向於共同之目的，而共同前進，爲各國家各民族計，爲東亞計，爲世界計，必如此始能躋於光明之大道，本黨同人，遠念遺教，近察時代之要求，決盡其心力，以促成此運動之發展，俾底於成功，以上所陳，皆本黨一貫之主張，本會議於此，以一致之決議，勗我同志，齊其步伐，以效前驅，同時並望我全國同胞，一心一德，共同負荷此新時代之使命！

幹部如何做領導工作

丁默邨

一　組織的要素—領袖幹部和羣衆

各位同志：

本週中心訓練，規定是「領導週」，所以今天就將「幹部如何做領導工作」爲題材，與各位討論一下。

首先要說的，是領袖，幹部，和羣衆三者間的關係，及其在組織中之地位。領袖的解釋，嚴格的講起來，是絕對的，並且是唯一的；我們中國以及本黨的領袖，過去是 總理孫先生；現在是 主席汪先生。廣義地解釋，則在組織中，團體中，負最高責任的，都是領袖。不過這兩種解釋，並不矛盾，都是合理的。

總理解釋主義是：『一種思想，一種信仰，一種力量』。拿來解釋領袖，幹部，和羣衆，也是很貼切的；領袖可以說是思想之發明與指導者；幹部是思想之信仰者，與傳播者；羣衆則是思想之擁護者，與推行者。換句話說，領袖所發明指揮的思想，幹部應當絕對信仰，同時幹部應當把領袖的思想傳播給羣衆，務使羣衆擁護領袖的思想，並能貫徹推行，這樣便產生力量。所以領袖，幹部，和羣衆三者間的關係，與由思想發生信仰，由信仰產生力量，有連鎖的意味；這一點是需要首先認識的。

其次，現代世界的潮流所趨，必社會有組織，社會才能因了科學的發達，文化水準的提高而得進步，社會得進步，政治才能上軌道。所以組織之於今日，實非常重要。本黨這一回舉辦黨訓團，即是加強組織工作的先聲；黨沒有組織，必不成爲黨；與國家沒有組織，必不成國家，是同樣的道理。

組織的要素，就是領袖幹部和羣衆。組織中的領袖，如果是偉大賢明，幹部是英俊能幹，羣衆是勇敢健全，其組織必能團結，陣線始能嚴整，力量才能強大。所以組織中的領袖，就好比軍隊中的司令官，組織中的幹部，則等於軍隊中的旅團營連長，羣衆則彷彿是士兵。做司令官的，必須具有非常之才智，才能指揮旅團營連長；旅團營連長必須英明幹練，才能統攝士兵；士兵都普遍受過訓練，才能作戰，才能避去「烏合之衆」的惡名。所以幹部是中間層，他一方面要對司令官負責，一方面還得要對士兵負責，因此可以說，幹部是領袖與羣衆之間的橋樑，負有雙重的使命和雙重的責任，地位非常重要。

再以人體來比擬：則領袖是主腦，幹部猶如四肢和各部官能，羣衆是每一個細胞。主腦要四肢官能發生作用，四肢官能就得支配每一個細胞活動，這樣合作的結果，便成爲人體的有機運動。領袖幹部和羣衆，三者的性質，大致就是如此。

二　自身的修養問題

關於領導羣衆這件事，可分三方面來說：一是自身的修養問題，二是實踐的方法問題，其次是工作的道德問題，現在先從第一點來研究。

提到自身的修養問題，我覺得首先要堅定二個基本的觀念：第一是剷除「小我」意識，發揚「大我」精神；第二是總理孫先生所剴切教訓同志：『人生以服務爲目的，不以享受爲目的』。前者是矯正國民性，後者是確立人生觀；這在經過大變亂之後，創造新歷史之前的中國，人人都應該有這樣的覺悟。而肩負興建國族之大任的我黨幹部同志，尤不可不加深切注意，以求其眞知，而勉其力行。

堅定了這樣二個基本的觀念之後，幹部同志對於下列各項信條，平時還需要多多注意，努力訓練自己。

一：有仁厚博愛的性格　這一點也許以爲太空洞，不十分準切實際；但其實是不然的；仁厚博愛，乃是人生最高的品格，它足以生長，充實，並維繫人類的心理行爲之向上意識，和忠與恕的精義是相一致的。我們做領導羣衆工作的人，倘缺少了仁厚博愛的性格之修養，則非但不能夠幫助羣衆；相反的，必將不免乎壓迫羣衆，殘害羣衆；所以我們站在羣衆前面，總要使羣衆不以爲是有威權的暴君，而信任爲可敬愛的良師益友；這樣，我們的工作才能順利進行，而我們所負的使命才能順利完成。因之仁厚博愛的性格，對於作本黨的一個幹部同志，成爲必要的修養之一。

二：有精湛充實的學問　總理孫先生說過：『革命的基礎，在於高深的學問』。這句話有許多人不了解，一般以爲革命的要求，是非常簡單明白，不是爭自由與平等，就是求工作與麵包；似乎用不到高深的學問。殊不知革命的意義與目的，決不是以達到消極的破壞，卽爲滿足；更重要的，乃是要完成全民所需要的積極的建設。就說消極的破壞，則現代的軍事行動，一切武器的科學化，就非憑藉高深的學問不爲功；而積極的建設，在在需要高深的學問去輔助，推動並創造，更不待言。因爲求高深的學問，多少與天賦智慧有些關係，又非經過相當的時間，不輕易可俾獲成功；故我祇提出「精湛充實」四個字，希望同志對於自身工作上有關係的學問，務必多加研究，俾能克服工作上的困難，以增進工作上的效力。

三：有廉潔耿介的操守

中國近代政治之所以不能修明，進步遲滯，原因果然極複雜；但貪污猖獗，不能澈底肅清，也是很重要的原因。所以今而後，不欲求政治革新則已，倘使要政治修明進步，以之為興建邦國之基礎，當以厲行廉潔政治始。關於厲行廉潔政治這番意思，主席汪先生在解釋團訓的那一回講詞中，說得已很詳細，而陳院長公博先生對此更激切言之，曾為文「建國的基本條件——廉潔政治」，想必各位都讀過那篇文章的。本黨幹部同志，擔負領導羣衆的工作，更應當以身作則，對羣衆，我們自己潔身自愛，先樹立楷模；對國家，培植廉潔的風氣，使貪污者知所警惕。假使以為別人貪污發財，並且逍遙法外，自己也不妨以身嘗試，那就不配作本黨的幹部同志。復次，要潔身自愛，當先養成儉約的習慣，不濫用錢，才不致濫找錢，中國古語所謂：『一介不取一介不與』。實在是至理名言。我因常常看見人任意揮霍，弄到狼狽不堪，以致於無所不為，就此貪贓枉法起來。這是極其腐敗的行為，各位應特別注意，痛加勉勵才好。

四：有精密機警的頭腦

現代社會的內容及其變化，是很複雜的，而領導羣衆這一工作，又是相當繁重；我們為工作的關係，不能不理解複雜的社會內容，及其變化，更不能不注意羣衆的心理和傾向，為什麼呢？因為我們不僅生存於這個社會，我們對於社會，還需要負起改進與建設的責任，同時我們也不僅是羣衆間之一份子，對於羣衆，還需要負起領導的責任；所以倘使不理解社會，不注意羣衆的心理和傾向，試問我們如何能夠去改進社會，建設社會呢？又如何能夠去領導羣衆呢？但是要理解社會，要明白羣衆的心理和傾向，就非得訓練好精密機警的頭腦不可！否則恐怕不僅辦不好工作，並且得會隨時隨地，弄到窮於應付。至於怎樣訓練自己，則全在乎平日，對任何事體不疏忽，必辨其是非，明其利弊，而求其至當以實踐之。

五：有良好合理的習慣

這是大家知道得很清楚的，可是事實上，却是不容易做到。中國人對於習慣方面的訓練，實在太欠缺；不良好不合理的習慣，幾乎普遍都是。譬如以極平常的負責任，與守秩序二點來說，多數人總不易辦到，而揮霍無度，浪費物力，更到處皆然。尤其奇怪的，越是揮霍無度，越是浪費物力，在我們這個社會裏，非但不以為是惡德，相反的，一般人且目為體面闊綽的行徑，在上海的俗話，便是所謂「派頭大」，像這樣的派頭，簡直是可悲的笑話。至於不正當的習慣，因為大家認為是個人的自由，便相習成風。不過這是很妨礙社會進步，同時也妨礙國民性進步的；本黨幹部同志，為羣衆之表率，應該首先警戒自己。有很多到過日本考察的人回來；都感覺日本一般人都是刻苦儉約，絕不浪費一點，表示非常佩服，日本都能如此刻苦，我們怎麼能不刻苦自勵呢！

六：有當機立斷的毅力

這一點與前面所說的，有精密機警的頭腦是相連繫的；但也需要成為獨立的信條，因為精密機警的頭腦，偏重於思攷一方面，必需配合當機立斷的毅力，實行起來才能收完滿的效果，因而得以成功。優柔寡斷者，不足以言事業，惟有有當機立斷的毅力的人，才能夠排除萬難，抖擻起精神，向遠大正鵠勇往邁進。我們今後做工作，必定會遭遇很多不可想像的疑難，或處於進退維谷的困境，這時候，便要在精密機警的頭腦思攷之下，發揮當機立斷的毅力，才可以避免失敗，所以這一點，也是很重要的。

七：有百折不回的勇氣

總理致力中國革命四十年，所經過的挫折不知多少回，身受的艱苦，更罄竹難書，但最後畢竟推翻滿清，創造民國，建立這樣偉業，憑藉的是什麼？就是憑藉有百折不回的勇氣！主席汪先生目睹共匪橫行，無底抗戰將陷國家民族於萬刼不復之境，乃毅然捨棄一切，離開重慶，發動神聖的和平運動，其時　主席一面糾合同志，一面與日本朝野作外交上的折衝，入後更苦心孤詣調整國內政治，至於今日，國府改組還都了，平等的和平方案確定了；國家民族復興的新基礎建立了；試問：這樣悲壯的經過，這樣困苦的奮鬥，為國家民族盡了這樣偉大的貢獻，憑藉的是什麼？憑藉的也就是百折不回的勇氣！各位同志，今後國族的前途並非沒有困難，也許困難還很多，各位工作的前途並非沒有障礙，也許障礙亦很多，但是祇要有百折不回的勇氣，就不怕困難不能解決，不怕障礙不能掃除。

八：有任勞任怨的精神

我最後提出這一點，個人稍微有一點感觸，我覺得一般同志的情緒，都很不錯，可是任勞任怨的精神，多數還缺乏一點，這是很大的遺憾。要知道我們努力一種事業，小言之辦理一樁工作，從開始到結束，其間無論如何總有困難發生的，而不如意事在中途打擊你，也幾乎是不可避免的；事業越偉大，工作越嚴重，與困難的益增加，不如意事益增多，適成正比例。我們倘使缺乏任勞任怨的精神，則困難不能克服，不如意事亦不能解除。進一步說，無論事業大小，或工作之輕重，人力總是為其經緯；天下不勞而獲，那是絕對沒有這種例子的。而所謂人力，無非是從人事之和睦中以求力量之生長；力量之生長，靠任勞的精神，人事之和睦，則需要任怨的精神，偉大事業或嚴重工作，決非少數人能可竟其全功，必大家有任勞任怨的精神，才能達到目的，得有圓滿結果。我個人從事和平運動，兩年來對公私可告無愧的，只是不計勞怨，現在我們是在做與建國族的艱巨事業，推行和平反共的重大任務，如缺乏任勞任怨的精神，難免功虧一簣，故這一點修養，也希望各位能夠注意到。

上述八項，是臨時想到的，也許各位同志以爲這八項信條，太嚴格，或者太理想，但我覺得各位同志的地位既很重要，所負使命又極重大，故希望各位自身修養的條件不能不稍提高。各位在學行上都已有相當基礎，我想常常能勉勵自己，督責自己，則無有做不到的。

三　實踐的方法問題

其次我再說一說實踐的方法問題。在這裏我先得提出：「從大處着眼，由小處着手」這一個基本原則。我們做事，第一要認識全面，看準目的；認識了全面，看準了目的之後，然後依照步驟，分別去做，才能減少錯誤，獲得成效。譬如造屋，必先丈量基地，設計圖樣，這步工夫做好，然後一柱一木，一磚一石：逐漸建築，以底於完成。譬如市政建設，亦必先測繪地形，規劃佈置，然後分別修築道路，住宅，學校，公園，以及消防，水電等等處所。是以「從大處着眼」，相當歸納法；「由小處着手」，相當演繹法。前者是事業之全程，後者是事業之過程，既不可倒置，亦不可混亂。

不過「從大處着想」，必須要有「由小處着手」的準備，凌空的「從大處着想」，全無「由小處着手」爲其基礎，結果不免流於好大喜功，於實際是無所裨益的。反過來說，偏重「小處」忽略「大處」，往往發生眼光短淺氣量偏狹的流弊，對於事業，亦有不利。所以「從大處着想」「由小處着手」，應該一樣重視，配合進行。

做領導工作，亦須恪遵此原則，前面說過：我們要理解社會的複雜內容及其變化，要注意羣衆之心理和傾向，以之作爲改進社會，建設社會之參攷，作爲領導羣衆工作之準則，這便是「從大處着眼」。——研究某種社會的特殊風尙，傳統習慣，一般配給的情況，突變事件的起因，特種勢力的形成……或者審察一部份羣衆的經濟生活，智識水準，以及在社會上服務的情形，對政治上認識的程度，……此種工作，便是「由小處着手」，所以「從大處着眼」，「由小處着手」，必須聯繫，這樣才能使理論與實踐歸於統一。

關於實踐的過程，我國舊時學者。分爲五個階段，卽：「博學，審問，愼思，明辨，篤行」。這是極其符合邏輯的。所謂博學，就是對於每一事件，先要有周詳的研究，審問是恐怕自己所研究的心得，不甚正確，或有所疑竇，故請敎人以求集思廣益；愼思明辨，那是要使利弊得失，有精細的分析和透澈的了解；通過了這幾個過程，就當切切實實的做去。如此做事，各位中也許以爲太煩瑣，但實際上，我們平常處理一樁工作，無形中就居多數要經此幾個階段，才得以完成的。不過方法是這樣呆板，我們運用時，還需要使其靈活。

再有一點，所謂「急事緩辦，緩事急辦」，急事緩辦的意思，乃是說急迫的事，務以從容的心緒與態度去處理：藉以避免忙中有錯；緩事急辦，那是因爲中國人的惰性，幾乎是普遍的；可以遲緩的事，往往拖延至於不辦，所以說緩事要急切的去辦。這兩句話，與「處非常時若平時，處平時若非常時」；意趣相同。

談實踐的方法，大致總不外乎如上述幾點。不過「勤以補拙」這四個字，亦很寶貴，那是實踐的方法中之最可靠、最富有保障性的一個訣竅；我們做領導工作的，不可以等閒視之。

四　工作的道德問題

最後我認為工作的道德問題，各位也應該深加注意；我人日常的行為習慣，努力求其合理化，這是私德；我們參加於公眾的團體中，過着合羣的社會生活，使自己的行為習慣趨於紀律化，這是公德。有良好的私德之修養的人，他必能同時注意到公德，而公德之普遍養成，亦務必先使每一份子的私德健全，為其基礎。中國人對於私德，向來很重視，對於公德，則大多忽略，這反映及於社會，即處處表現組織方面有缺憾，秩序方面欠齊整；此種情形是亟待糾正的。

但在私德與公德以外，我覺得幹部同志，還需要有工作的道德。共產黨在過去曾標榜：「祇問目的，不擇手段」，於是乎殺人放火之不足，繼之以陰謀鬼計的搗亂，搗亂之不足，更出諸以卑鄙齷齪，挑撥離間；跋扈猖獗的破壞，橫行不法的暴動，他們不僅藐視且抹煞工作的道德，根本上他們是推翻一切道德打倒一切道德的，這是革命的正當手段嗎？老實說，他們這種流寇式的革命，是斷乎不會成功的；危害國家民族則有餘，建設國家民族，則簡直是神話！

因此，我們應當講求工作的道德。所謂工作的道德，一方面是對領袖的，一方面是對羣眾的；另一方面是對站在同一路綫上工作的第三者的。我們對領袖，應絕對服從，對羣眾，應絕對負責。對領袖服從，所以要使羣眾擁護並推行領袖的思想；對羣眾負責，所以要使領袖的思想通過信仰與傳播，而變為實際的力量，故服從與負責，乃是基本的工作的道德。

其次，甲單位與乙單位之間，明明站在同一路綫，却彼此往往互相猜忌，互相傾軋，甚之互相攻擊摧殘，這是極其惡劣的現象，影響所及，雙方的工作效率，就此對銷，雙方的工作精神，完全浪費，而工作的道德，則告破產。這是應該為我們所警戒的，要知道彼此摩擦，顯露裂痕，不僅雙方都不能完成各自使命，順利進行固定事業，抑且雙方皆失去羣眾信仰，減少自己力量，終則羣眾遠離，變成光桿，

「工作的道德」，過去好像未曾有過這樣的名詞，我之所以特別提出來與各位討論，是得之於實際經驗的啓示。發揚工作的道德，不僅為今日的政治，今日的社會，與客觀環境所需要，並且是一個嚴重的必要的糾正。各位訓練期滿之後，即將分回各地方去實際工作，務須一面尊重自己工作同時尊重同一路綫第三者的工作；在不妨礙「工作的道德」之下所進行的工作，所完成的工作，才是有價值的工作，也即是本黨對各位所期待的工作，希望各位對此澈底明瞭，並能

切實奉行。

五　最後一點期望

各位同志，我前面說過，各位是負有雙重使命和雙重責任的幹部，我們應當知道：今日的政府，是建築在全民所要求的神聖的和平運動之基礎上面的，和平運動，是由改組後的本黨同志所創導，犧牲奮鬥而得以進展的。要求今日的政府發揚光大，必得要貫澈和平運動；要求和平運動之基礎鞏固堅強，必得要健全本黨，要使本黨爲全民所信賴。所以期望各位幹部同志，領導羣衆，團結羣衆，擁護本黨，並擁護反共和平之國民政府。

附錄

日本公益典當法（原名公益質屋法）

本部編譯委員會

第一條　市町村或公益法人，得依本法，經營公益典當。

公益法人經營公益典當時，須決定業務場所，呈請當地地方長官許可。

第二條　非依本法規定而經營之典當，不得於其名稱中，使用表示為公益典當之字樣。

第三條　對於市町村或公益法人所經營之公益典當，其所需設備費用，概由國庫就預算範圍內，予以二分之一之補助。

第四條　質借之款，每人每次不得超過十元，每戶每次不得超過五十元，但經地方長官認可者，不在此限。

第五條　貸款利率，最高不得超過月息百分之一‧二五，但在具有特殊情形之地方，經地方長官認可者，不在此限。

利息以按月計算，適用民法第一百四十條至一百四十三條之規定，但未滿一月者，十六日以上，以一月論，十六日未滿，以半月論。

第六條　貸款利息不滿一錢時，如為零數不計，如為該項利息之全額，以一錢計。

第七條　公益典當，除契約上訂明之本金及利息外，無論使用任何名義，一概不得再向出質人，有任何金錢或其他利益之收受。

第八條　滿質期限，自契約成立日起，不得少於四個月，如所訂期限不滿四個月，以四個月論。

第九條　在滿質期限以前，雖曾為質物之交換，或為質物之一部贖回，關於利息之計算及滿質期限，仍視為契約未有變更者。

第十條　出質人得依命令規定，為一部清償。

第十一條　滿質物品，應依投標方法拍賣變價。關於特殊情形下之滿質物品，其處分方法，以命令定之。

第十二條　滿質物品處分以前，如經出質人將本金利息及滿期後，契約繼續有效期間之延期利息，如數清償，應仍將滿質物品，歸還出質人。

第十三條　以滿質物品拍賣所得之價金，超過本金利息及以命令規定之手續費時，其超過部份，仍應交給出質人。

多數滿質物品，同時拍賣時，對於各個滿質物品之價金計算，以命令定之。

第十四條 根據前條第一項之規定，交付超過價金時，應通知出質人。

自前項通知發出之日起，經過六個月之後，不得更為交付之請求。

第十五條 典當業取締法第二條至第八條第十條至第十七條及第二十條之規定，於公益典當準用之。

典當業取締法第十二條之規定，於本法第十二條之滿質物品歸還及第十三條第一項之超過價金交付時準用之。

第十六條 質物契約違反本法規定，而於出質人為不利時，其不利部份，視為未曾行為者。

第十七條 對於公益法人所營之公益典當，在監督上認為必要時，地方長官得命令其提出有關業務之各種報告，調閱文件帳册，或就其業務及會計，加以檢查。

第十八條 違反第二條之規定者，處以百元以下之罰金。

非訟事件手續法第二百另六條至二百另八條之規定，於前項罰金時準用之。

第十九條 經營公益典當之公益法人，其理事或從業人員，有左列各款情形之一者，處以百元以下之罰金。

一、違反根據第十五條之規定，而準用典當業取締法第二條至第四條，第五條第一項，第二項，第六條，第七條第一項，第八條第一項，第十四條或第十七條之規定時。

二、根據第十五條之規定，而準用典當業取締法第十五條之規定時，為虛偽之陳述，或故意將物品或帳簿損壞燬滅時。

第二十條 本法中關於町村之規定，在未施行町村制之地方，就其準町村者適用之。

附則

本法施行日期，以勅令定之，（昭和二年以勅令第二百三十一號令本法自同年八月十日起施行。）

本法施行時，現由市町村或公益法人經營之公益典當，依本法視為公益典當，市町村或公益法人所營之公益典當，在本法施行前所訂契約，仍為有效。

日本公益典當法施行細則

第一條　依公益典當法第一條第二項之規定申請許可時，應附送記載左列事項之書面。
一、名稱
二、業務所在地
三、業務所及其附屬建築物之規模及構造
四、業務開始之預定日期
五、事業方法
六、財產目錄
七、章程或寄贈行爲

第二條　市町村或公益法人所營之公益典當，欲開始業務，應在業務開始三十日前，將其事由，呈報地方長官。
市町村根據前項規定，提出呈報時，應將前條第一號至第五號之事項，一併呈報，其事項有變更時亦同。

第三條　市町村或公益法人，既爲前條第一項之呈報後，應卽將名稱，業務所所在地，及開業日期公告，其事項有變更時亦同。

第四條　市町村或公益法人所營之公益典當，欲停止業務，應於業務停止日三十日前，將其事由，呈報地方長官。

第五條　出質人之一部清償，應以之抵作本金。

因一部清償而有應行發還之質物時，應卽將其質物，交還出質人。

第六條　根據公益典當法第十條第一項之規定，對於滿質物品舉行拍賣時，應在投票日前五日，將左列事項公告：
一、標賣物品之種類及件數。
二、揭示投標要項之場所。
三、投標場所及日期。
四、如須徵收保證金者，其金額。

第七條　有左列各款情事之一者，得不依投標方法，將滿質物品變賣。
一、無人投標時。
二、曾經公開投標兩次，而標得之價，少於預定價格時。
三、滿質物品，不適用投標方法時。
四、用投標方法，顯然不利時。

第八條　滿質物品因毁損變質或其他事由，致不能發賣時，得毁棄之。

第九條　公益典當法第十三條第一項之手續費，爲滿質物品價金之百分之五。

第十條　對於公益典當法第十三條第二項之價金計算，應以賣得價金照各該物品在抵質時之估價額，按比分擔。

第十一條　公益典當所應備置之帳簿式樣，由廳府縣令定之。

第十二條　質票及質押往來帳內，應註明號數，出質人姓名，住址，及典當之名稱，由負責人簽名蓋章，在質物契約上，應記名抵質金額，質物之種類件數，號碼，及出質年月日，質物契約之式樣，由廳府縣令定之。

質票及質押往來帳上，得應出質人之申請，記載，關於質物契約應受通知時之通訊場所。

第十三條　出質人如將質票或質押往來帳遺失毀損，得備具書面，記明號碼，質借金額，質物之種類件數，及出質年月日，由保證人連署，請求重發。

第十四條　公益法人始欲制定有關公益典當之規程，應呈經地方長官許可，其有變更時亦同。

第十五條　本法中關於市町村之規定，在未施行町村制之地方，就其準町村者適用之。

附則

本令自昭和二年八月十日施行。

日本方面委員制度之概觀

本部編譯委員會

查日本之方面委員事業，其所謂方面者，係指地方區域而言，卽將全國各道府縣，劃分爲數千個小區域，每一區域，成爲一個單位，卽所謂「方面」，而對於每一方面，皆設置相當名額之委員，此項委員，卽爲「方面委員」。方面委員，由各地地方長官就地方土著人民間，擇其比較熱心公益品性端正而與地方人士感情融洽者，分別委任。所有方面委員，均爲無給職，其主要職務，在調查當地平民之生活狀況，並協助政府對於社會救濟及設施之順利推行。譬如依照救護法規定，對於六十歲以上老年人，而生活無靠者，可由政府給予生活扶助費，此時在何處地方有此項需要扶助之年老者若干人，其姓氏如何，實際生活情形如何等，卽以當地方面委員之調查報告，作爲根據。因如前述，方面委員，皆爲當地土著人民，對於各人之生活情形，甚爲熟悉，故可據其報告，作爲救護之標準也。可見此種制度，與吾國之保甲制度，甚爲近似，惟吾國之保甲制度，除隣里相親守望相助外，尚帶一點協助治安性質，而日本之方面委員制度，則爲純粹之社會事業協助機關或諮詢機關。

日本創設方面委員制度，尚在大正六年間。查大正五年時，日本曾舉行地方長官會議，斯時日本天皇曾向岡山縣長笠信一氏問及岡山縣治下之貧民人數及生活狀況，而笠氏無以對，但於會畢後，經過切實調查，竟發現赤貧人數之衆多，實出於意料之外，因卽着手設計，期能樹立某種制度，使各地貧民之生活情形及其人數，能隨時上達於地方長官，而政府每有救濟設施，皆可切實施惠於赤貧。施經作成方案，付諸實施而成績甚爲良好，是卽所謂方面委員制度。其後全國各地，因念此種制度之有利於社會救濟及設施，皆相率效尤，延至昭和三年，此種制度，已遍布於全國，而成爲社會事業推行上之唯一協助機關。昭和十一年十一月，曾有方面委員令之頒布，自此以後，此種制度，更取得法律上之基礎。茲據昭和十二年之調查，日本全國已有九千個市町村，已設置方面委員，所委定之方面委員人數，全國共有四萬三千九百餘人，茲爲明瞭整個方面委員制度之內容起見，特將昭和十一年所頒布之方面委員令，及其施行細則，全部譯成中文，附錄於後，又查救護法及母子保護法中，亦皆有關於方面委員之規定，根據此項規定，益可明瞭方面委員之職務。茲將關係條文，一併附錄於后：

一、方面委員令

昭和十一年十一月十四日勅令第三九八號公布
昭和十三年第二〇號修正

第一條　方面委員，應基於鄰里相親之美風，以互助共濟之精神，從事於保護指導事業。

第二條　方面委員，應於每一方面，由道府縣設置之。

第三條　方面之制定，由北海道廳長官或府縣知事，徵詢關係市町村長之意見行之。

依照前項規定，制定方面時，在市，應將其區域，劃分為數個方面，在町村，即以全區域為一方面。但依地方情形，認有特殊事由時，不在此限。

第四條　方面委員之名額，由北海道廳長官或府縣知事，徵詢關係市町村長之意見，就每一方面，分別規定之。

第五條　方面委員之選任，由北海道廳長官或府縣知事，徵詢方面委員銓衡委員會之意見行之。

方面委員銓衡委員會，應就道府縣設置之。

方面委員銓衡委員會之組織，由厚生大臣定之。

第六條　方面委員之職務如左：

一、調查担任區域內居住者之生活狀態。

二、審察担任區域內需要扶掖者之生活狀態，使其救護，無有遺漏，或為促其自立向上起見，予以必要之指導。

三、與社會設施密切聯絡，以協助其機能之發揮。

方面委員，應就其職務，與各關係市町村長，保持聯絡。

第七條　方面委員為名譽職。

第八條　方面委員之任期為四年，但遇特別事由，仍得由北海道廳長官或府縣知事解任之。

第九條　方面委員，應就每一方面，組織方面委員會。

北海道廳長官或府縣知事，認有必要時，得令關係市町村長或其他適當人員，參加方面委員會之組織。

方面委員會，應決定各個方面委員之担任區域，並謀其職務之聯絡。

關係市町村長或受其委任者，得出席方面委員會，並陳述意見。

第十條　各道府縣，應設置方面事業委員會。

方面事業委員會，應北海道廳長官或府縣知事之諮詢，調查並審議，關於方面事業之聯絡統制及其他有關方面事業之事項。

方面事業委員會之組織，由厚生大臣定之。

第十一條　關於方面委員，方面委員銓衡委員會，方面委員會，及方面事業委員會之費用，由道府縣負担。

第十二條　在未施行町村制之地方，關於本令中町村之規定，就準町村者適用之，關於町村長之規定，就準町村長者適用之。

附則

本令自昭和十二年一月十五日施行。

在相當時期內，對於厚生大臣指定之市，凡本令中關於府縣之規定，適用於市，關於府縣知事之規定，適用於市長。

二、方面委員銓衡委員會及方面事業委員會之組織

方面委員銓衡委員會及方面事業委員會之組織，規定如左：

第一條　根據方面委員令第五條之規定而設置之方面委員銓衡委員會，以委員長一人，委員九人以內組織之。

第二條　委員長及委員，就有左列資格者中，由北海道廳長官或府縣知事，任命或委囑之。

一、與方面事業有關之官吏，待遇官吏，或吏員。

二、具有學識經驗者。

第三條　委員長及委員，皆名譽職。

就有學識經驗者中委囑之委員長及委員，其任期為四年，但遇特別事由，仍得由北海道廳長官或府縣知事解囑之。

第四條　委員長總理會務。

昭和十一年十一月十四日內務省令第四十五號

根據方面委員令附則第二項之規定，而指定之市如左：

東京市　橫濱市

本令自昭和十二年一月十五日施行

委員長有事故時，由委員長所指定之委員，代行其職務。

第五條　方面委員銓衡委員會中，置幹事及書記各若干人，就官吏，待遇官吏，或吏員之中，由北海道廳長官或府縣知事，任命或委囑之。

幹事承委員長之指揮，整理庶務。書記承委員長及幹事之指揮，從事庶務。

第六條　根據方面委員令第十條之規定而設置之方面事業委員會，由會長一人及委員若干人組織之。

第七條　會長由北海道廳長官或府縣知事任之。

委員就有左列資格者中，由北海道廳長官或府縣知事任命或委囑之。

一、與方面事業有關之官吏，待遇官吏，或吏員。

二、方面委員。

三、具有學識經驗者。

第八條　第三條至五條之規定，於方面事業委員會準用之。

三、關東州方面委員規則

昭和十四年四月廿六日關東局令第三十四號公布

第一條　方面委員於關東州廳長官所指定之市區地域內設置之。

方面委員，應基於隣里相親之美風，以互助共濟之精神，從事於保護指導事業。

第二條　方面委員為名譽職，由關東州廳長官囑託之。

第三條　市長統轄方面委員之事務。

第四條　市長將第一條之地域，分為數個方面，並定各區域內方面委員之担任區域

第五條　方面委員之職務如左：

一、調查担任區域內居住者之生活狀態；

二、審察担任區域內需要扶助者之生活狀態，使其救護，無有遺漏，或為促其自立向上起見，而予以必要之指導；

三、應答人事上之諮詢；

四、圖謀不良住宅地域內衛生風紀之改善；

五、與社會設施密切聯絡，以協助其機能之發揮，並從事於新事業設施之研究；

六、辦理其他由市長特別交辦之事項。

第六條　方面委員之任期為三年

附則

本令自昭和十二年一月十五日施行。

方面委員之任期滿了後，在後任者就任日前，仍行使其職務。

第七條　為謀方面事務之聯絡起見，在每一方面，各設常務委員一人。

方面常務委員，由市長從方面委員中指定之。

方面常務委員遇有事故時，以市長所指定之方面委員，代行其職務。

第八條　方面委員，就每一方面組織方面委員會，從事於第五條所列各事項之調查研究及實行。

方面常務委員，得視需要，召集委員會並主持之。

第九條　市長為謀各方面事務之聯絡統一，並協議有關方面事務之重要事項起見，得視需要，召開方面常務委員會，或方面委員總會，並自為議長。

第十條　為使參與方面事務起見，得設置方面參事。

方面參事為名譽職，由關東州廳長官任命或囑託之。

第十一條　在第一條之地域，設方面委員中央事務所，在第四條之方面區域，各設方面委員會事務所，

在方面委員中央事務所及方面委員會事務所中，皆置書記。

書記由市長任免之。

第十二條　方面委員及與方面事業有關人員，當行使職務時，均應佩帶特製之徽章。

第十三條　除本令規定者外，關於方面委員之必要事項，由市長定之。

附　則

本令自昭和十四年五月一日施行。

四、與方面委員有關之其他法令

一、救護法第四條

「根據方面委員令之方面委員，應依命令所定，關於救護事務，輔助市町村長。」

救護法施行令第五條

「方面委員，應就救護爲必要之調查。方面委員，應就受救護或得受救護者，將其狀況，通知市町村長，並就必須救護之種類，程度及方法，或關於救護之廢止及變更，申述其意見。」

二、母子保護法第五條第二項

「根據方面委員令之方面委員，應依命令所定，關於扶助事務，輔助市町村長。」

母子保護法施行令第二條

「方面委員，應就扶助爲必要之調查。方面委員，應就受扶助者，將其狀況，通知市町村長，並就扶助之種類，程度，及方法，或關於扶助之廢止停止及變更，或關於子女養育上必須注意事項，申述其意見。」

社會問題研究會第一次座談會紀錄

時間：十二月十日下午二時

地點：本部會議室

出席者：屠哲隱 黃端履 吳天憾 王德言 曹愼修
劉存樸 張 昇 吳顒仁 周樹望 秦亞修
朱養吾 陳端志 胡壽祺 呂 敷 劉 漢
趙如珩 應 瀣 嚴恩祚 傅彥長 饒 祥
陸善熾 郭秀峯 徐世清 黃慶中

主席：陳主任秘書端志 紀錄：黃慶祥

題材：「反共應怎樣推動才有切實的効果」

說明：以本部爲立場，以農村及青年爲對象，各抒所見，冀取最後結論。劉委員漢另有油印意見書，即從劉委員之意見，着手檢討，至大多數主張相同時，即可作總結論，以爲本問題之答案，茲將各委員意見，分述如下：

（一）劉委員漢

伏思共匪之特性，爲堅苦毅勇，詭密誘惑，而共匪之特能，爲善用兵法，堅守保持，故對黨務之推進，軍事之勝利，民衆之威脅，青年之領導，處處表揚其成功，事事收穫其効果，如陝甘甯邊區政府，以蔣介石之一電，而豎立其永固之基礎，蘇浙皖直魯豫晉等省軍事根據地，以有錢出錢，有力出力之偏面抗戰宣傳，而養成其強大之武力，推究原因，均由事變混亂，無軍事及政治方法以防止之故，現我和平政府，基礎確立，反共切實效果，其最大責任，爲社會運動之推動，而此種推動方案

十分之三之效果，爲政府軍事方面，應當施用「遊擊式兜剿戰術」，此種戰術，乃以夷制夷之法，爲共匪最忌之策。

十分之七，爲對於農村與青年基本效果之社會運動，即：

農村方面：一、推崇鄉紳　因我國民性，封建思想未除，每一鄉紳，均有相當之信仰，須利用以組織鄉民。

二、聯村自衛　共匪戰術，避實擊虛，若鄉村聯合，武力集中，則有三四小時之自衛攻守戰，則政府軍隊，前往營救，共匪即無能爲力。

三、修正交通　凡現有之交通路線，共匪不敢佔據，若將各聯村，再裝以電話，則營救便利，

共匪即可絕跡。

四、堅壁清野　各聯村建以碉堡，延長自衛時間，便與政府聯絡營救，幷防止共匪搶收田穀，則共匪無法存在。

青年方面：一、普及教育　乃統制青年，及學齡兒童之基本方法。

二、設立社會政治青年團　爲統制一般青年之基本方法，因青年富於愛國心，加以各種訓練，其組織類似軍事政治學校，使爲政府服務，防止共匪之誘惑。

以上農村與青年兩方面應由　社會部指揮監督，故社會部方面：

一、應於各省政府下增設社會處（同警務處）

二、應於各縣政府下增設社會科（將保甲事務劃歸本科辦理）

三、增設全國社會政治青年團及省市縣社會政治青年團。

綜上各點，若先將社會部方面，及農村與青年兩方面，組織完成，使共匪無所施其技，至政府軍事方面，再施以游擊式之兜剿戰，則共匪決能完全消滅，而得一切實效果矣。

（二）秦委員亞修

共產黨的作惡方法，主要的有兩種：一是散布毒素於幼稚知識層，構成它的文化破壞線，一是利用無業者羣的飢餓慾，構成它的武裝破壞線。前者以青年爲基幹，如各種抗日團體是；後者以農村爲地盤，如各地的遊擊隊是，目前的反共工作，以農村及青年爲主要對象，是非常得體的。

青年的思想是前進的，惟其前進，所以對於現狀總是不滿，總希望有一種烏托邦之來臨，共產黨便利用青年的此種渺茫心理，組成其專以破壞現狀爲事的文化鬥爭線，我們要想把青年從共黨惡氛中拯救出來，其一要顧及青年心理的原始性，把握青年思想的中心；第二要把共產黨的內幕盡量揭露，使青年們知道共產黨是不良現狀中之最不良者，截斷其迷信，使與共產黨絕緣；第三要把從現實達到理想的正當路徑，以客觀的態度，指示出來，同時要對一切不良現狀盡量批判，盡量改良，以增強青年的愛力。

農村無業遊民，大半也是無知識的，他們根本不知道什麼主義不主義，恐怕何謂抗戰何謂和平也毫無所知，他們唯一的要求是生活，雖挺而走險亦所不惜，何況有人領導他們保障他們呢？所謂遊擊隊，可說就是一種有保障的強盜，盜之所以爲盜原非得已，農民的所以加入遊擊隊，也有可原諒的地方，我們要想肅清農村的共產勢力，當以安定農村秩序，保障農民生活爲前提，不是單靠剿捕正法所能收其實效的，然而要安定農村秩序及保障農民生活，其首要之着手還在於地方政治的革新，在黑暗的地方政治之下，農村秩序不會安定，農民生活也不會有保障，即共產黨隨時有伸張魔手之可能。

（三）吳委員天憾

共產黨宣傳組織的對象是着重於農村和工廠，農工中尤着眼於青年份子，中國工業尚在幼稚時代，除少數大都市中有一部產業工人外，餘均爲作坊之手工業者，故目前中國共產黨之活動以農村及一般青年最爲深入，要切實推動反共工作，當於下列各點着手：

（一）從組織方面着手

任何事業組織最爲重要，組織嚴密，則事半功倍，組織鬆懈，則事倍功半，共產黨有嚴密的組織，廣大的活動，故我人先須從組織方面打破之。

1.在農村中組織青年義勇隊（名稱可斟酌定之）其任務爲協助軍警保甲長，專司偵查共黨活動，以保護農村治安。

2.青年義勇隊隊員，以年在十二歲以上，十八歲以下之農村青年，挑選訓練之。

3.青年義勇隊隊部，設於鄉鎮（即區）各村分設「組」每組以三人至七人組織之。

4.青年義勇隊隊員，概爲義務服務（不妨礙其入學與工作）其成績優良者政府另訂獎勵方法。

5.該項組織可先擇一二縣試行，如有成效，再推行之。

6，各縣縣長各區區長之考績，應以該項工作列爲首要。

其他詳細辦法，如原則確定，再行詳擬

（二）從教育方面着手：

1.改進農村教育

2.設立正當農村娛樂場所

（四）黃委員端履

推動反共工作自以農村與青年爲對象，農村見聞淺陋，青年血氣未定，容易爲共產邪說所誘惑，而受其麻醉，現在淪陷區域除都市及有友軍駐在地點外，大多數匪盜充斥烟毒瀰漫良民化爲莠民，游擊盡成游刼，即有硜硜自守者流，處此惡濁環境，目不覩善良行動，耳不聞正確語言，久而久之，非身死人手即同流合汙，以故農村之破產不足懼，青年之失業不足憂，惟此道德陵夷，人格毀滅，實爲國家民族之致命傷，中國固有之社會無大富大貧，階級鬭爭之怪現象，原未易煽動，共黨假抗敵之口號，深入農村，欺騙青年，務使最後之結果，人人陷於窮困，無衣無食，罔顧廉恥，不得不聽彼指揮，而其計行矣，反共工作應分五個階段次第推動。

第一　清勦農村匪盜鏟除不良分子。

第二　嚴禁煙賭毒品糾正青年惡習。

第三　流通並獎勵農村生產品壓低生活程度。

第四　勸令避外人民一律回鄉努力辦理保甲。

第五　改善學校教育，厲行社會教育。

（五）饒委員祥

我以為反共是一個實際問題，不是理論問題，對於劉委員之具體意見，大致贊同，惟在農村方面，最好以小學教師代替鄉紳，因鄉紳不若教師之富於常識及熱情也。

因為反共是一個實際問題，故對于物質建設，心理建設社會建設都要同時注意，以求社會機構之健全也。

（六）嚴委員恩柞

任何制度，在理論上總是好的，實施總有缺點，青年只知共產之優點而不知其缺點，故只要暴露共黨之弱點，用事實去證明，較之說空話要有力量，若僅僅說空話去宣傳，反給共黨利用青年前進心理去痲醉。

其次農村方面，只要請素為農民信仰之鄉紳，出來講公道話，造成一地方的中心輿論，更用保甲方法，使鄉村盡力有組織之單位，共黨即無從施其技，因共黨利用農村無組織，所有組織，即無法潛伏也。

（七）趙委員如珩

在中國，眞正理解共產主義而信仰共產主義者，為數甚微，一般所謂共產黨者，實即多數被共產主義者利用的土匪及一部分無知羣衆的集團，在這烏合的集團之間，多數是農工勞働者和一般青年，他們何以要受共產主義者的驅策呢？其原因，前者是為了物質生活的困難，後者是為了意志力薄弱的緣故。

假定上述兩原因認為是不錯的，那末，我們就可以得到下列兩種反共的途徑，第一是積極的，第二是消極的，對于勞働者，在消極方面，推行社會政策，辦理社會救濟事業，使其生活有所依靠。在積極方面，努力經濟建設，發達農工商業，使其生活的能力充實起來。

對於一般青年，在消極方面，以法令及組織，監視其參加共黨的組織及行動；在積極方面，從理論上或事實上，懇切開導並批判共產主義以及共黨行為之非是，更以三民主義為青年的中心思想。

最後，共黨的行動者或主持其行動者，多數是青年的知識份子，故對于青年知識份子的思想，應該有一個強力的機構去糾正，指導，如此，或許可以獲得若干統一的切實的效果。

（八）傅委員彥長

信仰是理論的，反共是實際的，因為凡事在理論上，總可越說越使人信仰，青年之迷信共產主義者以此，所以反共萬不可再從理論入手，以免得到相反的結果，衹要把共黨實際的弱點暴露出來，最有力量，照劉委員的報告，共黨弱點很多，不妨即以此着手。

此外，對于農村中之鄉紳與教師，覺得各有好處，如運用得法，對于農村方面之反共，都是有力的人物。

（九）屠委員哲隱

對于反共實際的辦法，各位說得很周詳了，我沒有其他意見，不過有一小小的補充，就是社會眞能做到安居樂業，不論農民與青年，都不會上共黨勾引的，否則，任憑怎樣，總沒有辦法的，所以我主張治標的辦法是聯村自衛與組織青年，治本的辦法是安定生活。

（屠委員更引伸許多實例從略）

（十）此外郭委員秀峯，吳委員顯仁，呂委員斆，胡委員壽祺，劉委員存樸，陸委員善熾，均有意見提出，對于以上各員意見加以補充，劉委員存樸對於劉委員漢之「各省政府設社會處」一事，力主添設社會廳，與其他各廳平衡，以強化地方社會行政機構。

（十一）最後，由王委員德言歸納各委員意見，作一總的結論，並向出席各委員作誠摯的申謝。

社會部公報價目表

限期	價目	郵費	
零售	一角	本埠半分	外埠一分
半年	一元	本埠六分	外埠一角二分
全年	二元	本埠一角二分	外埠二角四分

廣告暫訂刊例

頁數	價目
一頁	每號十八元
四頁	每號九元
半分之一頁	每號四元五角

刊登廣告在四號以上者每號按七折計算，在十號以上者每號按照六折計算長期另議

編輯者　社會部編譯委員會

發行者　社會部編譯委員會

印刷者　中文仿宋印書館

總經售　中央書報發行所

代售處　南京三通書局

出版日期　每月一日十六日各出版一次

社會部電話號碼	
部長室	31955
常務委員室	31958
祕書室	31957
總務司	31961
勞動司	31959
合作司	31960
公用	31963

中華民國法規大全補編

公務員

各法團

一般公民

不可不備

國府還都凡二十六年十一月十九日以前之法規奉令適用本編搜羅完備補充正編都五百餘則七百八十餘頁每部實價四元外埠另加郵費二角

最高法院書記廳啓

院址南京甯海路二十六號

（偽）社會部總務司　編

（偽）社會部公報

第十五號

南京：（偽）國民政府行政院社會部總務司，民國三十年（1941）鉛印本

中華郵政登記認爲第一類新聞紙類

中華民國三十年二月一日

社會部公報

第十五號

國民政府行政院社會部編譯委員會印行

總理遺像

總理遺囑

余致力國民革命，凡四十年，其目的在求中國之自由平等，積四十年之經驗，深知欲達到此目的，必須喚起民衆，及聯合世界上以平等待我之民族，共同奮鬥。

現在革命尚未成功，凡我同志，務須依照余所著建國方略，建國大綱，三民主義，及第一次全國代表大會宣言，繼續努力，以求貫澈，最近主張，開國民會議，及廢除不平等條約，尤須於最短期間，促其實現，是所至囑。

汪主席

目錄

命令

法規

專載

附錄

命令

行政院訓令

行政院訓令　行字第一三六三號

令社會部

現奉

國民政府府文、訓字第一九五訓令號開：

「査中央儲備銀行法，現經制定，明令公布，應即通飭施行，除分令外，合行檢發該法，令仰知照，並轉飭所屬一體知照，此令。」

等因；計檢發中央儲備銀行法一份，奉此。除分令外，合行抄發該銀行法，令仰知照，並轉飭所屬一體知照！

此令。

計抄發中央儲備銀行法一份

院長　汪兆銘

中華民國二十九年十二月二十六日

行政院訓令　行字第一三六四號

（中央銀行法登本期公報法規類）

令社會部

現奉

國民政府府文「訓字第一九八號訓令開；

「據本府文官處簽呈稱『准中央政治委員會秘書廳本年十二月二十日中政秘字第七〇八號公函內開「查二十九年十二月十九日中央政治委員會第三十一次會議討論事項第二案委員兼秘書長周佛海委員兼法制專門委員會主任委員梅思平提奉交擬具中央及地方軍政各機關暨各部隊任用職員手續補充辦法提請公決案當經決議通過經國民政府通飭遵照除紀錄在卷外相應錄案抄同上項辦法函請查照轉陳公布施行並通飭遵照」等由理合簽請鑒核』等情到府自應照辦，除明令公佈並通飭施行外合行抄發該補充辦法令仰遵照並轉飭所屬一體遵照」

等因；附抄發中央及地方軍政各機關暨各部隊任用職員手續補充辦法一份，奉此，除通令外，合行抄發原附件，令仰該部遵照，並轉飭所屬一體遵照！

此令。

院長 汪兆銘

附抄發中央及地方軍政各機關暨各部隊任用職員手續補充辦法一份。

中華民國二十九年十二月二十六日

（補充辦法登本期公報法規類）

行政院訓令

行字第一三七一號

令社會部

現奉

國民政府府文「訓字第一九九號訓令開：

「查各級警察機關編制大綱，現經制定，明令公布，應即通行飭知•除分行外合行檢發該大綱，令仰知照。並轉飭所屬一體知照！」

等因；附各級警察機關編制大綱一份，奉此，除通令外，合行抄發原附件，令仰該部知照。

並轉飭所屬一體知照！此令。

計抄發各級警察機關編制大綱一份

中華民國二十九年十二月二十七日

（大綱登本期公報法規類）

院長　汪兆銘

法規

中央儲備銀行法

二十九年十二月十九月公布

第一章　總則

第一條　中央儲備銀行為國家銀行由國民政府設置之

第二條　中央儲備銀行資本總額定為國幣一萬萬元由國庫撥足

中央儲備銀行於必要時經理事會議決監事會同意得呈請國民政府核准擴充資本總額並得招集商股但商股總額不得超過資本總額百分之四十

國民政府於必要時得將其所有中央儲備銀行股額之一部讓為商股

招集商股或經國民政府將其所有之股額讓為商股時應由本國經營銀錢業之法人儘先認購俟各法人所購商股已達到中央儲備銀行資本總額百分之三十以上時始許本國人民個人入股但人民個人入股應經財政部長之核准

第三條　中央儲備銀行由國民政府授予左列特權

一、發行本位幣及輔幣之兌換券

二、經理政府所鑄本位幣及輔幣之發行

三、經理國庫

四、承募內外債並經理其還本付息事宜

第四條　中央儲備銀行設總行於首都設分支行處於國內各地並得於國外必要地點設代理處並得於國外必要地點設代理處

分支行處及國外代理處之設置或廢止須經理事會之議決呈報國民政府備案

第五條　中央儲備銀行自成立日起營業期限三十年滿期二年前得呈請國民政府核准延長之

第二章　組織

第六條　中央儲備銀行設理事會由國民政府特派理事七人至十一人組織之任期三年期滿得續派連任理事會設常務理事五人由國民政府於理事中指定之

前項理事名額及選派方法於招收商股另定之

第七條　中央儲備銀行設監事會由國民政府特派監事三人至五人組織之任期二年但第一任監事中有二人任期一年由國民政府指定之

監事會之主席由監事互推之

第六條第二項之規定於本條中適用之

第八條　中央儲備銀行設總裁一人特任副總裁一人簡任由國民政府於常務理事中任命之任期均為三年期滿得續加任命

第九條　總裁總理全行事務執行理事會議決之事項並為理事會之主席

第十條　副總裁輔佐總裁處理全行事務遇有總裁不克出席理事會時由副總裁代理主席

第十一條　左列事項經理事會議決由總裁執行

一、業務方針
二、兌換券發行總額
三、準備數額
四、預算決算
五、資本之擴充
六、各項規程之訂立
七、國立分支行處及國外代理處之設置及廢止
八、總裁提議事項

前項第二第四第五第六第七各款應經國民政府核准方得執行

第十二條　監事會之職務如左

一、帳目之稽核
二、準備金之檢查
三、兌換券發行數額之檢查
四、預算決算之審核

第十三條　中央儲備銀行總行事務經國民政府核准得酌設局處辦理之

前項局處之局長副局長處長副處長由總裁提請理事會同意任用之

第十四條　中央儲備銀行總行各局處得分科辦事

前項各科之主任副主任由總裁派充之

第十五條　中央儲備銀行分行經由總裁提請理事會同意任用之

第三章　發行

第十六條　中央儲備銀行發行兌換券之最高額應經國民政府核准

第十七條　中央儲備銀行發行兌換券分為一元五元十元五十元一百元五種並得發行十進輔幣兌換券

第十八條　中央儲備銀行兌換券為中華民國法幣無限流通

第十九條　中央儲備銀行兌換券得由總行以本位貨幣或外幣兌換之

第二十條　中央儲備銀行兌換券準備金至少須有百分之四十現金準備其餘以國民政府發行或保證之有價證券與合於本法第二十四條第六款至第八款之票據為保證準備

第二十一條　中央儲備銀行發行兌換券之現金準備分左列二種

一、銀幣及生金銀
二、外國貨幣及外國貨幣之存放款項

第二十二條　中央儲備銀行兌換券準備金完全公開發行數目及準備金額每週公表之

第二十三條　中央儲備銀行兌換券得免納發行稅

第四章　業務

第二十四條　中央儲備銀行除國民政府所授予之特權外得營左列業務

一、經理國營事業金錢之收付

二、管理全國銀行準備並經理各銀行間匯撥清算事宜

三、代理地方公庫及公營事業金錢之收付

四、經收存款

五、國民政府發行或保證之國庫證券及公債息票之重貼現

前款證券及息票之到期日自重貼現之日起至多不得過六個月

六、國內銀行承兌票國內商業匯票及期票之重貼現

前款票據須為供貨物之生產製造運輸或銷售所發生其到期日自本銀行取得之日起至多不得過六個月並至少有殷實商號二家簽名但附有提單棧單或倉單為担保品且其貨物價值超過所担保之票據金額百分之二十五時有殷實商號一家簽名亦得辦理之

七、買賣國外支付之匯票

前款匯票如係由進出口貿易所發生見票後其到期日不得過四個月如係承兌票其到期日自本銀行取得之日起不得過四個月所有依照商業習慣定支付日期之匯票應至少有殷實商號二家簽名但附有提單棧單或倉單為担保品且其貨物價值超過所担保之票據金額百分之二十五時有殷實商號一家簽名亦得辦理之

八、買賣國內外殷實銀行之即期匯票支票

九、買賣國民政府發行或保證之公債庫券其數額由理事會議定之

十、買賣生金銀及外國貨幣

十一、辦理國內外匯兌及發行本票

十二、以生金銀為抵押之放款

十三、以國民政府發行或保證之公債庫券為抵押之放款其金額期限及利率由理事會議定之

十四、政府委辦之信託業務

十五、代理收付各種款項

第二十五條　中央儲備銀行取得不動產以左列各款為限

一、本銀行營業上必需之不動產

二、因清償債務而取得之不動產

前項第二款不動產應自取得日起一年以內處

分之但有特別情形經理事會議決呈請國民政府核准者不在此限

第二十六條　中央儲備銀行業務應受左列各款限制

一、放款期限不得過六個月

二、對於私人或公司或其他私法人之放款重貼現或其他墊款及收買其匯票支票或其他之票據合計每戶不得超過五十萬元如係股份有限公司不得超過該公司資本及公積金總額三分之一

三、左列各種票據不得收買或重貼現或作其他放款之附屬担保品但應追加担保或為保全本行利益者不在此限惟應於取得該種票據之日起一年內處分之

甲、供長期投資購置地產礦產房產機器等項用途所發生之票據

乙、供消費目的而非用於目前業務上需要所發生之票據

丙、供投機買賣所發生之票據

四、不得承受貨物為借款之担保品但有特別情形經理事會議決者不在此限

五、不得直接經營各項工商業

六、不得為第三者担保或為票據之承兌

七、不得為信用放款或透支

八、不得為有投機性質之營業

第五章　決算

第二十七條　中央儲備銀行以每年十二月終為總決算期應造據左列表册書類交由理事會議決監事會審定呈報國民政府備案

一、財產目錄

二、資產負債表

三、營業報告表

四、損益計算書

五、盈餘分配表

前項資產負債表及損益計算書應登載國民政府公報及總分行所在地報紙

第二十八條　中央儲備銀行每屆決算於純益項下提百分之五十以上為公積金公積金達資本總額時經理事會議決監事會同意得減為百分之二十五以上

第二十九條　中央儲備銀行純益除提充公積金外得由總裁提經理事會議決在餘額內酌提行員酬金餘額解繳國庫

第三十條　中央儲備銀行依第二條之規定招收商股後其純益分配辦法另定之

第六章　附則

第三十一條　本法自公布日施行

中央及地方軍政各機關暨各部隊任用職員手續補充辦法

二十九年十二月二十三日公布

第一條　中央及地方軍政各機關暨各部隊長官任用所屬職員除依法律規定辦理外其任用手續並應依本辦法行之

第二條　軍政各機關及各部隊任用職員應先查詢來歷考察品性並驗明最近退職證明文件方可任用

第三條　如無退職證明文件應由該機關長官函詢該員退職之機關查明退職原委再爲任用但該員退職之機關已經撤銷者應由該員取得原服務機關同等職務人員之書面證明呈驗

第四條　甲機關或部隊現職人員乙機關或部隊擬予任用時必須由乙機關或部隊長官商得甲機關或部隊長官同意才可予以新職

第五條　前條調任新職人員不得超級敍用

第六條　各機關或部隊任用職員如有違反本辦法之規定者得由上級主管機關以命令撤銷其任用或令其將所用之人員改敍職級

第七條　經上級主管機關以命令調用或其任用事先專案呈奉核准者得不適用本辦法之規定

第八條　本辦法自公布日施行

各級警察機關編制大綱

中華民國二十九年十二月二十五日公佈

第一條　首都及各省市縣警察機關之編制均依本大綱之規定辦理之

第二條　首都設首都警察廳直隸於警政部受警政部之監督指揮處理首都警察事務

第三條　各省設警務處直隸於警政部兼受各該省政府之監督指揮處理全省警察事務並監督指揮全省警察機關

第四條　各省省會地方設省會警察局直隸於省警務處處理省會地方警察事務

第五條　行政院直轄之市或行政區設警察局冠以市或行政區名稱直隸於警政部兼受該管市政府或管理公署之監督指揮處理該市區警察事務

第六條　各省轄市設市警察局直隸於省警務處兼受該管市政府之監督指揮處理全市警察事務

第七條　各縣設縣警察局直隸於省警務處兼受縣政府之監督指揮處理全縣警察事務其等級與編制另訂之

地方衝要人口稠密工商業繁盛之地方特設警察局（冠以所在地之名稱）處理該地方警察事務其職位與縣警察局相等

縣區域內之重要鄉鎮經省警務處核准得設警察所（冠以地方名稱）直隸於縣警察局處理該區域內警察事務

第八條　首都警察廳經警政部核准得就轄境內划分若干區每區設警察局並因實際之需要局以下得設警察分駐所及派出所

前項警察局之名稱冠以所在地或易於辨識之名稱稱某某警察局其分駐所及派出所之名稱亦同

第九條　院轄市或行政區以及省會並省轄市所設之警察局呈奉主管機關核准得划分若干區設警察分局依第七條第一二兩項規定所設之警察局呈奉省警務處核准得划分若干區每區設警察所警察分局及警察所之下得實際之需要設警察分駐所及派出所

第十條　前條局所之設置及裁併院轄市及行政區應呈經警政部核准其省會與省轄市縣等均應呈經省警務處核准並呈報警政部備案

第十一條　長警之勤務以巡邏制為原則並應划段分負責職

前項之划段與配置應由各該警察機關酌擬報由上級機關核定之

第十二條　各警察機關因實際之需要呈奉主管機關核准得設消防隊偵緝隊水巡隊及保安警察隊

第十三條　關於水上警察鐵路警察及其他特種警察之編制另訂之

第十四條　各級警察機關之組織另定之

第十五條　本大綱公布後其施行日期由警政部以命令行之

專載

所望於中華民國三十年者

去年的一年是調整邦交條約之締結
今年的一年是調整邦交條約之實行

汪精衛

中華民國三十年，將為劃時代之一年，中國有一句老話，『三十年為一世』，中華民國成立以來，於今三十年了，何以尚未能完成建設，而且陷於如此危急存亡的境遇呢？原因雖多，而外交方針不能確定，是一個重要原因。本來中國所以有國民革命，不外欲自拔於次殖民地的地位，總理孫先生在遺囑裏，說得明白：『余致力國民革命，凡四十年，其目的在求中國之自由平等。』給與中國以不自由不平等的待遇，使之陷於次殖民地的地位的，是百年來的帝國主義，中國國民革命之唯一對象，無疑的是帝國主義，可是這帝國主義的勢力，非常厲害，百年以來，幾乎席捲全球，紅棕黑三大人種全被吞沒，黃種也被吞沒了一半，到了東亞，纔遇着日本的抵禦，日本在東亞是先進，中國是後起，中國國民革命之唯一援助者，無疑的是日本。不幸中日兩國，不能看清此點，同心禦侮，卻反互相結下寃仇，如果越結越深，不但中國欲自拔於次殖民地的地位，杳不可得，整個東亞，只怕也要相斫以盡了，只看重慶，在奄奄一息的時候，帝國主義者，從荷包裏，掏出幾個臭錢，一萬萬元，一千萬鎊，立刻又高喊抗戰到底起來，中國人的性命，眞個就這樣的賣給帝國主義者麽？東亞眞個就這樣的斷送了麽？去年的一年，中日兩國，忙於邦交調整，這調整的意義，是解消了從前的一切寃仇，從今以後，結成朋友，共同抵禦帝國主義，自中國來說，是完成國民革命之目的，爭取中國之自由平等，自東亞來說，是復興，這兩件事，其實只是一件事。去年的一年是調整邦交條約之締結，今年的一年是調整邦交條約之實行，所以我說中華民國三十年，將為劃時代之一年。

東亞復興與中國自由平等是一件事，中國不能得到自由平等，則沒有能力來分担復興東亞的責任，而中國自由平等之完全獲得，必於東亞復興中求之，因此中國的獨立，是必要的，與日本協力，也是必要的，根據於這種意義，所以有東亞聯盟的運動，在政治獨立軍事同盟經濟提攜文化溝通四大條件之下，各本於獨立的立場，有共同努力，這種工作，自中華民國三十年起，一直做到成功爲止。今年的一年，重在實行，如上所述，我們要担負實行的責任。我們先要檢討實行的力量。我們是赤手空拳來做和平運動的，這並不稀奇，一切革命事業，都由創造，換句話說，都由赤手空拳得來。我們對於和運前途，有了信心，自然有了勇氣，這便是力量，我們只要信心堅定，勇氣自然如火之然，如泉之達，以前『敵乎友乎』，彷徨於方寸之中，遲疑不決，卽使沒有蘆溝橋事變，中日關係也不會好轉的，如今信心堅定了，不再猶疑了，只要努力做成可以爲友的材料，努力做成可以爲友的資格，不愁人家不來和你做朋友。中國固然積弱，固然戰敗，但是努力的結果，不久定然有一種新興的蓬蓬勃勃的氣象，這種氣象，是堅定的信心，培養出來的。有了堅定的信心，鼓起不斷的勇氣，一切困難，可以克服，一切事業，可以創造，我們決用不着自暴自棄。

以上所述，是精神方面的力量，至於物質方面呢？我們更可謂赤手空拳，舉目一看，只有萑苻，只有瘡痍，而且有許多人以爲有和平卽有幸福，如今幸福未到，痛苦未去，幾乎要對和平失望了。然而我們細細一想，中日戰事，尚在繼續，重慶方面，正想使人民再糜爛下去，日本全國，亦正在節衣縮食極端刻苦之中，和平區內的人民，以爲一有和平，卽有幸福，天下那有這樣容易的事呢？我們只有替和平幸福，先定下一個全盤計劃，然後從最低限度着手。所謂最低限度，一是不能不要的兵力，一是不能不要的民食。所謂兵力，是要來保障和平開拓和平的，共匪所倡的『點線面』論，是不要面的，所以用游擊戰焦土戰來糟蹋面，我們反之，用全力來保障面，換句話說就是守土，我們每得到一塊地方必須用全力將他守着，不讓共匪來施展游擊戰焦土戰，這一塊地方，確實守着了，再來取第二塊地方，再來將他守着。這便是所謂保障和平開拓和平，這是不能不需要兵力的，所以我們主張建軍。地方守得住了，在這塊地方之內的人民，便可從事生聚，從事生產了。中國以農立國，第一自然是農村的復興，農地的整理，交通事業，金融事業，以及其他工藝事業，自然也就隨以發展，於是乎人民不至於愁吃貴米了。這兩件事，是全盤計劃中之最低限度，不可不於今年的一年之內就着手解決的。這眞是古人所謂卑之無高論，正惟其卑之無高論，我盼望於今年的一年之內，努力做到。

末了對於全面和平有幾句話，歷史往往重演的，時代的進步，未必能把歷史全部抹殺，但至少也要把歷史縮短些。明朝亡國，流賊起於西，李自成是米脂人，張獻忠是延安人，從米脂延安殺起，游擊戰遍於全國，等到國力民力糟蹋得一乾二淨了，滿洲從東入關，流賊也就一乾二淨，正如蝗蟲將禾食盡，自己也就餓死一樣。如今共匪的巢穴正在米脂延安一帶，想到這裏，不寒而慄，眞個歷史要重演嗎？我們在這時代，就不能努力將他重演的程途縮短些嗎？世界上斷斷乎沒有將國力民力任意糟蹋，而國能不亡的。中國今日除了和平反共建國，斷斷乎沒有第二條救亡的路。請站在重慶方面同胞們，和舊日同志們，摸摸良心，斷斷乎不可悠悠忽忽。將今年的一年又白過了去！

附錄

上海法商電車公共汽車工潮餘波處理報告

社運會上海滬分會

上海法商電車公司全體工友，前為要求改善待遇，曾於九月間一度發生罷工風潮，嗣經社會運動指導委員會滬分會，向雙方竭誠勸導，努力調處，於十月二十二日簽訂勞資協定七項，作為先決條件，全體工人旋即復工，其餘細目，議定另行談判，正當歷續協商細目之際，該公司賣票與工人因互相口角，引起毆鬥，公司當局將工人四名，拘送捕房，勞方要求保釋，不獲如願，以致復起波折，復經社運會滬分會居間調停，保釋被捕工人，糾紛始告平息，勞資協約經往返磋商，於本月十一日簽訂總理處與工會協約，該項協約，對於勞資權益，均兼顧及，預料今後公司方面及工友方面，必能切實合作，糾紛事件，定可根絕。茲將社運分會發表報告錄載於下：

上海法商電車公共汽車公司全體工人，前為響應公共租界交通工潮，並謀本身待遇之改善起見，曾於九月下旬，發生罷工風潮，嗣經本分會竭誠調處，始於十月二十二日簽訂勞資協定七條，先行復工，惟此項協定，係屬先決條件性質，其餘尚有未解決之條件，於附則中註明，俟復工後雙方再行談判。

工方於復工後，靜侯公司當局，召集談判，直至十一月二十日，始一度推派代表，叩詢公司意見，未獲具體答覆，二十三日，機務部工人因爭發賞金，遭大班拒絕，一度發生波折，本分會得報後，深恐事態擴大，即派員向勞資雙方勸導調停，風波旋告平息。

當時公司方面，允於一星期內繼續談判未解決之條件，然事隔一星期後，仍未有何表示，十二月二日，六六號開車與一一六，五二號，二〇九號等工人，發生口角互毆事件，公司當局，偏袒六六號，將其他工人四名，送由捕房解赴法院控訴，全體工人，要求保釋，滬上反動通訊社，遂藉此造謠，希圖淆惑聽聞，致外間遂有法商電車再度罷工之謠傳，幸被押工人，於五日經法院交保開釋，故未釀成何種事端，其未解決條件，亦於是日開始談判，工方推張福寶等六人為代表，與大班法弗來晤談，當時資方仍取堅持態度，工方代表因先受有本會嚴避工潮再生之命令，故在可能範圍內，無不忍受讓步，經五日之續商，雖其間屢生爭執，惟大體均告確定，乃於十一日下午五時，雙方正式簽訂總理處與工會協約十三條，全部糾紛，至此宣告總解決，其協約條文如後：

總理處及工會協約自一九四〇年十一月十九日上海市二區水電業及車務部工會呈書上海法商電車水電公司，要求若干條件後，並經勞資雙方，屢次談判，結果公司及工會承認，一、于幾項請求，已於一九四〇年十月二十二停止罷工協約中簽訂，一、于其餘各項請求，內中有某幾項全部或分部滿意允許，但其他各項請求，則毋許討論，故此公司及工會宣告同意採取下列條件，對於一九四〇年十一月十九日附載請求全文為確定及終尾之協定，所訂條約如下：（一）公司允許全體工員在每年十七天封關日外，再加額外封關三天，計為端午節，孔子生辰，中秋節，（二）車務處工員每月至少工作二十四天者，自一九四〇年十二月一日起，發給休息工資，包括薪金及臨時津貼費計為四天，（三）對於一九四〇年年賞，其再高額總理處所給賞每工員數等於淨工資一個月，加規定臨時津貼一個月，加成比例數津貼一個月，加例外賞十五元，（四）對於車務處賣票員交賣賬賞金，自今以後，照下開預算表格，依每日售出賬目計算。

賣賬自二十五元至三十元得賣金一角正，自三十元至三十五元得一角二分，自三十五元至四十元得一角四分，自四十五元得一角六分，自四十五元至五十元得一角八分，自五十元至六十元得二角正，自六十元至七十元得二角二分，自七十元至八十元得二角四分、自八十元至九十元得二角六分，自九十元至一百元得二角八分超過一百元者得三角正

（五）對於車務處司機員，不關禍賞金，自一九四〇年十二月一日起將改定每月三元，（六）華籍人員因病或受禍而缺席者，自一九四〇年十二月一日起，薪工米貼臨時津貼等，一律照給，惟須一，往廣慈醫院治療，一，住在家中休養，惟須得廣慈院醫生許可書，（七）車務處工友得領號衣，每年發單號衣一套（應該穿二年）舊號衣毋須退回（八）賣票員於工作完後，可保持軋剪皮袋，但須負責任，脫離本公司人員，其退職金繼續照前例計算，做滿五年者，得三個月，但自一九四〇年十二月一日起，一，凡服務滿一年之人員，可得退職金，一，退職金包括退職時人員之薪工並當時之臨時津貼費，（九）十一月十八日工會信內所報告六位代表，能夠每月得十天允許額度，薪工完全照給，（十）公共汽車一輛作定備車，每晚二次接送車務處工友，其經由路線，車務處處長指定，一，第一次開出晚一時十五分，一，第二次開出晨四時，一，第三次進廠晨五時，（十一）若職員等級有空位時，在可能範圍內由下級工友中成績優良者挑選任用，（十二）本公司慣常在工作人員得領雨衣一件，（十三）本公司能在任何時期辭退短工，（臨時工員）並不給退職金，但臨時短工滿六個月工作，而得公司滿意，可升為長工，薪工依起首數付給，（目前本公司所僱臨時短工依長工同樣待遇），（除出外勤各部苦力），得領臨時趁車派司一張，或臨時搭乘公司事車派司一張，此約簽訂於一九四〇年十二月十一日，由工會代表及公司總理簽訂。

社會部公報價目表

限期	價目	郵費	
零售	一角	本埠半分	外埠一分
半年	一元	本埠六分	外埠一角二分
全年	二元	本埠一角二分	外埠二角四分

廣告暫訂刊例

頁數	價目
一頁	每號十八元
四頁	每號九元
半分之一頁	每號四元五角

刊登廣告在四號以上者每號按七折計算，在十號以上者每號按六折計算長期另議

編輯者　社會部編譯委員會

發行者　社會部編譯委員會

印刷者　中文仿宋印書館

總經售　中央書報發行所

代售處　南京三通書局

出版日期　每月一日出版一次

社會部電話號碼	
部長室	31955
常務委員室	31958
秘書室	31957
總務司	31961
勞動司	31959
合作司	31960
公用	31963

中華民國法規大全補編

公務員

各法團

一般公民

不可不備

國府還都凡二十六年十一月十九日以前之法規奉令適用本編搜羅完備補充正編都五百餘則七百八十餘頁每部實價四元外埠另加郵費二角

最高法院書記廳啓

院址 南京甯海路二十六號

（偽）社會部總務司 編

（偽）社會部公報

第十六號

南京：（偽）國民政府行政院社會部總務司，民國三十年（1941）鉛印本

經中華郵政登記認爲第一類新聞紙類

中華民國三十年三月一日

社會部公報

第十六號

國民政府行政院社會部編譯委員會印行

總理遺像

總理遺囑

余致力國民革命，凡四十年，其目的在求中國之自由平等，積四十年之經驗，深知欲達到此目的，必須喚起民衆，及聯合世界上以平等待我之民族，共同奮鬥。

現在革命尚未成功，凡我同志，務須依照余所著，建國方略，建國大綱，三民主義，及第一次全國代表大會宣言，繼續努力，以求貫澈，最近主張，開國民會議，及廢除不平等條約，尤須於最短期間，促其實現，是所至囑。

汪主席

目録

命令

法規

命令

行政院訓令

行政院訓令　行字第一六〇〇號

令社會部

現奉

國民政府一月二十四日第十號訓令開：「查出版法現經修正，明令公布，應即通飭施行，除分令外，合行抄發該修正出版法，令仰知照。並轉飭所屬一體知照」

等因；附修正出版法一份，奉此，除分令外，合行抄發原附件，令仰該部知照。並轉飭所屬一體知照！

此令。

抄發；修正出版法一份。

院長　汪兆銘

中華民國三十年二月一日

（修正出版法另登本期公報法規類）

行政院訓令　行字第一六五二號

令社會部

現奉

國民政府第一一號訓令開；

「據本府文官處簽呈稱；『准中央政治委員會祕書廳本年一月三十一日中政祕字第七八九公函開；「茲奉主席交下中國國民黨中央執行委員會祕書廳本年一月二十日祕函字第五一二號公函一件，錄送中央常務委員會第二十四次會議通過中央政治委員會政治報告審查意見一份，囑查照。等由；並奉諭；『送國民政府分飭知照。』等因；暨提出中央政治委員會第三十五次會議報告在案。查此案前由本廳遵奉　主席諭；函准府院部會分別將自二十九年還都之日起，至十月十日止工作成績送廳彙編『中央政治委員會政治報告』提出中國國民黨第三次中央執行委員全體會議報告，並分別檢送亦在案。茲奉前因；除函復外，相應錄諭並抄同原函及附件各一份函達，至希查照轉陳分飭知照。」等由；理合簽請鑒核。』等情到府，自應照辦；除分令外，合行抄發原附件，令仰知照。並轉飭知照此令。」

等因；計抄發原函及附件各一件，奉此，自應照辦。除分令外，合行抄發原附件，令仰知照。並轉飭知照！

此令。

附抄發原函及附件各一件

中華民國三十年二月十日　院長　汪兆銘

抄中國國民黨中央執行委員會祕書廳原函

案奉

中央常務委員會第二十四次會議決議案內開；

「三中全會交議：政治組報告奉交審查中央政治委員會工作報告擬具意見請公決案。（經大會決議，照審查意見通過。）決議：送中央政治委員會。」

等因；紀錄在卷。相應檢同大會決議案一份，錄案奉達，至希查照爲荷！

此致

中央政治委員會

附送：三中全會決議案一份。

秘書長褚民誼三十年一月二十日

對於中央政治委員會工作報告之決議案

查還都迄今，時僅八月，值此時局艱難之會，地方殘破之餘，而綜觀府院部會行政報告，尙能把握實現，綱舉目張，使和平反共建國之基礎，賴以確立，此悉由我　主席偉大精神之感召，與夫全國上下同心戮力之所致，本黨負建國之使命，應時勢之要求，各院部會工作，胥以福國利民爲鵠的，以言行政院，屬於內政部者，整頓地方行政，推進自治，辦理衛生事項，規畫地政。屬於外交部者，調整中日關係，恢復駐外領館。屬於財政部者，整頓關務，稅收，鹽務，及地方財政，廢除苛雜，籌備中央儲備銀行。屬於軍政部者，改進軍務實施剿匪計劃。屬於海軍部者，接收砲艇，收容海軍官兵，辦理中央海軍學校。屬於教育部者，恢復中央大學，整頓中小學教育。屬於司法行政部者，減輕訟費，調整各級法院，整頓監獄，辦理赦免減刑。屬於工商部者，接收日軍管理工廠，採辦洋米，調劑民食，交換南北物資，發展國際貿易。屬於農礦部者，恢復及設立農礦機關，調整中日礦業合資公司。屬於鐵道部者，調查各路交通狀況，成立部路請求復職人員資歷審查委員會。屬於交通部者，收回郵權，整理電政航政。屬於社會部者，推進社會事業，指導社會運動，調解勞資糾紛，促進合作事業，登記專門人才，提倡社會服務。屬於宣傳部者，闡揚和平理論，改進宣傳事業，設置宣傳機關，辦理國際宣傳。屬於警政部者，革新警政，辦理警察訓練，設置政警及特警機關，防止反動。屬於振務委員會者，設置救災準備金，實行平糶，辦理首都急振，接辦首都救濟事業。屬於邊疆委員會者，設置西藏駐京辦事處及邊疆人員招待所，保送邊疆來京求學學生，恢復班禪駐京辦事處。屬於僑務委員會者，調查僑務狀況，救濟回國失業僑胞，辦理僑胞國內產業損失登記，指導華僑子弟回國升學。屬於水利委員會者，核發浙皖京滬廿九年防汛經費，測勘蘇滬海塘及皖省淮堤，堵修蚌埠淮河六缺口工程，籌備黃河中牟決口。以言立法院，修正各院部會組織法，及各種法規條例。以言司法院，屬於最高法院者，增設華北分院，編輯法規補編。屬於行政院及中央公務員懲戒委員會者，亦分別受理案件。以言考試院，屬於銓敍部者，辦理公務人員甄審，及審核撫卹案件。屬於考選委員會者，舉行高等考試。以言監察院，嚴查不肖公務員勾結奸商囤米，嚴行審計及稽察事務。以言軍事委員會，籌設中央軍官學校，組織點編委員會，建設空軍，清剿匪共，辦理軍訓。其他如實施憲政爲當務之急，政府延攬各方賢達，成立憲政實施委員會，並定期召集國民大會。至華北政務委員會，在河北，山東，山西，三省，及北京，天津，青島，三市境內處理防共，治安，經濟，及國府委任其他各項政務，並監督各省市政府。凡此諸端，皆舉其犖犖大者，悉能本既定方針，積極推進。惟是和平建國大業，經緯萬端，民困未蘇，建設匪易，所望本黨同志及政府同人，仰體總理遺教，接受　主席領導，以大無畏之精神，為進一步之努力，庶我國之獨立，得以確保而東亞之復興，亦可計日而待也。

政治審查組召集人陳羣　陳耀祖

行政院訓令　行字第一六五九號

令社會部

現奉

國民政府第一四號訓令開：

「查財政部稅務署組織法，現經修正，明令公布，應即通飭施行，除分令外，合行檢發該組織法，令仰知照，並轉飭所屬一體知照，此令。」

等因，計檢發修正財政部稅務署組職法一份，奉此，自應通飭施行，除分令外，合行抄發該組織法，令仰知照，並轉飭所屬一體知照。

此令。

計抄發修正財政部稅務署組織法一份

中華民國三十年二月十一日

院長　汪兆銘

（組織法從略）

行政院訓令　行字第一六五七號

令社會部

現奉

國民政府第一二號訓令開：

「查財政部鹽務署組織法，現經制定，明令公布，應即通飭施行，除分令外，合行檢發該組織法，令仰知照，並轉飭所屬一體知照，此令。」

等因，計檢發財政部鹽務署組織法一份，奉此，自應通飭施行，除分令外，合行抄發該組織法，令仰知照，並轉飭所屬一體知照。

此令

計抄發財政部鹽務署組織法一份

中華民國三十年二月十一日　院長　汪兆銘

（組織法從略）

行政院訓令　行字第一六五八號

令社會部

現奉

國民政府第一三號訓令開：

「查財政部關務署組織法，現經修正明令公布，應即通飭施行，除分令外，合行檢發該組織法，令仰知照。並轉飭所屬一體知照！此令。」

等因，計檢發修正財政部關務署組織法一份，奉此，自應通飭施行，除分令外，合行抄發該組織法，令仰知照。並轉飭一體知照！

此令

計抄發　修正財政部關務署組織法一份

中華民國三十年二月十一日　院長　汪兆銘

（組織法從略）

行政院訓令　行字第一七二六號

令社會部

案奉

國民政府第二三號訓令開：

「查強制執行法，現經制定，明令公布，應即通飭施行，除分令外，合行檢發該強制執行法乙份，令仰該院知照。並轉飭所屬一體知照！此令。」

等因，附發強制執行法乙份，奉此，除分令外，合行抄發強制執行法乙份，令仰知照。並轉飭所屬一體知照！此令。

附抄發強制執行法乙份

中華民國三十年二月二十二日　院長　汪兆銘

（強制執行法從略）

社會部令

行政院社會部訓令　社甲七五一號

令上海市商會

查該會自事變迄今，延未改選，委員星散，負責無人，組織既不健全，尤違法令規定，長此以往，影響工商業之發展甚鉅，應即予以整理，以副各方殷望。合亟令飭該會，即日停止活動，並將文卷圖記等件，移交社會運動指導委員會上海市分會接收暫管，靜候派員整理，以利商運。除令飭社運會上海市分會知照外，仰即遵照辦理。

此令。

中華民國三十年二月十五日

部長　丁默邨

行政院社會部令　社乙字第二七號

茲制定各市人力車夫福利事業推行辦法公佈之。

此令。

中華民國三十年二月十八日

部長　丁默邨

（辦法另登本部公報法規類）

會令

社會運動指導委員會指令　會商字第十號

令浙江省分會

呈一件為呈報同業公會因業務區域命名情形不一請指示由

呈悉，查依照前司法院院字第七〇八號及第九七六號先後解釋（詳載前中央民訓部編輯之人民團體法規釋例彙編第四五七頁）：「繁盛區域，並非指縣城而言，其在繁盛區鎮設立之工商同業公會，應以該區鎮之區域為其區域。」是縣市當然包括城廂內外，其名稱之上不應冠以「城區」二字，至為明顯。至各縣市同一區域內，以設立一會為原則，苟非特殊繁盛區鎮，不得單獨另設「區」「鎮」同業公會。仰即知照

此令。

中華民國三十年一月八日

為呈報同業公會因業務區域命名情形不一請指示由

竊查工商同業公會施行細則第四條：

「本細則所稱區域準用商會法第五條之規定」

復查商會法第五條：

「各特別市，各縣，及各市，均得設立商會，即以各該市縣之區域為其區域，但繁盛之區鎮亦得單獨或聯合設立商會」

准如上述則繁盛之區鎮，亦得設立工商同業公會，惟浙省商業情形，除杭州、嘉興、吳興、嘉善三數市縣之外，其他各縣城區（縣治所在地）之商業，有不及區鎮繁盛者，最近嘉興，桐鄉，等縣各業商人，有以經營業務區域範圍，申請組織某縣、城、區、某業同業公會，或某縣、某鎮、某業同業公會，尚有經營業務區域，僅以城區為範圍，並不包括各

區鎮，但亦竟稱某縣某業同業公會，綜上三種稱謂，範圍各有不同，倘不予以明確規定，將來難免發生職權上之紛擾，惟「域區」二字，過去雖絕少引用，倘貿然廢去，則該縣其他區鎮同業，將來發起組織時，職權勢必抵觸，甚且影響該業業務至鉅」，爲此臚呈

鈞長仰祈

鑒核，應如何規定之處，迅賜　指示，俾有遵循！

謹呈

社會運動指導委員會委員長丁

浙江省分會主任委員　張鵠聲

副主任委員　沈半梅

社會運動指導委員會訓令　會祕訓字第一〇號

令各省市分會

案奉

社會部第三十三次部務會議議決案內開：

「各省市職業團體負責人應如何委派案。決議：一、省市團體及全國性團體，用部名義委派，二、名單由部咨關係部及地方政府備查並令知主管分會，三、由主管組與關係司會稿，四、如有特殊情形得先由分會委派，但須呈請本部加委。」

等因。奉此，除分令外，合行令仰該分會知照。

此令。

中華民國三十年二月十日

社會運動指導委員會訓令　會祕字第〇〇九號

令各省市分會

案奉

社會部第三十三次部務會議議決案內開：

「各職業團體應設福利事業科或委員會，俾謀本身福利，推展業務案。決議：一、通過，二、福利事業經費由各團體自行籌措，三、如須捐募經費，應先呈准主管分會核准後方得徵募」

等因。奉此，除分令外，合行令仰該分會知照，並轉飭遵辦。

此令。

中華民國三十年二月十日

法規

修正出版法

三十年一月二十四日修正公布

第一章 總則

第一條 本法稱出版品者，謂用機械印版或化學之方法所印製，而供出售或散布之文書圖畫。

第二條 出版品分左列三種：

一、新聞紙 指用一定名稱，其刊期每日或隔六日以下之期間繼續發行者而言。

二、雜誌 指用一定名稱，其刊期每星期或隔三月以下之期間繼續發行者而言，但其內容以登載時事為主要者，仍視為新聞紙。

三、書籍及其他出版品 凡前二款以外之一切出版品屬之。

四、新聞紙或雜誌之號外，或增刊副刊等，視為新聞紙或雜誌。

第三條 本法稱發行人者，謂主辦出版品之人。

第四條 本法稱著作人者，謂著作文書圖畫之文。

筆記他人之演述登載於出版品，或令人登載之者，其筆記之人視為著作人。但演述人予以承諾者，應同負著作人之責任。

關於著作物之編纂，其編纂人視為著作人，但原著人予以承諾者，應同負著作人之責任。

關於著作物之翻譯，其翻譯人視為著作人。

關於專用學校，公司、會所、或其他團體名義著作之出版品，其學校、公司、會所、或其他團體之代表人，視為著作人。

新聞紙所登載廣告啟事，以委託登載人為著作人，如委託登載人不明或無負民事責任之能力者，以發行人為著作人。

第五條 本法稱編輯人者，謂掌管編輯新聞紙或雜誌之人。

第六條 本法稱印刷人者，謂主管印刷事業之人。

第七條 本法稱地方主管官署者，為各地警察機關。

第八條 出版品於發行時，應由發行人分別呈繳左列機關各一份：

一、宣傳部；

二、警政部；

三、地方主管官署；

四、國立圖書館及立法院圖書館。

改訂增刪原有之出版品而為發行者亦同。

黨政機關之出版品，應依前二項規定分別寄送。

第二章　新聞紙及雜誌

第九條　為新聞紙或雜誌之發行者，應由發行人於發行前塡具登記聲請書，呈由發行所所在地之地方主管官署，於十五日內呈轉省政府或行政院直轄市政府審查。

省政府或行政院直轄市政府，於接到前項登記聲請書後，應於十五日內，連同審查意見轉請宣傳部核定，發給登記證。宣傳部於發給登記證後，應將核准登記經過，咨達警政部。

登記聲請書，應載明左列事項：

一、新聞紙或雜誌之名稱；
二、刊載稿件之種類及性質；
三、社務組織；
四、資本數目來源及經濟狀況；
五、刊期，發行新聞紙者，並載明其版數；
六、發行所及印刷所之名稱及所在地；
七、發行人，編輯人，印刷人之姓名，年齡、經歷、及住所。

第十條　第九條所定應聲請登記之事項有變更者，其發行人應於變更後十日內，按照登記時之程序，聲請變更登記。

前項變更登記之聲請，如係變更新聞紙或雜誌之名稱或發行人者，應附繳原領登記證，按照第九條之規定重行登記。

第十一條　第九條及第十條之登記，不收費用。

第十二條　新聞紙中專以發行通訊稿為業者，地方主管官署於必要時，得派員檢查其社務組織及發行狀況。

第十三條　有左列情形之一者，不得為新聞紙或雜誌之發行人，或編輯人。

一、國內無住所者；
二、禁治產者；
三、被處徒行或一月以上之拘役在執行中者；
四、褫奪公權尚未復權者。

第十四條　有左列情形之一者，得禁止其為新聞紙或雜誌之發行人，或編輯人；

一、因違反第二十一條之規定受刑事處分者
二、因貪汚或詐欺行為受刑事處分者。

第十五條　新聞紙或雜誌廢止發行者，原發行人應按照登記時之程序聲請註銷登記。新聞紙逾所定刊期已滿三個月，雜誌逾所定刊期已滿六個月尚未發行者，視為廢止發行。

第十六條　新聞紙或雜誌，應記載發行人之姓名，登記證號數，發行年月日，發行所印刷所之名稱

第十七條　及所在地。

新聞紙或雜誌登載之事項，本人或直接關係人請求更正或登載辯駁書者，在日刊之新聞紙應於接到請求後三日內更正或登載辯駁書。在其他新聞紙或雜誌，應於接到請求後第二次發行前為之。但其更正或辯駁之內容顯違法令，或未記明請求人之姓名住所，或自原登載之日起，逾六個月而始行請求者，不在此限。

更正或辯駁書之登載，其地位應與原文所登載者相當。

第三章　書籍及其他出版品

第十八條　書籍或其他出版品，應於其末幅記載著作人，發行人之姓名，住所、發行年月日，發行所印刷所之名稱及其所在地。

前項書籍或其他出版品，應向警政部登記。

第十九條　通知書，章程、營業報告書；目錄、傳單、廣告、戲單、秩序單、各種表格、證書、證券；及照片，不適用第八條之規定。

第二十條　有關政治之傳單，或標語非經地方主管官署許可，不得印刷發行。

第四章　出版品登載事項之限制

第二十一條　出版品不得為左列各款言論或宣傳之記載：

一、意圖破壞三民主義或違反國策者；

二、意圖顛覆國民政府或損害中華民國利益者；

三、意圖破壞公共秩序者；

四、經宣傳部命令禁止登載者。

第二十二條　出版品，不得為妨害善良風俗之記載。

第二十三條　出版品，不得登載禁止公開訴訟事件之辯論。

第二十四條　戰時或有變亂及其他特殊必要時，得依國民政府命令之所定，禁止或限制出版品關於政治、軍事、外交、或地方治安事項之登載。

第二十五條　以廣告啓事等方式登載於出版品者，應受前四條所規定之限制。

第五章　行政處分

第二十六條　未經核准登記之新聞紙雜誌，不得發行，印刷人並不得承印。

就應登記之事項為不實之陳述而發行新聞紙或雜誌者，經發覺後得停止該新聞紙或雜誌之發行。

不為第十條之聲請變更登記而發行新聞紙或雜誌者，得於其為合法之聲請登記前，停止該新聞紙或雜誌之發行。

第二十七條　前條所定處分，其出版品在縣政府或市政府所在地發行者，應呈轉省政府核准；在省政府或行政院直轄市政府所在地發行者；應呈請宣傳部核准方得執行；省政府核准執行者，應咨報宣傳部備案。

第二十八條　出版品載有第二十一條所列事項之一，或違背第二十四條所定禁止或限制之事項者，得禁止出版品之出售及散布，並得於必要時扣押之。

依前項之規定扣押之出版品，如經發行人之請求，得於删除該事項之記載或禁令解除時退還之。

第一項所定，其情節輕微者，得由地方主管官署呈准該省政府或市政府予以警告，並由該省政府或市政府轉報宣傳部及警政部。

第二十九條　地方主管官署，查有前條第一項之新聞紙、雜誌、或書籍、及其他出版品，如認為必要時，得暫時禁止出版品之出售散布，或暫行扣押；同時呈由省政府或行政院直轄市政府分別轉報宣傳部或警政部核辦。

第三十條　前條所定處分，其出版品如為新聞紙或雜誌，在縣政府或市政府所在地發行者，應呈轉省政府核辦，在省政府或行政院直轄市政府所在地發行者，應呈轉宣傳部核辦。

第三十一條　國外發行之出版品，有應受第二十八條第一項或第三十四條第一項處分之情形者，宣傳部得禁止其進口。

依前項規定禁止進口之出版品，省政府或市政府，得於其進口時扣押之。

第三十二條　因新聞紙或雜誌所載事項，依第二十八條第一項所定之處分，而其情節重大者，宣傳部得定期或永久停止其新聞紙或雜誌之發行。

違背前項禁止而發行之新聞紙或雜誌，地方主管官署應扣押之。

第三十三條　扣押書籍或其他出版品，於必要時並得扣押其底版。

依前項規定之底版，準用第二十八條第二項之規定。

第三十四條　出版品之記載，有違反第二十二條之規定，情形較為重大者，警政部或地方主管官署，呈經警政部核准，得禁止其出售散布，並得於必要時扣押之。

前項出版品如為新聞紙或雜誌，宣傳部或地方主管官署，呈轉宣傳部核准，得禁止其出售散布，並得定期停止其發行。

第三十五條　發行人違反第八條第一項或第二項之規定，不呈繳出版品者，處十元以下罰款。

第三十六條　發行人不為第九條或第十條之聲請登記，而發行新聞紙或雜誌者，處三十元以下罰款。

第三十七條　第三十條各款所列之人，或因第十四條各款情形之一而受禁止之人，發行編輯新聞紙或

第三十八條　雜誌者，處三十元以下罰款。
發行人違反第十五條第一項之規定者，處二十元以下罰款。

第三十九條　出版品不為第十六條或第十八條所定之記載，或記載不實者，處發行人三十元以下罰款。

第四十條　編輯人違反第十七條之規定者，處三十元以下罰款。

第四十一條　新聞紙因受本章所定之行政處分，向處分機關之上級官署訴願時，該官署應於接受訴願後十日內予以決定。

第六章　罰則

第四十二條　發行人或印刷人違反第二十條之規定者，處一百元以下罰金。

第四十三條　違反第二十一條之規定者，處發行人、編輯人、著作人、及印刷人，一年以下有期徒刑拘役，或一千元以下罰金。

第四十四條　違反第二十二條或第二十三條之規定者，處編輯人或著作人拘役或三百元以下罰金。

第四十五條　違反第二十四條所定之禁止或限制者，處發行人，編輯人，著作人，及印刷人一年以下有期徒刑拘役，或一千元以下罰金。

第四十六條　出版品為新聞紙，或雜誌時，著作人受第四十三條處罰者，以對於其事項之登載，具名負責者為限；受第四十五條處罰之著作人亦同。

第四十七條　違反第二十六條第一項之規定，處發行人、編輯人、及印刷人二百元以下之罰金。
違反第二十六條第二項或第三項所定之停止發行命令，發行新聞紙或雜誌者，處發行人編輯人印刷人一百元以下之罰金。

第四十八條　妨害第二十九條所定扣押處分之執行者，處二百元以下罰金。

第四十九條　發行人違背第二十八條第一項所定之禁止者，處一年以下有期徒刑拘役，或一千元以下罰金，其知情而出售或散布該項出版品者，處六月以下有期徒刑拘役或五百元以下罰金。
違背第三十一條第一項所定之禁止及知情，而輸入出售，或散布該項出版品者，準用前項規定，分別處罰

第五十條　妨害第二十八條第一項，第三十一條第二項，第三十二條第二項，第三十三條，所定扣押處分之執行者，處六月以下有期徒刑拘役或五百元以下罰金。

第五十一條　發行人違背第三十二條第一項之禁止者，處一年以下有期徒刑拘役，或一元以下罰金，其知情而出售或散布該項新聞紙或雜誌者，

處六月以下有期徒刑拘役或五百元以下罰金。

第五十二條　本法所定各罪之追訴權，逾一年而不行使者，因時效而消滅，第四十三條第四十五條之情形，其追訴權之時效期間，自發行日起算。

第五十三條　本法所定各罪，不適用刑法累犯及數罪併罰之規定。其數罪併發者，從一重處斷。

第七章　附則

第五十四條　本法施行細則，由宣傳部警政部會同定之。

第五十五條　本法自公布日施行。

各市人力車夫福利事業推行辦法

中華民國三十年二月十八日社會部令公布

一、各市（直轄行政院之市）人力車夫福利事業之推行，悉依本辦法行之。

二、各市推行人力車夫福利事業，得組織人力車夫福利事業委員會，其組織規則，由市政府社會局暨社會運動指導委員會市分會會商擬訂，分別呈送當地市政府暨社會部備案。

三、各市人力車夫福利事業委員會，以各市政府社會局，暨社會運動指導委員會市分會爲主管機關。

四、各市爲實施人力車夫福利事業起見，得辦理左列各種事項：

甲、調查人力車夫之生活及人力車業之業務狀況；

乙、改善人力車夫之生活及人力車業之業務；

丙、增進人力車夫之知識事宜；

丁、其他有關人力車夫之福利事項。

五、各市推行人力車夫福利事業，得由市政府社會局暨社會運動指導委員會市分會，斟酌當地情形，擬訂實施程序，呈請當地市政府暨社會部核准施行。

六、各市組織之人力車夫福利事業委員會，設總幹事、幹事、助理各若干人，得呈請主管官署調派之，必要時得酌用僱員。

七、各市推行人力車夫福利事業之經費以左列各項充之：

一、政府機關之補助費；

二、人力車商之捐款；

三、社團及熱心人士之捐款。

八、各市人力車夫福利事業經費之預算及決算，應按期公告，並呈當地市政府暨社會部備案。

九、本辦法自公布日施行。

社會部公報價目表

限期	價目	郵費	
零售	一角	本埠半分	外埠一分
半年	一元	本埠六分	外埠一角二分
全年	二元	本埠一角二分	外埠二角四分

廣告暫訂刊例

頁數	價目
一頁	每號十入元
四頁	每號九元
半分之一頁	每號四元五角

刊登廣告在四號以上者每號按七折計算，在十號以上者每號按照六折計算長期另議

編輯者　社會部編譯委員會

發行者　社會部編譯委員會

印刷者　中文仿宋印書館

總經售　中央書報發行所

代售處　南京三通書局

出版日期　每月一日出版一次

社會部

電話號碼

部長室	31955
常務委員室	31958
秘書室	31957
總務司	31961
勞動司	31959
合作司	31960
公用	31963

中華民國法規大全補編

公務員

各法團

一般公民

不可不備

國府還都凡二十六年十一月十九日以前之法規奉令適用本編搜羅完備補充正編都五百餘則七百八十餘頁每部實價四元外埠另加郵費二角

最高法院書記廳啓

院址 南京甯海路二十六號

（偽）社會部總務司　編

（偽）社會部公報

第十七號

南京：（偽）國民政府行政院社會部總務司，民國三十年（1941）鉛印本

經中華郵政登記認爲第一類新聞紙類

中華民國三十年四月一日

第十七號

社會部公報

國民政府行政院社會部編譯委員會印行

總理遺像

總理遺囑

余致力國民革命，凡四十年，其目的在求中國之自由平等，積四十年之經驗，深知欲達到此目的，必須喚起民衆，及聯合世界上以平等待我之民族，共同奮鬥。

現在革命尚未成功，凡我同志，務須依照余所著，建國方略，建國大綱，三民主義，及第一次全國代表大會宣言，繼續努力，以求貫澈，最近主張，開國民會議，及廢除不平等條約，尤須於最短期間，促其實現，是所至囑。

汪主席

目錄

命令

行政院訓令

行政院訓令　行字第一七六二號

令社會部

案奉

國民政府第二四號訓令開：

「查高等考試及格人員分發規程第七條第八條條文，現經修正，明令公佈，應即通飭施行，除分令外，合行抄發該修正條文，令仰知照。並轉飭所屬一體知照！此令。」

等因；附發修正條文乙份，奉此，合行抄發前項修正條文，令仰知照。並轉飭所屬一體知照！此令。

抄發：修正高等考試及格人員分發規程第七條第八條條文乙份

（修正條文登本期公報法規類）

院長　汪兆銘

中華民國三十年二月二十八日

行政院訓令　行字第一七七六號

令社會部

令發修正審計處組織法仰知照並轉飭知照由

現奉

國民政府第二十六號訓令開：

「查審計處組織法現經修正，明令公布，應即通飭施行。除分令外，合行抄發該組織法，令仰知照。並轉飭所屬一體知照！」

等因：計抄發修正審計處組織法一份，奉此，除分令外，合行抄發該組織法，令仰知照。並轉飭所屬一體知照！

此令。

計抄發修正審計處組織法一份

院長　汪兆銘

中華民國三十年三月三日

（組織法登本期公報法規類）

行政院訓令

行字第一八一〇號

令社會部

准軍委會咨送制定軍用圖書註冊規則令仰知照並轉知照由

現准軍事委員會會軍二字第二九號咨開：

「案查軍用圖書註冊規則，業經本會制定，明令公布在案。除通飭軍事各機關及各部隊遵照施行外，相應檢同該規則一份，咨請貴院查照。並希轉飭所屬知照為荷！」

等由：附軍用圖書註冊規則一份，准此，除分令外，合行抄發原附件，令仰該部知照。並轉飭知照！此令。

附發軍用圖書註冊規則一份

院長　汪兆銘

中華民國三十年三月十日

（規則登本期公報法規類）

行政院訓令　行字第一八四七號

令社會部

奉令為現任公務員甄審期間再行展限六個月仰遵照並轉飭遵照由

現奉

國民政府第三十號訓令開：

『案查現任公務員甄別審查期間，前經本府於二十九年十月五日令飭展限至三十年三月底截止在案。茲據考試院呈稱：「據銓敘部呈略稱：查前次展限甄審期限六個月係自二十九年十月一日至三十年三月三十一日爲止。瞬即屆滿，現中央各機關陸續送審之公務員已超過半數，本部正督飭銓敘審查委員會暨有關係各司，依法積極甄審中，至京外各省市政府均尚未送審，近准上海市政府函復，本府組織法正在修正，一俟修正後，連同各機關名冊及應受甄審法定人員，一併列表送審等由；其未函復之各省市政府，依此推測，當亦因組織法尚待修正，以致所屬各公務員，未能一律正式任用，故送審需時，茲爲顧全事實暨統一甄審辦法起見，擬援照事變以前呈准接續展限成案。再將甄審期間，展限六個月，以利進行。所擬是否有當？理合簽請鈞院鑒核，轉請國民政府核定遵行等情；據此，查所陳各節，尚屬實情，除指令仰候轉呈核示再行飭遵外，理合備文轉呈，仰祈鈞院鑒核示遵，」等情，到府，應准照辦，除指令暨分行外，合行令仰遵照，並轉所屬一體遵照！』

等因：奉此，合行令仰該部遵照，並轉飭所屬一體遵照！

此令。

中華民國三十年二月十五日

院長　汪兆銘

行政院訓令　行字第一八四六號

令社會部

現奉

國民政府第二九號訓令開：

「據本府文官處簽呈稱；『准中央政治委員會秘書廳中政秘字第八四七號公函內開；「案查前奉 主席交下行政院三十年二月五日呈一件；以據上海市政府呈請解釋公務員奉派兼任工商業之官股董事及監察人，因兼職得支之辦公費，是否包括為報酬，及地方官吏兼任是項職務之報酬，究應繳交國庫，抑市庫一案轉請核示，俾便飭遵等情；並奉諭；「交法制財政兩專門委員會會同議復。」等因；當經遵照由廳函轉查照辦理去後。茲准中央政治委員會法制專門委員會主任委員梅思平將前案審查意見；『於本年二月十五日，召集財政專門委員會，會同審議，僉以辦公費一項，乃係因兼職而發生之必需之費用，其性質係一種勞務之報償，自不在報酬範圍之內，但辦公費似應有定額，以示限制。又地方官兼任該項所指職務，其報酬應繳交國庫抑市庫一節，應視該公司為國營抑市營，以為確定之標準，為係國營，應解交國庫，市營則解交市庫。』等因；函送到廳。經陳奉 主席諭；『送國民政府通飭遵照。』等因；復奉提出三十年二月二十七日中央政治委員會第三十八次會議報告在案。除分別函復外，相應抄附行政院原呈一份，函請查照轉陳。通飭遵照。」等由；理合簽請鑒核。』等情；到府，自應照辦。除分令外，合行令仰遵照。並轉飭所屬一體遵照！」

等因；奉此，自應遵辦。除分令外，合行令仰該部遵照。並轉飭所屬一體遵照！

此令。

中華民國三十年三月十五日

院長 汪兆銘

社會部令

社會部訓令　社乙字第二九號

令京滬滬杭甬鐵路職工會

前據該會呈請轉呈行政院借墊十萬元，撥作發放失業員工救濟一案，經本部會同鐵道部呈請行政院轉飭財政部，准予借撥五萬元，於本年一月份二月份兩次撥給，仍飭該會於兩路收回後，卽行歸還在案。茲奉行政院二月十日行字第二一二四號指令內開：

「呈悉。應准如所擬辦理，請撥墊之救濟費五萬元，候令財政部於一二兩月內分次照數撥墊可也。除分令外，仰卽知照」。

等因；奉此，業由本部會同鐵道部領取再行轉發外，合行令仰知照，並卽辦理發放手續爲要！

此令

中華民國三十年三月四日

部長　丁默邨

附鐵道部咨　財字第十八號

前據京滬滬杭甬鐵路職工會呈請轉呈行政院借墊十萬元撥作發放兩路失業員工救濟貸款一案。經

貴部會同本部於本年二月五日呈請
行政院轉飭財政部准予借撥五萬元，於本年一月份二月份分二次撥給，仍飭該會於兩路收回後，即行歸還在案。茲奉
行政院二月十日行字第二一二四號指令內開：
「呈悉。應准如所擬辦理，請撥墊之救濟費五萬元，候令行財政部於一二兩月內分次照數撥墊可也，除分令外，仰卽知照」。
等因；奉此，該項救濟費似應由
貴本兩部會同向財政部領取轉發京滬滬杭甬鐵路職工會發給兩路失業員工，並為覈實起見，應否由兩部派員會同監視發放，以昭愼重，除俟款領到後再行令發該職工會外，相應咨請
貴部意見，卽希查核見復，以便辦理為荷！
此咨
社會部

中華民國三十年二月二十二日

傅式說

會令

社會運動指導委員會訓令

社乙字第二五號

令市分會

查各市人力車夫，爲數甚夥，其日常生活，較諸一般勞動階級，尤爲困苦。際茲國府還都，百端待舉，勞工福利事業，亟應切實推行，以謀惠工。爰特制定各市人力車夫福利事業推行辦法九條，用備實施。除公佈並分別咨令外，合行檢發前項辦法一份，令仰該分會卽便遵照辦理；並將經辦情形，隨時具報爲要！

此令

附發各市人力車夫福利事業推行辦法一份

部長　丁默邨

中華民國三十年二月十八日

（辦法已登上期公報法規類）

公牘

社會部咨　社戌字第二號

案准

貴部交字第八五七號咨，以中國海員總工會呈請籌設子弟學校，究竟有無設立之必要，囑為查明見復，以便核辦等由；准此，查此次海員參加和運，確屬相當努力，而工作進行，悉由中國海員總工會所領導，今該總工會顧念海員子弟教育，建議籌設海員子弟學校，似屬需要；至經費一層，併請

貴部裁酌辦理，准咨前由；相應咨復

查照為荷！

此致

交通部

部長　丁默邨

中華民國三十年二月二十二日

附交通部咨　交字第八五七號

案據中國海員總工會常務委員彭伯威李凱臣羅廣等呈稱：

竊查教育為立國之本，現當國府還都之後，對於新國民教育，尤屬不容忽視。本會所屬海員，數在八十萬以上，平時浮家泛宅，為交通事業服務，但因生活程度日增，致此輩海員子弟，所需教育費用，大部無力負擔，本會既以謀海員福利為前提，對此有關國家大計者，勢難置之不顧，況我海員，自參加和運以來，艱難奮鬥，努力異常，今和運已漸臻成功，海員子弟之教育，自應加以兼顧，本會職責所在，用經議決，成立「中國海員勞工教育委員會」，聘任熱心教育及專門人員為委員，先行就上海市籌設「海員子弟學校」一所，次及各分會所在地區，專收海員子弟，加以教育。惟本會經費有限，預計該校開辦費，約需五千六百九十元，而經常費用，每月約需一千三百五十元，

為數較多，勢難負擔，且既屬義務學校性質，自不便再向學生收取學費。因念鈞部管理全國交通，海員為服務交通之勞工，而本會則係負責管理暨扶助海員之機關，凡屬海員所需要者，自應據實轉達，方不負本會之使命。況以往交通部，亦有扶輪學校之設，鐵道部則設有職工學校，均全部擔負經費，事屬相同，實非例外，用敢將籌設海員子弟義務學校辦法，並擬具該校應需之開辦費及經常費預算書，一併備文附呈，敬祈鈞部俯念八十萬海員服務交通，努力和運之微勞，特准照辦，並賜予轉呈行政院准將所需開辦費如數撥發，其經常費准予列入預算，按月撥支，俾本會得早日成立此海員子弟學校，則不特海員所萬分企望，國家教育及和運前途，亦至所攸賴焉。是否有當，伏乞鑒察指令祗遵！

等情到部。本部對於該會現狀如何，無案可稽，究竟該項子弟學校，有無籌設之必要？未能臆斷。惟該會既在貴會指導之下，其中情形，當知之較詳，用特備文咨請

貴會查明賜覆，以便覈辦為荷。

此致

社會運動指導委員會

部長　諸青來

中華民國三十年二月十四日

社會部咨文　社戊字第一號

案查本部近為推進海員工運，改組中國海員總工會，業經分別派委，相應檢送新委委員名單一紙，咨請

貴部查照備查。

此致

交通部

部長　丁默邨

附中國海員總工會新委員名單一份（略）

中華民國三十年二月二十二日

社會部咨文　社乙字第二六號

爲頒發各市人力車夫福利事業推行辦法咨請飭屬辦理由

查各市人力車夫，爲數甚夥，其日常生活，較諸一般勞動階級，尤爲困苦，際玆國府還都，百端待舉，勞工福利事業，亟應切實推行，以謀惠工。爰特制定各市人力車夫福利事業推行辦法九條，用備實施，除公佈並分咨外，相應檢同該項辦法二份，咨請

查照，並飭屬辦理；並希將辦理情形，隨時見復爲荷！

此致

各市政府

附各市人力車夫福利事業推行辦法二份

部長　丁默邨

中華民國三十年二月十八日

軍政部公函　部務辛字第二七五號

案奉

軍事委員會三十年一月三十日會公字第一一八號訓令內開：

「案奉

國民政府第七號訓令內開：『查修正陸軍服制條例現經明令定自三十年四月一日起施行應即通行飭知除分令外合行令知照並轉飭所屬一體知照』等因；奉此，除分令外，合行令仰知照，並轉飭所屬一體知照」

等因；奉此，除分別函令外，相應函請

查照，並飭屬知照爲荷！

此致

社會部

政務次長代理部務　鮑文越

中華民國三十年二月二十一日

社會部咨文　社乙第三十三號

查編製工人生活費指數，為改善工人生活與調解勞資爭議之必要依據。事變以來，關於是項指數之調查編製，悉歸停頓。際斯物價暴漲，工人生活費指數，亦隨之繼長增高，勞資糾紛，因而易起，欲使得到合理之調處，必須以明瞭工人生活費指數為前提，故對於是項指數之調查編製，殊未可緩，爰特開列編製要點，咨煩

貴政府查照，轉飭所屬，詳細調查，編列統計，見復為荷！

此咨

各省市政府

附開工人生活費指數編製要點

(一)指定若干工人家庭，詳記其每日消費物量，連續若干日。

(二)相加前項同類物品之值，以每日每家人數之和除之，求其平均數。

(三)調查標的，分食物，房租，衣着，燃料，和必要雜項五類，每類分目，須視當地工人消費品而定。

(四)暫定民國廿五年為基本時期（或視當地情形另行指定某年為基期）然後以工人各時期消費增減量作百分比，編成統計。

(五)前項工人生活費指數之統計，應每月于當地報紙公布一次，如遇物價劇變時，並須依當地情形，每星期刊布一次。

部長　丁默邨

中華民國三十年三月二十日

法規

審計處組織法

三十年二月二十五日修正公布

第一條　審計部於各省省政府所在地，或行政院直轄市市政府所在地，設審計處，中央及各省公務機關，公有營業機關，其組織非由行政區域劃分者，經國民政府之核准，得由審計部設審計辦事處。

第二條　審計處設審計一人，簡任。協審二人，稽察一人，秘書一人，薦任。佐理員，委任。其名額由審計部按事務之繁簡，分別擬定，呈請監察院核定之。

第三條　審計處設處長一人，由審計兼任，承審計部之命，綜理處務。

第四條　審計處分左列四組：

一、第一組，掌理本省或本市內中央及地方各機關之事前審計事務。

二、第二組，掌理本省或本市內中央及地方各機關之事後審計事務。

三、第三組，掌理本省或本市內中央及地方各機關之稽察事務。

四、總務組，掌理本處文書，統計，會計，庶務，及其他不屬各組事務。

第五條　前條各組，各設主任一人，第一組，第二組主任，以協審兼任，第三組主任，以稽察兼任，均由審計部派充之，總務組主任，以秘書兼任。

第六條　審計辦事處，按事務之繁簡，分左列二種：

一、甲種辦事處之組織，準用第二條，至第五條之規定。

二、乙種辦事處設協審一人，兼任處主任。並設佐理員分股辦事，準用第二條之規定。

第七條　審計辦事處，辦理事前審計，事後審計，或稽察事務之人員，於事務簡單之機關，各得兼管數機關之同種事務。

第八條　審計部組織法，第十一條至十四條，及第二十條之規定，於駐外審計協審稽察準用之。

第九條　審計部組織法，第十二條至第十四條之規定，於辦理審計，稽察事務之佐理員準用之。

第十條　審計處及審計辦事處，因事務上之必要，得酌用僱員。

第十一條　本法自公布日施行。

軍用圖書註册規則

三十年　月　日軍事委員會明令公布

第一條　本規則係根據審查軍用圖書規則第四條訂定之。

第二條　凡軍用圖書，及含有軍事性質之樂譜，劇本，照片，模型等著作物，不論已未出版，或曾經前訓練總監部，及其他軍事機關審查合格，領有審查證者，均應向軍事訓練部聲請審查，合格後，給予審查證，再行聲請註册。

第三條　軍用圖書註册事宜，由軍事訓練部掌管之。

第四條　凡有左列情形之一者，不得註册：

一、未經軍事訓練部審查發給審查證者。

二、已通行多年或過於陳腐謬誤者。

三、著作人自願任人翻印倣製者。

四、不關軍事者。

第五條　呈請註册應準如左之規定：

一、呈驗審查證及著作物稿本。

二、呈繳著作者二寸半身像片三張。

三、著作者之出身，經歷，住所，並述及著作物之動機及來源。

第六條　著作物如以官署，學校，或其他法人及團體名義，呈請註册時，除適用第五條之規定外，應記明該法人或團體之名稱，及代表人之姓名住址。

第七條　著作物之呈請註册，其公費每件定額如左：

一、著作物註册費按該著作物定價六倍收繳

二、承繼或接受著作權註册費與第一款同。

三、註册證遺失補領費二元。

四、查閱註册簿費一元。

五、抄錄註册簿費，每百字一元，未滿百字者，以百字計算。

第八條　著作物經軍事訓練部註册後，發給註册證，始准出版，必要時得指定印刷所。

第九條　凡已註册之著作物，出版時，應於其末幅標明某年月日，經軍事訓練部註册字樣，註册證號數，並記載發行人之姓名，發行年月日，及發行人，印刷所之名稱及所在地。

第十條　著作物未經註册而擅行出版者，或有翻印倣製以及其他方法侵害著作權時，由軍事訓練部，呈請軍事委員會註銷其註册，扣押其底版，並科以五百元以下，五十元以上之罰金，其知情代爲出售者亦同。

第十一條　凡經註册之著作物，如出版後與核准之原稿不符，軍事訓練部得予以禁止，或扣押之處分。

第十二條 著作人，及發行人，認爲有再版及增補及修正情形時，應隨時呈報軍事訓練部，經核准後，方得印行，其註冊費仍準第七條辦理。

第十三條 著作物出版發行時，應呈繳十份於軍事訓練部，再由軍事訓練部呈繳五份於軍事委員會備查。

第十四條 軍事訓練部，對於著作物認爲有價值時，得按其程度呈請頒發獎金，或給獎狀，以資勉勵。

第十五條 著作者，倘發生因著作物之爭執，得依法辦理。

第十六條 著作者，不分國籍均依本規則辦理。

第十七條 本規則如有未盡事宜，得隨時呈請軍事委員會修正之。

第十八條 本規則自公布日施行。

修正高等考試及格人員分發規程第七第八兩條條文

民國三十年二月二十八日國民政府公布

第七條 分發各機關任用人員，如該機關無相當員缺時，得先以委任職敍用，幷支薦任初級四分之三以上之俸額。

第八條 分發各機關學習人員，應由被分派機關酌派職務，並指定相當人員負責指導之，在學習期間，支薦任初級二分之一以上之俸額。

專載

反共與民食

（三十年三月十二日　總理孫先生逝世十六週年紀念辭）

汪精衛

每逢　總理孫先生逝世紀念日，想起「革命尚未成功，同志仍須努力」的遺訓，格外傷感，格外興奮！如今單就反共與民食，尋繹遺教說幾句話：

三民主義是　孫先生最後的著作，依着順序，民生主義，尤爲最後，十三年十一月北上以前方纔完稿。民生主義裏對於馬克思主義反覆辨正，不厭其詳，這是對於馬克思黨徒的耳提面命。「照馬克思的黨徒用馬克思的辦法，來解決中國社會問題，是不可能的」。「我們主張解決民生問題的方法，不是先提出一種毫不合時用的劇烈辦法，是要用一種思患預防的辦法」，這是何等深切著明。

孫先生爲甚麼這樣反對用劇烈辦法呢？因爲　孫先生平生主張以東方道德精神與西方物資開化，融洽爲一，所以提倡「博愛」，提倡「和平奮鬥救中國」，提倡「大同」。對內政治經濟的改進，都儘可能的策用和平辦法，決不願以劇烈辦法使之多所損傷。至於馬克思黨徒則正與之相反，率其殘忍之性，對於一切事物，都以破壞爲快，所以劇烈辦法，正所謂習與性成。在十二三年間，　孫先生已看破馬克思黨徒的心術了，所以不憚諄諄的提撕警覺。及至　孫先生於十四年逝世了後，那一般馬克思黨徒猙獰面目，已漸暴露。至十六年之後，便老老實實成爲共匪，連馬克思黨徒的名稱也用不着了，因爲他們已經連馬克思的學說也完全丟掉，而成爲黃巢，李自成，張獻忠的繼承者了。從此之後，劇烈辦法，越演越兇，江西及各處經過共匪的地方，所謂萬人坑，直至今日，纍纍尚在。中國本是一個貧窮的國家，劇烈辦法，沒得用之於富豪階級，只得用之於一般平民，沒得用之於奢侈品，只得用之一般人所必要的糧食，於是共匪遂成爲民食之最大仇敵。

建國之首要在民生，民生之首要在民食，所以民生主義第一第二兩講說明原理原則之後，第三講關於具體事項，首先就是民食問題。「現在我們講民生主義，就是要四萬萬人都有飯吃，並且要有很便宜的飯吃」。在今日吃貴米餓肚子的時候，想起這幾句遺教，格外難過。

中國自從鴉片戰爭以後，受到外來經濟的壓迫，米的生產日日減少，民生主義裏實已經指示無遺。倘使中國得到和平環境，遵照遺敎解放農民，並實行七個加增生產的方法，那麽民食問題自然可以解決。不幸數年以來，遇到這樣空前的戰爭，隨着戰爭狀態，直接間接，都可以造成米貴的原因，更不幸在戰事中，夾雜共匪在裏頭，其所用「劇烈辦法」是唯恐國力不摧殘，民力不消耗。焦土戰的結果，使農村成爲赤地，農田成爲荒野，農具成爲煨燼，米的生產只有更加減少，游擊的結果，使交通阻塞無從運輸，生產地與消費地沒有調劑的可能，生產的農民與都市的消費者，兩受其害。再加上農民辛苦耕作得來的米，本來想換取貨幣或其他物品的，半途碰着游擊隊一擄一個精光，不但過去耕作的勤勞是白費了，連將來耕作的資本也無着了。如此種種，米安得不一天一天的貴起來呢？我去年曾有一段演講，將共匪譬喻做蝗蟲是確切不過的。誰將蝗蟲散布於全國境內呢？是重慶當局，數年以來，重慶當局散布蝗蟲政策，已成了能發不能收的局面了。最近新四軍的決裂，原是無可避免的，然而重慶當局還想苟且彌縫下去，這是能發不能收的十足證據。

除了蝗蟲政策之外，濫發紙幣至一百一十萬萬元，較之戰前增加七倍，對外匯率，則減低百分之七六，因之洋米價格飛漲，土米價格又隨洋米價格及其他物價而高漲。這可說是蝗蟲政策之輔翼。至於奸商囤儈，操縱取利，囤積居奇，則猶米之有蠹，可說是蝗蟲政策之尾附。

所以今日維持民食與反共，是一件事。換句話說，要維持民食，只有反共，因爲反共才能消滅一切摧殘生產阻礙運輸的毒害。每一塊地方，於肅清共匪之後，才能使遺黎得所喘息，安居農村，耕作農田，這一塊地方肅清工作做到了，以次及於那一塊地方，從而保持聯絡，恢復交通，才能使運輸暢通，調劑便捷。今日維持民食，治標方法，尙有種種，而排除最大障礙，能消最大癥結，莫過於反共，這是每一個人都要明白了解的。乾嚷肚子餓沒用，看見人家肚子餓吃着急沒用，工作要緊，齊心一意向反共的最大工作而努力要緊。

末了，還有一句話說，論語「子貢曰，必不得已而去，於斯二者何先，曰去食，自古皆有死，民無信不立」，孟子「生亦吾所欲也，義亦吾所欲，二者不可得兼。舍生而取義者也」，這種犧牲的精神，似乎敝屣人生，其實正是重視人生的價值。如今全中國都在水深火熱，重慶當局直接壓迫下的民衆，呻吟憔悴所不忍言。其他地方，亦爲其間接所波及，我們要拯救這些呻吟憔悴的同胞，不可不有反共的精神。這種精神，是純潔的，堅忍的。這種精神是犧牲之本源，也是維持民食之本源。我們於　孫先生逝世紀念日，這種精神，格外要加以淬厲，加以振奮。

國民政府還都一年

（節錄關於社會部及社運會部份）

汪精衛

（上略）關於社會事業及社會運動方面，國民政府還都之始，爲適應時代之要求，針對現實之需要，於行政院之下，增設社會部，使之執行社會政策，掌理社會行政，其性質略同日本之厚生省，英法德之勞工部，蘇聯之勞工委員會，與德國之失業部，法國之公共訓練部，意大利之法團部，亦復相似。成立以來，關於社會政策之施行，社會事業之推進，與夫人民團體之指導監督，民衆之組織訓練，皆能於其中斟酌緩急，次第推行。舉其簡要者，如勞資糾紛之調解與消弭，勞資協作之促進，社會福利事業之倡辦，公益救濟事業之改進，合作事業之改善與推廣，合作人員之徵集與訓練，各種人民團體之整理，民衆組訓工作之勵行，及各省市社運分會之設立等，尚能把握現實，切實工作。該部爲新創之行政機構，綜其任務，在將一切社會問題覓取合理解決之道，使人民受其福利，社會趨於健全，并納人民之思想行動於正軌，使之與國策脗合一致，共集於和平反共建國旗幟之下，一致爲復興而努力。……

三問題的解答

（國府還都一週紀年答中央社記者之問話）

丁默邨

問：閣下一年來的感想怎樣　答：主席汪先生在今年元旦發表「所望於民國三十年者」那篇文章，最後有兩句話：「斷斷乎不可悠悠忽忽將今年的一年又白過了去，」說得實在非常警惕，非常有含蓄。國府還都，是和平運動躍進一新階段，和平運動之精神，在中國立場言，前期是政治建設運動，現在是民族復興運動，這也是和平運動的全景。或者說時代與歷史賦予和平運動之最大使命，思想鬥爭運動，我們是勝利的，政治建設運動，我們是成功的，現在的民族復興運動，正在蓬勃開展，要做的事是千端萬緒，欲究全功，前途仍不免有困難。所以我們只有鞠躬盡瘁，加倍努力，庶幾大業可底完成。

問：閣下對最近一年間國際動向的觀察怎樣　答：一九四一年的國際形勢，倘若說將比一九四〇年更為惡化，那是未必然的。但是說將澄清一九四〇年的混亂紛爭的狀態，則又是不可料的。不過有一點，我們可以確定，一九四一年國際動向，必有大變化可斷言。因中日和平基礎已臻鞏固，東亞的安甯，在這一年間必能獲大進步，東亞的安甯，可以造成一種勢力，其影響於國際間的是和平，將為世界的最高潮流，且是每個國家深切之要求與希望。所以一九四一年之國際動向，與其說戰爭將日趨於劇烈，毋甯說和平之時機到處在萌芽。換言之，世界人士在此一年間，必能運用理性，將各種紛爭，尋覓公允合理之解決，而使之消弭。

問：閣下最近一年間的工作計劃要實現那幾件？　答：本年度決意要舉辦的社會事業，並希望能夠有特別成績表現者，在經濟扶助事業項下，有公益典當，公益市場，平民貸款等。在職業指導事業項下，有職業介紹，失業救濟等。在醫藥保健事業項下，有民平醫院，疫癘預防等。在婦孺救濟事業項下，有濟良所，托兒所，孤兒院，平民助產等。其他一般救助事業，社會文教事業，亦當顧及需要及經濟條件一一舉辦之。至於人民團體則亟在加強組織並加緊訓練。

附錄

國府還都一年來社會事業概況

社會部在國府還都後，以謀民衆福利團結民衆訓練民衆的姿態，領導民衆向和平建國途徑邁進：在已經破碎了的社會，來重新建設一個復興繁榮的社會，他的使命是非常艱巨偉大的。尤其是在過去毒素思想充滿了的國民心理尚未完全澈底省悟的時代，對於社會事業的推進，是需要偉大的毅力去奮鬥的。我們知道以和平建國爲重心的社會工作，他對於社會上一切創傷痛苦，首先要用溫情的撫慰，使創痛的民衆得到精神的慰貼，再從事於社會物質的敷設，將國民思想由麻醉改爲覺悟，由消極爲積極：這些，政府與民衆關係的密切，都有待於社會部的組織訓練和監督領導。他如勞工之保護，失業之救濟，農工生活的改善，流亡同胞之撫輯，莠民教養，老弱殘疾之保育，孤兒寡婦之扶助，農村生活之安定，都市繁榮之恢復，社會經濟之復興，地方食糧之調節以及合作事業的推進等，也都待於社會部政策與工作之推進；所以說，社會部的工作事業，和國家命運及民衆福惠，有着密切而不可分離的重要性。社會部在還都一年以來，對於以上的基本社會事業工作的擴展，已盡了偉大的努力，現在且將一年來的概況，以鳥瞰晰及介紹一下：

社會部在國府還都以後，即根據二十九年三月十一日第二次中央政治會議通過之國民政府組織條例，於三月三十日在南京成立，同時在二十九年五月二十日國民政府公布該部組織法，所以該部行政機構，無論總幹分支下級幹部，均根據國民政府政綱標目，次第推行從事工作，一年之間，社會事業，社運指導等工作，已完成初步建設工作；現在且將一年間完成的犖犖大者，略舉一些，寫在國府週年紀念。

關於社會行政方面：社會部應時代需要而產生，他底一切行政都得循着國府政綱規定去推進，據該部向中政會報告，推進之工作，除對於主要條例命令的審核有關文件之交議，成立法規委員會修正之，其他一般法規次第議訂外，戰前之公布者，亦經分別修正。關於勞動事項中的勞資糾紛之調解仲裁，工潮的敉平；已創了劃時代的偉業，還都以後的社會事業史中，佔了很光榮的一頁。關於合作事業的倡導研究，先後成立中國合作學會合作事業研究會。並出版合作週刊宣傳理論，指導合作事業，並且創立同人消費合作社以爲實驗研究，在去年以保障首都人民衛生健康的态態，籌備首都藥品消費合作社，頗得各高級院部會機關的同情認定資金，還都週年前後，卽將和新興的首都春光同時屆臨來造福民衆。

關於社會運動方面：我們知道社會運動對全民體位之向上有着嚴密關係，該會成立以後，對於人民團體之組織訓練等等，不下千餘團體單位，細胞不下數十萬人。去年的工作最顯著者，改組中國安清總會，接收大民會，領導農，工，商，學，青年，教職員，社團，報界工作等委員會努力於社會建設途徑前進，截至本年二月底止，浙，皖，鄂，蘇等分會，均已先後籌備成立，對於各地農會，總工，學聯會之整理，告一段落，其商，工，學運，文化，教育，青年婦女，社團等組織之審核，各種人民團體之督導，進展頗速，將來策動細胞，向和平建國途徑奮鬥，新中國前途，實堪慶幸也。

△　△　△　△

中國社會事業協會三月份工作實施計劃

甲　經濟扶助事業

一、在首都擴充並整理小本貸款所

二、在首都籌設公共簡易食堂一所

三、計劃在首都設立文化市場一所

乙　職業指導事業

一、在蘇州舉辦工藝廠

二、（祕）

三、在南京蘇州舉辦職業指導所各一所附設職業介紹及人才發記

四、在首都舉辦侍應生訓練所一所

丙　婦孺救濟事業

一、在首都先辦兒童教養所一所

二、上海龍華之孤兒院派員前往勘察並與該院商洽接辦辦法

丁　醫藥保健事業

一、在蘇州辦平民醫院一所

二、在南京上海創辦平民產科醫院各一所

戊　社會文教事業

一、在首都及蘇州杭州蚌埠舉辦流動圖書車

二、編印連環圖書

巳　一般救助事業

一、籌設首都大衆殯儀館並附設公墓部及施棺義葬部

二、設立行旅服務社第一期在北站下關浦口蘇州四車站舉辦

庚　合作事業

一、擴充社會部之消費合作社並貸與基金

二、舉辦農具利用合作社

社會部重要職員名錄

部　　長　丁默邨
政務次長　顧繼武
常務次長　彭　年
參　　事　張梅庵　陳伯華　黃　諤
主任祕書　陳端志
簡任祕書　陳東白
總務司長　應　瀅
勞動司長　呂　斆
合作司長　楊偉昌
公益司長　劉存樸
會計主任　蔣信昭
統計主任　勞綏遠
簡任專員　郭叔亮　裘允明　蔣兆祥　樓志成　陳　翔
　　　　　周文瑤　王承萼　徐裕昆　朱秉仁　龔儉民
簡任視察　馬寒風　曹祝珊
薦任祕書　黃慶祥　金璧城　彭千青　陳　義　趙鳴川
科　　長　顧子明　陸介然　朱錫惠　應之誠　殷　實　潘鼎元　徐重華　章華寶
代理科長　胡耕初　董神駿

編譯委員會

主任委員　周毓英
副主任委員　孔廣愚
委員　高雪汀　楊偉昌兼　徐裕昆兼　郁子傑兼
祕書　郁子傑

年鑑組
主任　孔廣愚

叢書組
主任　高雪汀

定期刊物組
主任　黃慶中兼

出版組
主任　陳東白兼

徵集組
主任　羅吉士

法規委員會

主任委員　王震生
副主任委員　康煥棟

當然委員　張梅庵　陳伯華　黃諤　曹愼修
委　　員　孔廣愚　何　嘉　鄭稚秋　邵銘新　文忍庵　戚守和　顏逸吾

勞動問題硏究委員會

主任委員　李志雲
副主任委員　陳端志　潘國俊

合作事業設計委員會

主任委員　黃慶中
副主任委員　王德言　孔廣愚
委　　員　徐肇明

合作行政人員資格審查委員會

主任委員　楊偉昌兼
委　　員　陳端志　曹愼修　黃慶中　王德言　潘鼎元　徐重華

社會保險設計委員會

主任委員　翦建午
副主任委員　蕭一誠

食糧調節設計委員會

主任委員　陸文韶
副主任委員　馮一先　戚守和

社會運動指導委員會重要職員名錄

專任常務委員　凌憲文　翁建午　孫鳴岐　張克昌　王德言　張鵬聲

兼任常務委員　顧繼武　彭　年　黃香谷　汪曼雲　李文濱　湯澄波　朱　樸　戴英夫
汪翰章　胡蘭成　趙叔雍

當然委員　應　瀅　楊偉昌　呂　斅　劉存樸　張梅庵　陳伯華　黃　諤

專任委員　吳顯仁　曹翰芳　周樹望　張　昇　胡壽祺　李慶鐔　朱養吾　陸善熾
蔣信昭　程德源　陸友白　丁伯常　龍英傑　張石之　吳漢白　李寺泉
馬潤芳　范一峯　勞綏遠　余耀球　梁梅初　王道南　梅少樵　熊鵬南
潘壽恆　粟　巽　奚培文　唐銘琛

兼任委員　陸文韶　李凱臣　馮一先　張一塵　趙如珩　俞振輝　金光楣　李先治
王承典　孫育才　李子峯　顧惠公　張泉林

祕書主任　陸善熾

第一組組長　吳漢白

第二組組長　龍英傑

第三組組長　周樹望

第四組組長　胡壽祺

第五組組長　李慶鐔

第六組組長　朱養吾

會計主任　勞綏遠

社會部公報價目表

限期	價目	郵費	
零售	一角	本埠半分	外埠一分
半年	一元	本埠六分	外埠一角二分
全年	二元	本埠一角二分	外埠二角四分

廣告暫訂刊例

頁數	價目
一頁	每號十八元
四頁	每號九元
半分之一頁	每號四元五角

刊登廣告在四號以上者每號按七折計算，在十號以上者每號按照六折計算長期另議

編輯者　社會部編譯委員會

發行者　社會部編譯委員會

印刷者　中文仿宋印書館

總經售　中央書報發行所

代售處　南京三通書局

出版日期　每月一日出版一次

社會部

電話號碼

部長室 31955

常務委員室 31958

秘書室 31957

總務司 31961

勞動司 31959

合作司 31960

公用 31963

日本簡易生命保險事業之現況

每册實售二角

簡易生命保險，關係國民生活之安定，與中產以下勞動者家庭經濟之保障，至爲重要。日本自大正五年創始簡易生命保險事業以來，延至最近，其契約總數，已達三千六百餘萬件，保險金額，亦達六十四億圓，在二十餘年之短促時間內，竟有如此飛躍之進展，實至可驚異。本書譯自日本厚生省保險院簡易保險局所編「簡易生命保險事業之現況」，內容簡要精警，譯筆忠實通暢，誠爲絕好之參考資料。

編輯兼發行　社會部編譯委員會

總經售　中央書報發行所

社會部編譯委員會新出叢書

社會部法規彙編　第一輯

社會運動法規彙編　第一輯

幹部如何做領導工作　丁默邨講述

社會叢書

日本簡易生命保險事業之現況

日本厚生省之組織

日本厚生省保險院行政要覽

日本厚生省體力局行政要覽

日本厚生省衛生局行政要覽

日本厚生省社會局行政要覽　付印中

日本厚生省豫防局行政要覽

日本厚生省勞働局行政要覽

日本厚生法原理　付印中

編輯兼發行　社會部編譯委員會

總經售　中央書報發行所

實價　每册國幣貳角

（僞）社會部總務司　編

（僞）社會部公報

第十八號

南京：（僞）國民政府行政院社會部總務司，民國三十年（1941）鉛印本

經中華郵政登記認爲第一類新聞紙類

社會部公報

中華民國三十年五月一日

第十八號

國民政府行政院社會部編譯委員會印行

總理遺像

總理遺囑

余致力國民革命，凡四十年，其目的在求中國之自由平等，積四十年之經驗，深知欲達到此目的，必須喚起民衆，及聯合世界上以平等待我之民族，共同奮鬥。

現在革命尚未成功，凡我同志，務須依照余所著建國方略，建國大綱，三民主義，及第一次全國代表大會宣言，繼續努力，以求貫澈，最近主張，開國民會議，及廢除不平等條約，尤須於最短期間，促其實現，是所至囑。

汪主席

目錄

命令

法規

附錄

訓令

行政院訓令

行政院訓令　行字第一八八五號

令社會部

現奉

國民政府第三一號訓令開：

「據本府文官處簽呈稱：『准中央政治委員會秘書廳中政秘字第八六五號公函開：查三十年三月十三日中央政治委員會第三十九次會議討論事項第一案，委員兼財政部部長周佛海及委員兼司法行政部部長李聖五提：『為擬具「妨害新法幣治罪暫行條例草案。」請公決案。』當經決議：『通過，送國民政府公布，並交立法院備查。』紀錄在卷。除分函立法院查照暨行政院分飭財政司法行政兩部知照外，相應錄案並檢附『妨害新法幣治罪暫行條例』一份，備函送達，至希查照轉陳明令公布並通飭遵照。」等由，理合簽請鑒核。』等情；到府，自應照辦。除明令公布通飭施行外，合行抄發妨害新法幣治罪暫行條例一份，令仰知照。並轉飭所屬一體知照。」

等因；計抄發妨害新法幣治罪暫行條例一份，奉此，除分令外，合行抄發該條例一份，令仰知照。並轉飭所屬一體知照！

此令。

計抄發妨害新法幣治罪暫行條例一份

中華民國三十年三月二十一日

（條例刊登本期公報法規類）

院長　汪兆銘

行政院訓令　行字第一九〇二號

令社會部

現奉

國民政府第三二號訓令開：

「據本府文官處簽呈稱：『准中央政治委員會秘書廳中政秘字第八六六號公函開：查三十年三月十三日中央政治委員會第三十九次會議，討論事項第二案，主席交議：據行政院呈，為據財政部周兼部長呈，擬具信託公司暫行條例草案，經交本院參事廳法制局審查，擬具意見，擬經本院第五十次會議決議，照審查意見修正通過一案，請公決案。當經決議：「通過，送國民政府公布，並交立法院備查。」紀錄在卷，除分函立法院查照暨行政院轉飭財政部知照外，相應錄案並抄附上項條例，函請查照，轉陳明令公布，並通飭施行，等由，理合簽請鑒核。』等情；到府，自應照辦。除明令公布並通飭施行外，合行抄發信託公司暫行條例一份，令仰知照。並轉飭所屬一體知照。」

等因，計抄發信託公司暫行條例一份，奉此，除分令外，合行抄發該條例一份，令仰該部轉飭所屬一體知照！

此令。

計抄發信託公司暫行條例一份

院長　汪兆銘

中華民國三十年三月二十四日

（條例刊登本期公報法規類）

行政院訓令　行字第一九四八號

令社會部

現奉

國民政府第三六號訓令開：

「查軍隊教育令，現經修正，明令公布，應即通飭施行，除分令外，合行抄發原條文，令仰知照，並轉飭所屬一體知照。」

等因；附發修正軍隊教育令一份，奉此，除通令外，合行抄發原附件，令仰該部知照，並轉飭所屬一體知照！

此令。

附抄發修正軍隊教育令一份（附表詳國府公報）

中華民國三十年四月一日

院長　汪兆銘

（軍隊教育令綱領刊登本期公報法規類餘略）

行政院訓令　行字第一九五五號

令社會部

案奉

國民政府第三七號訓令開：

「據本府文官處簽呈稱：『准中央政治委員會秘書廳中政秘字第八七五號公函開：「查三十年三月二十日中央政治委員會第四十次會議，討論事項第一案。主席交議：『據行政院呈：轉據司法行政部部長李聖五呈：擬具「財務行政徵收人員犯贓治罪條例草案。」請公決案。』當經決議：『改為暫行條例，餘照案通過。送國民政府公布，並交立法院備查。』」紀錄在卷，除分函外，相應錄案並抄同行政院原呈暨財務行政徵收人員犯贓治罪暫行條例各一份函達，至希查照。轉陳明令公布，並通飭施行。」等由；理合簽請鑒核。』等情；到府，自應照辦。除明令公布並分行外，合行抄發該財務行政徵收人員犯贓治罪暫行條例，及該院呈中央政治委員會原文各一件，令仰知照，並轉飭所屬一體知照！此令。」

等因；附抄發財務行政徵收人員犯贓治罪暫行條例一份，本院呈中央政治委員會原文一件，奉此，除分令外，合行抄錄前項條例及本院呈中央政治委員會原文，令仰知照。並轉飭所屬一體知照！

此令。

附抄發財務行政徵收人員犯贓治罪暫行條例一份及本院呈中政會原文一件

中華民國三十年四月二日　　院長　汪兆銘

（條例刊登本期公報法規類）

抄原呈一件

案據司法行政部呈稱：

「案奉　鈞座條諭：『財務行政徵收人員舞弊案件，應經過普通司法程序，其詳細條例，由司法行政部擬訂呈院核定。』等因；奉此，謹擬具財務行政徵收人員犯贓治罪條例草案，呈請鑒核。再查此案經中央政治委員會第二十二次會議決議後，函送國民政府訓令直轄各機關遵照。此項訓令，於二十九年十月十四日刊登政府公報，似應自刊登之翌日起發生效力，故本條例草案第六條第二項有追溯適用之規定，合併聲明。」

等情；附呈財務行政徵收人員犯贓治罪條例草案一份，據此，理合抄同前次條例草案一份，呈請鑒核示遵。謹呈

中央政治委員會主席汪

附抄呈財務行政徵收人員犯贓治罪條例草案一份。

行政院院長　汪兆銘

行政院訓令　行字第二〇七二號

令社會部

准軍委會咨爲恢復保安制度一案令仰知照並轉飭知照由

現准軍事委員會會字第四八號咨開：

「查三十年四月九日本會第三十八次常務會議決議：『恢復保安制度，並保安制度之推進須與關係機關如內政、軍政、財政、警政各部共同商討。』一案，業經於本年四月十二日以會公字第四六號，咨請查照辦理在案。所有恢復保安制度一節，除由會呈報，並分別咨令外，相應咨請貴院查照，轉飭所屬一體知照，爲荷！」

等由；准此，除分令外，合行令仰該部知照，並轉飭所屬一體知照！

此令。

院長　汪兆銘

中華民國三十年四月十九日

行政院訓令　行字第一九九六號

令社會部

現奉

國民政府第四十號訓令開：

「查陸海空軍軍人訓條，現經制定，明令公布，應即通飭施行，除分令外，合行檢發該訓條一份，令仰該院知照。並轉飭知照！」

等因；附發海陸空軍軍人訓條一份，奉此，除通令外，合行抄發原奉訓條一份，令仰該部知照。並轉飭所屬一體知照！此令。

抄發陸海空軍軍人訓條一份

中華民國三十年四月八日

院長　汪兆銘

（訓條刊登本期公報法規類）

行政院訓令　行字第二〇四七號

令社會部

令發全國經濟委員會組織條例飭屬一體知照由

現奉

國民政府第四十四號訓令開：

「查全國經濟委員會組織條例，前經本府於三十年一月八日制定公佈，應即補行飭知，除分令外，合行抄發該條例一份，令仰該院知照，并轉飭所屬一體知照！」

等因；計抄發全國經濟委員會組織條例乙份，奉此，合行抄發是項組織條例乙份，令仰查照。並飭所屬一體知照！此令

計抄發全國經濟委員會組織條例乙份

中華民國三十年四月十六日

院長　汪兆銘

（條例刊登本期公報法規類）

行政院訓令　行字第二〇三一號

令社會部

令發籌堵黃河中牟決口委員會暫行組織條例仰轉飭所屬一體知照由。

現奉

國民政府第四十二號訓令開：

「據本府文官處簽呈稱：『准中央政治委員會秘書廳中政秘字第九〇一號公函內開：「查三十年四月五日中央政治委員會第四十二次會議討論事項第二案，主席交議：『秘書廳案呈准國民政府文官處函送奉交籌堵黃河中牟決口委員會主任委員副主任委員呈送該會暫行組織條例草案，請核定公布施行一案，請公決案。』當經決議：『籌堵黃河中牟決口委員會暫行組織條例。通過，送國民政府公佈施行。』除紀錄在卷外，相應抄附上項條例及原決議文各乙份函達，至希查照轉陳明令公布」等由，理合簽請鑒核。』等情到府，自應照辦，除明令公布並分行外，合行抄發該條例及原附決議文各乙件，令仰該院知照並轉飭所屬一體知照。」

等因，計抄發籌堵黃河中牟決口委員會暫行組織條例暨原附決議文各乙份，奉此，合行抄發原附各件，令仰該部知照，並轉飭所屬一體知照！

此令。

計抄發籌堵黃河中牟決口委員會暫行組織條例，暨原附決議文各乙件。

中華民國三十年四月十四日

院長 汪兆銘

（組織條例從略）

行政院訓令 行字第二〇四〇號

令社會部

令發修正鐵道部組織法仰飭屬一體知照由。

現奉

國民政府第四十三號訓令開：

「查鐵道部組織法，業經修正，明令公布，應即通飭施行，除分令外，合行抄發該組織法乙份，令仰該院知照

。並轉飭所屬一體知照！」

等因；計抄發修正鐵道部組織法乙份，奉此，合行抄發原附件，令仰轉飭所屬一體知照！

此令。

計抄發修正鐵道部組織法乙份

院長　汪兆銘

中華民國三十年四月十五日

（組織法從略）

行政院指令　行字第二三六五號

令社會部

呈乙件：據中國社會事業協會呈，以舉辦社會事業，經費浩大，請求補助巨款等情。擬由本部按月補助事業費三萬元，藉資倡導，仰祈鑒核指令祇遵由。

呈件均悉：准予備案！

此令。附件存。

院長　汪兆銘

中華民國三十年三月十日

社會部呈

案據中國社會事業協會呈稱：

「竊查本會已於本年二月二日正式成立，當卽推定負責人員，通過工作計劃大綱，預定舉辦之社會事業，

計有經濟扶助職業指導、醫藥保健、婦孺救濟、一般救助、社會文教、及合作等部門。現在審時度勢，擬於每一部門中，選擇一二重點先行舉辦，樹之風聲。然計算每月所需費用，殊不在少。思維再四，惟有請求鈞部體念人民疾苦，按月補助巨款，以利進行。」

等情；據此。查該會所呈，尚屬切要，選擇一二重點，先行舉辦，尤為的當。茲擬將本部每月事業費三萬元，自本年一月份起，撥給該會，指定專作事業經費，不得移為別用，以示資助，而資倡導。是否有當，理合檢奉中國社會事業協會要覽一份，備文呈請

鑒核指令祇遵！

謹呈

行政院院長汪

附呈中國社會事業協會要覽乙份

社會部部長　丁默邨

中華民國三十年三月八日

行政院訓令

行字第一九三八號

令社會部

案查本院第五十二次會議討論事項第六案：

「院長交議：為應事務上之必要，各部在額定經費範圍內，各司得設幫辦一人案。決議，通過，咨送立法院審議。」

等由；紀錄在卷，除咨送審議並分令外，合行錄案，令仰該部知照！

此令。

院長　汪兆銘

中華民國三十年三月二十七日

行政院訓令　行字第一九二七號

令社會部

現據財政部呈稱：

「案准中央儲備銀行總總字第二三〇號函開：「查本行係國家銀行，凡屬機關公款，似應一律在本行存備支用，擬請由貴部轉呈行政院通令所屬，於所在地域，現已設立本行分支行或辦事處者，所有各機關公款，均須在該分支行或辦事處存備支用，相應函達即請查照辦理爲荷。』等由；准此，查該行係國家銀行，各地分支行，亦經擇要次第設立，所擬在已設分支行處地域之各機關公款，交由該行存備支用一節，事屬可行，除函復外，理合備文轉呈，仰祈鈞院鑒核，迅賜通令所屬一體遵照！」

等情：據此，所請自應照辦，除分令外，合行通令，仰轉飭所屬一體遵照！

此令。

院長　汪兆銘

中華民國三十年三月二十六日

會令

社會運動指導委員會訓令　會商字第二二號

令浙江江蘇安徽省廣東湖北省上海南京市分會

為華北政委會以商會法規定洋商不許加入商會可否變通辦理一案奉行政院指令准如所議令仰知照由

案准工商部商字第九四號咨開：案奉行政院行字第二三九三號指令內開：

「會呈一件，奉令以准華北政委會咨，為商會法，規定洋商不許加入商會，華北情況特殊，可否變通辦理，令仰工商部會同社會部核明一案，理合會銜呈復，仰祈鑒核由：「會呈悉：查所議尚屬妥善，經飭據外交部複議，略稱：查洋商不得加入商會，經前行政院通令有案，至於工商業同業公會，雖無限制國籍明文，而前司法院對於此項解釋，亦僅限於純粹之華商，是法例規定，已極嚴明；工商社會兩部會商結果，擬於華北方面可由外國工商人，依照各該本國工商法令，自行組織工商團體，及另行組織聯絡機構，以應環境各點，查此事按照條約關係，多列有最惠國待遇條款，殊未便或允或拒，辦理兩歧。至洋商在華依據各本國法令，自行組織工商團體，已不乏先例，而較之准許洋商加入流弊尚少。工商社會兩部所擬辦法，似尚可行，奉令前因，理合具文呈報，仰祈鑒核施行，」等情；據此，除咨復華北政務委員會，幷指令外交部外，合行令仰知照此令！」等因；奉此，相應咨達，即希查照。」

等由；准此，除分行外，合行令仰知照，並轉飭所屬知照。

此令。

中華民國三十年四月五日

社會運動指導委員會指令

會總字第一〇六號

令上海市分會

呈一件：爲擬具立案表册式樣六種隨文呈報仰祈鑒核由

呈件均悉。查該項立案表格式樣，業經修正製發各分會轉給各團體應用，茲將檢發該項表格六種每種六百張，仰卽遵照，並轉飭所屬各團體知照。件存。

此令！

附發人民團體立案表格六種每種六百張

委員長　丁默邨

中華民國三十年四月十九日

社會運動指導委員會訓令

會總字第一五五號

令各省市分會

爲檢發人民團體立案表格仰卽遵照並轉飭所屬知照由

查人民團體於組織成立後，應卽申請立案，茲製定人民團體立案表格全宗，共計陸種，頒發各分會轉給各人民團體應用。除刊登公報並分令外，合行檢發該項表格六種，每種　張仰卽遵照，並轉飭所屬各團體知照。

此令。

附人民團體立案表格陸種每種　張

委員長　丁默邨

中華民國三十年四月十九日

（人民團體立案表格刊登本期公報法規類）

法規

全國經濟委員會組織條例

三十年一月八日公布

第一條　行政院為促進經濟建設，改善人民生計，設全國經濟委員會。

第二條　全國經濟委員會之職掌如左：

一、關於國家經濟建設，或發展計劃之設計及審定事項。

二、關於國家經濟建設，或發展計劃應需經費之核定事項。

三、關於國家經濟建設，或發展計劃之指導及綜合調整事項。

四、關於指定經濟建設事業，或發展計劃之直接實施事項。

上款直接實施事項，以關係兩部會以上，經行政院指定者為限。

第三條　全國經濟委員會，設委員長一人，主持會務，由行政院院長兼任之。副委員長一人，輔助委員長主持會務。由行政院副院長兼任之。委員六人，由財政，工商、鐵道、農礦、交通各部部長及本會秘書長兼任之。行政院各部部長，及各委員會委員長，有必要時由委員長通知出席會議。

第四條　全國經濟委員會，置秘書長一人，簡任。處長三人，簡任。秘書四人至六人，其中二人簡任，餘薦任。技正四人至八人，其中四人簡任，餘薦任。秘書長承委員長及副委員長之命，處理會內一切事務，處長、秘書、技正、助理、秘書長、分辦各項事務。

第五條　全國經濟委員會，設會計主任一人，統計主任一人，辦理歲計，會計，統計事項。受全國經濟委員會長官之指揮監督，並依國民政府主計處組織法之規定，直接對主計處負責。會計室及統計室需用佐理人員名額，由全國經濟委員會及主計處會同決定之。

第六條　全國經濟委員會因事務之必要，得延用顧問及專員並酌用雇員。

第七條　全國經濟委員會得就所管事務，分設總務，設計，及事業三處辦理之。

第八條　全國經濟委員會，各處組織規程另定之。

第九條　本條例自公佈日施行。

妨害新法幣治罪暫行條例

三十年三月十三日公布

第一條　本條例稱新法幣者，謂中央儲備銀行之紙幣。

第二條　故意妨害新法幣之流通，或破壞其信用者，處五年以上有期徒刑，得併科五千元以下罰金。

犯前項之罪，觸犯其他罪名者，從一重處斷。

第一項之未遂犯罰之。

第三條　拒絕使用新法幣者，處三年以上十年以下有期徒刑，得併科五千元以下罰金。

第四條　凡銀行銀號錢莊典當及其他公司行號，有第二條第三條情形者，除犯人依各該條治罪外，並吊銷其營業執照。

第五條　凡公私團體軍民人等，如有第二條至第四條犯罪情形者，應立即報請當地警察機關逮捕，移送法院訊辦。

前項情形經法院訊實判處罪刑確定後，應通知原送案機關，轉報財政部，對原報告人酌給獎勵，但藉故誣陷者，應依刑法誣告罪處斷，第二項之獎勵辦法，由財政部另定之。

第六條　對於新法幣犯刑法僞造貨幣罪章內各條之罪名者，均依刑法處斷。

第七條　本條例施行期間定爲二年。

第八條　本條例自公布日施行。

信託公司暫行條例

三十年三月十三日公布

第一條 凡以公司組織經營本條例第十一條規定之業務者，爲信託公司，其有銀行附設專部，兼營信託業務者，準用本條例之規定。

第二條 信託公司及銀行附設之信託部，非經財政部核准，不得設立。

第三條 凡創辦信託公司者，應先訂立章程，載明左列各款事項，呈請財政部或呈由所在地主管官署轉請財政部核准。

一、信託公司之名稱；

二、組織；

三、總公司所在地；

四、資本總額；

五、實收資本；

六、營業範圍；

七、存立年限；

八、創辦人之姓名住所。

如係招股設立之信託公司，除遵照前項辦理外，並應訂立招股章程，呈請財政部或呈由所在地主管官署，轉請財政部核准後，方得招募資本。

銀行收足資本在一百萬元以上者，得兼營信託業務，但應劃分資本，會計獨立，另訂信託部章程，呈請財政部或呈由所在地主管官署，轉請財政部核准辦理。

第四條 信託公司經核准並登記後，滿六個月尚未開始營業者，財政部得通知工商部撤銷其登記，但有正當事由時，信託公司得呈請延長。

第五條 股份有限公司兩合公司股份兩合公司組織之信託公司，其資本至少須達五十萬元，無限公司組織之信託公司，其資本至少須達二十萬元。

前二項規定之資本，在商業簡單地方，得呈請財政部或呈由所在地主管官署，轉請財政部核減，但第一項所規定者，至少不得在二十五萬元以下，第二項所規定者，至少不得在十萬元以下。

信託公司之資本，不得以金錢外之財產抵充。

第六條 兼營信託業務之銀行，其信託部份資金之數額，應照前條各規定辦理。

第七條 凡經核准登記之信託公司，應俟資本全數認足，並收足總額二分之一時，分別備具左列各件，呈請財政部派員，或委託所在地主管官署驗資具證，經認爲確實，由財政部核准註册，發給營業執照後，方得開始營業。

一、出資人姓名住所清册。

二、出資人已交未交資本數目清册。

三、各職員姓名籍貫住所清冊。
四、所在地信託業同業公會或銀行業同業公會或商會之保結；
五、註冊費；
如係無限責任組織之信託公司，除遵照第一項辦理外，並應具左列各件：
一、出資人詳細履歷；
二、出資人財產證明書；
如係股份有限公司組織之信託公司，除遵照第一項辦理外，並應具左列各件。
一、創立會決議錄；
二、監察人或檢查員報告書；

第八條 信託公司未收之資本，應自開始營業之日起，三年內收齊，呈請財政部派員或委託所在地主管官署，驗資具證後備案。
如於前項所定期限內未經收齊，應減少認足資本，或增加實收資本，使認足資本與實收資本相等，但資額最低限度，乃以合於第五條之規定者為限。

第九條 信託公司增加資本時，其應行呈請驗資程序，準用第七條之規定，但非收足資本全額後，不得增加資本。

第十條 信託公司之股票，應為記名式。

第十一條 信託公司經營業務之種類如左：
一、財產管理；
二、遺囑執行及遺產管理；
三、信託金之收受及運用；
四、公債，公司債，股票，及其他有價證券之承募，或承受；
五、管理公司債，及其他股票債券之担保品，及基金；
六、代理股票債券之登記事項；
七、代理買賣有價證券；
八、代人保管證券，票據，契約，及其他貴重物品；
九、代理房地產經租，並介紹房地產之買賣及抵押；
十、代理房地產過戶登記及納稅；
十一、代理保險；
十二、出租保管箱，及辦理露封原封保管；
十三、辦理清算及整理事項；
十四、辦理信用保證；
十五、代理收付款項；
十六、其他經財政部核准之信託事項；

第十二條 信託公司經財政部之核准，得兼營左列附屬業務。
一、收受存款；
二、辦理放款；

三、票據貼現；

四、匯兌或押匯；

五、買賣有價證券及不動產；

六、倉庫業；

第十三條 信託公司不得為商店，或銀行，或他公司之股東，其在本條例施行前，已經出資入股者，應於本條例施行後三年內退出之，逾期不退出者，應按入股之數額，減其資本總額。

第十四條 信託公司收受之各項信託資金，應分別管理，不得與信託公司固有及其他資產相混合。

第十五條 信託公司對於受託之事務，及所收受之各項信託資金，非因特別事故，預得委託人之同意者，不得轉託他公司或他銀行。

第十六條 信託公司對於受託之事務，除向委託人收取相當之報酬外，不得再從信託上取得不正當之利益，並不得為有損受益人利益之行為。

第十七條 信託公司不得收買本公司股票，並以本公司股票作借款之抵押品。

第十八條 無限責任組織之信託公司，應於出資總額外，照實收資本繳納國幣百分之二十為保證金，存儲於中央儲備銀行，但實收資本總額，如已超過五十萬元以上時，其超過之部份，得按百分之十繳納保證金，以達到三十萬元為限。

前項保證金，得以國家債券，或財政部認可之債券，按市價折實，抵充全部或一部。

第十九條 無限責任組織之信託公司，所繳保證金，非經財政部核准，不得提取。

第二十條 有限責任組織之信託公司，於每屆分派盈餘時，應先提出十分之一以上為公積金，但公積金已達資本總額一倍者得酌減之。

第二十一條 銀行兼營信託業務時，應將信託部與銀行部之資產，負債，劃分獨立，信託部，或銀行部之資產，不得因一方之破產而受影響。

第二十二條 每營業年度終，信託公司應造具營業報告書，資產負債表，損益計算書，呈送財政部查核。

前項資產負債表，至少應於每半年辦理決算後，公告一次，其公告方法，并應於信託公司章程內訂定之。

第二十三條 財政部於必要時，得命令信託公司報告營業情形，及提出文書，賬册，簿據，並得派員或委託所在地主管官署檢查信託公司業務內容，及其全部財產之實況。

前項檢查員，對於報告內容，應嚴守祕密，違者依法懲處。

第二十四條 信託公司營業情形，及財產狀況，經財政部檢查後，確認為難於繼續經營時，得令其停止營業，或扣押其財產，及爲其他必要處分。

第二十五條　信託公司改營他業時，其信託財產尚未交還原委託人，或受益人，或其存款，債務尚未清償以前，財政部得令扣押其財產，或爲其他必要之處置。

第二十六條　信託公司於左列情事，應得財政部之核准：

一、變更名稱；

二、變更組織；

三、合併；

四、增減資本；

五、設置分公司，及辦事處，或代理處；

六、變更總分公司及其營業所在地。

第二十七條　本條例施行前，業已開始營業而未呈經財政部核准之信託公司，應於本條例施行後六個月內補請核准，逾期不呈請者，財政部得令停止其營業。

第二十八條　本條例施行前，業已呈經財政部核准之信託公司，其已設之分公司，或辦事處，未經核准者，應於本條例施行後六個月內補請核准，逾期不呈請者，財政部得令停止其業務。

第二十九條　本條例施行前，業已開始營業之信託公司，或兼營信託業務之銀行，其信託部份之資本總額，於本條例施行後三年內，得不依第五條之規定。

第三十條　本條例施行前，業已開始營業之信託公司，其額定或認足而未收齊之資本，應於本條例施行後三年內收齊之。

第八條第二項之規定於前項情形準用之。

第三十一條　本條例施行前兼營非本條例所許業務之信託公司，於本條例施行後三年內，得繼續其業務。

第三十二條　信託公司如因破產，或其他事故停業，或解散時，除依其他法令規定辦理外，應即開具事由，呈請財政部或呈由所在地主管官署，轉請財政部核准後，方生效力。

信託公司停止支付時，除詳具事由，呈請所在地主管官署核辦外，應即在總分公司所在地報紙公告之，並呈請財政部查核。

第三十三條　信託公司解散時，對於收受之各項信託財產，應各別清算之。

第三十四條　信託公司解散時，應將營業執照，繳呈財政部，或呈由所在地主管官署轉送財政部註銷。

第三十五條　信託公司違反法令，或其行爲有害公益時，財政部得令停止其業務，撤換其職員，或撤銷其營業執照。

信託公司於撤銷營業執照時解散之。

第三十六條　信託公司除本條例特予規定者外，並適用銀行法規，及公司法之規定。

第三十七條　本條例自公布日施行。

財務行政徵收人員犯贓治罪暫行條例

三十年三月二十日公布

第一條　本條例依據二十九年十月三日，中央政治委員會第二十二次會議，第五項決議案制定之。

第二條　本條例稱財務行政徵收人員者，謂徵收租稅，或其他入款之財務行政人員。

第三條　凡財務行政徵收人員犯左列各款之罪者，均處死刑。

一、收受賄賂在千元以上者。

二、犯公務上之侵佔罪，其價額在千元以上者。

三、圖利自己，或第三人損害國庫，或地方金庫，其價額在千元以上者。

第一項之未遂犯罰之。

第四條　犯第三條第一項各款之罪，其價額不滿千元者，概依刑法從重處斷。

第五條　犯本條例之罪者，均歸法院依照通常程序辦理。

第六條　本條例自公布日施行。

自二十九年十月十五日以後，犯本條例之罪，未經判決確定者，概依本條例處斷。

軍隊教育令

三十年三月二十四日修正公布

綱領

一、軍隊教育之目的，在訓練軍人及軍隊使其能爲國家担當戰爭之任。因此對於有形上學術技能等，固宜施以精密之教育，而徵諸既往之經驗，對於無形上堅確之軍人精神及嚴肅之軍紀與護國之觀念，足爲戰爭重大之要素，尤須涵養而振起之。至於舍生取義，知恥惜名，仁民愛物，親上敬長，武勇忠貞等，亦爲軍人必具之性格，在軍隊教育中，均須砥礪而擴充之。

二、軍官爲軍隊之骨幹，凡軍中一切無形上之修養，均依之以爲轉移，故平日須努力陶冶其身心，使一言一行足爲部下所矜式，自能收風行草偃之效。軍官又爲軍隊教育之中樞，故宜修養賅博之識量，練成卓越之技能，以達教育上最善之效果。尤應以身作則，嚴明誠愛，寬猛相濟，自能振起士氣，發揚精神，部下自然信仰愛戴，眞誠服從，如斯，始能收教育圓滿之成效。

三、軍人精神居軍隊教育上首要之地位，故凡事必須以精神教育爲主。

四、軍紀爲軍隊之命脈，集數十百萬衆以成軍隊，而能上下一心，團結鞏固，無論險夷甘苦，令出惟行，使大軍之動作如一人者，厥惟軍紀是賴，故養成嚴肅之軍紀，實爲軍隊教育之要務。

五、負教育責任之官長，應使士兵能自覺其各自之職務，認識三民主義暨和平建國之意義，明瞭建軍之目的，及世界大勢，並我民族所處之地位，本親愛精誠之主旨，傾充分之熱忱，上下一致，肝胆相照，自能在一令之下，欣然從事，但不能徒博待其自覺之美名，坐視部下之放縱。

六、凡計劃周詳實施嚴整之教練，爲振作軍人精神，整飭軍紀之要道。而實行之法，即在諸般演習內外勤務及起居行動之間，以有形之課目，涵養無形之精神，循循善誘，始終不懈，野外演習時尤應特別注意之。

七、體力強健，武技嫻熟，足以增加自信力，故軍人於德育智育之外，尤須鍛鍊身體，練習武技，乃能堅忍不撓，克盡至難之任務。

八、軍人居國民首要之部分，其教育之良否？可左右社會之風尙。蓋在營若能爲國民之儀表，則退伍必可爲國家之良民，當軍隊教育之任者，直接固以教育戰鬥爲本旨，而間接即以陶冶國民，成爲誠摯剛健之風氣。

附軍隊教育令目錄

陸海空軍軍人訓條

三十年三月二十九日公布

一、矢忠矢信，貢獻一切於國家。

二、實行三民主義及大亞洲主義，以復興中國，復興東亞。

三、認定當前國家危機，人民痛苦，在共匪猖獗，應盡心竭力，根絕赤禍，以救國救民。

四、以智仁勇嚴爲立身行己之本。

五、愛護人民，珍惜物力，以培養國家社會之元氣。

六、對長官服從，對同僚和衷，對部屬愛護，以舉精誠團結之實。

七、潔己奉公，刻苦耐勞。

八、研究學術，務求精進。

九、嚴守紀律，勵行訓練。

十、奉行職務，視死如歸。

十一、視武器爲軍人第二生命，平時愛惜，雖遇危難，絕不放棄。

十二、整飭軍容，恪盡禮節，注重衛生，勉成健全之軍人。

人民團體立案表格

民國三十年四月十九日會令公布

人民團體概況調查表

年 月 第一頁

團體名稱	
地址	
電話	
宗旨	
區域	
發起日期	年 月 日
許可日期	年 月 日
許可證書號數	年 字第 月 日發給 號
成立日期	年 月 日
立案日期	年 月 日
立案證書號數	年 字第 月 日發給 號
組織內容	

會員		
權利		
義務		
資格取得		
資格喪失		
公司行號家數		
會員代表人數		
人數	項別	男
		女
		總計
下級團體	種類	
	數目	
小組	數量	
	每組人數	

理事		
職權	人數	任期

監事		
職權	人數	任期

各種會議

名稱						
人數						
產生方法						
任期						
任務						
會期	每開會一次	每開會一次	每開會一次	每開會一次	每開會一次	每開會一次
備註						

已辦事業

名稱				
地點				
開辦年月				
負責人姓名				
經費				
受益人數				
備註				

擬辦事業

人民團體財產調查表

年　　月　　第二頁

資產額

田產或地產

產別						合計
坐落丘號						
畝分						
買價						
約值時價						
使用情況						
租值（以年計）						

房產

坐落丘號						合計
房屋數						
基地畝分						
造價或買價						
約值時價						
使用情況						
租值（年計）						

有價證卷

名稱	票面金額	買價	現實時價	利息	還本或發息日期	備註
合計						

定期存款

存放處所	存摺號數	存立戶名	金額	利息	備註
合計					

活期存款及現金

存放處所	存摺號數	存立戶名	金額	利息	備註
合計					

債務項目

債權者	借入金額	借入年月	利息	抵押品	用度	還本辦法	借款經手人	備註
合計								

人民團體經費調查表

第三頁

年度收支概算表

年 月

收入之部

科目	金額	科目	金額
會費收入		地租	
入會費		房租	
月費或年費		息金收入	
補助費收入		利息	
政府補助		債息	
其他補助		股息	
捐款收入		事業收入	
募集基金			
常年捐款			
特別捐款		其他收入	
臨時捐款			
租金收入			
田租			
共計			

一　支出之部

科目	金額	科目	金額
薪俸		交際	
薪津		雜費	
工資		購置費	
雜給			
辦公費			
文具		事業費	
印刷			
郵電			
消耗		補助費	
膳費			
房租			
修繕		其他	
廣告			
共計			
合計淨餘 少			

人民團體理監事履歷表（黏附相片）

第四頁

團體名稱　　任期　第　屆　自　年　月　日起　至　年　月　日止

姓名	年齡	籍貫	職務	學歷	經歷	住所或通信處	黨籍	任職年月	備註

第五頁

團體名稱

時期 第　屆 自　年　月　日起 至　年　月　日止

方格内黏貼本屆理監事相片下書職別姓名

附錄

日本國民儲蓄合作社法（昭和十六年三月十二日公布法律第六十四號）

第一條　本法所稱之國民儲蓄合作社，係由左列各款之一之份子組織而成，爲謀戰時（包含事變）國民儲蓄之增強，而作社員儲蓄斡旋之機關：

一、爲市町村（在尚未施行町村制之各地方，則其類此之機構。）之一部，而居住於命令規定區域內之人民；

二、服務於政府機關，學校事務所，營業所，工廠，事業場或其他辦事處之工作人員；

三、產業合作社，商業合作社，工業合作社及其他同業者組織團體之構成員；

四、除前列各款所揭者外，凡以命令特別規定者。

第二條　由國民儲蓄合作社作斡旋之儲蓄，應依照左列方法辦理之：

一、郵政儲金，郵政年金，或簡易生命保險保險費之繳付；

二、向銀行存款或定期儲金；

三、向信託公司作金錢信託；

四、向產業合作社及其他以命令規定之產業團體儲金；

五、向錢會公司（註一）依章繳納會款；

六、生命保險保險費之繳付；

七、國債，儲蓄債劵或報國債劵之購入；

八、其他經主管大臣指定者。

前項儲蓄之斡旋方法，以命令定之。

第三條　國民儲蓄合作社組織成立時，合作社之代表人，應依據命令規定，將合作社之各項規約，向主管大臣呈報；規約有變更時亦同。

國民儲蓄合作社解散時，合作社之代表人，應依照命令規定，將解散之原委，向主管大臣呈報。

第四條　由國民儲蓄合作社斡旋之銀行存款，或合同運用信託，以命令特別規定，其本金不超過三千圓時，對其利息或利益，依據命令規定，豁免對於甲種利息分配所得所應徵收之分類所得稅；對於由國民儲蓄合作社之斡旋而購入，依據命令規定，委託郵政機關代予保管，或爲經過登記之國債，其票面金額未超過三千圓者之利息，亦同。

由國民儲蓄合作社斡旋之銀行儲蓄存款，產業合作社儲金，及其他存款，以命令特別規定，其本金未超過五千圓時，對其利息，依據命令規定，豁免對於甲種利息分配所得所應徵收之分類所得稅。

在前列二項之情形下，存款或合同運用信託，如係以合作社代表人之名義存入時，則其本金，以每一社員之存款或合同運用信託計算之。

前項規定，在第一項所述之情形下，國債保管之委託或登記，如係以合作社代表人之名義爲之時，對其票面金額之計算，亦適用之。

前列四項之本金及票面金額，依據命令規定計算之。

第五條　政府得於豫算範圍內，對國民儲蓄合作社，交付補助金或奬勵金。

第六條　主管大臣，認有必要時，得依據命令規定，對第一條各款之一所揭者，命令其組織國民儲蓄合作社。

第七條　主管大臣，對國民儲蓄合作社之代表人，得命令其作關於儲蓄之報告，施行帳簿書類及其他物件之檢查，並須發合作社代表人改任及其他監督上必要之命令。

第八條　主管大臣，依據命令規定，得將本法所定職權之一部，委任於地方長官。

地方長官依據前項規定，而受委任時，得將其所屬職權事務之一部，令市町村長（如係市制第六條及第八十二條第三項所稱之市，則其區長；在尚未實行町村制之各地方，則其類此之機構。）處理之。

第九條　其性質並非儲蓄銀行之各銀行，可不拘儲蓄銀行法第一條之規定，如係由國民儲蓄合作社斡旋者，則依法得經營同法第一條第一項第一款或第三款所揭之業務。

第四條第二項及第三項暨所得稅法第十一條，第廿一條及第二十九條中關於銀行儲蓄存款之規定，對於依照前項規定而收入之存款，不適用之。

第十條　其性質並非儲蓄銀行之各銀行，依據命令規定，應向政府供託依照前條第一項規定而相當於收入諸存款金額三分之一以上金額之國債。

作前條第二項之存款者，關於其存款，對其依照前項規定而向政府供託之國債，有優先償付於其他債權者之權利。

依據前項規定，而得優先償付之範圍，以存款額爲其限度。

第十一條　國民儲蓄合作社之代表人，如違反本法，或基於本法所發之命令，或基此所作之處分時，處以三百圓以下之罰金。

第十二條　除本法規定者外，關於國民儲蓄合作社其他事項，均以命令定之。

附則

本法施行日期，以命令定之。

本法施行之際，其現存之團體，如係由第一條各款之一所揭者組織而成，爲謀戰時（包含事變）國民儲蓄之增強，而作第二條所揭儲蓄之斡旋者，則均認爲與本法所稱之國民儲蓄合作社無異。

前項所稱國民儲蓄合作社之代表人，應於本法施行後三個月以內，按照第三條第一項之規定，將合作社之各項規約，向主管大臣呈報。

印花稅法中，特修正如左：

第五條第九款下面，應添左列一款：

九之二　國民儲蓄合作社之代表人，其有關合作社業務所發金錢寄託或信託行爲之證書，往來帳或委任狀。

（參　照）

明治三十二年三月十日公布法律第五十四號印花稅法抄件

第五條　關於左列證書，帳簿，均免徵印花稅：

九、產業合作社或產業合作社聯合會，所發之儲金證書，其記載金額未滿十圓者。

（註一）錢會公司：日本之錢會公司，原名無盡會社，其經營業務，類似中國民間之「搖會」（爲農村間盛行之一種借款，儲蓄方式，類多在親友鄰居間，先行接洽一定人數之會員，及金額，決定一不變之會期，每次以抽籤之方法，中者得款。）係根據日本無盡業法而組織，其性質蓋與儲蓄公司相似，惟其經營方法，則純係將中國搖會方式，加以改良，並使商業化與合法化。

譯者張建人註

日本國民更生金庫法

（昭和十六年三月五日公布法律第四十二號）

第一章 總則

第一條 國民更生金庫，係應時局之需要而設置，以促進轉業，停業之商工業者等資產，負債之整理，並謀其更生為目的。

第二條 國民更生金庫為法人。

國民更生金庫設總辦事處於東京市。

國民更生金庫，得呈經主管大臣之核准，在必要地點，設置辦事處。

第三條 國民更生金庫，得呈經主管大臣之核准，令銀行及其他命令規定之法人，代理其業務之一部。

第四條 國民更生金庫之資本金額，定為二千萬圓，但得於呈經主管大臣核准後增加之。

第五條 政府應以一千九百萬圓，投資於國民更生金庫。

前項投資，得交付國債證劵，

依照前項規定而交付之國債證劵，其交付時之價格，得由大藏大臣參酌當時之時價定之。

第六條 國民更生金庫，應於章程內規定左列諸事項：

一、目的，
二、名稱，
三、辦事處之所在地，
四、資本金額及關於資產諸事項，
五、關於職員諸事項，
六、關於業務及其執行諸事項，
七、關於更生債劵之發行事項，
八、關於會計事項，
九、公告之方法。

其章程，得於呈經主管大臣核准後變更之。

第七條 國民更生金庫，依據命令規定，必須作詳細之登記。

依據前項規定，所應登記之事項，如非在登記之後，不得以之對抗第三者。

第八條 國民更生金庫，免課所得稅，法人稅，及營業稅。

北海道，府縣，市町村及其他類似之機構，對於國民更生金庫之事業，不得課以地方稅；但如有特別事故，而經呈准內務大臣及大藏大臣時，則不在此限。

第九條 對於國民更生金庫，發生必須解散之事由時，關於其處置方法，以法律另定之。

第十條 凡非具有國民更生金庫之業務性質，不得採用國民更生金庫或其類似之名稱。

第二章　職員

第十一條　國民更生金庫置理事長一人，理事三人以上，及監事二人以上。

第十二條　理事長代表國民更生金庫，綜理業務。

理事依據章程規定，代表國民更生金庫，輔佐理事長，掌理國民更生金庫之業務；理事長如有事故時，得由理事代理其職務，理事長缺額時，由理事行使其職權。

監事對國民更生金庫之業務，隨時予以適當之監查。

第十三條　理事長，理事，及監事，均由主管大臣任命之。

理事長及理事之任期為三年，監事之任期為二年。

第十四條　理事長依據章程規定，關於國民更生金庫辦事處之業務，得選任具有行使一切裁判上或裁判以外諸行為權限之代理人。

第十五條　理事長及理事不得從事其他職業；但經主管大臣核准時，則不在此限。

第十六條　國民更生金庫設評議員若干人，由主管大臣任命之。

評議員對於有關業務經營之重要事項，解答理事長之諮詢，有必要時，並得對此申述意見。

評議員為名譽職，其任期為二年。

第三章　業務

第十七條　國民更生金庫，行使左列業務：

一、為轉業或停業之商工業者等，作資產之管理或處分；

二、為轉業或停業之商工業者等通融資金；

三、為轉業或停業之商工業者等，接受其債務，或代予保證；

四、前列各款業務之附帶事業。

國民更生金庫，於呈經主管大臣核准後，得行使前項所列各業務以外之業務。

除本法規定者外，關於國民更生金庫業務之必要事項，以命令定之。

第十八條　國民更生金庫，除依照左列方法外，不得運用業務上之剩餘金。

一、國債，地方債，或呈經主管大臣核准各有價證券之取得。

二、向大藏省存款部存款，或作郵政儲金。

三、存款於銀行，或向信託公司作金錢信託。

第四章　更生債券

第十九條　國民更生金庫，得在已繳資本額十倍之範圍內，發行更生債券。

第二十條　更生債劵，票面金額定自五十圓起，並附有不記名之息票，但得由應募者或所有者之請求，而予以記名。

更生債劵，得以百分比之方法發行之。

第二十一條　國民更生金庫，為謀新舊更生債劵之調換起見，得不受本法第十九條之限制，而發行更生債劵。

依據前項規定而發行更生債劵時，應於發行後一個月以內，償還相當於發行票面金額之舊更生債劵。

第二十二條　政府得保證更生債劵本金之償還及利息之支付。

第二十三條　更生債劵，得以出售之方法發行之。

第二十四條　國民更生金庫，如擬發行更生債劵時，必須呈經主管大臣之核准。

第二十五條　更生債劵之消滅時效，在本金方面為十五年，在利息方面為五年。

第二十六條　所得稅法及有價證劵移轉稅法中，關於國債以外對公債之諸規定，更生債劵均適用之。

第二十七條　除本章規定者外，有關更生債劵之必要事項，均以命令定之。

第五章　會計

第二十八條　國民更生金庫之事業年度，定自四月起至翌年三月止。

第二十九條　國民更生金庫，必須於設立當時，及每事業年度之初，製成財產目錄，借貸對照表，及損益計算書，與章程一併置備於各辦事處。

投資者及債權者，得在業務時間內隨時要求閱覽前項所列各書類。

第六章　監督及補助

第三十條　主管大臣監督國民更生金庫之一切業務。

第三十一條　國民更生金庫，如非呈經主管大臣之核准，不得作剩餘金之處分。

第三十二條　國民更生金庫，當其業務開始之際，應即決定業務進行之方法，並呈請主管大臣，要求核准；有變更時亦同。

第三十三條　主管大臣，對於國民更生金庫，得令其作關於業務及財產之報告，並實行檢查，及須發其他監督上必要之命令，或作適切之處分。

第三十四條　主管大臣，設置國民更生金庫監理官，使監視國民更生金庫之一切業務。

第三十五條　國民更生金庫監理官，得隨時檢查國民更生金庫之業務及其財產之狀況。

國民更生金庫監理官，認有必要時，得隨時命令國民更生金庫，使報告業務及財產之狀況。

國民更生金庫監理官，得出席國民更生金庫之各種會議而陳述意見。

第三十六條　職員有違反法令章程，及主管大臣之命令，或有損害公益之行爲時，主管大臣得立予解任。

第三十七條　政府對於國民更生金庫，得締結關於因行使本法第十七條規定之業務而遭受損失時，予以補償之契約。

前款契約，其基此所應交付補償金之總數，必須在不超過經帝國議會協贊金額之範圍內爲之。

第三十八條　決定第一項損失之基準，由大藏大臣行之。

前條第一項之損失及其數額，由國民更生金庫損失審查會決定之。

國民更生金庫損失審查會之組織及權限，以命令定之。

第七章　罰則

第三十九條　有左列情事之一時，對國民更生金庫之理事長，理事及監事，處以千圓以下之罰金：

一、依據本法，必須呈經主管大臣核准者，如未經其核准時；

二、經營本法未曾規定之業務時；

三、違反本法第十八條規定，而運用業務上之剩餘金時；

四、違反本法第十九條或第二十一條第二項之規定，而發行更生債劵或不作舊更生債劵之償還時；

五、違反主管大臣監督上之命令或處分時；

六、拒絕或妨礙國民更生金庫監理官之檢查或逃避其檢查，或不作其命令之報告時。

第四十條　有左列情事之一時，對國民更生金庫之理事長，理事及監事，處以五百圓以下之罰金：

一、違反本法或根據本法所發命令，而怠於登記，或作不正確之登記時；

二、違反本法第二十九條之規定，而不置備法定書類時，或不記載該項書類依法所應記載之事項，或作不正確之記載時，或並無正當事由，而拒絕投資者及債權者之閱覽時。

第四十一條　違反本法第十條之規定，而採用國民更生金庫或其類似之名稱者，處以五百圓以下之罰金。

附則

第四十二條　本法施行日期，以命令定之。

第四十三條　主管大臣任命設立委員，使其處理關於國民更生金庫之設立事宜。

第四十四條　設立委員，應擬訂章程，與政府以外各投資者之投資申請書，一併提出於主管大臣，請求對國民更生金庫之設立，予以核准。

第四十五條 如經正式核准時，設立委員必須立即令投資者履行繳款手續。

繳款手續完畢時，設立委員須立即將其承辦事務，由國民更生金庫理事長繼承之。

理事長受前項事務之繼承時，理事長，理事及監事等全體人員，即應作設立之登記。

國民更生金庫，於完成設立登記後正式成立。

第四十六條 本法施行之際，凡現正採用國民更生金庫之名義或其類似之名稱者，必須於本法施行後二個月以內，將其名稱，予以變更。

本法第十條之規定，在前項期間內，不適用於前項所述情形者。

第四十七條 國民更生金庫，當受財團法人民更生金庫權利之讓與，或担任其義務時，須呈經主管大臣之核准。

前項權利之讓與或義務之担任，得依據財團法人國民更生金庫解散日財產目錄所載之價額。

國民更生金庫，依據前項價額，因第一項權利讓與或義務担任而蒙受損失時，其損失認為與本法第三十七條第一項之損失無異。

第四十八條 登記稅法中，特修正如左：

第十九條第七款中「庶民金庫」上面，應加「國民更生金庫」六字；「庶民金庫法」上面，應加「國民更生金庫法」七字。

同條第十七款下面，應添左列一款：

十七之二 國民更生金庫，為營國民更生金庫法第十七條規定之業務，而作有關其權利之取得，或所有權保存之登記。

同條第十八款中「庶民金庫」上面，應添「國民更生金庫」六字。

第四十九條 印花稅法中，特修正如左：

第五條第五款之二下面，應添左列一款：

五之三 有關國民更生金庫業務之證書，帳簿及更生債劵。

第五十條 政府投資特別會計法中，特修正如左：

第五條應加左列一項：

為以交付公債之方式而作投資，如有必要時，政府除依照前項規定外，得在本會計負担範圍內，發行公債。

（參照）

明治二十九年三月二十八日公布法律第二十七號登記稅法抄件

第十九條 凡左列各機構，均免課登記稅；但第二款之二，第八款至第九款之四，第十一款，第十二款及第十四款至第十七款，則仍照命令規定辦理。

七 凡對於恩給金庫，產業合作社，產業合作社聯合會，產業合作社中央會，庶民金庫，蠶絲共同設施合作社，漁業合作社，漁業合作社聯合會，商工合作社，中央金庫，工業合作社，工業合作社聯合會，工業小型合作社，工業合作社中央會，商業合作社，商業合作社聯合會，商業小型合作社，商業合作社中央會，貿易合作社，貿易合作社聯合會，貿易合作社中央會，造船合作社，造船合作社聯合會，海運合作社，海運合作社聯合會，肥料製造業合作社，汽車運送事業合作社，及汽車運送事業合作社聯合會，而係根據恩給金庫法，產業合作社法，庶民金庫法，蠶絲業法，漁業法，商工合作社中央金庫法，工業合作社法，商業合作社法，貿易合作社法，造船事業法，海運合作社法，重要肥料業統制法，及汽車交通事業法所作之一切登記。

十八 凡關供給庶民金庫業務上應用各不動產之登記。

明治三十二年三月十日公布法律第五十四號印花稅法抄件

第五條 關於左列證書，帳簿，均免徵印花稅：

（從略）

昭和十五年三月二十七日公布法律第十號政府投資特別會計法抄件

第五條 本會計，為支付投資之法定金額，及依據前二條規定之滾入金起見，有必要時，政府得在本會計負担範圍內，發行公債，或作適當之借款。

社會部重要職員動態

四月一日起

主任秘書	陳端志	辭職照准	四月五日
	曹慎修	新任	
勞動司幫辦	顧惠公	原任社運會委員	四月一日
編譯委員會副主任委員	孔廣愚	辭職照准	四月十九日
	詹哲尊	新任	
編譯委員會委員	呂紹光	新任	四月十九日

社會運動指導委員會重要職員動態

專任常務委員	凌憲文	辭職照准	四月七日
	翦建午	辭職照准	四月七日
	陳端志	原任部主任秘書	四月七日
	周毓英	新任	四月七日
第一組組長	吳漢白	調第四組組長	四月二十一日
	熊鵬南	原任專任委員兼湖北省分會委員	四月二十一日
	胡壽祺	調上海市分會服務	四月二十一日
第四組組長	吳漢白	原任專任委員兼第一組組長	四月二十一日

社會運動指導委員會各分會重要職員名錄

上海市分會

主任委員 孫鳴岐
副主任委員 姜文寶
當然委員 凌憲文 林烱庵
委員 張一塵 陸文韶 俞振輝 張石之 李寺泉 馬潤芳
范一峯 金光楣 余耀球 張昇 胡壽祺
秘書 陳東白 劉鈞 龔文煥（代） 胡崇基（代）
會計主任 丁秉仙
科長 張臨莊 季春培 金璧城（兼） 冷炳南 王禮賢（代） 萬雪舫

南京市分會

主任委員 張克昌
副主任委員 吳顯仁
當然委員 盛開偉 徐公美
委員 顧惠公 蔣信昭 程德源 陸友白 李先治 王承典
丁伯常 孫育才 胡天僧
秘書 胡天僧（兼）
會計主任 曹祝珊（兼）
科長 胡天僧（兼代） 顧善章 周映青 賈崇裕 方佩誠 姜羽仙（代）

江蘇省分會

主任委員　茅子明
副主任委員　章樹欽
當然委員　季聖一　張仲寰
祕　書　曾唯一　劉炳漢（代）
會計主任　黃階鼎（代）
科　長　樊國人　鄭葆元　楊德旺（代）費君俠（代）吳志表（代）
　　孫士衡（代）

浙江省分會

主任委員　張鵬聲
副主任委員　沈半梅
當然委員　王廈材　徐季敦
祕　書　薛習恆
會計主任　邵葆三
科　長　章衣島（代）程蕘碧（代）盧慕琴（代）

安徽省分會

主任委員　胡志甯
副主任委員　潘國俊
當然委員　鄧贊卿　錢慰宗
專任委員　潘壽恆　粟　巽

會計主任 史佐才

科長 史佐才（兼代） 陸 正（代） 粟 巽（兼） 夏約文（代）

湖北省分會

主任委員 方煥如

副主任委員 孫迪堂 王錦霞

當然委員 宋懷遠 黃實光 高伯勳

委員 謝伯進 唐銘琛 王知生 呂奎文 丁子璜 劉 熙

祕書 朱 珏 余拔丕 李光源

會計主任 唐銘琛（兼）

科長 王代茂（代） 劉世澤 謝倩茂 孫潤民

廣東省分會

主任委員 林汝珩

副主任委員 駱用弧 羅廣來

上海市分會各區辦事處

滬西區辦事處主任 范一峯

副主任 馬潤芳

滬南區辦事處主任 李寺泉

副主任 汪耦民

專員 蘇亮如

委員兼浦東區辦事處主任 俞振輝

上海市分會駐各區專員

寶山區 陳懋功
川沙區 沈浪三
南匯區 張杰
嘉定區 沈仲宣
奉賢區 謝可祥
上海區 陳庚
崇明區 黃胤昌

江蘇省分會駐各縣專員

鎮江縣 陸伯英
江都縣 章蘭生
崑山縣 龔家熊
吳江縣 陳頌和
常熟縣 宋楚石
南通縣 顧慰樵
丹陽縣 蔣康節
如臯縣 馮丙乙
青浦縣 張秉忠
泰興縣 張弘進
靖江縣 袁兆熊
江甯縣 范震
松江縣 張牖庠
無錫縣 王頡輝
武進縣 朱明達
江浦縣 王平
江陰縣 祝文振
[redacted]
宜興縣 鍾慰庭
六合縣 王潤之
太倉縣 楊慶榮
寶應縣 楊逸民
句容縣 王天和
金山縣 朱潤怡
金壇縣 陳家鳳
儀徵縣 趙慶
海門縣 陸少梁
高郵縣 金屏

安徽省分會駐縣專員

蕪湖縣 鄭雅秋
懷甯縣（桐城） 李壽人（仲皓）

廣東省分會駐各縣市專員

汕頭市 王統民
南海縣 陳仲廉
番禺縣 曾憲方
東莞縣 王宜先
順德縣 鄭志強
中山縣 陳敏生
增城縣 湛運乾
三水縣 白師聖
從化縣 周宗耀
花縣 曾憲政

社會部公報價目表

限期	價目	郵費	
零售	一角	本埠半分	外埠一分
半年	一元	本埠六分	外埠一角二分
全年	二元	本埠一角二分	外埠二角四分

廣告暫訂刊例

頁數	價目
一頁	每號十八元
四頁	每號九元
半分之一頁	每號四元五角

刊登廣告在四號以上者每號按七折計算，在十號以上者每號按照六折計算長期另議

編輯者　社會部編譯委員會

發行者　社會部編譯委員會

印刷者　中文仿宋印書館

總經售　中央書報發行所

代售處　南京三通書局

出版日期　每月一日出版一次

社會部電話號碼

部長室	31955
常務委員室	31958
秘書室	31957
總務司	31961
勞動司	31959
合作司	31960
公用	31963

（偽）社會部總務司 編

（偽）社會部公報

第十九號

南京：（偽）國民政府行政院社會部總務司，民國三十年（1941）鉛印本

經中華郵政登記認爲第一類新聞紙類

中華民國三十年六月一日

社會部公報

第十九號

國民政府行政院社會部編譯委員會印行

總理遺像

總理遺囑

余致力國民革命，凡四十年，其目的在求中國之自由平等，積四十年之經驗，深知欲達到此目的，必須喚起民衆，及聯合世界上以平等待我之民族，共同奮鬥。

現在革命尚未成功，凡我同志，務須依照余所著建國方略，建國大綱，三民主義，及第一次全國代表大會宣言，繼續努力，以求貫澈，最近主張，開國民會議，及廢除不平等條約，尤須於最短期間，促其實現，是所至囑。

汪主席

目錄

命令

公牘

法規

附錄

命令

行政院訓令

行政院訓令　行字第二〇九一號

令社會部

現奉

國民政府第四六號訓令開：

「據本府文官處簽呈稱：『准中央政治委員會秘書廳中政秘字第九二一號公函開：「案查『國定紀念日表』會於二十九年十月三日中央政治委員會第二十二次會議討論事項第一案決議通過，並送國民政府通飭遵照在卷，茲奉主席諭：『查本黨紀念日表』所定『紀念儀式』至為詳備。『國定紀念日表』三月二十九日及九月一日對於懸旗未有規定，以致二月二十九日各機關懸旗紛紛不一，亟應補充說明，查全國一律下半旗停止娛樂宴會誌哀』乃係『國喪』儀式，除　總理逝世紀念日外，非有特別規定，不宜輕用，凡此先烈紀念，宜仿『雲南起義紀念』之例，補充規定為『一律懸旗紀念』以每一革命起義，必有犧牲先烈，若概規定為『全國一律下半旗停止娛樂宴會誌哀』則變為『國喪』非『紀念先烈之意矣，此為補充說明，並非變更決議，不必再提會議，由秘書廳通知各機關遵照可也。」等因，奉此，茲遵照補充規定，將『國定紀念日表』三月二十九日及九月一日紀念儀式欄內增『附加補充規定，是日仿雲南起義之例一律懸旗紀念』等字，俾便查考，奉諭前因，除分函中央黨部秘書廳查照轉陳外，相應檢同『國定紀念日表』一併函達，卽希查照轉陳通飭遵照。」等由：理合簽請鑒核，』等情：到府自應照辦，除分令外，合行抄發國定紀念日表一份令仰遵照，並轉飭所屬一體遵照，此令。」

等因：計抄發國定紀念日表一份，奉此，除分令外，合行抄發國定紀念日表一份，令仰遵照，並轉飭所屬一體遵照。

此令。

計抄發國定紀念日表一份

中華民國三十年四月二十二日

（國定紀念日表登本期公報法規類）

院長 汪兆銘

行政院訓令

行字第二三五八號

奉

國民政府第六三號訓令開：

「據本府文官處簽呈稱：『准中央政治委員會秘書廳中政秘字第九七八號函開：「查三十年五月十五日中央政治委員會第四十七次會議，討論事項第一案：主席交議：『據行政院呈；暨秘書廳案呈：准立法院函，以行政院所屬各部於各司設置幫辦一案。經該院咨送立法院會議決議：「通過：幫辦簡任待遇，由部呈准行政院設置，無須在部組織法中明文規定，本案送呈中央政治委員會定為通案。」等情；請公決案。』當經決議：『通過：將本案定為通案，送國民政府轉飭遵照。』記錄在卷。除函復行政院暨立法院查照外，相應錄案並抄附行政院原呈及立法院原呈各一件，一併函請查照。轉陳分飭遵照！」等由；理合簽請鑒核！』等情；據此，自應照辦。除分令外，合行令仰該院轉飭遵照！此令。」

等因；奉此，除分令外，合行令仰該部遵照！

此令。

中華民國三十年五月二十四日

院長 汪兆銘

行政院訓令

行字第二一二六號

現奉

國民政府第四八號訓令開：

『案查陸海空軍軍人訓條，前經本府於本年三月二十九日制定公佈，並通飭施行在案。茲據文官處簽呈稱：『准中央政治委員會秘書廳中政秘字第九二八號函開；案准貴處三十年四月四日文字第四八九號公函，以奉交陸海空軍軍人訓條，業經國民政府明令公布，並通飭施行，檢送上項訓條一份，囑轉陳備查等由；經呈奉主席諭：「准予備案，惟原訓條第三項『……盡心竭力……』改正爲『竭盡心力』」等因；復奉提出三十年四月十七日中央政治委員會第四十四次會議報告在案；相應復請查照轉陳，等由；理合簽請鑒核。』等情；據此，自應照辦，除飭處函復暨分行外，合行令仰知照。並轉飭所屬一體知照！』

等因；奉此，除通令外，合行令仰該部知照。並轉飭所屬一體知照！

此令。

中華民國三十年四月二十六日　　院長　汪兆銘

行政院訓令　行字第二一五一號

令社會部

現奉

國民政府第五十號訓令開：

「查警察官任用條例，現經修正，明令公布，應即通飭施行，除分令外，合行抄發該條例，令仰知照。並轉飭所屬一體知照！」

等因；附發修正警察官任用條例一份，奉此，除通令外，合行抄發原附件，令仰該部知照。並轉飭所屬一體知照！

此令。

附發：修正警察官任用條例一份。

中華民國三十年四月三十日

院長　汪兆銘

（條例登本期公報法規類）

行政院訓令　行字第二一九二號

令社會部

現奉

國民政府第五一一號訓令開：

「查特級上將授任條例及上將任官施行條例，現經明令廢止，應即通行飭知，除分令外，合行令仰知照。并轉飭所屬一體知照！此令。」

等因；奉此，除分令外，合行令仰知照。並轉飭所屬一體知照！

此令。

中華民國三十年五月三日

院長　汪兆銘

行政院訓令　行字第二二八二號

令社會部

准軍委會咨為警衛旅改編為警衛師一案令仰知照由

現准軍事委員會會軍一字第六二號咨開：

「案查本會五月七日第四十二次常務會議決議，警衛旅改編為警衛師，任命鄭大章兼警衛師師長，陸振清為警衛師副師長，邢聚五為警衛師參謀長，除呈請改編明令發表暨分令外，相應咨請查照。並希轉飭一體知照。」

等由；准此，除分行外，合行令仰該部知照。並轉飭所屬一體知照！

此令。

中華民國三十年五月十五日

院長　汪兆銘

行政院訓令　行字第二二九五號

令社會部

現奉

國民政府第五八號訓令開：

「查商品檢驗法，現經修正，明令公布，應即通飭施行，除分令外，合行抄發該商品檢驗法一份，令仰知照。並轉飭所屬一體知照！此令。」

等因；計抄發修正商品檢驗法一份，奉此，除分令外，合行抄發商品檢驗法一份，令仰知照。並轉飭所屬一體知照！

此令。

計抄發：修正商品檢驗法一份。

中華民國三十年五月十九日

院長　汪兆銘

行政院訓令　行字第二三〇一號

（修正商品檢驗法登本期公報法規類）

令社會部

現奉

國民政府第五九號訓令開：

「據該院本年五月十四日行字第七四九號呈請：『案查本院第五十九次會議討論事項第一案，「院長交議：據財政部周兼部長呈報：擬定於本年七月一日開徵第一第三兩類所得稅一案提請核議案。決議：通過，呈報中央政治委員會備案，並呈請國民政府公布施行。」等由；紀錄在案，除呈報中央政治委員會備案及令飭財政部遵照外，理合錄案並抄附財政部原呈，具文呈請鑒核，明令公布施行，實爲公便！』等情；據此，應准照辦。除明令『修正所得稅暫行條例第一條第一類第三類所得稅着自三十年七月一日起繼續徵收其第一類甲乙兩項營利事業所得以年計者應計算其二十九年度所得徵收之此令。』公布並分行外，合行令仰知照。並轉飭所屬一體知照！此令。」

等因；奉此，除分行外，合行令仰知照。並轉飭所屬一體知照！

此令。

院長　汪兆銘

中華民國三十年五月二十四日

行政院訓令

行字第二一九一號

令社會部

現奉

國民政府第五二號訓令開：

「據本府文官處簽呈稱：『案准中央政治委員會秘書廳公函內開：「查三十年五月一日中央政治委員會第四十六次會議討論事項第二案：主席交議：『本年夏令日光節約時期，擬自五月一日起，至九月三十日止，將全國時間提前一小時，並將時鐘由零時撥至一時以爲標準，由國民政府通令實行，請公決案。』當經決議『通過』除記錄在卷外，相應錄案函請查照轉陳通令遵行。」等由；准此，理合簽請鑒核。』等情，據此，應准照辦，除分行外，合行令仰該院遵照，並轉飭所屬一體遵照！

等因；奉此，除分行外，合行令仰該部遵照，並轉飭所屬一體遵照！

此令。

院長　汪兆銘

中華民國三十年五月　日

行政院訓令　行字第二三三八號

令社會部

現奉

國民政府第六十一號訓令開：

據本府文官處簽呈請：『准中央政治委員會秘書廳中政秘字第九八七號公函內開：「查三十年五月十五日中央政治委員會第四十七次會議，討論事項第二案：主席交議：『據清鄉委員會汪兼委員長簽請修正該會臨時組織大綱一案，請公決案。』當經決議：『照修正條文通過。』紀錄在卷並奉諭：『送國民政府公布』等因。查清鄉委員會臨時組織大綱，前經中央政治委員會第四十一次會議通過。經由本廳函請轉陳在案，茲奉諭前因，相應錄案並抄附清鄉委員會臨時組織大綱全文暨原簽呈修正文一併函達，至希查照轉陳明令公布，並分別飭遵。」等由；理合簽請鑒核』等情，到府，自應照辦，除明令公布並分令外，合行抄發該大綱，令仰知照。並轉飭所屬一體知照」！

等因，計抄發修正清鄉委員會臨時組織大綱一份。奉此，除分行外，合行抄發原大綱一份，令仰知照，並飭所屬一體知照！

此令

計抄發：修正清鄉委員會臨時組織大綱一份

院長　汪兆銘

中華民國三十年五月二十二日

公函

國民政府參軍處公函　典字第二五二號

案奉

國民政府五月一日第一三七號指令本處簽呈一件，爲呈送

國民政府主席乘車隨扈辦法請核准明令公布由內開：

「呈件均悉。毋庸明令公布，著將原送辦法第十條修改爲『本辦法自呈奉國民政府核准之日施行』，並即准予備案，仰分別轉行知照。此令。」

等因；奉此，除遵照修正並分函外，相應抄附辦法函達，即希查照，並飭屬知照爲荷！

此致

社會部

參軍長　唐蟒

（計抄附國民政府主席乘車隨扈辦法一份）

中華民國三十年五月五日

（辦法登本期公報法規類）

行政院祕書處函

現奉

院長諭：

「以後各部會如有修正規程條例章則辦法等案提出時，應將原文及修正文暨修正理由，逐一詳細列明，分予提

交院會討論，若不詳列，應即發還該部會，更正詳列，另行核辦，以昭詳愼。」等因，自應遵辦。除分函外，相應錄諭函請查照注意爲荷！此致

社會部

行政院祕書處啓五月九日

國民政府行政院社會部公函

社丁字第二號

查各地自事變以後，滿目瘡痍，救濟民生疾苦，誠爲當務之急，本部爲明瞭各地慈善機關團體狀況，藉謀改善起見，特製就調查表式四種，除分函外，相應檢同各項表式函請貴省市政府查照，即希轉飭所屬各縣區依表查塡，並請彙齊迅予見復，至紉公誼！此致

某某省某某市政府主席市長

部長　丁默邨

計附
各省市縣收容敎養游民處所調查表
各省市縣收容孤苦嬰兒處所調查表
各省市縣救濟老弱殘廢處所調查表
各省市縣救濟疾病殤亡處所調查表

中華民國二十九年六月六日

（調查表登本期公報附錄類）

法規

勞資爭議處理法

三十年四月二十六日修正公布

第一章 總則

第一條 本法於僱主與工人團體或工人十五人以上關於僱傭條件之維持或變更發生爭議時適用之

第二條 本法所稱主管行政官署在中央為社會部在省為省政府在市為市政府在縣為縣政府在國營事業為其主管機關

第三條 主管行政官署於勞資爭議發生時經爭議當事人一方或雙方之聲請應召集調解委員會調解之如主管行政官署認為有付調解之必要雖無當事人之聲請時亦同

調解成立時視同爭議當事人間之契約如當事人之一方為工會時視同爭議當事人間之團體協約

第四條 左列各事業發生勞資爭議其事件經調解而無結果者應付仲裁委員會仲裁

一、供公衆需要之自來水電燈或煤氣事業

二、供公衆使用之郵務電報電話鐵道電車航運及公共汽車事業

第五條 前條以外之勞資爭議事件調解無結果者經爭議當事人雙方之聲請應付仲裁委員會仲裁但行政官署因爭議情勢重大並延長至一月以上尚未解決而認為有付仲裁之必要時雖無爭議當事人之聲請亦得將該項爭議交付仲裁委員會仲裁

第六條 勞資爭議事件未經調解程序者不得仲裁但爭議當事人雙方聲請逕付仲裁時不在此限

第七條 爭議當事人對於仲裁委員會之裁決不得聲明不服

前項裁決視同爭議當事人間之契約如當事人之一方為工會時視同爭議當事人間之團體協約

第二章 勞資爭議處理之機關

第一節 調解機關

第八條 勞資爭議之調解由調解委員會處理之

第九條 調解委員會以左列代表組織之

一、主管行政官署派代表一人或三人

二、爭議當事人雙方各派代表二人

前項第一款之代表不以主管行政官署之職員為限

第十條 勞資爭議依第三條第一項之規定應付調解時其爭議當事人應於接到主管行政官署之通知後三日內各自選定或派定代表並將其代表之姓名住址具報

主管行政官署於認為有必要時得將前項限期酌量延長之逾期未將其代表姓名住址具報者主管行政官署得依職權代為指定之

第十一條 調解委員會委員人選決定後主管行政官署應從速召集開會並以主管行政官署所派代表為主席但第十三條第二項規定之調解委員會以社會部所派之代表為主席調解委員會已經召集開會而委員拒絕出席致調解無從進行者以調解不成立論

第十二條 調解委員會之主席得調用各該主管行政官署之職員辦理紀錄編案擬稿及其他一切事務

第十三條 同一勞資爭議事件該主管行政官署有二個以上者如各該主管行政官署在同一省區時第九條第一項第一款之主管行政官署由省政府指定之於必要時第九條第一項第一款之代表並得由該省政府指派

同一勞資爭議事件不在同一省區時第九條第一項第一款之主管行政官署由社會部指定之如社會部認為有必要時第九條第一項第一款之代表得由該部指派

前二項情形在國營事業由其主管機關指定或指派之

第二節 仲裁機關

第十四條 勞資爭議之仲裁由仲裁委員會處理之

第十五條 仲裁委員會以左列人員組織之

一、主管行政官署派代表一人

二、社會運動指導委員會省市分會派代表一人

三、地方法院派代表一人

四、與爭議人無直接利害關係之勞方及資方代表各一人

第十六條 省政府或行政院直轄市之市政府於其所轄區域內每二年應命工人團體及僱主團體各推定堪為仲裁委員者二十四人至四十八人開列名單送請核准後咨社會部備案

社會部每二年應命國營事業之工人團體並分別函令各該事業之直接主管機關各推定堪為仲裁委員者二十四人至四十八人開列名單送請備案

遇有仲裁事件前條第四款之代表由主管行政官署就前二項名單中分別指定與爭議無直接利害關係者充之

第一項及第二項仲裁委員之推定方法由社會部定之並通知有關各部

第十七條 凡曾任調解委員會委員者不得為同一事件之仲裁委員

第十八條　仲裁委員會由主管行政官署召集之以召集機關之代表爲主席但第二十條規定之仲裁委員會以社會部所派代表爲主席

第十九條　仲裁委員會之主席得調用其所屬官署或其所在地地方法院之職員辦理紀錄編纂擬稿及其他一切事務

第二十條　同一勞資爭議事件其範圍不限於一省者除國營事業外第十五條第一款之代表由社會部指派第四款之代表由社會部就相關各省之仲裁委員名單指派之

第三章　勞資爭議處理之程序

第一節　調解程序

第二一條　爭議當事人聲請調解時應向主管行政官署提出調解聲請書

第二二條　調解聲請書應記明左列各事項

一、當事人之姓名職業住址或商號廠號如爲團體者其名稱及事務所所在地

二、與爭議事件有關之勞工人數

三、爭執之要點

第二三條　未經爭議當事人聲請而由主管行政官署提付調解時該行政官署須將應付調解事項以書面通知於雙方當事人

第二四條　調解委員會應於召集後二日內開始調查左列各事項

一、爭議事件之內容

二、爭議當事人提出之書狀及其他有關係之事件

三、爭議當事人雙方之現在狀況

四、其他應調查事項

調查期間非有特別情形不得逾七日

第二五條　調解委員會得因調查事項傳喚證人或命關係人到會說明或提出說明書

第二六條　調解委員會得向關係工廠商店等調查或詢問

第二七條　調解委員會不得洩漏調查所得之祕密事項

第二八條　調解委員會調查完畢後應於二日內爲調解之決定但有特別情形或爭議當事人雙方同意延期時不在此限

第二九條　調解委員會之調解經爭議當事人雙方代表之同意在調解筆錄簽名者調解爲成立調解委員會應將調解之結果報告主管行政官署

第二節　仲裁程序

第三〇條　爭議當事人聲請仲裁時應向主管行政官署提出仲裁聲請書

主管行政官署收受前項文卷後應從速於該行政官署所在地或爭議事件所在地召集仲裁委員會

第三一條　爭議當事人因調解不成立請付仲裁時其聲請書應記明左列各事項

一、當事人之姓名職業住址或商號廠號如為團體者其名稱及事務所所在地

二、調解不成立之事由

三、請求之目的

第三二條　爭議當事人雙方聲請逕付仲裁時其聲請書應記明第二十二條所列事項

第三三條　第二十三條至第二十八條之規定於仲裁程序準用之

第三四條　仲裁委員會之仲裁以全體委員之合議行之取決於多數

仲裁委員會應將前項仲裁於二日內作成仲裁書送達於雙方當事人並送主管行政官署備案

第三五條　爭認當事人不論仲裁程序至何種程度均得成立和解但須將和解條件呈報仲裁委員會

第四章　爭議當事人行為之限制

第三六條　第四條所列各事業之僱主或工人不得因任何勞資爭議停業或罷工

其他工商業之僱主或工人其爭議在調解期內或已付仲裁者不得停業或罷工

僱主於調解或仲裁期內不得開除工人

調解或仲裁開始之期以主管行政官署通知爭議當事人之日起算

第三七條　工人或工人團體不得有左列行為

一、封閉商店或工廠

二、擅取或毀損商店工廠之貨物器具

三、強迫他人罷工

第五章　罰則

第三八條　爭議當事人對於第三條第二項第七條第二項所定視同爭議當事人間契約之決定或裁決有不履行者處二百元以下之罰金或四十日以下之拘役

前項情形得由爭議當事人另依民事法規逕向法院請求強制執行

第三九條　爭議當事人有違反第三十六條及第三十七條之規定時主管行政官署及調解委員會或仲裁委員會得隨時制止不服制止者得處二百元以下之罰金其行為已犯刑法者仍依刑法處斷

第四〇條　有左列行為之一者處一百元以下之罰金

一、違反第十五條之規定無故不到會或不提出說明書者

二、違反第二十七條之規定者

前項第二款情形構成刑法上之犯罪行為時仍依刑法處斷

第四一條　有左列行為之一者處一百元以下之罰金但證人為虛偽之陳述時依刑法偽證罪處罰

一、於第二十五條所定情形而為虛偽之說明者

二、於第二十六條所定情形無故拒絕調查答覆

或為虛偽之陳述者

第四二條　遇有本章各條所定應處罰之行為得由主管行政官署及調解委員會或仲裁委員會聲述事由移送該管法院審理該管法院除有特別情形者外應於接收案卷後二十日內宣告裁判

第六章　附則

第四三條　省政府或行政院直轄市之市政府於必要時得擬具本法施行細則呈請　國民政府核定之

第四四條　本法自公布日施行

警察官任用條例（三十年四月二十六日修正公布）

第一條　警察官之任用依本條例行之。

第二條　簡任警察官應就具有左列各款資格之一者任用之：

一、曾任簡任警察官或專辦警察行政事務之簡任人員，經甄別審查或考績合格者。

二、曾任最高級薦任警察官，或專辦警察行政事務之最高級薦任人員，三年以上，經甄別審查或考績合格者：

三、在國內或認可之國外警官學校畢業，曾任最高級薦任警察官，或專辦警察行政事務之最高級薦任官，一年以上，經甄別審查或考績合格者。

四、在國內或認可之國外警官學校畢業，於本條例施行前，曾任薦任警察官，或專辦警察行政事務之薦任官，二年以上，成績卓著，經證明屬實者。

五、在教育部認可之國內外大學法律或政治學系畢業，曾任最高級薦任警察官，或專辦警察行政事務之最高級薦任官，二年以上，經甄別審查或考績合格者。

六、在教育部認可之國內外大學法律、或政治學系畢業，於本條例施行前，曾任薦任警察官，或專辦警察行政事務之薦任官，三年以上，成績卓著，經證明屬實者。

七、在國內或認可之國外軍事大學畢業，曾任最高級薦任警察官，或專辦警察行政事務之最高級薦任官，二年以上，經甄別審查或考績合格者。

八、在國內或認可之國外軍事大學畢業，於本條例施行前，曾任薦任警察官，或專辦警察行政事務之薦任官，三年以上，成績卓著，經證明屬實者。

九、對國家有特殊勳勞，或致力革命十年以上，並富有警察學識經驗，經證明屬實者，

第三條　薦任警察官應就具有左列各款資格之一者任用之：

一、經高等考試警察行政人員考試及格者。

二、曾任薦任警察官，或專辦警察行政事務之薦任官，經甄別審查或考績合格者。

三、曾任最高級委任警察官，或專辦警察行政事務之最高級委任官，三年以上，經甄別審查或考績合格者。

四、在國內或認可之國外警官學校畢業，曾任最高級委任警察官，或專辦警察行政事務之最

高級委任官，一年以上，經甄別審查或考績合格者。

五、在國內或認可之國外警官學校畢業，於本條例施行前，曾任委任警察官，或專辦警察行政事務之委任官二年以上，成績卓着，經證明屬實者。

六、在教育部認可之國內外大學法律，或政治學系畢業，曾任最高級委任警察官，或專辦警察行政事務之最高級委任官，三年以上，經甄別審查或考績合格者。

七、在教育部認可之國內外大學法律，或政治學系畢業，於本條例施行前，曾任委任警察官，或專辦警察行政事務之委任官，三年以上，成績卓着，經證明屬實者。

八、在國內或認可之國外軍事專門學校，或軍官學校畢業，曾任最高級委任警察官，或專辦警察行政事務之最高級委任官，二年以上，經甄別審查或考績合格者。

九、在國內或認可之國外軍事專門學校，或軍官學校畢業，於本條例施行前，曾任委任警察官，或專辦警察行政事務之委任官，三年以上，成績卓着，經證明屬實者。

十、在國內或認可之國外警官學校畢業，曾任委任警察官，或專辦警察行政事務之委任官，一年以上，並有關於警察學術之專門著作，經審查合格者。

十一、在教育部認可之國內外大學，或高等專門學校法律，或政治學系畢業，曾任最高級委任警察官，或專辦警察行政事務之最高級委任官，一年以上，並有關於警察學術之專門著作，經審查合格者。

十二、在國內或認可之國外軍事專門學校，或軍官學校畢業、曾任最高級委任警察官，或專辦警察行政事務之最高級委任官，一年以上，並有關於警察學術之專門著作，經審查合格者。

十三、對國家有勳勞，或致力革命七年以上，並有警察學識經驗，經證明屬實者。

第四條　委任警察官應就具有左列各款資格之一者任用之：

一、經普通考試警察行政人員考試及格者。

二、在國內或認可之國外警官學校畢業者。

三、曾任委任警察官，或專辦警察行政事務之委任官，經甄別審查或考績合格者。

四、在教育部認可之國內外法律，或政治專科以上學校畢業，於本條例施行前，曾任委任警察官，或專辦警察行政事務之委任官者。

五、在國內或認可之國外軍事專門學校，或軍官學校畢業，於本條例施行前，曾任委任警察官，或專辦警察行政事務之委任官者。

六、在本條例施行前，曾任委任警察官，或專辦警察行政事務之委任官，三年以上，成績優良，經證明屬實者。

七、在認可之中等以上學校畢業，曾充警察機關僱員，二年以上，成績優良，經證明屬實者。

八、在認可之警士教練所，警察訓練所，或長警補習所畢業現充警長，二年以上，成績優良，經證明屬實者。

九、現充警察機關之僱員或警長，在本條例施行前，曾充警察機關僱員或警長，二年以上，成績優良，經證明屬實者。

十、曾致力革命五年以上，而有警察學識經驗者。

第五條　警察機關內，保安警察隊官長，除照第三條第四條任用外，得就正式軍官學校畢業，而有警察學識者任用之，但轉任其他警察官時，須依第三條第八款第九款第四條第五款辦理之。

第六條　各警察機關之技術人員，及普通事務人員如醫生會計庶務，及其他辦理特定事務人員得任用專門技術人員，或辦理該項事務富有經驗者充任之，但不得轉任其他警察官。

第七條　特種警察機關警察官之任用，準用本條例之規定。

第八條　本條例所未規定之事項，適用公務員任用法之規定。

第九條　本條例施行細則另定之。

第十條　本條例自公布日施行。

商品檢驗法

三十年五月十日修正公布

第一條　凡輸出輸入商品有左列情形之一者，依本法檢驗之。

一、有攙偽之情弊者。

二、有毒害之危險者。

三、應鑑定其質量等級者。

第二條　應施檢驗之商品種類，由工商部定之。

第三條　商品之檢驗，應於輸出國外或由國外輸入之地點行之，但有特殊情形，經所在地商會之請求，得就集散市場行之。

第四條　應施檢驗之商品，非經檢驗領有證書，不得輸出或輸入。

第五條　應施檢驗之外國商品持有出品，國政府檢驗證書者，得以相互待遇酌免檢驗，但發見與原證不符時仍須檢驗。

第六條　各種商品之合格標準，由工商部定之。

第七條　檢驗商品得酌收檢驗費，其費額由工商部就各商品分別定之，但至多不得逾該商品市價千分之三。

第八條　工商部應就商品檢驗之地點，呈准行政院設立商品檢驗局，執行檢驗事務。

第九條　應施檢驗之商品，由商人於輸出或輸入前向所在地之商品檢驗局報請檢驗。

第十條　檢驗商品有應揀取樣貨者，其數量由工商部就各商品分別定之。

第十一條　檢驗合格之商品，由商品檢驗局發給證書，其不合格者應附抄檢驗單通知原報驗人。

前項證書有應規定有效期間者，由工商部就各商品分別定之。

第十二條　已經檢驗之商品，於有效期間內得因原報驗人之請求，准予復驗一次不另取費。

第十三條　證書遺失，報驗人應呈請補發證書。船隻變更或包裝改變，致影響於商品之質量者，原報驗人應呈請換發證書，但均應聲敘理由，經商品檢驗局之許可。

第十四條　違反本法第九條之規定者科五百元以下之罰鍰。

第十五條　商品檢驗後，有擅改數量或混入劣品者，科三百元以下之罰鍰。

第十六條　商品檢驗給證後，如未經商品檢驗局核准，私自變更包裝者，應重行檢驗。

第十七條　執行檢驗人員揀取樣貨有逾規定數量，或檢驗時故意留難者，經舉發後由商品檢驗局予以懲戒。

第十八條　本法施行細則，由工商部定之。

第十九條　本法自公布日施行。

清鄉委員會臨時組織大綱

三十年三月二十四日制定公布三十年五月十六日修正公布

第一條　國民政府為積極辦理各省市清鄉事宜，特設清鄉委員會為最高指導機關

第二條　國民政府授權清鄉委員會，關於清鄉區內之軍政事宜，得逕為制定法規，發布明令，或諮商行政院暨軍事委員會分別執行之。

第三條　清鄉委員會設委員長一人，由軍事委員會委員長兼任之，副委員長二人，由軍事委員會常務委員一人及行政院副院長兼任之。

第四條　本會處理及審議事項如左：

一、關於清鄉軍政法規之制定事項。

二、關於清鄉設施之各方聯絡事項。

三、關於清鄉區域之劃定事項。

四、關於清鄉實施軍警部隊之指定派遣事項。

五、關於招撫事項。

六、關於軍警部隊之給與事項。

七、關於保安隊警察之設置及保甲編組事項。

八、關於清鄉區內特種教育及民衆訓練事項。

九、關於建築碉堡事項。

十、關於交通通信運輸事項。

十一、關於封鎖匪區事項。

十二、關於清鄉區內經濟統制及經濟建設事項。

十三、關於清鄉軍政方面之人事調整事項。

十四、關於清鄉實施經臨各費之籌措及預算決算之審核事項。

十五、關於兵器彈藥器材糧秣之補給及工事構築等事項。

十六、委員長發交審議事項。

第五條　為執行清鄉區內之政務及統率指揮保安隊暨警察，得分區設置清鄉督察專員公署主持辦理之。清鄉督察專員公署組織另定之。

第六條　為承辦清鄉區內軍隊之指揮調查事宜，得設軍事委員會參謀團辦理之。軍事委員會參謀團組織另定之。

第七條　本會設秘書長一人，承委員長之命，副委員長之指導；處理會內事務，副秘書長一人助理之。

第八條　本會設左列各處：

一、第一處承辦總務事項。

二、第二處承辦政務事項。

三、第三處承辦軍務事項。

四、第四處承辦社會福利事項。

各處組織另定之。

第九條　本會於必要時得設各種委員會。

第十條　本大綱自公布日施行。

國定紀念日表

民國三十年年四月廿二日修正公布

	日期	紀念日名稱	紀念儀式	宣傳要點
國定紀	一月一日	中華民國成立紀念	是日休假一天全國一律懸旗紮綵提燈誌慶並由各當地政府召開各界慶祝大會	一、辛亥革命及辛亥前後各地革命運動之經過及其因果 二、總理就任臨時大總統宣言中重要意義 三、中華民族復興之意義 四、封建專制與民主政治之比較
	三月十二日	總理逝世紀念	是日休假一天全國一律下半旗停止娛樂宴會誌哀並由各當地政府召開各界紀念大會	一、講述總理遺囑及自傳 二、講述國民黨接受總理遺囑經過事實及第一屆中央執行委員會第三次全體會議發出之宣言訓令 三、講述總理逝世後國民黨工作之概要與今後應有之努力
	三月二十九日	革命先烈紀念	是日休假一天由各當地政府召開紀念大會祭奠所有為革命而死之烈士 附加補充規定是日倣雲南起義紀念之例一律懸旗紀念	一、講述各革命先烈為國犧牲之事略 二、講述各革命先烈生平之言行 三、闡揚各革命先烈之特別精神
	三月三十日	國府還都紀念	是日全國一律懸旗各機關各團體各學校均分別集會紀念不放假	一、講述中日事變之事略 二、說明中日共同担負建設東亞新秩序與國府還都之意義 三、闡述和平反共建國之使命
	五月五日	革命政府紀念	是日全國一律懸旗誌慶各機關各團體各學校均分別集會紀念不放假	一、講述民十時代軍閥與帝國主義之暴亂情形 二、說明總理就職總統之原因及其護法之精神 三、說明總理為國為民大無畏精神與吾人應有之努力

念日表

七月九日	國民革命軍誓師紀念	是日全國一律懸旗誌慶各機關各團體各學校均分別集會紀念不放假	一、講述國民革命軍成立之歷史及其使命 二、講述國民革命軍北伐經過及其重要意義 三、說明國民黨歷次出師北伐宣言重要意義
八月二十七日	先師孔子誕辰紀念	是日休假一天全國各界一律懸旗誌慶並由各當地政府召開各界紀念大會	一、講述孔子生平事略 二、講述孔子學說 三、講述國父孫中山革命思想與孔子之關係
九月一日	和平反共建國運動諸先烈殉國紀念	是日休假一天由各當地政府召開紀念大會祭奠所有爲和運而死之烈士附加補充規定是日仿雲南起義紀念之例一律懸旗紀念	一、講述各和運先烈爲和平反共建國犧牲之事略 二、講述各和運先烈生平之言行 三、闡揚各和運先烈之特殊精神
十月十日	國慶紀念	是日休假一天全國一律懸旗紮綵提燈誌慶並由各當地政府召開各界慶祝大會	一、國慶日之意義 二、講解總理遺著中之雙十節紀念 三、講述民元前一年武昌首義之情形與今後應有之努力
十一月十二日	總理誕辰紀念	是日休假一天全國一律懸旗誌慶並由各當地政府召開各界紀念大會	一、講述總理生平革命之重要事略 二、演講總理學說 三、演講三民主義
二月二十五日	雲南起義紀念	是日全國一律懸旗紀念並由各機關各團體各學校分別集會紀念不放假	一、述雲南起義情形 二、述封建專制與民生政治之比較

國民政府主席乘車隨扈辦法

民國三十年五月一日核准施行

第一條　主席在首都地方因公乘車外出時其隨扈儀節依本辦法之規定

第二條　主席坐車前方約一百米達置隨扈開道做車一輛建旗以校官一員率衛士若干名護持之旗章式樣如附圖

第三條　主席坐車建三角小旗其式樣如附圖

第四條　主席座車前方及兩側置側車三輛担任警戒及傳達之責

第五條　主席座車後方置隨扈車隨員車若干輛任直接警衛之責

第六條　車輛行進序列如附圖

第七條　凡屬中華民國文武官吏及軍民人等望見開道車輛旗章立即讓避道路兩側靜候主席坐車經過時一律致敬

第八條　隨扈官兵一律武裝其他沿途警衛暨儀仗仍依陸軍禮節條例辦理

第九條　本辦法如有未盡事宜得隨時呈准修改之

第十條　本辦法自呈奉　國民政府核准之日施行

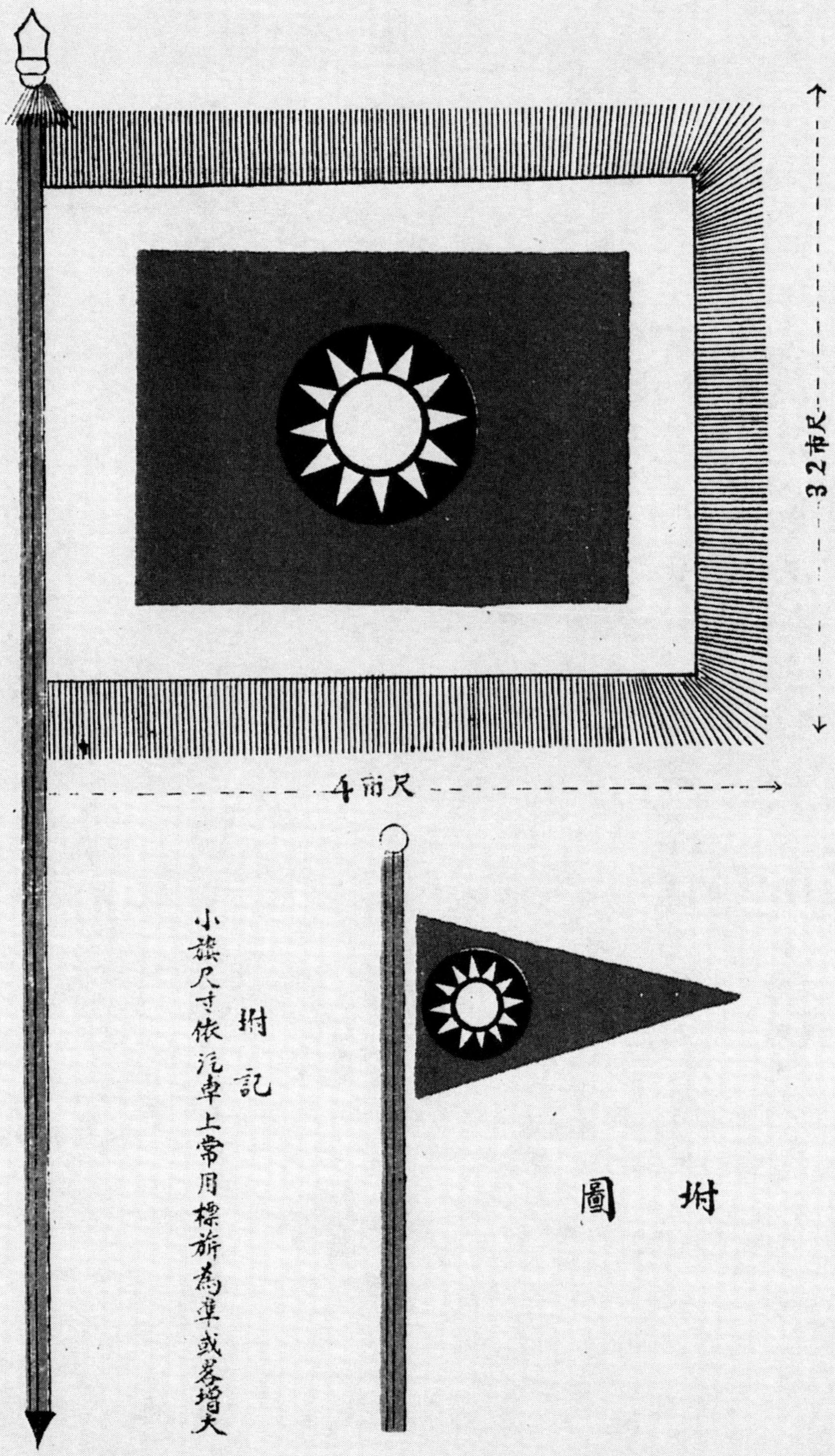

附記

小旗尺寸依汽車上常用標旂為準或酌增大

附圖

附圖

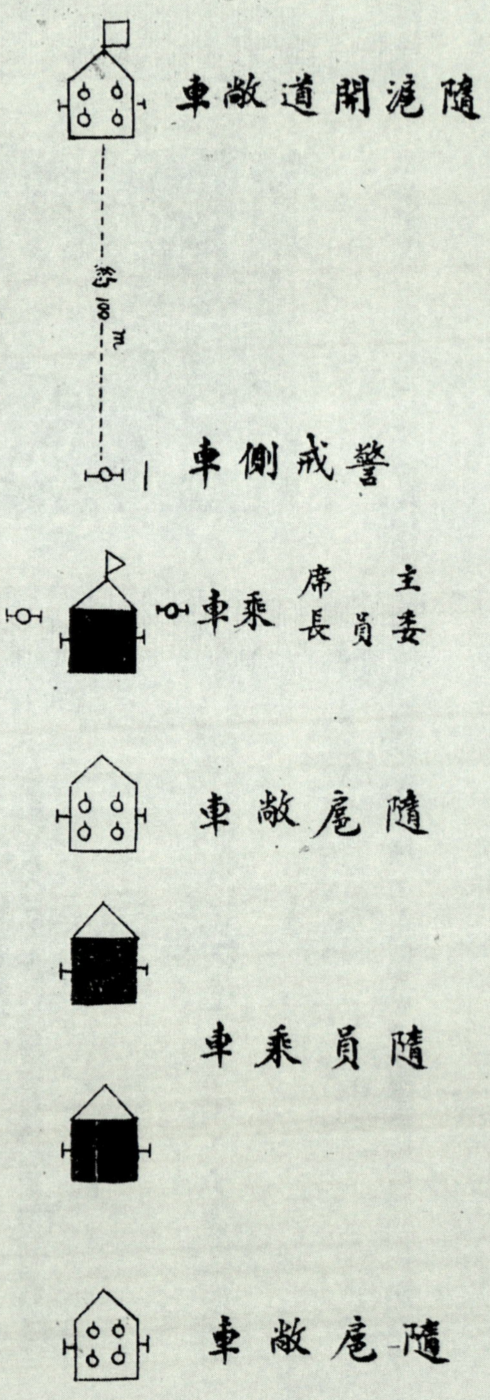

附記

一、隨扈車至少三輛得視情況酌量增加

二、隨扈官兵依車輛數目大小臨時酌定

附錄

省市縣收容教養游民處所調查表

名稱	地址	開辦日期	官辦或私辦	游民數目 男	游民數目 女	經濟來源及其狀況	收容辦法	教養情形
共計　　處								
附載								

民國　　年　　月　　日調查者簽名蓋章　　長官簽名蓋章

社會部製

填表說明

一、各省市縣收容無業游民處所如難民收容所貧民工廠游民習藝所等名稱不一依照原定名稱逐次填入第一項
二、收容游民處所由政府設立抑由當地紳民籌辦分別填入第四項
三、第七項說明收容方法手續及限度等情形
四、第八項說明收容後如何給養有無教以工藝及藝成後如何遣散之情形
五、關於七八兩項各處所如訂有辦法章則者各粘附表後一份於附載欄內註明名目件數
六、其他特別情況表內未列有專項者均可填於附載欄

省市縣救濟疾病殤亡處所調查表

名稱地址	開辦日期	官辦或私辦	每年施救次數		經濟來源及其狀況	施救辦法及情形
			疾病	殤亡		
共計　　處						
附載						

民國　　年　　月　　日調查者簽名蓋章　長官簽名蓋章

填表說明

一、各省市縣原有救濟貧病殤亡處所如施醫局施藥局施材所等名稱不一依照原定名稱逐次填入第一項

二、救濟貧病殤亡處所由政府設立抑由紳民籌辦分別填入第四項

三、第五項係指自開辦起過去平均每年施救之大約次數

四、第七項說明施救之方法手續種類範圍等情形

五、關於第七項各處所如訂有辦法章則名粘附表後一份於附載欄內註明名目件數

六、其他特別情況表內未列有專項者均可填述附載欄

社會部製

省市縣救濟老弱殘廢處所調查表

名稱	地址	開辦日期	官辦或私辦	人數 老弱 男	人數 老弱 女	人數 殘廢 男	人數 殘廢 女	經濟來源及其狀況	救濟辦法	教養情形
共計　處										
附載										

民國　年　月　日調查者簽名蓋章　長官簽名蓋章

填表說明

一、各省市縣原有救濟老弱殘廢處所如養老院救濟院等名稱不一依照原定名稱逐次填入第一項

二、救濟老弱殘廢處所由政府設立抑由當地紳民籌辦分別填入第四項

三、第七項說明救濟方法手續及收容限度等情形

四、第八項說明收養後之日常生活有無教以何項工藝等情形

五、關於七八兩項各處所如訂有辦法章則者各粘附表後一份於附載欄內註明名目件面

六、其他特別情況表內列有專項者可填述附載欄

社會部製

省市縣收容孤苦嬰兒處所調查表

名稱	地址	開辦日期	官辦或私辦	嬰兒數目 男	嬰兒數目 女	經濟狀況及其來源	收容情形	哺養情形
共計　處								
附載								

民國　年　月　日調查者簽名蓋章　長官簽名蓋章

填表說明

一、各省市縣原有收養貧苦嬰兒處所如育嬰堂孤兒院等名稱不一依照原定名稱逐次填入第一項

二、收養嬰兒處所由政府設立抑由當地紳民籌辦分別填入第四項

三、第七項說明收容方法手續及限度等情形

四、第八項說明收容後如何哺養及養育至何程度如何派遣之情形

五、關於七八兩項各處所如訂有辦法章則者各粘附表後一份於附載欄內註明名目件數

六、其他特別情況表內未列有專項者均可填述附載欄

社會部製

中國社會事業協會清寒學生獎學金辦法

一、本會為獎勵優良清寒學生起見設置清寒學生獎學金

二、獎學金名額暫定大中學各五十名大學生每名每學期百五十元中學生每名每學期一百元

三、大學五十名之科別第一期規定如左：

社會科學系四名　經濟學系二名　家政學系二名
農業化學系二名　化學系一名　物理學系三名
生物學系三名　銀行學系二名　會計學系二名
工商管理學系二名　農藝系四名　農業經濟系二名
園藝系四名　蠶桑系三名　畜牧學系二名
化學工程系三名　電氣機械系三名　土木工程系三名
醫科三名

凡在專門以上學校學習上列各種學科者亦得申請惟以最後三年為限

四、中學五十名以高級中學為限凡程度相當於高級中學之高級職業學校中關於農業工業各科學亦得申請惟以最後二年為限農工兩科人數最多不得超過二十名

五、凡在公立或已立案大學專門學校高級中學及高級職業學校肄業家況清寒學行具優身心健全之男女學生皆得向本會申請

六、凡申請獎學金者應由本人填具申請書並經學校當局填具證明書連同上一學期之成績單或其他證件一併送至本會如在特殊環境學校當局不能證明者經著名人士二人出具證明書由本會審查後定期舉行口試筆試合格者即給予獎學金（口試筆試在京滬兩地分別舉行）

上列申請書及證明書可向本會及本會指定地點索取

七、凡已受獎學金之學生於下學期開學前應將該學期之成績單由學校逕送本會重行審查以決定繼續獎勵與否如在特殊環境者得由著名人士二人以上之證明連同成績單送至本會

八、繼續獎勵之學生本會得隨時召集談話如有規避即行停止發給獎學金

九、凡已受獎勵金之學生如有轉校轉科事情須先向本會申請核准後方得繼續享受獎學金之權利

十、凡已受獎學金之學生本會認為不合獎勵標準時得隨時停發獎學金

十一、獎學金之給予由本會組織清寒學生獎學金審查委員會審核決定之

十二、凡團體或個人贊同本會辦法委託本會代辦者本會視捐之多寡決定添設相當名額如指定學校或科目並指定獎學金數目者本會亦可依照捐款人意志另行規定特種獎學金辦法辦理之

社會部重要職員動態

五月一日起

職別	姓名	事由	日期
簡任專員	裘允明	辭職照准	五月廿四日
	彭千青	原任薦任祕書	五月廿四日
總務司第四科科長	胡耕初（兼代）	調派社運會浙江分會服務	五月廿八日
	邢少梅	新任	五月廿七日
合作司幫辦	胡宗王	新任	五月廿九日
編譯委員會			
副主任委員	高雪汀	現任本會委員	五月廿二日
定期刊物組主任	黃慶中	請辭兼任照准	五月三十日
	高雪汀（兼代）		五月三十日
年鑑組主任	孔廣愚	請辭兼職照准	五月廿八日
	詹哲尊	現任副主任委員	六月四日
出版組主任	陳東白	請辭兼職照准	五月廿八日
	徐裕昆（兼）	現任簡任專員兼本會委員	六月四日
合作人員養成所　所址國民大會堂			
所長	楊偉昌（兼）	現任合作司司長	五月廿九日
教導主任	蘇瓊春	現任專員	仝上
總務主任	徐鼎	現任專員	仝上

社會運動指導委員會重要職員動態

五月一日起

職別	單位	姓名	動態	日期
兼任委員	湖北分會	羅綬璋	新任	五月十四日
委員	南京市分會	陳文舫	新任	五月十四日
第四科科長		周映青	停職	五月廿六日
		朱覺影（兼代）	現任專員	六月四日
第五科科長		顧善章	調上海市分會	六月四日
		張其溱（兼代）	現任專員	五月廿四日
第六科科長		方佩誠	調總會服務	
		沈　愚（兼代）	現任專員	五月廿四日
駐江陰專員	江蘇分會	祝文振	調蘇分會服務	五月廿六日
	上海市分會	徐萬貴	新任	五月廿六日
第二科科長		季春培	調任專員	六月四日
		顧善章	原任京分會科長	六月四日
第三科科長		金璧城（兼）	現任專任委員	五月廿八日

日本簡易生命保險事業之現況

每冊實售二角

簡易生命保險，關係國民生活之安定，與中產以下勞動者家庭經濟之保障，至為重要。日本自大正五年創始簡易生命保險事業以來，延至最近，其契約總數，已達三千六百餘萬件，保險金額，亦達六十四億圓，在二十餘年之短促時間內，竟有如此飛躍之進展，實至可驚異。本書譯自日本厚生省保險院簡易保險局所編「簡易生命保險事業之現況」，內容簡要精警，譯筆忠實通暢，誠為絕好之參考資料。

編輯兼發行　社會部編譯委員會

總經售　中央書報發行所

社會部編譯委員會新出叢書

社會部法規彙編 第一輯

社會運動法規彙編 第一輯

幹部如何做領導工作 丁默邨譯

社會叢書

日本簡易生命保險事業之現況

日本厚生省之組織

日本厚生省保險院行政要覽

日本厚生省體力局行政要覽

日本厚生省衛生局行政要覽

日本厚生省社會局行政要覽

日本厚生省豫防局行政要覽

日本厚生省勞働局行政要覽

日本厚生法

編輯兼發行　社會部編譯委員會

總經售　中央書報發行所

實價每冊國幣貳角

社會部公報價目表

限期	價目	郵費	
零售	一角	本埠半分	外埠一分
半年	一元	本埠六分	外埠一角二分
全年	二元	本埠一角二分	外埠二角四分

廣告暫訂刊例

頁數	價目
一頁	每號十八元
四頁	每號九元
半分之一頁	每號四元五角

刊登廣告在四號以上者每號按七折計算，在十號以上者每號按照六折計算長期另議

編輯者　社會部編譯委員會

發行者　社會部編譯委員會

印刷者　中文仿宋印書館

總經售　中央書報發行所

代售處　南京三通書局

出版日期　每月一日出版一次

社會部	
電話號碼	
部長室	31955
常務委員室	31958
祕書室	31957
總務司	31961
勞動司	31959
合作司	31960
公用	31963

（偽）社會部總務司　編

（偽）社會部公報

第二十號

南京：（偽）國民政府行政院社會部總務司，民國三十年（1941）鉛印本

經中華郵政登記認爲第一類新聞紙類

中華民國三十年七月一日

社會部公報

第二十號

國民政府行政院社會部編譯委員會印行

國父遺像

國父遺囑

余致力國民革命，凡四十年，其目的在求中國之自由平等，積四十年之經驗，深知欲達到此目的，必須喚起民衆，及聯合世界上以平等待我之民族，共同奮鬥。

現在革命尚未成功，凡我同志，務須依照余所著，建國方略，建國大綱，三民主義，及第一次全國代表大會宣言，繼續努力，以求貫澈，最近主張，開國民會議，及廢除不平等條約，尤須於最短期間，促其實現，是所至囑。

席主汪

目錄

命令

公牘

法規

專載

附錄

命令

行政院令

行政院訓令　行字第二四三六號

令社會部

現奉

國民政府第六七號訓令開：

「查參謀本部陸海空軍駐外武官條例，現經修正，明令公布，應即通飭施行，除分令外，合行檢發該條例及附表，令仰知照。並轉飭所屬一體知照。」

等因；附發修正參謀本部陸海空軍駐外武官條例及附表一份，奉此，合行抄發原附件，令仰該部知照。並轉飭所屬，一體知照，此令。

抄發：修正參謀本部陸海空軍駐外武官條例及附表乙份，

中華民國三十年六月三日

院長汪兆銘

（條例及附表登本期公報法規類）

行政院訓令　行字第二四三三號

令社會部

現奉

國民政府第六五號訓令開：

「查二十六年七月二十二日，修正公布之軍用文官任用暫行條例暨軍法及監獄人員任用暫行條例，現經明令定自本年六月一日起施行，應即通行飭知，除分令外，合行抄發軍用文官任用暫行條例，暨軍法及監獄人員任用暫行條例各一份，令仰知照。並轉飭所屬一體知照！」

等因；附發軍用文官任用暫行條例軍法及監獄人員任用暫行條例各一份，奉此，除分令外，合行抄發原附件，令仰該部知照。並轉飭所屬一體知照！

此令

計抄發：軍用文官 軍法及監獄人員 任用暫行條例各一份。

院長 汪兆銘

中華民國三十年六月三日

(條例登本期公報法規類)

行政院訓令 行字第二四四四號

令社會部

現奉

國民政府第七一號訓令開：

「據本府文官處簽呈稱：『准中央政治委員會秘書廳中政秘字第一零一零號公函開：「查三十年五月二十九日，中央政治委員會第四十九次會議，討論事項第一案；主席交議；『陳委員公博等提，擬請尊稱手創中華民國之中國國民黨 總理孫先生為中華民國 國父，並擬具「尊崇中華民國 國父致敬辦法草案六條，請公決案。』當經決議：『通過，送國民政府公布施行。』紀錄在卷。相應錄案並抄附原提案及辦法一併函達，至希查照轉陳，明令公布施行。」等由；理合簽請鑒核。』等情；據此，自應照辦。除明令公布暨分行外，合行抄發辦法一份，令仰該院遵照。並轉飭所屬一體遵照！此令。」

等因；計抄發尊崇中華民國　國父致敬辦法一份，奉此，除分令外，合行抄發該辦法一份，令仰該部遵照。並轉飭所屬一體遵照！

此令。

計抄發：尊崇中華民國　國父致敬辦法一份

院長　汪兆銘

中華民國三十年六月四日

（辦法登本期公報法規類）

行政院訓令

行字第二四五三號

令社會部

現奉

國民政府第六八號訓令開：

「查宣傳部組織法，現經修正，明令公布，應即通飭施行，除分令外，合行抄發該組織法，令仰知照。並轉飭所屬一體知照！」

等因；附發修正宣傳部組織法乙份，奉此，除分令外，合行抄發原附件，令仰該部知照。並轉飭所屬一體知照！

此令。

抄發：修正宣傳部組織法乙份。

院長　汪兆銘

中華民國三十年六月四日

（組織法登本期公報法規類）

行政院訓令

行字第二四八六號

令社會部

現據警政部保二字第三六二號呈稱：

「案據政治警察署呈稱：『案據全國感化院院長黃凱呈稱：竊查本院收容政治人犯，每多由地方政府或各軍警機關，呈經警政部核准，直接移解到院，本院對於各該人犯之犯罪事實，及審訊經過，均無案可稽，致舉行個別談話時，訊問犯罪事實，恆恐與原審機關不盡符合，施行感化，不無窒礙，玆為明瞭各政治人犯之已往經歷並犯罪緣由，便利實施感化起見，嗣後凡移解本院之政治人犯，擬請鈞署轉呈警政部分別函令各原解機關，將各該人犯之犯罪事實，審訊經過，暨有關案卷，各抄附一份，隨同人犯一併解院，以便參考，而利感化，是否有當？理合備文呈請鑒賜核轉，實為公便等情，據此，查核該院所請各節，自屬允當，理合備文呈請，仰祈鑒核賜准，分別函令各原解機關照辦。實為公便！』等情，據此，除分別呈令外，理合備文呈請鑒核，俯賜轉飭所屬各機關一體遵照！」

等情；據此，所請自應照辦，除分行外，合行令仰該部轉飭所屬一體遵照！

此令。

中華民國三十年六月九日

院長 汪兆銘

行政院訓令

行字第二四八七號

令社會部

現准軍事委員會會軍一第七七號咨開：

「案查本會第四十四次常務會議決議，將暫編陸軍第十師及第十三師，編為暫編陸軍第二軍，并任命劉培緒兼暫編陸軍第二軍軍長，業經五月二十六日，分別令飭遵照，并於五月三十日，令將暫編陸軍獨立旅編入該暫編陸軍第二軍各在案除呈報備案并分別令行外，相應咨請查照，轉飭所屬，知照為荷！」

等由；准此，除分行外，合行令仰該部知照。并轉飭所屬一體知照！

此令。

中華民國六月九日

院長 汪兆銘

行政院訓令　行字第二五一八號

令社會部

現奉

國民政府第七五號訓令開：

「查國民政府參事處組織條例，現經修正，明令公布，應即通飭施行，除分行外，合行抄發該修正條例一份，令仰該院知照。並轉飭所屬一體知照！此令。」

等因；計抄發修正國民政府參事處組織條例一份，奉此，除分令外，合行抄發該修正條例一份，令仰該部知照。并轉飭所屬一體知照！

此令。

院長　汪兆銘

計抄發：修正國民政府參事處組織條例一份

中華民國三十年六月十二日

（組織條例登本期公報法規類）

行政院訓令　行字第二五三五號

令社會部

現奉

國民政府第七十六號訓令開：

「據本府文官處簽呈請：『准中央政治委員會秘書廳，中政秘字第一零二零號公函開：「查三十年六月五日，中央政治委員會第五十次會議，討論事項第一案；主席交議：『據清鄉委員會汪兼委員長簽呈：擬請於該會內增設會計長辦公處，暨修正該會臨時組織大綱，附具修正草案，呈請鑒核等情，請公決案。』當經決議：『照修正條文通過，送國民政府。』紀錄在卷。相應錄案，並抄同原簽呈及修正該會臨時組織大綱各一份函達，至希查照轉陳，明令公布，並分別飭遵。」等由；理合簽請鑒核！』等情；到府，自應照辦。除明令公布，並通飭施行外，合行抄發該大綱，令仰知照。並轉飭所屬一體知照！」

等因；計抄發修正清鄉委員會臨時組織大綱一份，奉此，合行抄發原大綱一份令仰知照。並轉飭所屬一體知照！

此令。

計抄發：修正清鄉委員會臨時組織大綱一份

中華民國三十年六月十四日

院長 汪兆銘

（組織大綱登本期公報法規類）

行政院指令 行字第四二六七號

令社會部

呈一件：為社運會南京上海兩分會，擬一律加冠「特別」字樣，呈祈鑒核備案，並乞轉呈，重行鑄發關防由。

呈悉，准予備案，仰候據情呈請國民政府重鑄關防另文飭領

此令。

中華民國三十年六月十四日

院長 汪兆銘

行政院訓令 行字第二五八八號

令社會部

現奉
國民政府第八十二號訓令開：
「查中央衛生委員會組織條例，現經修正，明令公布，應即通飭施行，除分令外，合行抄發該條例，令仰知照。并轉飭所屬一體知照！」
等因；附抄發中央衛生委員會組織條例一份，奉此，合行抄發是項條例一份，令仰知照，并轉飭所屬一體知照！
此令。
附抄發：中央衛生委員會中央條例一份

中華民國三十年六月二十一日

院長　汪兆銘
內政部長陳羣代行院務

行政院訓令　行字第二五一七號

（條例登本期公報法規類）

令社會部

現准軍事委員會會銓四字第三九號公函開：
「查國府還都以來，來歸部隊，既經陸續點編，請卹案件，自當日益增多，因恐請卹過濫，虛糜國帑，曾先後制訂限制請卹辦法暨限制請卹補充辦法各三項；通飭所屬遵照實施各在案。事關撫卹規章，相應抄同前頒限制請卹辦法暨限制請卹補充辦法各三項，送請查照為荷！」
等由；附抄送限制請卹辦法暨補充辦法各三項。准此，除通令外，合行抄發原附件，令仰該部知照。並轉飭所屬一體知照！
此令。
抄發：限制請卹辦法暨補充辦法各三項。

中華民國三十年六月　日

院長　汪兆銘

（辦法登本期公報法規類）

行政院訓令　行字第二六〇七號

令社會部

現准

中央政治委員會祕書廳中政祕字第一零五二號公函開：

「奉　主席交下貴院三十年二月十七日行字第八二四號呈一件，以據社會部呈送擬訂「人民團體指導方案」草案經交參事所審查簽具意見，提經院會第六十四次會議討論，照審查意見通過，除令飭社會部遵照外，錄案並檢附該項方案，呈請鑒核備案等由，并奉諭准予備案等因，復奉提出三十年六月十九日，中央政治委員會第五十一次會議報告在案，相應錄諭函復，即請查照！」

等由，准此，合行令仰該部知照！

此令。

中華民國六月二十三日

院長　汪兆銘

行政院訓令　行字第二六二九號

令社會部

現准

國民政府第七九號訓令開：

「查陸海空軍軍籍條例。現經修正，明令公布，應即通飭施行，除分令外，合行抄發該條例，令仰知照。并轉飭所屬一體知照！」

等因，附發修正陸海空軍軍籍條例一份，奉此，除分令外，合行抄發原附件令仰該部知照。并轉飭所屬一體知照！

此令。

抄發：修正陸海空軍軍籍條例一份

院長　汪兆銘

中華民國三十年六月二十四日

（條例登本期公報法規類）

行政院訓令　行字第二六一二號

令社會部

現奉

國民政府第八三號訓令開：

「查二十六年七月二十二日修正公布之軍用技術人員任用暫行條例，現經明令定自三十年七月一日起施行，應即通行飭知，除分令外，合行抄發該條例，令仰知照。并轉飭所屬一體知照！」

等因，附發軍用技術人員任用暫行條例一份，奉此，除分令外，合行抄發原附件，令仰該部知照。并轉飭所屬一體知照！

此令。

抄發：軍用技術人員任用暫行條例一份。

院長　汪兆銘

中華民國三十年六月二十四日

（條例登本期公報法規類）

行政院訓令

行字第二六〇七號

令社會部

現准

中央政治委員會祕書廳，中政祕字第一〇五二號公函開：

「奉　主席交下貴院三十年六月十七日，行字第八二四號呈一件，以據社會部呈送擬訂「人民團體指導方案」草案，經交參事廳審查，簽具意見，提經院會第六十四次會議討論，照審查意見通過。除令飭社會部遵照外。錄案並檢附該項方案，呈請鑒核備案等由。幷奉諭「准予備案」等因。復奉提出三十年六月十九日中央政治委員會第五十一次會議報告在案。相應錄諭函復，即請查照！」

等由。准此，合行令仰該部知照！

此令。

中華民國三十年六月二十八日

院長　汪兆銘

社會部令

國民政府社會部部令 社戊工字第六三號

爲公布全國郵務總工會整理委員會組織簡則由

茲制定全國郵務總工會整理委員會組織簡則公布之。

此令。

（簡則登本期公報法規類）

部長 丁默邨

中華民國三十年六月九日

國民政府社會部部令 社乙字第五三號

茲修正推定仲裁委員暫行辦法，公布之。

此令。

（辦法登本期公報法規類）

部長 丁默邨

中華民國三十年六年二日

公牘

財政部咨　幣字第二三八號

查事變以前，各銀行及銀錢業運送鈔票及銀幣銅元等項，例須呈由本部核准發給護照，並一面飭知經過各關卡查驗放行，歷辦有案。現在中央儲備銀行早經成立，各重要城市並已陸續設置分支行或辦事處，其他省立銀行暨普通商業銀行，亦先後呈請本部核准註冊，此後各銀行因業務上之關係，運輸新舊法幣，往來國內各口，以及旅客之攜帶國內鈔票入口者，勢必日見繁多，自非明定准運鈔票護照辦法，不足以資稽察，而昭愼重，茲由本部訂定准運鈔票護照辦法，計共九條，業經呈奉
行政院核准以部令公布在案；除分行外；相應檢同准運鈔票護照辦法一份，咨請
貴部查照，幷轉飭所屬一體知照爲荷！

此咨

社會部

附送准運鈔票護照辦法一份

財政部　佛海

中華民國三十年六月十一日

（辦法登本期公報法規類）

財政部咨　稅一字第四號

咨覆人民團體組織許可證書等似應貼用印花請煩查照由

案准

貴部三十年五月十九日社戊秘字第四八號咨，略以人民團體組織許可證書及立案證書應否貼用印花，應貼若干，印花稅

法，似無明文規定，咨請查覆，以便飭遵，等由；准此，查人民團體組織許可證書及立案證書，印花稅法，雖無明文規定，但黨部前曾訂有人民團體組織許可證書須發通則，業於十九年九月十三日公布，察核該通則第七條，載有黨部發給許可證書除照章征收印花稅外，不得另取任何手續費等語，則人民團體組織許可證書及立案證書，均應貼用印花，其稅率係參照印花稅法第十六條稅率表中第二十八目貼花辦法辦理。現在非常時期並應依照非常時期征收印花稅暫行辦法加倍征收准咨前由，相應咨覆，請煩查照，為荷！

此致

社會部

財政部部長　周佛海

三十年六月二十日

法規

尊崇中華民國　國父致敬辦法

三十年五月二十九日公布

第一條　手創中華民國之中國國民黨　總理孫先生，應尊稱爲中華民國　國父；其致敬辦法，依各條規定行之。

第二條　各級政府，各合法政黨，及人民團體、機關，均應於禮堂或集會場所正中於國旗交叉下，永遠懸掛中華民國　國父遺像，並附掛國父遺囑。

第三條　正式集會開會時，應向　國父遺像行最敬禮三鞠躬，並恭讀國父遺囑。

第四條　集會演講時，於第一次稱及　國父時，應起立或立正致敬。

第五條　關於公牘，教科書籍、報紙、刊物及一切文字，於敍述總理或孫先生時，均應改稱　國父，並由主管機關將主管事項，另訂檢查細則施行。

第六條　本辦法自公布日施行。

宣傳部組織法

三十年五月二十八日修正公布

第一條　宣傳部管理國內，國際宣傳事宜。

第二條　宣傳部對於各地方最高級行政長官執行本部主管事務，有指示監督之責。

第三條　宣傳部就主管事務，對於各地方最高級行政長官之命令或處分，認為有違背法令或逾越權限者，得提經行政院會議議決後，停止或撤銷之。

第四條　宣傳部置左列各司局：

一、總務司；

二、宣傳指導司；

三、宣傳事業司；

四、特種宣傳司；

五、國際宣傳局；

第五條　宣傳部經行政院會議及立法院之議決，得增置裁併各司局及其他機關。

宣傳部於必要時，經行政院會議議決，得置各委員會。

第六條　總務司掌左列事項：

一、關於收發、分配、撰擬、保管文件事項；

二、關於公布部令事項；

三、關於典守印信事項；

四、關於本部及所屬各機關職員任免，獎懲之紀錄事項；

五、關於本部官產、官物之保管事項；

六、關於本部經費之出納事項；

七、關於本部庶務及其他不屬各司局事項。

第七條　宣傳指導司掌左列事項：

一、關於宣傳綱領之擬訂事項；

二、關於各級宣傳機關及工作人員之指導及訓練事項；

三、關於新聞稿件之撰擬，發布事項；

四、關於報紙、刊物、通訊及有關宣傳之出版物之指導，審查事項；

五、關於外國文字報紙、刊物、重要稿件、論文之譯述，審查事項；

六、關於報紙、刊物、通訊及有關宣傳之電訊及其他出版物之檢核事項；

七、關於宣傳工作之考核事項；

八、關於宣傳問題之解答事項；

九、關於各種報紙、刊物、圖書之徵集事項、

第八條　宣傳事業司掌左列事項；

一、關於一般宣傳事業、宣傳活動之規劃及實施事項；

二、關於新聞事業之聯絡及扶助事項；

三、關於文化團體之聯絡及扶助事項；
四、關於報社、雜誌社、通信社及其他新聞事業組織之調查、登記事項；
五、關於記者及一般新聞事業，從業員之調查及登記事項；
六、關於新聞事業同業公會，記者公會及文化團體之調查登記事項；
七、關於宣傳文告，宣傳刊物及通俗宣傳讀物等之編撰事項；
八、關於叢書、年鑑及其他出版物之編纂事項；
九、關於印刷及發行事項。

第九條　特種宣傳司掌左列事項：
一、關於特種宣傳方案之規劃及實施事項；
二、關於廣播及有關宣傳之無線電訊之管理事項；
三、關於民營廣播事業之註冊及監督事項；
四、關於國營電影戲劇事項；
五、關於一般電影戲劇歌曲之檢查及改進事項；
六、關於廣播電影戲劇事業及其從業員之聯絡及扶助事項；
七、關於文藝宣傳之規劃及實施事項；
八、關於各種藝術團體之盟督改進及扶助事項；
九、其他不屬各司局掌理之宣傳事項。

第十條　國際宣傳局之組織另定之。

第十一條　宣傳部為謀宣傳之便利，得於適當地點置宣傳處，其組織另定之。

第十二條　宣傳部部長綜理本部事務，監督所屬職員及各機關。

第十三條　宣傳部設政務次長，常務次長各一人，輔助部長處理部務。

第十四條　宣傳部設秘書四人至六人，分掌部務會議及長官交辦事務。

第十五條　宣傳部設參事四人至六人，核擬審核關於本部之法案命令。

第十六條　宣傳部設司長四人，分掌各司事務。

第十七條　宣傳部設科長，科員各若干，承長官之命，分掌各科事務。

第十八條　宣傳部設特派員、編審、視察及專員各若干人，承長官之命，辦理指定事務。

第十九條　宣傳部部長特任；次長、參事、司長及秘書二人、特派員二人至六人、編審二人至六人簡任。其餘秘書、科長、特派員、編審、視察、專員、薦任科員委任或薦任。

第二十條　宣傳部設會計主任一人。統計主任一人，辦理歲計會計，統計事項，受宣傳部部長之指揮，監督幷依國民政府主計處組織法之規定，直接對主計處負責。

會計室及統計室要用佐理人員，由宣傳部及主計處就本法所定委任人員及僱員中會同決定之。

第二十一條　宣傳部因事務上之必要，得酌用僱員。

第二十二條　宣傳部處務規程，以部令定之。

第二十三條　本法自公布日施行。

國民政府參事處組織條例

三十年　月　日修正公布

第一條　國民政府為輔助政務之進行，特設參事處，直轄於國民政府委員會。

第二條　參事處設參事十六人至二十人，由國民政府簡任之，並指定一人為首席參事。

第三條　參事處參事，除備諮詢外，幷辦理主席特交事件。

第四條　參事處得召集參事會議，應辦事件由首席參事分配之。

第五條　參事處需用職員，由文官處調用之。

第六條　本條例自公布之日施行。

清鄉委員會臨時組織大綱

中華民國三十年六月十一日修正公布

第一條　國民政府爲積極辦理各省市清鄉事宜，特設清鄉委員會爲最高指導機關。

第二條　國民政府授權清鄉委員會，關於清鄉區內之軍政事宜，得逕爲制定法規發布命令，或諮商行政院暨軍事委員會，分別執行之。

第三條　清鄉委員會設委員長一人，由軍事委員會委員長兼任之，副委員長二人，由軍事委員會常務委員一人，及行政院副院長兼任之。

委員十人至十六人，由關係軍政各部會長官，及當地省政府主席兼任之。

第四條　本會處理及審議事項如左：

一、關於清鄉軍政法規之制定事項；

二、關於清鄉設施之各方聯絡事項；

三、關於清鄉區域之劃定事項；

四、關於清鄉區內行政設施之指導、監督事項；

五、關於清鄉實施軍警部隊之指定、派遣事項；

六、關於招撫事項；

七、關於軍警部隊之給與事項；

八、關於保安隊警察之設置及保甲編組事項；

九、關於清鄉區內特種教育及民衆訓練事項；

十、關於建築碉堡事項；

十一、關於交通、通信、運輸事項；

十二、關於封鎖匪區事項；

十三、關於清鄉區內經濟統制及經濟建設事項；

十四、關於清鄉軍政方面之人事調整事項；

十五、關於清鄉實施，經臨各費之籌措及預算，決算之審核事項；

十六、關於兵器、彈藥、器材、糧秣之補給及工事構築等事項；

十七、委員長發交審議事項。

第五條　爲執行清鄉區內之政務，及統率指揮保安隊暨警察，得分區設置清鄉督察專員公署主持辦理之。

清鄉督察專員公署組織另定之。

第六條　清鄉區內軍隊之指揮、調遣事宜、得設參謀團計劃之。

參謀團組織另定之。

第七條　本會設祕書長一人，承委員長之命，副委員長之指導，處理會內事務，副祕書長一人助理之。

第八條　本會設左列各處；

各處組織另定之。

第九條　本會因事務上之必要，得聘用參議諮議及設置秘書、專員、服務員。

第十條　本會於必要時得設各種委員會。

第十一條　本大綱自公布日施行。

一、第一處承辦總務事項；
二、第二處承辦政務事項；
三、第三處承辦軍務事項；
四、第四處承辦社會福利事項；
五、會計長辦公處，承辦會計事項。

中央衛生委員會組織條例

三十年六月十七日修正公布

第一條　國民政府內政部，爲討論全國衛生設施起見，依組織法第五條，設中央衛生委員會。

第二條　本會委員定爲十一人至十七人，第一次委員由內政部部長，選聘富有衛生學識經驗之人員充任，內政部長次長衛生司長爲當然委員。

第三條　本會於前條規定之委員外，每屆開會時，得延聘專家及有關係各部會之高級公務員，爲臨時委員，列席會議。

第四條　本會委員，均爲名譽職。

第五條　本會聘任委員，任期二年，但期滿得繼續延聘之。

第六條　本會每一年開會一次，由內政部部長召集之，遇必要時，得召集臨時會議。

第七條　本會前項會議，以內政部長爲主席，但部長因事不能出席時，得指定委員一人代理之，議決事項，由會送內政部採擇施行，幷報告施行之，實況於下屆會議。

第八條　本會設祕書一人，事務主任一人，事務員二人至四人，分掌紀錄、編輯、及擬撰、收發、繕校文件，幷其他一切事務。

前項各職員，均爲名譽職，由內政部部長遴派部員兼任。

第九條　本會議事細則另定之。

第十條　本條例如有未盡事宜，得呈請修改之。

第十一條　本條例自公布日施行。

陸海空軍軍籍條例

三十年六月十六日修正公布

第一條　陸海空軍軍人在服役期中，均登記於軍籍。

軍籍依軍人之身分而分為左之五種：

甲、官　籍　經任官之軍官佐屬之；

乙、准尉籍　經委補之各兵科准尉屬之；

丙、准佐籍　經委補之各業科准佐屬之；

丁、軍士籍　各兵科之及各業科之軍士屬之；

戊、兵　籍　兵卒屬之。

軍法官，軍用文官及其他與官佐同等之技術人員，與聘僱人員等不行任官者，分別註册，其與軍士同級之雇員，及與兵卒同級之各項夫役，分別列於名簿，均不登記於軍籍。以上各項册簿分別以規則定之。

本條例規定軍籍之一般事項，及各種軍籍之概則，至各種軍籍之籍式及其他詳細事項，分別以規則定之。

第二條　官籍分別陸海空軍編製之，皆分總籍及分籍之二種如左：

甲、軍官佐總籍，分別現役備役以各種官位之軍官佐，依姓名順序通列之記載官科官階及其隸屬。

乙、軍官佐分籍，為官籍之分部分別隸屬及管區，就總籍中所列官佐列載之。

軍官佐除登記軍籍事項外其他事項均詳於履歷册，履歷規則另定之。

第三條　准尉籍及准佐籍准照軍官佐官籍編製之。

第四條　軍士以現役正役續役分別立籍。

現役軍士籍以師（獨立旅）及其他獨立部隊為軍位，分別兵料業科編製之，其單位較小者，或一單位之同科軍士人數較少者，則以若干部隊合併編籍，正役及續役軍士籍，以省或其他管區為軍位編製之。本條第一項中所稱之部隊單位，係對於陸軍而定者，陸軍空軍依編制比照定之，以下各條均同。

第五條　兵籍屬於現役者，以團（獨立營）為單位編製之，在團（獨立營）以外之獨立建排，其兵籍合於所隸之司令部正役及續役之兵卒，依管區或以縣市編籍。

第六條　軍籍內之入籍轉籍及除籍如左：

甲、入籍：

一、軍官佐初任敍任時；

二、准尉准佐委補時；

三、軍士初補敍補時；

四、兵卒入伍時；

乙、轉籍：

一、軍人依任官條例而轉任時；
二、依服役而分別軍籍者及退役轉役時；
三、依部隊或地方而分別軍籍者，在變更隸或籍貫時。

丙、除籍：

軍人依關於服役之法規所定而除役時，或其他應除軍籍時均除軍籍。

第七條　軍人在入軍籍時定其姓名，自入籍後除發見有本條例第八條所定之原因者，由軍籍主管機關依第九條所定而改名外，其他無論任何原因均不得更改姓名。

第八條　軍人同姓者，在軍籍中不得同名，其範圍如左：

甲、軍官佐及准尉准佐，陸海空軍通之同姓者避同名。
乙、軍士，同師（獨立旅）及其他同在一籍者，同姓者避同名，并與同師官佐及准尉准佐同名。
丙、兵卒，對於同姓者應避同名如左：
一、部隊迴避　同團（獨立營連排）內之兵卒避之。
二、鄉籍迴避　同縣（市）內之軍士兵卒避之。
三、對上迴避　對於本師（獨立旅）官佐准尉准佐及本團（獨立營連排）之軍士均應避之。

第九條　凡軍人入籍在第八條所定範圍而遇同姓同名時，由軍籍主管機關予以改名其規定如左：

一、入同有先後時，先在籍者不改名，不論秩位之高下均以後入籍者改名。
二、同時入籍者以秩低者改名，秩如相同則以年幼者（同年者依月日）改名。
三、轉籍時及入籍後而發見同姓者之同名均與前一二兩款同。
四、士兵之改名以原為單名者增加上（下）字而為雙名，其原為雙名者刪其上（下）字而為單名，但刪其上（下）字而字義不能成名者，或仍別有在同一軍籍而同名者，則易其字。
五、軍官佐及准尉准佐之改名採用其別號，無別號者或別號有與在官籍同名者則適用前款，對於士兵改名之所定。
六、軍人改名均由軍籍主管機關行之，不受本人之呈請，凡養成候補官佐之學校，對於入學學生之姓名須檢查其有否與在陸海空軍各官籍及准尉籍准佐籍之同姓者同名，遇有同名則依前項所定而予改名。

軍籍主管機關或學校於軍人改名後，須行知其戶籍所隸之縣（市）。

第十條　軍籍中之以姓名為順序者，其姓名排列辦法另定之。軍籍中之以資序者，其資序之先後，依資序規則之所定。

第十一條 軍人入籍時確定其年齡及出生年月日登籍後，無論任何原因不予更改。

第十二條 軍籍所載軍人籍貫以現籍為準，（凡籍貫以有疑義時其解釋依戶籍法規之所定）退役後軍籍所載現籍以外之旅寓事項，與召集有關者，則在軍官佐及准尉准佐詳於履歷冊，在士兵詳於動員名簿。

第十三條 主管軍籍之編製及發行者為軍籍主管機關，各種軍籍之主管機關如左：

甲、官籍及准尉籍准佐籍：

陸軍 軍政部軍衡司承辦；

海軍 海軍部軍衡司承辦；

空軍 航空署人事科承辦；

乙、軍士籍 現役者由師（獨立旅）司令部（副官處承辦）及其他獨立部隊主管之，其退役後由所定地方機關主管之。

丙、兵籍 現役者由團（獨立營）本部主管之，其退役後由所定地方機關主管之。

軍政部海軍部航空署關於軍事務須互相連絡，各地方機關主管軍士籍及兵籍者，須與有關係之現役軍士籍及兵籍主管機關連絡，各軍籍主管機關所編製之軍籍，須呈請上級機關審核備案。

第十四條 除軍籍主管機關外之軍士機關部隊學校及民政司法各機關，須存用軍籍之全部或某一種者為軍籍存用機關。

軍籍之發行及存用機關與保存年限等，均於各種軍籍規則分別定之。

第十五條 本條例自公布日施行。

修正參謀本部陸海空軍駐外武官條例

第一條　參謀本部為求國際間軍事聯絡起見，得派遣駐外武官於大(公)使館。

第二條　駐外武官，設置武官長一人，輔佐武官一人至三人，助理官一人至二人，必要時得增設副武官長一人，幷得加派陸海空人員，均視事務之繁簡，隨時增減之。

第三條　駐外武官長由本部遴選曉暢軍機，洞悉國際情形，精通該派遣國之語文，曾在國內外軍事大學暨專門學校畢業者，分別任用之。

第四條　駐外武官，受參謀總長之命，並受駐在國之本大(公)使之指導，辦理軍事，外交，及考察軍務、研究軍學。

第五條　駐外武官之重要呈述及業務報告，有必要者，得由本部轉呈軍事委員會。

第六條　駐外武官，得酌用雇員。

第七條　駐外武官之辦事通則與辦事細則，臨時定之。

第八條　駐外武官出勤費(如附表)及各項費用另定之。

第九條　任期為三年，如有特殊情形，得變更之。

第十條　本條例自呈准公布之日施行。如有未盡事宜，得由本部呈請修改之。

修正駐外武官勤俸表

		俸給	出勤費	
簡任	駐外武官長	中將一級700　少將一級500	1,000	1,500
		中將二級600　少將二級400	800	1,200
	輔佐武官	上校一級340	680	1,020
		上校二級300	600	900
薦任	輔佐武官	中校一級240	480	720
		中校二級200	400	600
		少校一級180	360	540
		少校二級160	320	480
委任	助理武官	上尉一級140	280	420
		上尉二級120	240	360
備考				

駐外武官長	輔佐武官	助理武官
副武官長		

修正駐外武官長公費表

駐日武官長	中將	一，六〇〇	辦公費 八〇〇 交際費 八〇〇
駐英武官	少將		
駐美武官	少將		
駐德武官	少將		可兼奧國
駐法武官	少將		可兼比國
駐蘇俄武官	少將		
駐意武官	上校		
駐土武官	上校		

以上各國，係前已武官或擬派武官之國，除日本外，其數目不得其詳，未便臆斷，且今後情形或更有變更之處，應請隨時酌定。

軍用文官任用暫行條例

二十六年七月二十二日修正公布
三十年五月二十六日明令定自六月一日起施行

第一條　軍用文官之任用，除法律另有規定外，依本條例行之。

第二條　本條例所稱軍用文官為秘書、書記、司書、普通科學及外國語文教官、譯述員、報務員、譯電員及其他軍用文職人員。

軍官佐任軍用文官時仍保留其原有身分，但不計入軍職之年資。

第三條　軍用文官等與文職比照如左：

一、同中將為簡任職二級至一級，同少將為簡任職八級至六級；

二、中校為薦任職，六級至一級，同少校為薦任職，十二級至七級；

三、同上尉為委任職，四級至一級，同中尉為委任職，八級至五級，同少尉為委任職，十二級至九級，同准尉為委任職，十六級至十三級。

第四條　簡任職軍用文官應就具有左列各款資格之一者任用之：

一、現任或曾任簡任職文官經銓敘合格者；

二、現任或曾任最高級薦任職文官三年以上經銓敘合格者；

三、曾任政務官二年以上者；

四、曾於中華民國有特殊勛勞或致力國民革命十年以上，而有勛勞經證明屬實者；

五、在需要之學術上，有特殊之著作或發明經審查合格者；

六、曾任上校以上之備役軍官佐，或在教育部認可之國內外大學畢業，并曾任同上校以上之軍用文官一年以上，或并現任同中校之軍用文官已滿停年成績優良，經考績核定者。

第五條　薦任職軍用文官應就具有左列各款資格之一者任用之：

一、經文官高等考試及格，或與高等考試相當之特科考試及格者；

二、現任或曾任薦任職文官經銓敘合格者；

三、現任或曾任最高級委任職文官三年以上經銓敘合格者；

四、曾於中華民國有勛勞，或致力國民革命七年以上而有成績經證明屬實者；

五、在教育部認可之國內外大學畢業，而有專門著作經審查合格者；

六、曾任少校以上之備役軍官佐，或在教育部認可之專科學校畢業，并曾任同少校以上之軍用文官一年以上，或幷現任同上尉之軍用文官已滿停年成績優良經考績核定者。

第六條 委任職軍用文官應就具有左列各款資格之一者任用之：

一、經文官普通考試及格，或與普通考試相當之特種考試及格者；

二、現任或曾任委任職文官經銓敘合格者；

三、曾致力國民革命五年以上而有成績經證明屬實者；

四、現充文官僱員繼續服務三年以上成績優良現支最高薪額者；

五、在教育部認可之專科學校畢業者；

六、曾任少尉以上之備役軍官佐，或在主管教育機關認可之高級中學，或舊制中學畢業，幷曾任同少尉以上軍用文官一年以上，或幷現任同准尉之軍用文官已滿停年，成績優良經考績核定者。

第七條 同准尉之軍用文官，以在初中以上學校或相當職業學校畢業，或有相當之技能，幷均經考驗合格者任用之。

第八條 軍用文官之任用，除依第四條、第五條、第六條之規定外，幷以依其學識經驗與其所任之職務相當者為限。

第九條 軍用文官經國民政府任命，或最高機關核准委用後，除軍官佐已有官位者，不得登記外，統由最高機關，將該員履歷彙轉銓敘部查核按級登記。

第十條 有左列各款情事之一者，不得任用為軍用文官：

一、褫奪公權者；

二、虧空公款者；

三、曾因贓私處罰有案者；

四、吸用鴉片或其代用品者；

五、身體衰弱或有暗疾不堪服務者；

第十一條 簡任、薦任、委任軍用文官之初任，應從最低級敘起，但具有特殊學識經驗者，不在此限。

軍用文官初任時得先予署任三個月至六個月，期滿勝任者，再予實任。

第十二條 軍用文官之晉等依左列之規定：

一、晉等應逐級遞進，不得超越；

二、晉等應俟停年已滿，成績優良，而上級有缺額時。其停年期如左：

同少將 三年；

同上校 四年；

同中校 三年；

同少校 三年；

同上尉　四年；
同中尉　二年；
同少尉　二年；
同准尉　二年。

第十三條　軍用文官晉等之遴選，以所隸單位爲範圍，如本單位內無相當人員時，得由其他單位內調用之，或以合於第四條、第五條、第六條所列之資格者遴用。

第十四條　在一單位內之軍用文官同一等級者，得由其最高長官互相調用，但應隨時呈報中央主管機關備案。

第十五條　軍用文官之退職，依左列之規定：

一、志願退職　本人自請辭職經核准者；

二、裁減退職　因組織或編制變更而裁減者；

三、傷病退職　傷病、殘廢、衰弱、不堪服務者；

四、考績退職　考績連續三年不及格者。

第十六條　軍用文官退職時，合於左列各款之一者，給予終身贍養金，其金額與軍官佐同：

一、年滿六十歲而服實職十五年以上者；

一、在職中因公殘廢者。

第十七條　在受領贍養金期內，有左列情形之一者，終止或停止其發給：

一、犯刑事處分之罪者終止；

二、喪失中華民國國籍者終止；

三、再任職官者停止。

第十八條　軍用文官之薪俸與軍官佐同。

第十九條　備役軍官佐在任軍用文官期間，停止退役俸；備役軍官佐任軍用文官至退職時，合於第十五條之規定者，給予贍養金，取消其原有之退役俸。

第二十條　任軍用文官之備役軍官佐，於動員召集時，應立即解除現任職務而應召。

第二十一條　本條例施行日期以命令定之。

軍用技術人員任用暫行條例

二十六年七月二十二日修正公布
三十年六月十七日明令定自七月一日起施行

第一條　軍用技術人員之任用，除法律另有規定外，依本條例行之。

第二條　軍用技術人員所任業務如左：

一、兵器彈藥艦艇航空器車輛，暨軍用糧秣被服裝具，及其他軍用機械器材之研究、設計、製造、修理、檢驗等業務；

二、馬種及其他軍用畜類之改良及蕃殖等業務；

三、土木建築電機機械等工程業務；

四、物理化學上之研究，試驗製作及兵器彈藥之保管業務；

五、氣象測候業務；

六、軍用工廠之設計及管理業務；

七、其他認為軍用需要之特種技術業務；

八、關於以上各款之教授及編譯業務。

第三條　軍用技術人員官等與文職比照如左：

一、同中將技監為簡任職二級至一級，同少將技監技正為簡任職五級至三級同上校技正為簡任職八級至六級。

二、同中校技正技士為薦任職六級至一級，同同少校技士為薦任職十二級至七級。

三、同上尉技佐技士為委任職四級至一級，同中尉校技佐為委任職八級至五級，同少尉技副為委任職十二級至九級，同准尉技副為委任職十六級至十三級。

第四條　簡任軍用技術人員，應就具有左列各款資格之一者任用之：

一、現任或曾任簡任技術人員，經銓敍合格者；

二、現任或曾任最高級薦任技術人員三年以上經銓敍合格者；

三、在國內外大學或獨立學院畢業，并從事技術業務五年以上而有軍事技術上特殊之著作經驗或發明經審查考績合格者。

第五條　薦任軍用技術人員，應就具有左列各款資格之一者任用之：

一、現任或曾任薦任技術人員經銓敍合格者；

二、現任或曾任最高級委任技術人員四年以上，曾受高等教育，經銓敍合格者；

三、在專科以上學校畢業，并在國內外從事技術業務三年以上，能設計製造確有成績，經審查考驗合格者。

第六條　委員軍用技術人員，應就具有左列各款資格之一者任用之：

一、現任或曾任委任技術人員，經銓敍合格者；
二、在專科以上學校畢業，經考驗合格者；
三、具有前款同等學校畢業之相當學力，經考驗合格者。

第七條　同准尉之技術人員，須在職業學校畢業，或在軍用工廠充任匠目三年以上確有成績，經考驗合格者。

第八條　軍用技術人員所任職務，必須與其所學之科系相當，其科系如左：
一、屬於大學或獨立學院者：物理學系，化學系，數學系，土木工程系，機械工程系，電機工程系，化學工程系，造船學系，建築學系，冶金學系，畜牧學系，工商管理學系。
二、屬於專科學校者：鑛治專科，機械工程專科電機工程專科，化學工程專科，土木工程專科，河海工程專科，建築專科，紡織染色專科，製革專科，造船專科，飛機製造專科，畜牧專科。
三、其他國內外大學或專科學校，所習科系，而為本條例，第二條所規定者。

第九條　軍用技術人員，經國民政府任命，或最高軍事機關核准委用後，除軍官佐已有官位者。不得登記外，統由最高軍事機關將該員履歷彙轉銓敍部查核按級發記。

第十條　有左列各款情形之一者，不得任用為軍用技術人員：
一、褫奪公權者；
二、虧空公款者；
三、曾因藏私處罰有案者；
四、吸用鴉片或其代用品者；
五、身體衰弱或有暗疾不堪服務者。

第十一條　簡任薦任委任軍用技術人員之初任，應從最低級敍起，但具有特殊學術經驗者不在此限。
軍用技術人員晉任時，得先署任三個月至六個月，期滿勝任者再予實任。

第十二條　軍用技術人員之晉等依左列之規定：
一、晉等應逐級遞進不得超越；
二、晉等應俟停年已滿成績優良，而上級有缺補時，其停年期如左：

同少將	三年	同上校	四年	同中校	三年
同少校	三年	同上尉	四年	同中尉	二年
同少尉	二年	同准尉	二年		

第十三條　軍用技術人員晉等之遴選，委任職以所隸單位為範圍，薦任職以上，得由所隸最高主管機關按其職之需要適宜配置之。

第十四條　軍用技術人員之退職，依左列之規定：
一、志願退職　本人自請辭職核准者；

二、裁減退職　因組織或編制變更而裁減者；

三、傷病退職　傷病殘廢衰弱不堪服務者；

四、考績退職　考績連續三年不及格者；

前項第二款退職人員成績優良者，得按其退職時之薪級，酌予分發於軍用技術各機關場所服務。

第十五條　軍用技術人員之薪俸，除照陸軍軍官佐之薪俸定額外，并酌給技術加薪。

第十六條　軍用技術人員退職時，合於左列各款之一者，給予終身贍養金，其金額與軍官佐同。

一、犯刑事處分之罪者終止；

二、喪失中華民國國籍者終止；

三、再任職官者停止。

第十七條　軍官佐具為第四條第五條第六條資格，而任軍用技術人員者，仍保留其原有身分，但不計入軍職之年資，前項人員於動員時，得視其職務之輕重酌免召集。

第十八條　本條例施行日期以命令定之。

軍法及監獄人員任用暫行條例

二十六年七月二十二日修正公布
三十年五月二十六日明令定自六月一日起施行

第一條　軍法及監獄人員之任用，除法律另有規定外，依本條例行之。

第二條　本條例所稱軍法及監獄人員如左：

甲　軍法人員

一、各級軍法官。

二、掌管軍法裁判，軍法行政之司長，處長，科長及科員；

乙　監獄人員

一、軍人監獄長；

二、掌管軍獄行政之科長，科員。

軍官佔有由法律或監獄專科學校畢業而任軍法官或監獄官者，仍保留其原有身分，但不計入軍職之年資。

第三條　軍法及監獄人員官等與文職比照如左：

一、同中將為簡任職二級至一級，同少將為簡任職五級至三級，同上校為簡任職八級至六級；

二、同中校為薦任職六級至一級，同少校為薦任職十二級至七級：

三、同上尉為委任職四級至一級，同中尉為委任職八級至五級，同少尉為委任職十二級至九級，同准尉為委任職十六級至十三級。

第四條　簡任職軍法人員，應就具有左列各款資格之一者任用之：

一、現任或曾任簡任職法官經銓敍合格者；

二、現任或曾任最高級薦任職法官三年以上經銓敍合格者；

三、在教育部認可之法律專科以上學校畢業曾任同上校以上軍法官者；

四、在教育部認可之法律專科以上學校畢業現任同中校軍法官已滿停年成績優良經考績核定者。

第五條　薦任職軍法人員，應就具有左列各款資格之一者任用之：

一、經文官高等考試之司法官考試及格者；

二、現在或曾任薦任職法官經銓敍合格者；

三、現任或曾任最高級委任職法官三年以上經銓敍合格者：

四、在教育部認可之國內外大學法律系畢業，辦理司法事受二年以上經審查合格者；

五、在教育部認可之法律專科以上學校畢業，曾任同少校以上軍法官者；

六、在教育部認可之法律專科以上學校畢業，現任同上尉軍法官已滿停年成績優良經考績核定者。

第六條　委任職軍法人員，應就具有左列各款資格之一者任用之：

一、現任或曾任委任職法官經銓敍合格者；

二、經文官普通考試之承審員考試，法院書記官考試及格者；

三、在教育部認可之法律專科以上學校畢業者，經審查合格；

四、在教育部認可之法律專科學校畢業，曾任同上尉軍法官者。

第七條　簡任職監獄人員應就具有左列各款資格之一者任用之：

一、現任或曾簡任職法官或監獄官經銓敍合格者；

二、現任或曾任最高級薦任職法官或監獄官三年以上經銓敍合格者；

三、在教育部認可之法律專科以上學校畢業，曾任同上校以上軍法官監職官者；

四、在教育部認可之法律專科以上學校畢業，現任同中校軍法官，監獄官已滿停年成績優良經考績核定者；

五、憲兵科上校以上軍官；

六、憲兵科中校，已滿停年成績優良經考績核定者。

第八條　薦任職監獄人員應就具有左列各款資格之一者任用之：

一、經文官高等考試之司法官或監獄官考試及格者；

二、現任或曾任薦任職法官或監獄官經銓敍合格者；

三、現任或曾任最高級委任職法官或監獄官三年以上經銓敍合格者；

四、在教育部認可之監獄專科學校畢業，或大學法律系畢業，辦理司法或監獄事務二年以上經審查合格者；

五、在教育部認可之法律或監獄專科學校畢業，及有監獄職務經驗曾任同少校以上軍法官監獄官者；

六、在教育部認可之法律或獄專科學校畢業，及有監獄職務經驗現任同上尉軍法官，監獄官已滿停年成績優良經考績核定者；

七、憲兵科少校以上軍官；

八、憲兵科上尉已滿停年成績優良經考績核定者。

第九條　委任職監獄人員應就具有左列各款資格之一

者任用之：

一、經文官普通考試之監獄官考試及格者：

二、現任或曾任委職監獄官經銓敍合格者：

三、在教育部認可之法律或監獄專科學校畢業經審查合格者；

四、在教育部認可法律或監獄專科學校畢業，曾任同少尉以上軍法官監獄官者；

五、憲兵科少尉以上軍官成績優良經考績核定者。

第一〇條　同准尉之軍法及監獄人員，以法律監獄專科學校或憲警班畢業，經考驗合格者使用之。

第一一條　軍法及監獄人員，經國民政府任命，或最高軍事機關核准委用後，除軍官佐已有官位者不得登記外，經由最高軍事機關將該員履歷彙轉銓敍部查核按級登記。

第一二條　有左列各款情事之一者，不得任用為軍法及監獄人員：

一、褫奪公權者；

二、虧空公款者；

三、曾因贓私處罰有案者；

四、吸用鴉片或其代用品者；

五、身體衰弱或有暗疾不堪服務者。

第一三條　簡任，薦任，委任，軍法及監獄人員之初任，應從最低級敍起，但具有特殊學識經驗者，不在此限。軍法及監獄人員任時，得先署任三個月至六個月，期滿勝任者再予實任。

第一四條　軍法監獄人員晉等依左列之規定：

一、晉等應逐級遞進，不得超越；

二、晉等應俟停年已滿成績優良，而上級有缺額時，其停年期如左：

同少將	三年
同少校	四年
同中校	三年
同少校	三年
同上尉	四年
同中尉	二年
同少尉	二年
同准尉	二年

第一五條　軍法及監獄人員之遴選，以所隸單位為範圍，如本單位內無相當人員時，得由其他單位內調用之，或就具有第四條至第十條所列資格者遴用。

第一六條　在一單位內之軍法及監獄人員，同一等級者，得由其最高長官互相調用，但應隨時呈報中央主管機關備案。

第一七條　軍法及監獄人員之退職依左列之規定：

一、志願退職　本人自請辭職經核准者；

二、裁減退職　因組織或編制變更而裁減者

三、傷病退職　傷病殘廢衰軀不堪服者；

四、考績退職　考績連續三年不及格者。

第一八條　軍法及監獄人員退職時，合於左列各款之一者，給予終身贍養金。其金額與軍官佐同：

一、年滿六十歲而服務職十五年以上者；

二、在職中因公殘廢者。

第一九條　在受領贍養金期內，有左列情事之一者，終止或停止其發給：

一、犯刑事處分之罪者終止；

二、喪失中華民國國籍者終止；

三、再任職官者停止。

第二〇條　軍法及監獄人員之薪俸與軍官佐同。

第二十一條　備役軍官佐在任軍法及監獄人員期間停止其退役俸。

備役軍官佐任軍法及監獄人員至退職時，合於第十八條之規定者，給予贍養金，取銷其原有之退役俸。

第二十二條　任軍法官監獄人員之備役軍官佐，於動員召集時，應立即解除現任職務而應召。

第二十三條　本條例施行日期以命令行之。

准運鈔票護照辦法

民國三十年七月一日施行

第一條　凡運輸國內各種通用鈔票入中國各口岸，應塡具申請書，載明種類（應註明某銀行鈔票，及票面金額，如中國銀行鈔票百元、十元、五元、一元、五角、二角之類）、數額、用途、裝載箱數及起卸地點，由負責人署名蓋章，呈由各該口岸海關監督公署或中央儲備銀行分行轉呈財政部，核准發給准運護照，方得入口，如無照入口，經關查獲，應卽悉數充公。

凡旅客攜帶國內鈔票入口者，應以一千五百元爲限，如超過一千五百元時，應依前項規定請給准運護照。

第二條　凡由內地運輸新舊法幣至上海，或運輸新舊法幣往來國內各口，而數額超過壹萬元者，應將種類、數額、用途、裝載箱數及起運地點，呈由財政部核准發給准運護照，方得起運，如無照起運，經關查獲，應卽悉數充公。

第三條　凡由國外或國內新製空白或已簽字而未發行之鈔票，無論由國外運輸入口，或於國內各地方間運輸，應憑財政部准運護照運送。

第四條　准運護照，除照章由經過關卡驗放外，沿途軍警應免予開驗，但在戒嚴時期，認爲有開驗之必要時，仍得照章開驗，惟得依運送人之請求移至嚴密處所行之，以昭愼重。

第五條　准運護照有效時期以三個月爲限。如請領銀行爲國家銀行或省市銀行，准運護照有效時期以六個月爲限。

第六條　凡承領護照之人，不得將護照轉借他人應用。

第七條　凡領用護照，應繳照費五元，印花稅二元。

第八條　本辦法實施之口岸，由財政部隨時以命令定之。

第九條　本辦法自民國三十年七月一施行。

限制請卹辦法三項（二十九年十月三十一日奉准十一月五日通令施行）

一、嗣後各部隊，於未經本會點編之前及已經點編而未將名冊呈報備案者一律不得請卹

二、奉令出發剿匪部隊應於出發前將該部隊官兵名冊呈報來會以備查核

三、死亡情節除合於公務員特種撫卹條條例者咨請行政院核辦外其餘一律按照陸海空軍，平戰時撫卹暫行各條例辦理

限制請卹補充辦法三項（三十年五月一日奉准五月九日通令施行）

一、嗣後各機關部隊學校等如遇有積勞病故或因公殞命或作戰陣亡等情事發生除按照前頒限制請卹辦法辦理外應即將死亡者之級職姓名籍貫年齡任職年月及死亡地點並死亡情形列表呈報備查然後再行按照法定程序請卹

二、如未及呈荐或已委未報備案而亡故者一律不得請卹

三、請卹機關除將死亡者及其遺族領卹人按照陸海空軍平戰時撫卹暫行條例所規定各表詳細塡報外並應呈送遺族領卹人四寸半身像片二張以便附貼卹金給與令發由遺族領卹人收執逕向原請領機關領卹

推定仲裁委員暫行辦法

二十二年十月九日實業部公布同日施行
三十年六月二日社會部修正

第一條　本辦法依勞資爭議處理法第十六條第四項規定制定之。

第二條　省政府或「行政院直轄市」之市政府，推定仲裁委員，應依本辦法之規定辦理。

第三條　省政府每二年應依勞資爭議處理法第十六條之規定，就其所轄各縣市中，令工商業較爲發達之若干縣市，各推定仲裁委員一人至五人，開列名單，送呈核准，並於核准後，彙送「社會部」備案。

第四條　前條所稱各該縣市政府，應於奉令後十日內，轉令所屬之工人團體及僱主團體各選派代表一人至三人，並應於限期內，集合各該代表依省政府規定之人數，分別推定各該縣市之仲裁委員。

第五條　行政院直轄市之市政府，每二年應命所屬之工人團體及僱主團體於奉令後十日內，各選派代表一人至三人，並應於限期內，集合各該代表，依照勞資爭議處理法第十六條之規定，分別推定開列名單，送呈核准後，轉咨社會部備案。

第六條　本辦法自公布之日施行。

全國郵務總工會整理委員會組織簡則

第一條　本會定名為全國郵務總工會整理委員會（以下簡稱本會）。

第二條　本會設于中國最繁盛之區域，其他各地郵務行政區域，得設郵務工會或分會，但應冠其所在地郵務行政區域之名稱。

第三條　本會設整理委員十九人至二十五人，內三分之一經交通部遴選，均由社會部社會運動指導委員會委派之。

第四條　本會之任務如下：

一、調查全國郵工狀況；

二、調查全國郵工團體；

三、調查所屬分會之組織；

四、籌備成立全國郵務總工會；

五、執行主管官署命令；

六、協助主管官署調解糾紛事項；

七、辦理郵工福利事業；

八、其他。

第五條　本會設主任委員一人，綜理全會事務，由主管官署就整理委員中指定之。

第六條　主任委員下，設秘書一人，承主任委員之命，辦理本會一切事務。

第七條　本會設總務、組織、訓練、宣傳四科，其職務如下：

一、總務科　掌理文書、會計、庶務、交際及不屬於其他各科事項；

二、組織科　掌理所屬分會之調整、登記及糾紛之調解事項；

三、訓練科　掌理所屬分會會員之訓練及舉辦工人福利事業；

四、宣傳科　掌理全部宣傳，並指導所屬分會之宣傳事項。

第八條　本會各科設主任一人，由整理委員互推担任之，並酌設幹事、助理幹事、錄事若干人，佐理會務。

第九條　本會整理期間以二個月為限，必要時經主管官署之核准，得酌量延長之。

第十條　本會工作情形，應每二星期呈報主管官署一次。

第十一條　本會工作大綱另訂之。

第十二條　本簡則未規定事項，悉依修正人民團體組織方案，及人民團體整理辦法之規定辦理之。

第十三條　本簡則如有未盡事宜，得由本會呈請主管官署修改之。

第十四條　本簡則自公布日施行。

人民團體指導方案

第一節　一般基本之指導

一、使全國民衆，了解並擁護和平反共建國之國策。

二、使全國民衆了解並擁護中日友好共存共榮之國策。

三、使全國民衆服膺　國父學說以完成心理建設。

四、使全國民衆，協助政府推行物質建設。

五、使全國民衆，推進地方自治並完成社會建設。

第二節　組織方面之指導

一、對於人民團體，以指導人民自動組織為原則。

二、所有人民團體，在「修正人民團體組織方案」公布前成立者，應依照該方案第二十五條及第二十六條後段之規定辦理之。

三、對於人民團體之組織，應盡力扶助其發展，俾臻健全。

四、對於人民團體之活動，應使其趨於合理化正常化。

第三節　訓練方面之指導

一、思想訓練，使人民對三民主義及中日友好與和平反共建國國策有正確之認識與深刻之信仰。

二、職業訓練

甲　知識方面　使人民充實其職業上之知識，並明瞭其對社會國家之任務。

乙　技術方面　使人民增進其職業上之技能、促進物質建設之發展。

三、一般訓練

甲　組織方面　使人民明瞭組織之意義方式及其必要。

乙　行動方面　使人民行動合於規律、並養成合作互助友愛及服務社會之精神。

四、集團訓練

甲　分別召集各團體之會員、舉行研究會、講演會及討論會等。

乙　設立平民補習班、特種補習班等。

丙　設立通俗圖書館、業餘俱樂部、各種實驗場等等。

第四節　各單位各別之指導

一、對於農人團體、應注意下列數項之指導

甲　復興農村經濟

乙　扶植農村組織

丙　改進農業技能

丁　普及農村教育

戊　提倡農業合作

其他救濟災民、安輯流亡，尤須特別注意

二、對於工人團體、應注意下列數項之指導

甲　調和勞資關係

乙　保障勞工利益

丙　改善勞工生活
丁　增進生產技能
戊　推行合作事業
其他救濟失業及改進手工業、尤須特別注意
三、對於商人團體，應注意下列數項之指導
甲　恢復城市繁榮
乙　復興社會經濟
丙　調節地方糧食
丁　提倡生產事項
戊　振興對外貿易
其他增進商業知識，提高商業道德，尤須特別注意。
四、對於青年團體，應注意下列數項之指導
甲　關於學校青年者
子　養成高尚人格
丑　提高學術研究
寅　注意體格鍛鍊
卯　勵行自治生活
乙　關於職業青年者
子　提倡自學生活
丑　培養樂業精神
寅　注意體格鍛鍊
卯　推進社會服務
五、對於婦女團體、應注意下列數項之指導
甲　提倡儉約生活
乙　勵行衛生運動
丙　注重家政管理
丁　努力家庭教育
戊　增進保育知識
六、對於其他文化、公益幫會、宗教及同鄉等團體、應注意其特殊性質、因事制宜、分別實施指導
第五節　附則
一、社會運動指導委員會各省市分會實施本方案時、得參酌各該省市情形、另訂細則，呈經社會運動指導委員會備案後施行。
二、本方案自公布日施行。

專載

汪兼院長日相近衛發表共同聲明

國民政府汪兼行政院長，與日近衛首相，於本日下午六時卅分，發表共同聲明，全文如下：

我等兩人，爲迅速處理此次事變，由此進而確立中日兩國永遠之關係，向共存共榮東亞復興之共同目標而邁進。關於東亞新秩序之建設，以曩日所聲明「善鄰友好，共同防共，經濟提攜」爲內容。去年十一月卅日成立之「中日基本條約」及「中日滿共同宣言」，其旨趣亦不外此。東亞新秩序之意義，係以東亞固有之道義精神爲基礎，一掃過去在東亞之侵略主義及共產主義之流毒，建設互相提攜共存共榮之國家。中國民衆中固有希望，依於中日之合作而致東亞于復興者，然對于此種希望，能否實現，尚不能自信，因此依然保持徘徊觀望。故東亞復興之偉大事業，必須就今日之階段，儘可能範圍內，使啓示其曙光，使大多數國民，得所信賴，向全面和平之實現，銳意邁進，始得底於成功。此次我等會談之結果，中日兩國政府相誓，對上述共同目標，爲更進一步之努力，國民政府務必在政治上、軍事上、經濟上、文化上，提供中日提攜協力之具體的事實，使民衆得瞭然於中日合作東亞復興，爲中日兩國國民之共同使命。日本政府亦對之爲更進一步之援助，俾國民政府能發揮獨立自由之權能，以努力於分担建設東亞新秩序之責任。

汪兆銘

近衛文麿

中華民國三十年六月廿三日。

汪兼院長在日廣播演辭

親愛的日本國民諸君：

我今日能在貴國首都向諸君說話，心裏說不出的感動，第一、我在三十年前曾在貴國留學，雖然時間不久，並且我的資質太鈍，對於貴國語文，不能精進。然而我的一點點知識，都是那時候良師益友所給予的，我畢生不會忘記，如今舊地重來，看見諸君，恍如重逢當日良師益友一般，說不盡心中愉快，

第二、在十七年前的十一月，中華民國　國父孫先生曾於神戶作生平最後一次的演講，題為大亞洲主義，那時候我雖然沒有跟隨左右，但在此次足登貴國口岸的時候，想起　孫先生的對於中日兩國及東亞前途遠大的眼光和正確的見解，不幸有志未遂，未及於生前實現其抱負，而賫志以歿，眞不由人不萬感交集。

第三、在兩年前的六月，我曾經來貴國首都一次，那時候是從重慶到河內，由河內經上海來的，爲着收拾事變，重新建立中日親善關係，與貴國政府當局交換意見，那時候因種種關係，未能與各位相見，到了今日，知得着這樣的機緣，實在覺得慶幸，然而想起事變尚未收拾，全面和平尚未實現，於慶幸之中，不能不感到自己責任之重大，負荷之不易，以上幾種感想，綜合交迸，覺得幾句肺腑的話，要向諸君披瀝。

自從「建設東亞新秩序」的口號，從日本方面發出以來，中國方面在茫昧的前途，看見已有了提攜的方法，向着這一道曙光而前進了。

建設東亞新秩序的意義，一方面在廓清百年來西方經濟侵略主義之流毒，一方面在防遏二十餘年來共產主義之狂瀾，這重大的責任，在東亞向來是只有日本獨力担負，中國雖有　孫先生的大亞洲主義，然而後死的同志還未能一致努力，以求其實現。

這一次中日事變，雖然有種種原因，然而中國若一反省，爲什麼不能廓清經濟侵略主義之流毒，而聽其將中國陷落到次殖民地的地位呢？爲什麼不能防遏共產主義之狂瀾。而聽其陷全國人民於塗炭呢？中國於深切反省之後，不能不深切的自己責備自己的。

所以聽到日本提出建設東亞新秩序的口號，中國立刻覺悟到目前已不是兄弟鬩牆的時候，中國應該立刻回復自己的本來面目，根據東方的道義精神，打破經濟侵略主義共產主義兩重壓迫連環交織而成立的舊秩序，建設獨立自由共存共榮的新秩序。

然而中國度德量力，不能不有所躊躇，因爲這責任太重大了，加以目前的環境如此艱難困苦，中國不能不考慮到雖欲担負這重大的責任，而自己的能力是否担負得起，

所以再聽到日本的近衛聲明，中國纔知道這種考慮，日本已經代為解決了。

近衛聲明的最大意義，便是只要中國有決心，有誠意來參加建設東亞新秩序的責任，日本便不吝加以援助，完成中國建設為現代國家所必須的條件，日本所以有此決策，是因為中日兩國如果同心同德向着建設東亞新秩序的前途而邁進，則其結果，不但中日兩國永久和平，而且可致東亞於復興，不但中日兩國如此，中國對於滿洲國，從前與日本抱着不同的見解，如今中日滿三國同着建設東亞新秩序的前途而邁進，正所謂安則俱安，危則俱危，從前不同的見解，一轉瞬間便化為一致了，

要而言之，中國自此以後，有了兩種的認識，其一是認識建築東亞新秩序；與　孫先生的大亞洲主義是若合符節的，其二是認識建設東亞新秩序，與完成中華民國之建設是相輔而行的，中國不能得到獨立自由，則無分担建設東亞新秩序的能力，同時中國之完全獨立自由，必有待於建設東亞新秩序之成功。

自此以後，中國人向來根據於民族主義而發生的愛國心，與根據於大亞洲主義而發生的東亞觀念融合為一。中國自此之後，不再游移，不再徘徊歧路，愛中國、愛日本、愛東亞，從精神方面來說，憂樂相共，甘苦相同，從物質方面來說，有無相通，長短相補。日本在東亞正立於先進國的地位，中國當勉為後進國，以與日本共同負担建設東亞新秩序的責任，最近中國發起東亞聯盟運動，標榜政治獨立，軍事同盟，經濟合作，文化溝通為四大綱領，其根本精神悉在於此。我現在雖深還不敢說沒有實現全面和平，然而我敢說，這是表代中國最覺悟的多數民衆的意見。

去年的一年，根據以上的原因，而締結中日基本關係條約了，今年的一年，是開始條約的實行，我今來到東京，與親愛的日本國民諸君相見，是代表全中國最覺悟的多數民衆，本於愛中國，愛日本，愛東亞的意義，來與諸君開誠相見諸君啊！全中國最覺悟的多數民衆，都已準備着十二分的決心和十二分的勇氣，來追隨日本國民諸君之後，以不斷的努力，掃除經濟侵略主義與共產主義，建設以道義精神為基礎的東亞新秩序，諸君握着手往前進罷！

於此不能不想到所謂全面和平了，全面和平之眞價，不只在息戰，而在中日兩國能將其心力物力都用在建設東亞新秩序上面，所以全面和平能早一日達到，便是中日兩國的心力物力能早一日用於建設東亞新秩序的上面，為什麽全面和平到今日還不能實現呢？因為有妨礙建設東亞新秩序的惡勢力存在，這便是上頭所說的經濟侵略主義的勢力和共產主義的勢力。

說到經濟侵略主義的流毒，百年以來，深入於人心了，直至最近，還有一部分中毒的人存在，西南受其利誘，繼續無意義之戰事。說到共產主義，原是只有階級觀念，沒有祖國觀念的，然而詭變之術，層出不窮，最近改變階級鬥爭的口號，為民族統一陣線的口號，利用抗戰，把持

西北的地盤，日夜企圖由此地盤展拓起來及於全國，這兩種主義本來極不相容的，現在却在抗戰的招牌之下互相勾結起來了，這兩種勢力是由舊秩序包孕滋生出來的，當然擁護舊秩序，而妨礙新秩序的建設，全面和平之未能實現，國民政府同人，德薄能鮮，我們時時刻刻不忘自責，然而這兩種勢力，根深蒂固，除了互相勾結之外，還內外勾結，以造成全面和平之障礙，使建設東亞新秩序之工作，無從開始，這實在是一個最大的原因。

因此之故，日本近來有強化國民政府的口號，國民政府為什麼要強化呢？國民政府要有力量纔能打破以上兩種惡勢力，掃除全面和平之障礙，以開始建設東亞新秩序的工作。我們知道在全面和平沒有實現的期間，中國以內，還駐有多數的日本軍隊，還不斷的向重慶方面繼續戰爭，在這期間，說到怎樣強化國民政府？是一件極困難的事，但是雖然困難，為早日解決事變，促成全面和平起見，為使中日兩國早日能將其心力物力都用在建設東亞新秩序上面起見，強化國民政府，使之能與日本協力，完成這種任務，實在有其必要，不能不盼望日本於可能範圍內，在政治上，經濟上，予國民政府以更大之援助，這固然是為中國，同時也是為日本，為東亞。

所謂強化國民政府，其作用不只是對於以上兩種惡勢力之掃除，尤在於一般人心之感化，我們常常說要達到全面和平，必須先從局部和平做起，這就是說，國民政府要先就力所能及之地，在政治上、經濟上，做出一個和平的模範，奠定一個和平的基礎，使全國的人都曉得和平不只是理論，而且是根據理論而發生的事實，那麽，對於和平便漸漸的發生信任了。和平的領域自然便漸漸的展拓起來了。

我相信，中國全體民衆除了少數甘心作兩大惡勢力的擁護者之外，大多數都是希望和平的，對於中日親善東亞復興具有同感，只是被眼前的環境脅迫住了，雖然有這種希望，却是不敢相信這種希望之會成為事實，我們如果不斷的提供和平的事實，以取得其信任，則其傾向和平的熱心與勇氣，必然日日增加，全面和平必然於最短間歸於實現。所以國民政府同人，時時刻刻於討檢本身責任，境進本身力量之外，仍然不忘記喚起重慶方面參加和平的工作，不但沒有忘記，而且從過去到現在以及將來，都向各種方面用不斷的努力，以期他們早日參加，使全面和平得以早日完成。

於此有當鄭重提出的，和平的展拓，不只求數量之多，而尤求質量之純。換句話說，和平之基本目的，是在實現大亞洲主義，建設東亞新秩序，儘管和平的數量日有增加，而和平的質量，只有因增加而愈益陶鍊，均不因增加而歸於稀薄，甚至變質。要而言之，行將沒落之經濟侵略主義，斷不能使其乘間而復活，詭變多節之共產主義，斷不能使其投機而得售，這是我們所應當共同注視，而不可輕忽的。

以上所說，是我們從開始和平運動以來所抱持的一貫信念。

我自從到着東京以後，拜訪天皇陛下，聆悉對於中日親善之崇論，中心感奮，匪可宣言，連日與近衞總理大臣閣下協議結果，已於昨日發表共同宣言，今日以後，一切努力，當本此共同宣言，而期貫澈，今向諸君廣播，除了申述我的信念之外，還要對於諸君熱烈的期待，懇篤的同情，強有力的援助，從衷心表示感激，我不但感激，並且慚愧，論到感激，這樣的隆情厚誼，是我一生所永遠不能忘記的。論到慚愧，我在過去的努力，還沒有成績可言，如何便受諸君這樣的隆情厚誼，我只有將諸君的隆情厚誼，放在心中，帶回國去，把諸君的隆情厚誼，普及於全國同胞，俾全國同胞，知道諸君對於中日親善具着這樣的期待同情援助，我相信全國同胞一定深深感動，一致與諸君攜手，共同前進，以完成此東亞復興之重大使命。諸君！現在國際情形是有變動的，而中日兩國結成親善關係共存共榮，以復興東亞却是永遠不變的，諸君再會！我謹以至誠，祝諸君的健康，並且高呼，高呼日本帝國萬歲，中華民國萬歲，中華民國萬萬歲。

歡迎汪主席閣下

日首相近衛

二十五日近衛首相廣播演說，題爲「歡迎　汪主席閣下」，原文如下：

汪主席閣下，此次來到日本，訪問我國皇室，同時和我國朝野，開誠布公，討論東亞的將來，我和日本國民，敬表滿腔之感謝，我們不僅在禮儀上歡迎隣邦政府主席的汪先生一行，我們並且承認半生來冒幾多的艱險，不顧一切迫害，於熱心血的實踐及行動中，爲中國自身，因是眞正的愛國者，眞正的愛中國，故也愛日本，愛東亞全體的東亞復興的偉人。　汪先生爲我人的知己，感到非常感激。在過去十年內汪先生爲防中日兩國全面衝突於未然，曾苦心孤詣地努力過。汪先生身中，現尚留有幾個子彈，這是證明汪先生是開始眞理者的紀念物。汪先生抱「因愛中國，不得不與日本結合」的信念，這是絕對正大的，這是繼承貴國　國父孫先生大亞洲主義之正統，且和日本建設東亞新秩序之思想符合。我們抱有覺悟，決在道義日本之良心上，擁護汪先生正大的信念，并盡全副力量，強化立於此信念之上的隣邦政府。我們冷靜地從客觀的立場說，日本對於中國，有三種方法：第一、用日本的實力侵略中國，要求賠款割地；第二、是和第三者共同分割中國。這兩種方法，是自昭和九年（按自民國二十三年）以來，各國擬把中國化爲殖民地的所謂帝國主義的政策。第三、則和以上兩種方法相反，不僅承認中國爲獨立國家，并推而加以協助強化，和此強化的中國作全面的提攜。以此爲軸心，解放東亞各民族，確立永遠和平的方法。三種方法之中，前兩者是霸道的方法，卽是眼前容易實行，且犧牲較少的功劃的方法。那麽我們爲什麽避易就難，而採取不易爲平常人所理悉的第三種方法呢！這是因爲日本國家的道義性，嚴肅地命令這麽做。世界歷史的本流，也明瞭地加以保證。昭和十二年九月四日第七十二屆議會開會時，天皇陛下所頒詔書中，曾有「依帝國與中華民國之合作提攜，確保東亞之安定，舉共榮之實，乃朕所夙夜軫念者」，及「我軍人之致其忠勇，旨在促中華民國之反省，從速確立東亞和平」等語，此爲事變期內我國臣民應眷眷之服膺之道念。日本以此道念自律，並依此道念，支持汪先生，排擊內外一切不逞之挑戰者。夫中日兩國，爲東亞兩大隣國，休戚相關，這是和地球的存在相同，絕對不能動搖的天命。又隨文化之發達，東亞共榮圈內各國家之逐漸增深其有機的關係，已是不容爭論的。親日和平，才是中國立國之基礎，所謂抗日救國論之前途的毫無建設性，也是一點也沒有疑義的。但在中國的指揮者中，至今仍有不願傾聽親日和平正論人士，這是我們和汪先生均認爲遺憾的。我們不忍在世界形勢的變化，較流水尤爲迅速的今日，抱時代錯誤之念，使我東亞長此置於內亂狀態。故嘗希望重慶勢力的反省覺悟。但我們行動的根本是正義，我們決不能棄道義而就功利，更不能離永久的眞理，求一時的苟安，去秋成立的中日基本條約和中日滿三國共同宣言，實爲道義及眞理具體標準。至於如何收拾中國民心，使中國民衆早離水火能登衽席，則是中國國內的問題，我們決定信賴汪先生，致同志應有的援助合作，在現在世界及時代，——卽要求建設新秩序，否定舊體制的時代。若有民族欲不作犧牲，坐待未來的繁威，眞是太昏聵了。我們當然擬儘量縮小戰禍，中日兩國決不是他國的工具，中國和日本都應各有其意志，中日兩國，本來可以依自己的意志和或戰，假若不聽，一定是因受了第三者的牽制。眞正的獨立國家，必具有自身的目的，我們確信，眞正獨立的中國，已因汪先生的出生入死而重生，雖新中國的前途，不是康莊大道，以太平洋爲中心的日本的周圍，也未許樂觀。但歷史的眞理，常先經過許多曲折，終必達到目標。但眞理的難關，任是如何艱險，祇以一個，若因過遠而迷途，乃其志向還沒有堅定之故。自汪先生出任國事，我們已明白認識中國問題的癥結，是在什麼地方，日本決不會中途而廢，我們的前途，是充滿着光明的，謹以此言，贈汪先生一行。

附錄

社會部召集各地代表舉行談話會

到有京滬蘇浙皖各分會主任委員暨各重要市縣商會代表

加強商會及同業公會組織協助各業繁榮期發展社會經濟

國民政府鑒於邇來物價騰漲，對社會民生之痛苦，深致關切，特指定工商部梅部長、社會部丁部長，及全國經濟委員會陳祕書長、協商改善方案。當經决定，由社會部召集社會運動指導委員會，京滬蘇浙皖各分會主任委員，暨重要市縣商會代表舉行談話會，聽取各地社會生活之實況，所有商人團體現狀，及其推動進展與活動，與工商各業近態之各種報告，廣集意見，以爲方案之基本準備，俾使社會經濟合理發展，商人團體加強組織力量，發揮服務社會效能，人民生活獲得改善。

是項談話會於二十日上午十時，假中央黨部大禮堂展開序幕，參加者有行政院孔參事，工商部方面梅部長，袁司長、金幇辦、宋科長、沙科長、全國經濟委員會方面陳祕書長（姜處長代）、李祕書、麥主任、鄭技正、社會部方面丁部長、各參事司長、社運會常務委員、各社運分會主任委員、暨重要市縣商會代表百餘人。由丁部長親自主席，行禮如儀。於是此大規模並具重要意義之談話會，在秩序井然中開始：

丁默邨報告

首由主席丁部長以警惕之語調，報告召集談話會之意義，略謂、「我人深知立國之基礎，重在人民生活之安定，政府鑒於近來物價高漲，漫無止境，人民痛苦，達於極點，對於社會經濟所指導其合理發展，誠屬必要，故加強商人團體組織力量，協助工商各業正常繁榮，同爲急務。政府關念及此，乃有今日會談之召集，是故於諸位高見之提供，……務使上下一致，通力合作，在我汪主席領導之下，切實負起和平建國重大使命。

梅思平訓詞

工商部梅部長訓詞，略謂，「政府有改善人民生活之決心，商民有正當發展之要求，我人應本此意志，致最大努力，以蘄求環境之進步」，此外行政院孔代表，經濟委員會姜處長，亦各致勗勉之詞。

談話會經兩日來之順利進行，按預期至昨日下午六時圓滿結束，與會代表所提意見書達五十餘件，均經提[illegible]商談妥洽，足徵各地商民對於政府信心之堅與期望之殷。

社會部、工商部、全國經濟委員會、社運會南京特別市分會，南京特別市商會以各代表遠道而來，爲表示歡迎起見，紛紛招待歡宴，集各地商界鉅子於一境，觥籌交錯，極盡盛況。

出席人名單

工商部梅部長，袁司長愈銓，金幫辦光祿，宋科長則夷，沙科長光。

全國經濟委員會陳祕書長（姜處長代）參主任靜銘，陳主任德鉅，李祕書英俊，鄭技正源深，姜處長佐宣。

社會部丁部長，曹主任祕書愼修，應司長瀅，呂司長斆，楊司長偉昌、劉司長存樸，張參事梅庵，黃參事諤，陳參事伯華。

社會運動指導委員會：王常委德言，陳常委端志，周常委毓英，陸祕書主任善熾，周組長樹望，吳組長漢白。

社運會各省市分會：張主任克昌（京），吳副主任顯仁（京），孫主任鳴岐（滬）姜副主任文寶（滬），茅主任子明（蘇），章副主任樹欽（蘇），張主任鵑聲（浙）沈副主任半梅（浙），胡主任志甯（皖），潘副主任國俊（皖），朱科長覺影（京）費科長君俠（蘇），孫股主任思九（蘇），潘祕書壽恒（皖），夏科長約文（皖）朱專員明達（武進），顧專員慰樵（南通），陸專員伯英（鎮江），王專員頡輝（無錫），沈專員震（江甯），鄭專員雅秋（蕪湖）。

各商會代表南京市葛亮疇，蕭一誠，金宏義，程明波，馮魯瞻，朱菊山，王炎生，陳嘉禮，湯紹衡，上海市陸文韶，謝鼎新，潘旭昇，吳縣潘積之，沈東璋，張慶璋，顧勝祥，武進縣龔瑞蕡，鎮江縣曹樸安，藍學華，劉芸生，方鏡清，錢雨人，無錫縣陳湛如，胡鳴虎，汝都縣張少齋，詹鶴皋，趙芝山，王金生，顧少欽，王志潮，趙家騮，宋瑞清，崑山縣，徐寅歧，蕭維翰：吳定廬，松江縣，費作梅，樊樹勳，南通縣，王一平，盧秉彝，陸少千，高潦武，江甯縣，馬德武，曹子平，高郵縣，徐又寒，江陰縣，徐萬貴，杭州市，程季英，李景文，海甯縣，沈仰高，蔡競雄，崇德縣，陳宋純，嘉興縣，沈秉輪，岳光榮，吳興縣，王安甲，當塗縣，吳于崗，張東木，蕪湖縣，龔綸甫，崔惠安，昂漢民，王明青，唐杞樓，李炯之，崔祥賓，蚌埠，陳希平，吳雨農，田子靜。

中政會及行政院會議有關本部之決議案

續本報第一號第三、四號及第八號

會議名稱	次數	日期	討論或任免事項	決議	提案人	備考
中政會議	第廿次	九月十二日	本院第二十四次會議通過由社會部會同各機關舉辦藥品消費合作社資金分兩種（甲）二千元（乙）一千元由各機關自由攤認一次交付並准予報銷一案提請核議案	通過	行政院	
中政會議	第廿七次	十一月廿一日	據財部呈請通行各機關於編造三十年度上半年支出概算時一律暫維原額將來如有必需增加再行斟酌情形就總預算內節勻配等情提請公決案	送國府通飭遵照	行政院	討論事項第三案
行政院會議	第二十次	八月十三日	本部總務司司長李志雲合作司司長張鴻鈞另有任用應請免職所遺總務司司長一職擬以簡任秘書應瀅調充合作司司長一職擬請任命楊肇昌充任案	通過	社會部丁部長	任免事項第九案
行政院會議	第廿四次	八月十三日	擬由社會部會同各機關舉辦藥品消費合作社資金分兩種（甲）二千元（乙）一千元由各機關自由攤認請公決案	通過	社會部丁部長	臨時動議
行政院會議	第廿六次	九月二四日	（一）擬請修正出版法及施行細則謹擬修正理由書敬候公決案（二）擬請修正著作權法及施行細則謹擬具修正理由書敬候公決案以上二案合作結論	交警政部周兼部長宣傳部休部長工商部梅部長司法行政部李部長社會部丁部長教育部趙部長內政部陳部長會同審查由工商部梅部長召集	警政部周兼部長	討論事項第一第二案
行政院會議	第廿七次	九月廿四日	本部勞動司司長張克昌公益司司長胡志甯參事呂斅劉存樸均另有任用擬請免職並擬請任命呂斅為勞動司司長劉存樸為公益司司長案	通過	社會部丁部長	任免事項第十案
行政院會議	第廿八次	十月八日	奉交審查出版法著作權法暨施行細則案茲提出修正原則四擬請公決案	（一）修正著作權法施行細則照審查意見通過修正著作權法呈送中政會（二）修正出版法及施行細則交宣傳警政兩部根據審查意見所定原則修正提出下次院議		討論事項第四案

（待續）

社會部公報價目表

限期	價目	郵費	
零售	二角	本埠	半分
		外埠	一分
半年	一元	本埠	六分
		外埠	一角二分
全年	二元	本埠	一角二分
		外埠	二角四分

廣告暫訂刊例

頁數	價目
一頁	每號十八元
四頁	每號九元
半分之一頁	每號四元五角

刊登廣告在四號以上者每號按七折計算，在十號以上者每號按照六折計算長期另議

編輯者　社會部編譯委員會

發行者　社會部編譯委員會

印刷者　中文仿宋印書館

總經售　中央書報發行所

代售處　南京三通書局

出版日期　每月一日出版一次

社會部	
電話號碼	
部長室	31955
常務委員室	31958
祕書室	31957
總務司	31961
勞動司	31959
合作司	31960
公用	31963

●社會叢書●

德國食糧統制概況 出版

本書以討論納粹運用食糧職團組織，實施食糧統制配給，及食糧自給自足方策之種種行政上之設施爲主題，刪煩就簡，不尚空談，爲概括的敍述。全書共分六章，凡納粹農業政策，食糧職團組織，市場統制，食糧配給制度，新佔領地之食糧統制，以及科學教育在食糧增產之關係上，均有具體之說明。

德國食糧經濟統制，表現於此次世界，可謂最具實效。太平洋風雲日趨險惡，我國食糧恐慌，亦將日趨嚴重，此項問題値得吾人之注意與研究。本書能告訴讀者須運用何種方法可以解脫未來之嚴重難關。

編輯兼發行　社會部編譯委員會
總經售　中央書報發行所
代售處　全國各大書局

●社會叢書●

日本厚生法 出版

日本厚生法，爲日本在非常時期中對於人的資源之培養，及安定國民生活上所樹立之綜合的法的概念。在中日事變期間，以闡明其指導之原理爲目的而記述者。全書計分總論各論二章，第一章總論，係敍述厚生法之概念與其領域，體系，法源，及國際化等問題。第二章各論，則闡明勞働法，社會事業法，安定國民生活之法規，社會保險法，保健衛生諸法規等至爲詳盡。著者後藤清氏，原爲日本法學名家，此書尤爲精心傑構，由薛習恆君譯出。凡研究法學及一般社會事業家，均不可不讀。

編輯兼發行　社會部編譯委員會
總經售　中央書報發行所
代售處　全國各大書局
實價每册四角

（偽）社會總務司　編

（偽）社會部公報

第二十一號

南京：（偽）國民政府行政院社會部總務司，民國三十年（1941）鉛印本

經中華郵政登記認為第一類新聞紙類

中華民國三十年八月一日

社會部公報

第二十一號

國民政府行政院社會部編譯委員會印行

國父遺像

國父遺囑

余致力國民革命，凡四十年，其目的在求中國之自由平等，積四十年之經驗，深知欲達到此目的，必須喚起民衆，及聯合世界上以平等待我之民族，共同奮鬥。

現在革命尚未成功，凡我同志，務須依照余所著，建國方略，建國大綱，三民主義，及第一次全國代表大會宣言，繼續努力，以求貫澈，最近主張，開國民會議，及廢除不平等條約，尤須於最短期間，促其實現，是所至囑。

席主汪

目錄

命令

公牘

法規

附錄

命令

行政院訓令

行政院訓令　行字第一七六二號

令社會部

案奉

國民政府第二四號訓令開：

「查高等考試及格人員分發規程第七條第八條條文，現經修正，明令公佈，應即通飭施行，除分令外，合行抄發該修正條文，令仰知照。並轉飭所屬一體知照！此令。」

等因；附發修正條文乙份，奉此，合行抄發前項修正條文，令仰知照。並轉飭所屬一體知照！此令。

抄發：修正高等考試及格人員分發規程第七條第八條條文乙份

中華民國三十年二月二十八日

院長　汪兆銘

（修正條文登本期公報法規類）

行政院訓令　行字第一七七六號

令社會部

現奉

令發修正審計處組織法仰知照並轉飭知照由

并轉飭所屬一體知照！」

等因；附發陸軍師司令部組織條例一份，奉此，除分行外，合行抄發原附件，令仰該部知照。并轉飭所屬一體知照！

此令。

抄發：陸軍師司令部組織條例一份

中華民國三十年六月三十日

院長 汪兆銘

（條例登本期公報法規類）

行政院訓令

行字第二六八二號

令社會部

奉

國民政府府字第九一號訓令開：

「查交易所交易稅條例，現經修正明令公布，應即通飭施行，除分令外，合行抄發該條例，令仰知照。并轉飭所屬一體知照。此令。」

等因；附發交易所交易稅條例一份，奉此，除分令外，合行抄發前項條例一份，令仰該部知照。并轉飭所屬一體知照！

此令。

附抄發：交易所交易稅條例一份。

中華民國三十年七月一日

院長 汪兆銘

（條例登本期公報法規類）

行政院訓令 行字第二六八五號

令社會部

准

國民政府文官處文字第九五六號公函開：

「奉 主席交下考試院本年六月十六日院文呈字第一零六號呈稱：『案據銓敘部呈稱：「案查現任公務員甄別審查條例及其施行細則，公布施行（二十九年七月一日公布）將滿一年；該施行細則第三條內稱：『各該長官記載，公務員平時成績，須就任職三個月以上者，先行塡表彙送；其未滿三個月者，俟滿三個月後塡送』等語。是依據上項之規定，各機關之現任公務員任職已滿三個月者，均應送審，幷送經本部分函各機關，催送在案。現查中央各機關，已送審者，固占大多數，但亦有因故遲延未送者；至各省市地方機關，以改組未久，任用在後，均尚未送審。本部職責所在，為推進銓政起見，擬請鈞院轉呈國民政府，通令中央地方各機關，對於任職已滿三個月之現任公務員限於一個月內，一律送審，以重銓政。又京內各機關，已經甄審合格人員，頗有延不照章繳費領取合格證書者，亦擬請鈞院轉呈 國民政府，通令各機關，轉飭各該員於接到本部領證通知後，限一個月內，照章繳費具領，逾限卽由各機關在各該員薪俸項下扣除，彙送本部，以憑頒發。否則卽喪失其甄別合格之保障，不得再行請領，以示限制。所擬是否有當，理合備文呈請鈞院鑒核示遵」等情；據此，查該部所陳，係為推行銓政，似尚可行，除指令仰候轉呈核示，再行飭遵外，理合備文呈請鈞府鑒核，指令祇遵』等情；幷奉 諭『照呈辦理，由文官處函知各機關』等因；除分函外，相應函達，卽希查照。轉飭所屬，一體遵照為荷。」

等由；准此，除分令外，合行令仰遵照。幷轉飭所屬一體遵照！

此令。

中華民國三十年七月二日

院長 汪兆銘

行政院訓令 行字第二七一〇號

令社會部

現奉

國民政府第九六號訓令開：

「查國際宣傳局組織法，現經修正，明令公布，應即通飭施行，除分令外，合行抄發該組織法，令仰知照。幷轉飭所屬一體知照！」

等因；附發修正國際宣傳局組織法一份，奉此，除分行外，合行抄發原附件，令仰該部知照。幷轉飭所屬一體知照！

此令。

計抄發：修正國際宣傳局組織法一份。

院長　汪兆銘

中華民國三十年七月五日

行政院訓令　行字第二七一一號

（條例登本期公報法規類）

令社會部

現准軍事委員會會軍一字第九三號咨開；

「案查前准國民政府文官處函略開：『奉　府令特任楊仲華爲蘇皖邊區綏靖總司令，錄令函達查照』等由到會。經由本會規定，暫以東台，如臯，海門等處爲該部駐防地，其總司令部設於東台，業已先後令飭遵照在案。除呈報　國民政府備案，幷令行外，相應咨請貴院查照，並希轉飭所屬一體知照爲荷」

等由；准此，除分行外，合行令仰該部知照並轉飭所屬一體知照！

此令。

中華民國三十年七月五日

行政院訓令

行字第二七四三號

令社會部

院長 汪兆銘

奉

國民政府第九七號訓令：

「查市組織暫行條例，業經制定明令公布，應即通飭施行，除分令外，合行抄發該條例一份，令仰該院知照，并轉飭所屬一體知照。此令。」

等因；附發市組織暫行條例一份，奉此，除分令外，合行抄發前項條例，令仰知照，並轉飭所屬一體知照！

此令。

附抄發：市組織暫行條例一份。

中華民國三十年七月十日

院長 汪兆銘

（條例登本期公報法規類）

行政院指令

行字第四五九八號

令社會部

呈一件：呈送遵令修正公益典當辦法仰祈鑒核准予備案由。

呈件均悉；准予備案。

此令附件存。

中華民國三十年七月二十四日

院長 汪兆銘

社會部令

社會部令　令字第四四號

為公布公益典當辦法由

茲制定公益典當辦法，公布之。

此令。

部長　丁默邨

中華民國三十年七月十九日

計抄發公益典當辦法一份

（公益典當辦法登本期公報法規類）

社會運動指導委員會訓令　會秘訓字第二六號

令各省市分會

為人民團體圖記嗣後應於縣市區鎮名稱之上一律冠列各該省名稱令仰遵照由

查各省市分會呈報刊發所屬縣市區鎮人民團體之圖記，有於縣市之上冠列省名亦有不冠省名者，殊嫌紛歧。嗣後應於縣市區鎮名稱之上，一律冠列各該省名，以資劃一。除分令外，合行令仰該分會遵照辦理。

此令。

委員長　丁默邨

中華民國三十年七月八日

公牘

財政部咨　幣字第二九七號

案查本部制定准運鈔票護照辦法，業經明令公布，於民國三十年七月一日施行，並分別咨令各在案。茲根據該辦法第八條之規定，指定江蘇省：上海、南京、蘇州、鎭江、揚州、南通、浦口；安徽省、蚌埠、安慶、蕪湖；浙江省：杭州、甯波、嘉興、爲實施口岸，除以部令公布，並分咨外；相應咨請

查照，並轉飭所屬一體知照，爲荷！

此咨

社會部

財政部部長　周佛海

中華民國三十年六月三十日

社會部咨　社丁字第四六號

查公益典當辦法，前經本部擬訂，呈請

行政院鑒核在案。茲奉

行政院七月十日行字第四四九〇號指令略開：

「呈件均悉：公益典當辦法，由該部公布施行，並分咨各省市一體飭屬照辦可也。」

等因；奉此，業經本部遵令公布，除呈復並分行外，相應檢附該項公益典當辦法一份，咨請

貴省市政府轉飭所屬遵照辦理爲荷。

此咨

〇〇省市政府

附送公益典當辦法一份

社會部部長　丁默邨

中華民國七月十九日

法規

陸軍師司令部組織條例

三十年六月二十日公布

第一條　陸軍師直隸於　國民政府。設師長一人受中央最高軍事長官之命，統率所屬部隊，綜理師司令部一切事務。

陸軍師於必要時，得增設副師長一人，輔助師長處理師司令部一切事務，師長有事故時，得代行其職權。

第二條　部長掌管所屬部隊之編成、訓練、經理衛生及戰備等事宜，監督部下之軍紀，風紀，并管轄本師軍法審判事宜。

第三條　師長執行職務，凡關於軍政及人事事項，承軍政部部長之命令，關於動員及作戰計畫，承參謀總長之命令。關於教育訓練，承軍事訓練部部長之命令。關於政治訓練，承政治訓練部部長之命令。

第四條　師長於部隊所駐區域內，遇地方長官請求派兵維持治安時，得按情勢之必要，立應其請求。遇有情勢緊急，地方長官不及請求時，師長得逕行派兵維持治安，并即通知該地方長官。

凡有前二項情形調派兵隊，師長應即分別報告上級軍事長官，并通知鄰近其他部隊。

第五條　遇有災、祲、疫、疾、或其他非常事故，師長認為有暫時移動其所屬部隊之必要，而迫不及待時，得於實行後準前條第三項報告之。

第六條　師長應隨時檢閱所屬部隊整飭一切，并於每年軍隊教育期終了時，將檢閱實況，附具意見，分別呈報上級軍事長官。

第七條　師長對於各兵科及各種業務之專門事項，如有意見，得隨時向各兵監及主管官署長官陳述之。

第八條　師司令部設參謀長一人，輔佐師長參劃機要，指導部內一切事務。

第九條　師司令部置左列各處：

一、參謀處；

二、政訓處；

三、副官處；

四、軍械處；

五、軍需處；
六、軍醫處；
七、軍法處。

第十條　參謀處掌理動員作戰，部隊編練，交通通信，及諜報調查等事項。

第十一條　政訓處掌理關於促進武德之修養，闡明三民主義立國之方針，及　國父大亞洲主義之遺教，并推進和平建國之宗旨等事項。其組織辦法，由政治訓練部擬定呈請軍事委員會核准施行。

第十二條　副官處掌理內務人事通報，傳達，徵募，退伍，召集，徵發，文件保管，勤務分配，及軍紀風紀之維持等事項。

第十三條　軍械處掌理兵器，彈藥，器械材料之保管，出納及修繕等事項。

第十四條　軍需處掌理，軍費之會計出納，被服，糧秣，及營繕等事項。

第十五條　軍醫處掌理軍醫，獸醫，衛生，及防疫等事項。

第十六條　軍法處掌理軍事司法事項。

第十七條　各處設處長一人，承師長之命，參謀長之指導，掌理各該處事務。

第十八條　師司令部編制表另定之。

第十九條　師司令部服務規則，由師長擬定，呈請軍政部核定後，轉呈軍事委員會備案。

第二十條　本條例自公布日施行。

交易所交易稅條例

三十年六月二十八日修正公布

第一條　凡在交易所買賣有價證券或物品，悉依本條例之規定徵收交易稅。

第二條　交易稅稅率規定如左：

甲、有價證券除現貨交易不課稅外，按買賣約定價格徵收之，其價格內百元以下之數目應按百元計算，履行交易之期限在七日以內者，徵萬分之零·四，在七月以外者，徵萬分之零·七。

政府發行之公債庫券交易免稅。

乙、標金每條（三一二·五零公分成色九七八）徵法幣四角。

丙、棉花每百擔徵法幣一元四角。

丁、棉紗每百包徵法幣五元五角。

戊、麵粉每千包徵法幣一元。

己、雜糧：

小麥、黃豆、雜糧每車徵法幣一元。

豆餅每千斤徵法幣六角。

豆油每百擔徵法幣六角。

第三條　交易稅由交易所於買賣成交時，按照前條規定稅率，責成原經紀人向買賣行為當事人，附帶各徵半數交付於交易所彙同轉解國庫，如經紀人不為附徵交付或交付不足額時，交易所應負責代繳。

第四條　交易所應將逐日成交數量及價格，於次日填具清表報告，交易監理員核明，并將應納交易稅稅款逕交國庫。

第五條　交易所監理員得隨時檢查交易所，或經紀人之帳冊查核，交易所填報之成交數量及價格有無隱匿或虛偽情事。

第六條　交易所怠於為第四條之報告，及繳稅或違反規定之期限，或報告中有隱匿虛偽時，處以一千元以下之罰金，其因而漏稅者，除徵收其應納稅額外，處以漏稅十倍以上三十倍以下之罰金。

交易所如因經紀人之違反規定，致受處分時，得轉責於經紀人。

第七條　交易所交易物品之種類，如有增加或變更應依立法程序修訂稅率，徵收交易稅。

第八條　凡未設置交易所監理員地方之交易稅，財政部得委託地方財政機關或銀行代為徵解。

第九條　本條例自公布日施行。

國際宣傳局組織法

三十年七月二日修正公布

第一條　國際宣傳局直隸於宣傳部，掌理全國對外宣傳事宜。

第二條　國際宣傳局置左列四處：

一、管理處；

二、新聞處；

三、編譯處；

四、情報處。

第三條　管理處掌左列事項：

一、關於文書、會計、庶務之處理事項。

二、關於外國人所辦報紙，雜誌，通訊社，出版機關，及新聞記者之登記，幷發給執照事項。

三、關於中國人民在國內國外所辦外國文之報紙，雜誌，通訊社，及出版機關之登記指導事項。

四、關於外國人所辦文化團體之調查登記事項。

第四條　新聞處掌左列事項：

一、關於國際宣傳方案之規劃，及實施事項。

二、關於對外文告之發布事項。

三、關於對外宣傳新聞論著之撰發事項。

四、關於國際新聞電訊通訊之收集轉發事項。

五、關於外國文之報紙，雜誌，書籍發往國外，或自國內發出之新聞電訊消息，及進口外國報紙，雜誌書籍之檢查事項。

六、關於外國人新聞機關，所設無線電台之取締事項。

七、關於外國人報紙，通訊社，新聞記者，無線電廣播電台，散布傳遞有違中國國策言論消息之取締事項。

第五條　編譯處掌左列事項：

一、關於對外宣傳文告新聞論著之譯述事項。

二、關於對外宣傳刊物，及其他出版物之編纂事項。

三、關於外國文之報紙，刊物，及其他出版物之徵集及其中有關中國記載論評之譯述事項。

四、關於外國文之中國年鑑，及其他參攷書籍之編纂事項。

五、關於圖書之登記整理保管事項。

第六條　情報處掌左列事項：

一、關於國際輿論及一般國際情報之收集事項。

二、關於國際宣傳資料之收集研究事項。

三、關於國際新聞言論機關之聯絡及運用事項。
四、關於國際文化團體之聯絡事項。
五、關於外籍新聞記者，及文化從業員之聯絡運用事項。

第七條　國際宣傳局，設局長一人，承宣傳部部長之命，綜理局務，并指揮監督所屬職員。

第八條　國際宣傳局，設秘書二人至四人，承局長之命，分掌局務會議，及局長交辦事件。

第九條　國際宣傳局，設處長四人，科長科員各若干人，承長官之命，分掌各處科事務。

第十條　國際宣傳局，設編審若干人，承長官之命，辦理編譯審訂事務。

第十一條　國際宣傳局局長，簡任秘書，處長、科長，編審薦任科員委任或薦任。

第十二條　國際宣傳局得聘用專門人員。

第十三條　國際宣傳局於必要時，得呈請宣傳部調用簡任人員，并在國內外各地，設置特派員辦理國際宣傳事務。

第十四條　國際宣傳局得酌用傭員。

第十五條　本法自公布日施行。

市組織暫行條例

三十年七月四日公布

第一章 總則

第一條 市冠以所在地地名，稱為某某市隸屬於行政院之市，稱為某某特別市。

第二條 凡人民聚居地方，具有左列情形之一設市者，隸屬於行政院。

一、首都，

二、人口在百萬以上者，

三、在政治上經濟上有特殊情形者。

具有前項二三兩款情形之一而為省政府所在地者，應隸屬於省政府。

第三條 凡人民聚居地方，人口在三十萬以上，而工商業發達者，得設市隸屬於省政府。

第四條 市之廢置及其區域之劃定，變更，應經國民政府之核准。

第五條 市分為若干區，區以內之編制為坊街，其戶數之編成，得依各該地方情形自定之，但須呈准行政院或省政府備案。

前項坊街得冠以所在地地名，若稱路或里者，依其名稱。

第六條 市所屬之鄉村地方，依其情形得編為鄉鎮。

第七條 中華民國人民，無論男女，在市區域內繼續住居一年以上，或有住所達二年以上，年滿二十歲，經宣誓登記後，為市公民，有公民權。

第八條 前條之宣誓登記，在區公所舉行，其辦法由內政部定之。

第二章 市職務

第九條 市於不牴觸中央及上級機關法令範圍內辦理左列事項：

一、戶籍之調查及登記事項。

二、育幼養老濟貧救災等之設備及管理事項。

三、糧食儲備及調節事項。

四、勞工事項。

五、合作社及互助事業之組織，及指導事項。

六、風俗改良事項。

七、造林墾牧漁獵之保護及取締事項。

八、農工商業之改良及保護事項。

九、公安及消防事項。

十、市財政事項。

十一、市有財產之管理及使用收益處分事項。

十二、市營事業之管理事項。

十三、地政事項。

十四、公共土木工程，及其他建築營繕事項。
十五、市民建築工程之指導及取締事項。
十六、公用事業之設備管理，及監督指導事項。
十七、港灣、河道、碼頭、倉棧、船舶之管理及取締事項。
十八、教育及其他文化事項。
十九、名勝古跡之保存事項。
二十、公共衛生及醫療事項。
二十一、菜市，屠宰場，公共娛樂場所，及公共墓地之設置，及取締事項。
二十二、上級機關委辦事項。
二十三、其他依法令所定由市辦理事項。

第三章 市財政

第十條 左列各款定為市財政收入。
一、土地稅，
二、房捐，
三、營業稅，
四、牌照稅，
五、廣告稅，
六、碼頭捐，
七、市公有財產收入，
八、市公營業收入，
九、其他依法律應為市有收入及依法規特許徵收之稅捐。

第十一條 市因建設事業之需要，得依法募集市公債。

第四章 市政府

第十二條 市設市政府，依法令掌理市行政事務，并監督所屬自治團體。

第十三條 市於不牴觸法令範圍內，得發布市令、制定市單行規則。

第十四條 市政府設市長一人，綜理市政指揮，監督所屬職員及各機關。隸屬於行政院之市，市長特任。隸屬於省政府之市，市長簡任或荐任。

第十五條 市政府設左列各局：
一、社會局 掌理第九條第一款至第八款事項。
二、財政部 掌理第九條第十款至第十二款事項。
三、工務局 掌理第九條第十四款至第十五款事項。
四、教育局 掌理第九條第十八款至十九款事項。
五、衛生局 掌理第九條第二十款至第二十一款事項。

第十六條 市政府於必要時經上級機關之核准，得分別增設左列各局：

一、地政局　掌理第九條第十三款事項。

二、公用局　掌理第九條第十六款事項。

三、港務局　掌理第九條第十七款事項。

第十七條　隸屬於行政院之市，得設置宣傳處，其組織另定之。

第十八條　前三條規定各局處及其掌理之事項，如因地方特殊情形必須變通者，得呈准上級機關，歸併他局或設科辦理之。

第十九條　警察局受市政府之指揮監督掌理第九條第九款事項。

第二十條　隸屬於行政院之市各局，設局長一人，簡任隸屬於省政府之市各局或各科設局長或科長一人，荐任或委任。

第二十一條　市政府設秘書處，典守印信，辦理機要文件，庶務及其他不屬於各局或各科掌理事項。隸屬行政院之市設秘書長一人，簡任。隸屬省政府之市該秘書長一人，荐任或簡任。

第二十二條　隸屬行政院之市，得設參事二人至四人，簡任。隸屬省政府之市，得設參事二人，荐任。掌理市單行規則，或命令之撰擬審核事項。

第二十三條　各局或各科及秘書處之職員名額，除本條例已有規定者外，應規定於各該市政府組織規則中，其組織規則由上級機關核定之。

第二十四條　市政府得呈准上級機關設置各種委員會。

第二十五條　市政府因事務上之必要，得聘任專門技術人員或設置專員。

第二十六條　市政府得酌用僱員。

第二十七條　市政府得合署辦公。

第五章　市政會議

第二十八條　市政府得設市政會議以左列人員組織之：

一、市長，

二、參事，

三、局長或科長。

秘書長應列席市政會議，有關係之秘書科長或區長得列席市政會議。

第二十九條　左列事項應經市政會議議決；

一、關於市政府秘書處及各局或各科辦事細則事項。

二、關於市單行規則事項。

三、關於市預算決算事項。

四、關於整理市政收入及募集市公債事項。

五、關於經營市公產及公營業事項。

六、關於市政府秘書處及各局或各科職權爭議事項。

七、市長交議事項。

八、其他重要事項。

第三十條　市政會議每月至少開會一次，由市長召集之，以市長爲主席。

第三十一條　市政會議規則由該會議定之。

第六章　附則

第三十二條　市自治法未施行前，市應籌備自治幷得設臨時參議會，其組織條例另定之。

第三十三條　市自治法施行時，本條例即行廢止。

第三十四條　本條例自公布日施行。

公益典當辦法

三十年七月十九日社會部部令公布

一、各省市各縣市政府或公益團體得依本辦法經營公益典當。

二、非依本辦法之規定而經營之典當，不得於其名稱中使用公益字樣。

三、本辦法所稱主管官署，在中央為社會部，在各省市為各省市政府，在各縣市為各縣市政府。

四、公益典當應冠以所在地地名，如同地方有兩典以上者，應依登記先後加以第別。

五、公益典當資本，在省暨特別市，不得少於國幣二十萬元，在其他地方，得呈准主管官署減少之。

六、公益典當由公益團體設立者，其所需設備費，得呈請主管官署補助，並轉報社會部備查。

七、公益典當之設立，應將左列各款事項，向主管官署聲請登記，並由主管官署轉報社會部備案。

甲、名稱，

乙、資本總額，

丙、所在地，

丁、代表人姓名，

戊、章程。

八、公益典當非有正當理由，呈經主管官署核准，不得停止營業。

九、公益典當滿當期限為十二個月，其有特別情形必須縮短者，得呈請主管官署核准，但不得少於六個月。

十、公益典當當款利率，最高不得超過月息百之一、六（每百元月息壹元陸角）。

十一、當款利息，按月計算，未滿五日者不得計息，超過五日未滿十六日者以半月論。

十二、公益典當除當票上所載明之本金及利息外，不得用任何名義浮收雜費。

十三、當票須用堅實紙張印刷，字跡應繕寫清晰，並載明左列事項；

甲、入質物之名稱品質及件數；

乙、入質物之估價額及當價額；

丙、按月利息及滿當期限；

丁、年月日。

十四、當款額每票不得超過一百元。

十五、入質物以搬移輕便易於保管之動產為限，但軍裝古玩及不易估價之物，概不承當。

十六、出質人不於限期內償還本息贖回質物，公益典當得將質物變賣抵償，但出質人付清利息者，公益典當應准其轉期承當。

十七、質物在滿限後十日內，出質人如將本利清償時，仍得贖回原質物。

十八、質物在滿限前，經公益典當之同意，得為一部份之取贖。

十九、公益典當對於質物應妥愼保管，除因人力不可抗拒之災患外，如有損滅，應負賠償之責。

二十、公益典當應將質物保險。

二十一、公益典當應於每屆年度終了後一個月內，將營業狀況，呈報主管官署備查。

二十二、本辦法自公布日施行。

附錄

中政會及行政院會議有關本部之決議案（續前）

會議名稱	次數	日期	討論或任免事項	決議	提案人	備考
中政會議	第卅五次	一月卅日	秘書廳案呈准國民政府文官處函知出版法業經立法院修正呈奉府令公布並通飭施行		主席報告	報告事項第二
	第卅九次	三月十三日	行政院直轄市與普通市名稱無別易滋混淆擬請依據民國十八年以前原用名稱凡行政院直轄市皆加特別二字以資分別（將以南京特別市上海特別市漢口特別市）並飭立法院將市組織法予以修正請公決案	通過 交立法院	主席 交議	討論事項第四案
行政院會議	第卅三次	十月十三日	擬請令社會運動指導委員會各省市分會主任委員列席各該省市政府會議案	通過	社會部丁部長	討論事項第二案
	第四十二次	一月十四日	秘書處參事廳案呈交審查社會部丁部長簽擬舉辦童子軍訓練意見書及教育部趙部長呈請重組織童子軍及教育委員會並造具支出概算書兩案謹擬具審查意見提請公決案	通過先在教育部內設童子軍事務委員會邀請社會宣傳軍事訓練三部及童子軍專家參加設計	社會部丁部長 教育部趙部長	討論事項第一案
	第四十五次	二月四日	擬請任命黃諤爲本部參事案	通過	社會部丁部長	任免事項第五案

社會部公報價目表

限期	價目	郵費	
		本埠	外埠
零售	二角	半分	一分
半年	一元	六分	一角二分
全年	二元	一角二分	二角四分

廣告暫訂刊例

頁數	價目
一頁	每號十八元
四頁	每號九元
半分之一頁	每號四元五角

刊登廣告在四號以上者每號按七折計算，在十號以上者每號按照六折計算長期另議

編輯者　社會部編譯委員會

發行者　社會部編譯委員會

印刷者　中文仿宋印書館

總經售　中央書報發行所

代售處　南京三通書局

出版日期　每月一日出版一次

社會部

電話號碼	
部長室	31955
常務委員室	31958
秘書室	31957
總務司	31961
勞動司	31959
合作司	31960
公用	31963